中青文库

本书得到中国青年政治学院出版基金资助

点燃智慧星火（下）

中国青年政治学院学生优秀论文集

中国青年政治学院科研处 团委◎主编

中国社会科学出版社

目　　录

北京大学生性观念现状及其媒介成因分析 …………………………… (1)

一　客观题部分 …………………………… (1)

二　主观题及多选部分 …………………………… (15)

三　论文不足 …………………………… (24)

多维视野中的“上访”

——对上访“相关者”的调查分析 …………………………… (31)

一　研究的问题及其背景 …………………………… (31)

二　研究方法、研究过程及研究个案的基本情况 …………………………… (32)

三　来京上访群众的生存状况及其他们视野中的“上访” …………………………… (35)

四　国家信访机构的地理环境及其工作者视野中的“上访” …………………………… (42)

五　地方信访工作者的心理感受及其对“上访”的评价 …………………………… (50)

六　结论与建议 …………………………… (54)

对“90后”大学生关于同性恋的认知、态度和行为状况研究

——兼论社会转型时代，“90后”价值观的形塑与变迁 …………………………… (87)

一　引言 …………………………… (87)

二　文献研究 …………………………… (91)

三　研究框架与研究方法 …………………………… (109)

四　研究结果分析 …………………………… (112)

五　研究结论与讨论 …………………………… (135)

六　结语 ………………………………………………………………（140）

公共危机事件中政府形象的媒体呈现对大学生的影响研究
——以“西南干旱”报道为例 …………………………………………（149）
一　研究背景 …………………………………………………………（149）
二　文献综述 …………………………………………………………（150）
三　研究方法 …………………………………………………………（152）
四　数据统计 …………………………………………………………（154）
五　数据分析 …………………………………………………………（162）
六　总结与建议 ………………………………………………………（173）

三校大学生政治参与现状研究及学校对大学生政治参与的影响浅析……（177）
一　导言 ………………………………………………………………（177）
二　对象和方法 ………………………………………………………（179）
三　大学生政治参与意识分析 ………………………………………（181）
四　政治参与行为状况描述 …………………………………………（193）
五　学校对大学生政治参与的影响 …………………………………（197）
六　讨论和建议 ………………………………………………………（206）
七　结语 ………………………………………………………………（208）

《小组工作》课程实验教学行动研究 …………………………………（211）
一　绪论 ………………………………………………………………（211）
二　文献探讨 …………………………………………………………（212）
三　研究设计与过程 …………………………………………………（214）
四　研究结果与分析 …………………………………………………（221）
五　结论与建议 ………………………………………………………（232）

儿童托管中心服务对儿童发展的影响
——以福建省沙县××学生托管中心为例 …………………………（237）

一　引言 …………………………………………………………… (237)
二　研究概述 ……………………………………………………… (238)
三　研究结果 ……………………………………………………… (242)
四　小结与讨论 …………………………………………………… (248)

美国对华贸易逆差与美元汇率波动的实证分析 ……………… (259)
一　引言 …………………………………………………………… (259)
二　文献综述 ……………………………………………………… (262)
三　分析方法和模型的构建 ……………………………………… (265)
四　数据选择和指标说明 ………………………………………… (267)
五　实证方法 ……………………………………………………… (268)
六　实证分析过程及结果 ………………………………………… (270)
七　主要结论及对策 ……………………………………………… (276)
八　致谢 …………………………………………………………… (278)

对我国碳金融行业发展路径的再思考 ………………………… (280)
一　导言 …………………………………………………………… (280)
二　文献综述 ……………………………………………………… (282)
三　碳金融及碳金融市场的诞生 ………………………………… (285)
四　碳金融相关基础概念 ………………………………………… (287)
五　中国碳金融市场发展现状 …………………………………… (290)
六　对于中国碳金融行业发展战略的思考与建议 ……………… (296)
七　结语 …………………………………………………………… (304)
八　致谢 …………………………………………………………… (305)

公交数字移动电视广告传播效果研究
——以北京公交数字移动电视为例 ……………………………… (307)
一　前言 …………………………………………………………… (307)
二　文献综述 ……………………………………………………… (308)

三　调查分析 …………………………………………………………………… (312)
四　结论 ……………………………………………………………………………… (325)
五　研究不足 …………………………………………………………………… (326)

中国青少年心理健康状况调查报告
——基于九省（市、自治区）的调查研究 ……………………………… (333)
一　文献综述 …………………………………………………………………… (333)
二　调查背景 …………………………………………………………………… (336)
三　调查过程 …………………………………………………………………… (337)
四　调查结果（使用 SPSS11. 5 软件分析） ………………………………… (340)
五　原因分析 …………………………………………………………………… (365)
六　对策研究 …………………………………………………………………… (370)

北京大学生性观念现状及其媒介成因分析[①]

作者　龚映红　姚亚博

一　客观题部分

性行为现状

为了得到大学生性活动的现状，我们设计了第 4、第 5、第 6 题（见附录），分别从恋爱次数、行为程度、性活动人数这几点来体现现状，对于这个问题的分析，我们从性别、年级、专业三个角度来得出结论。

1. 性别分析

表 1

性别	性活动人数						恋爱次数						行为程度					
	总计ID	0	1	2	4	5	总计ID	1	2	3	4	5	总计ID	0	1	2	3	4
男	55	2	12	3	1	37	55	19	13	5	3	15	55	15	12	4	13	11
女	45	1	7	2		35	45	17	6	2	1	19	45	20	3	6	10	6

性活动人数方面：与 1 位以上异性发生性活动的男性有 16 人，女性有 9

---

① 该作品获第八届“智慧星火”——中青学子学术支持计划二等奖与学术创新奖。第四届“挑战杯”首都高校大学生课外学术科技作品竞赛二等奖。

人，排除样本中男性抽样比例高于女性的因素，男性比例为29%，女性比例为20%。

恋爱次数方面：有过1次以上恋爱经历的男性有40人，比例为73%；与此同时，女性有26人，比例为58%。

行为程度方面：我们把牵手、拥抱、接吻这三种行为活动归于性爱程度低的一类，在这点上，男性29人，比例为53%，女性19人，比例为42%；有过性爱抚及以上活动的男性11人，比例为20%；女性6人，为13%。

综上分析可得，在性活动现状上，男性相对于女性而言，总的性活动等级高于女性，尤其是在恋爱次数上，相差15个百分点，就这些方面表现出来的性活动现状，我们得出的初步结论是：男性的性活动级别高于女性。

2. 年级分析

表2

	性活动人数						恋爱次数						行为程度					
性别	总计ID	0	1	2	4	5	总计ID	1	2	3	4	5	总计ID	0	1	2	3	4
1	29	1	3	1		24	29	6	5	1		17	29	16	5	2	4	2
2	20		3			17	20	8	3	1		8	20	9	3	3	4	1
3	20		5			15	20	9	1	3	1	6	20	5	3	4	5	3
4	6		2			4	6	4	2				6	1	1		3	1
总计	75	1	13	1		60	75	27	11	5	1	31	75	31	12	9	16	7
5	25	2	6	4	1	12	25	9	8	2	3	3	25	4	3	1	7	10

性活动方面：与1位以上异性发生性活动的大学本科生为14人，比例为19%；更高学历为11人，比例为44%。

恋爱次数方面：有过1次以上恋爱经历的大学本科生为44人，比例为59%；更高学历为22人，比例为88%。

行为程度方面：进行性爱程度低的活动，大学本科生有37人，比例为49%；更高学历为11人，比例为44%；而有过性爱抚及以上活动的大学本科生有7人，占9%；更高学历者有10人，占13%。

综上可知，无论是在性活动还是恋爱次数方面，更高学历学生的程度都高于本科生，同样，进行低性爱活动的大学本科生人数的比例高于更高学历的学生，但行为程度的差距不是很大。对于这样的结论，我们的看法是：首先，更高学历者的经历一般比本科生丰富，也有更多的机会接触、了解社会，当然也有更多的可能接触异性，有多次恋爱经历的比例高于本科生是可以理解的。其次，更高学历者中不乏已婚者，在性行为程度这一栏上，有过性爱抚的人数因此高于本科生是正常的，但是这一项的差距却反而是最小的，而与 1 位以上异性发生性活动的人数比例却相差 25 个百分点，这是不是说明更高学历者的婚姻忠诚度没那么高呢？这点不在我们的考虑范围，暂且不讨论。另外，我们在做问卷调查的时候，考虑到国家颁布的允许大学在校生结婚的政策，特地询问了被访者，但是出乎意料的是，大部分被访者都表示，那个因素对于自己性行为和性观念的现状和发展都影响极小，这点我们将在后面的原因分析中再详细讨论。

3. 专业分析

表 3

	性活动人数						恋爱次数						行为程度					
专业	总计ID	< >	1	2	4	5	总计ID	1	2	3	4	5	总计ID	< >	1	2	3	4
文	39	1	11	3		24	39	14	9	4	4	8	39	9	6	4	9	11
理	25	1	2	1		21	25	8	4	1		12	25	11	5	1	7	1
工	35	1	5	1	1	27	35	13	6	2		14	35	15	4	5	7	4
医	1		1				1	1					1					1

由于医科的样本太少，我们觉得仅仅这一个样本不能反映总体情况，在这里不做讨论。

性活动方面：与 1 位以上异性发生过性活动的人中，文科生 14 人，理科生 3 人，工科 7 人，比例分别为 36%、12% 和 20%。

恋爱次数方面：有过 1 次以上恋爱经历的人中，文科生 31 人，占 80%；

理科生 13 人，占 52%；工科生 21 人，占 60%。

行为程度方面：进行性爱程度低的活动的人中，文科生 19 人，比例是 49%；理科生 13 人，比例是 52%；工科生 16 人，比例是 46%；而有过性爱抚以上活动的人中，文科生 11 人，比例是 28%；理科生 1 人，比例是 4%；工科生 4 人，比例是 11%。

综上所述，在三个比较项中，文科生与理工生的差别都很大，至少差了十几个百分点。这是不是印证了平时人们对文科生的印象呢？文科生的感性思维难道真是影响其性行为和性观念现状的因素吗？

以上，从三个角度分析了我们的问卷结论，总体而言，在 100 名受访者中，与 1 位以上异性发生性活动的人数有 25 人，占总人数的 25%；有过 1 次以上恋爱经历的人数有 66 人，占总人数的 66%；有过性爱抚以上活动的人数有 17 人，占总人数的 17%。尽管恋爱次数并不一定与性观念开放程度挂钩，但这三个指标：性活动次数、恋爱次数、性行为程度，或多或少反映着被访者的性观念现状，根据以上数据，我们认为，大学生的性观念状况应该可以说是比较传统的。

4. 性观念与性行为

在所有被访者中，认为自己性观念很开放的人仅占 4%，较开放的人占 11%，中间占 37%，认为自己性观念较传统或很传统的人共占了 48%，近一半。这与我们之前从行为分析得出的结论比较符合。

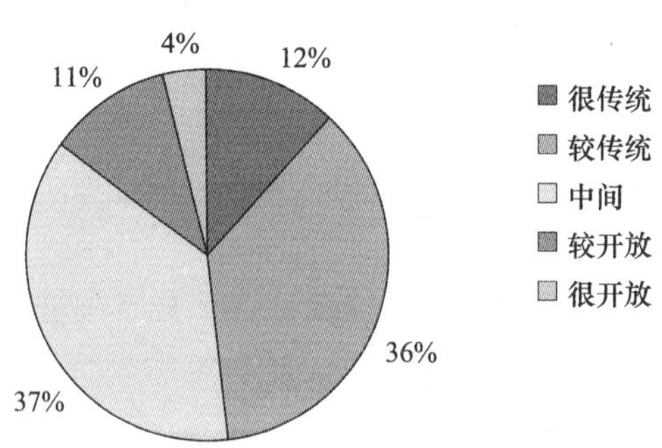

图 1

接下来我们将性观念现状和行为程度联合起来，在同一个表里，看看能发现什么。

表4

	观念传统	观念中等	观念开放	共计
未达到性爱抚	26	16	7	49
性爱抚及以上	5	6	6	17
未填	17	15	2	34
共计	48	37	15	100

先看横向，我们发现，性行为程度高的人，其性观念现状也倾向于开放型。在17个有过性爱抚及以上性行为的被访者中，认为自己性观念是中等或开放的人有12人，占了71%。这也正照应了我们上文中提到的“行为反映观念”这一论断，但是反过来说，是不是性观念开放的人，性行为程度也高于其他人呢？纵向比较后我们发现，在这里，观念似乎没有直接、明显地指导着行为，在性观念中等或开放的人中，只有12个人性行为程度达到性爱抚及以上，仅占23%，而在认为自己性观念传统的人中，也有10%的人发生过性爱抚及以上的性行为。

整体看来，有过性爱抚以上行为的人数占到17个百分点，与此同时，却只有15个百分点的被访者认为自己性观念开放。看上去有些自相矛盾，其实不然，这其中的差距是怎么产生的呢？为什么有的人已经在大学阶段发生了性行为，却不认为自己的性观念是开放型的呢？为什么认为自己观念开放的人会小于实际上已经发生性行为（在很多人看来这就是性观念开放的体现）的人呢？在笔者看来，这是由于人们对“性观念开放”这个词根深蒂固的偏见造成的。在很多人看来，“性观念开放”或多或少与生活态度、作风不好、生活放荡不羁、容易乱搞关系之类的联系，不为一般人接受。因而不少人会“希望”自己性观念传统，从而导致最后统计结果的失真。即使是那些有过性爱抚及以上经历的人，或者由于自己对性伴侣的忠诚，或者由于自己的虚荣心作祟，没有选择“性观念开放”这一项。可是，正如潘绥铭教授指出的那样，不因自己的遗精或月经而自卑，本身就是一种很开放的性观念了。而敢于选自己性观念开放的人，也更倾向于做出性爱抚、性交和同居这样的行为。在传统的教育看来，观念是高于并指导行为的，观念是本质上的东西，决定一个人的性质。从传统的道德观来看，有过性行为的人不一定是坏人或者风流之士，不排除被迫或者一时冲动的可能，而这些，尽管不能被传统所全盘接受，但至少是可以被原谅的。而一个不管有没有实际发生性行为的人，从一开始就抱着"开放的性观念"，这点是不能被人们所允许的。既然都承认自己性观念开放，就没有必要隐瞒自己是否有发生过性行为这一事实。因而，表中的大部分数据还是有一定说服性的。

再分别以性别分组，看看男女性在这一问题上有何不同。

男性中，在未到性爱抚程度的人中，有48%的人认为自己的性观念比较传统，认为自己观念开放的人仅占17%；而在性行为已经达到性爱抚及以上的人中，只有27%的人认为自己的性观念是传统型的，有73%的人认为自己的性观念是中等或者开放型。

男性中，认为自己性观念传统的人占40%，观念中等的占40%，观念开放的占20%，有过性爱抚以上经历的人占20%。

表5

男性部分性行为与性观念相关性分析				
	观念传统	观念中等	观念开放	共计
未达到性爱抚	14	10	5	29
性爱抚及以上	3	4	4	11
未填	5	8	2	15
共计	22	22	11	55

女性中，在未到性爱抚程度的人中，有60%的人认为自己的性观念比较传统，认为自己观念开放的人仅占10%；而在性行为已经达到性爱抚及以上的人中，有33%的人认为自己的性观念是传统型的，有67%的人认为自己的性观念是中等或者开放型。女性中，认为自己性观念传统的人占58%，观念中等的占33%，观念开放的占9%，有过性爱抚以上经历的人占总体的13%。

表 6

女性部分性行为与性观念相关性分析				
	观念传统	观念中等	观念开放	共计
未达到性爱抚	12	6	2	20
性爱抚及以上	2	2	2	6
未填	12	7	0	19
共计	26	15	4	45

总体来说，女性更多地认为自己的性观念是趋向传统的，而事实上她们中也确实只有较少比例的人有过性爱抚及以上经历。这大概是由于整个社会道德对妇女的要求，从小就被灌输“三从四德”、贞操等观念。同时，很让人迷惑的是，社会只把这种责任强加到妇女身上，而对于性活动另一方，强势的那一方，却很少有过类似的要求。

5. 性爱关系

说明，以下所出现两张表格式选项均相同，数据不同的情况均是这样考虑的：表 7 显示的是原始数据，根据问卷统计的结果，表 8 考虑的是在所选类别中所占的比例，所以一张以类别的样本容量为总和，一张以百分比为总和，但均反映同一事实，列表只是为了更清楚地显示我们分析这一问题的过程。

表 7

	有爱而无性	先有爱后有性	性爱可以同时产生	先有性才会有爱	最好有性无爱
男	3	33	19	0	0
女	5	32	8	0	0

表 8

	有爱而无性	先有爱后有性	性爱可以同时产生	先有性才会有爱	最好有性无爱
男	5	60	35	0	0
女	11	71	18	0	0

图 2 说明在性爱关系问题上，男女性中均有超过半数的人相信是先有爱后

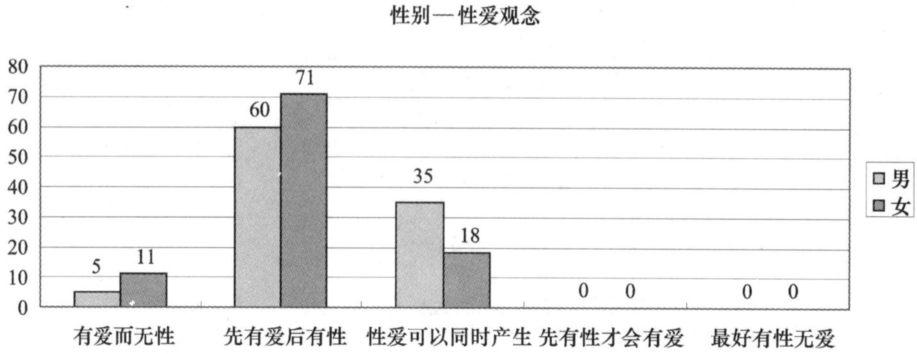

图 2

有性的，这应该和大学校园还是踏入社会前的最后一片净土有关。更多的人相信美好纯洁的爱情，而对性的兴趣不那么浓厚。在有爱而无性这一选项上，更多的女性持这一观点。女性更多地倾向于理想主义者，认为精神层面的交流是高尚的和可能的，对满足生理需求的性活动尽管不排斥，可也不怎么热衷。但比起其他两个选项，这个比例是很小的了。“有爱而无性”，这在过去曾经被认为是一种高尚和纯洁，而且似乎女性尤其应该如此。可是现在只有 11% 的人信奉它，而认为“性爱可以同时产生”的女性达到 18%，这不得不说是一种性观念的解放和进步。持性爱可以同时产生这一观点的男女性比例同样不少，分别是 35% 和 18%，男生比例高于女生也可以用之前的原因解释，男性的生理本能强于女性。在“先有性才会有爱”和“最好有性无爱”这两个选项上，都没有人选。但是，这并不是说，没有持这种观点的人存在，在大学生眼中，“爱情就是高于一切的”，在潘绥铭先生在 1997 年的问卷调查中就已经说明了，那为什么样本中没有出现呢？其一是我们的样本量不够，还不能全面地反映出全体北京大学生的各个不同群体的想法，但也不是完全没有说服性。其二是被访者在填写问卷时对个人隐私的保密等导致答案的不准确。毕竟这样的情况是极少数，整体来说，问卷还是有可行性的。

6. 大学里钱与性行为

这部分，我们设计了两个问题，分别是：想过用钱或是为了钱去性交吗、对色情行业的看法。没有直接用嫖娼卖淫等字眼的原因，是借鉴潘绥铭教授的经验，避免带上强烈的道德倾向和感情色彩。一个客观的、科学的社会学调查是避免使用这种词的。同时也避免排除同性之间为了金钱发生的性行为，付钱给男性过性生活的女性，和那些靠出卖性给女性来赚钱的男性。

对于发生在大学生身上的钱色交易，社会上传言很多，尤其是一些“小三门”学校（即艺术、体育、外语类院校），在抽样中考虑到这个问题我们也有选取相关大学做样本。

表 9

	未答	没想过	想过（哪怕一次），但没试过	试过，没成功
男	1	42	11	1
女		42	3	

表 10

	未答	没想过	想过（哪怕一次），但没试过	试过，没成功
男	2	76	20	2
女	0	93	7	0

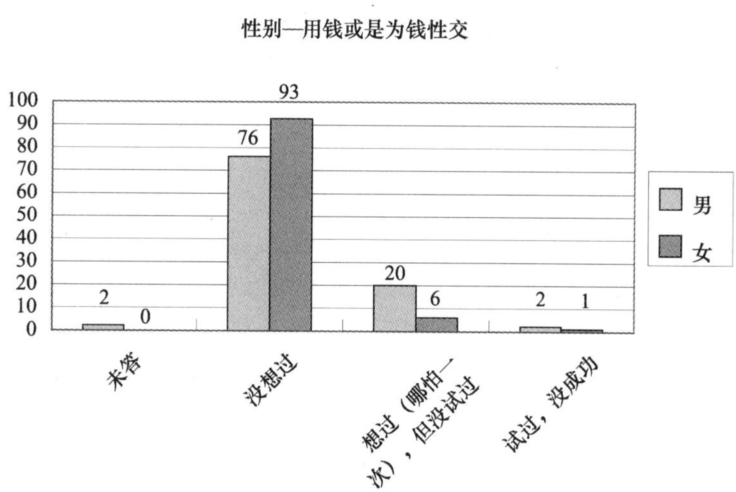

图 3

从表中我们可以看出，答案是“没想过的”人数占多数，占84%。男性中有76%的人这样回答，女性中作此回答的比例为93%，男女之间相差很大。

（1）回答“想过（哪怕一次），没试过的”人占26%，这样回答的男性比例为20%，女性是6%，男女性之间的差距还是很明显。

（2）回答“试过，没成功”、“做过，不想再做”、“还想做”的这些将想法付诸实践的人，占总体的1%。男性有2%，女性没有。

（3）将“想过，没试过”、“试过，没成功”、“做过，不想再做”，“还想做”合并起来，我们发现，有想法进行钱色交易的人占总体的15%。男性中有22%的人有可能进行钱色交易，而与此同时，只有7%的女性有可能这么做。

综合看来，女性更少考虑自身进行这个钱色交易，男性则更有可能用钱或是为了钱去发生性交易。但是，尽管有20%的男性考虑过这个问题，但是真正付诸实施的只有2%。

而对色情行业存在的态度，也能体现出大学生对于钱色交易的看法。

表11

	应予以取缔	由其自由发展	立法规范，合理引导	无所谓，事不关己
男	10	5	37	3
女	18	1	23	3

表12

	应予以取缔	由其自由发展	立法规范，合理引导	无所谓，事不关己
男	18	9	67	6
女	40	2	51	7

（1）从表中可以看出，认为色情行业应予以取缔的人占总体的28%，其中，男性这么认为的占18%，女性这么认为的占40%，差距很大。

（2）回答“任其自由发展”的人有6%，其中，男性占9%，女性占2%。

（3）认为应该“立法规范，合理引导”的人占60%，男性持这一观点的

性别—色情行业的看法

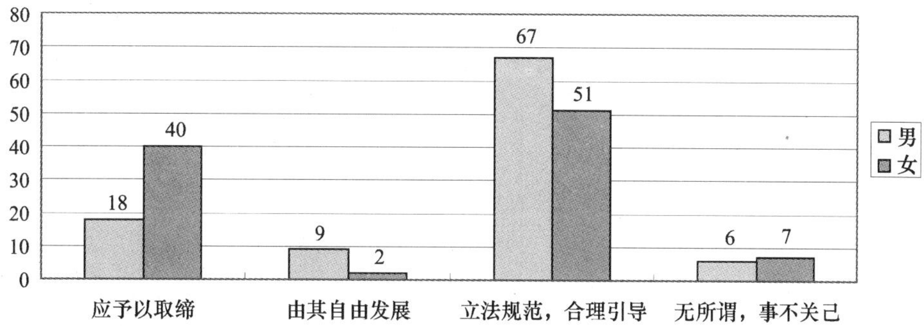

图 4

占 67%，女性占 51%。

（4）持旁观冷漠态度，认为“事不关己”的人中，男性和女性的比例差不多，分别为 6% 和 7%。

尽管认为应该取缔色情行业的人数不到一半，但可以看出，女性对于色情行业的态度是比较消极和排斥的。对于这种无视或轻视女性的权利，靠出卖自己换取金钱的行业，受过高等教育的大学生更难以接受。而更多的大学生考虑的是立法规范，合理引导，用理性的眼光来看待这个行业。

7. 对婚前性行为的看法

表 13

	不在乎	不怎么在乎	中等	在乎	很在乎
男	5	18	18	12	2
女	4	7	7	16	11

表 14

	不在乎	不怎么在乎	中等	在乎	很在乎
男	9	33	33	22	3
女	9	16	16	35	24

性别—对婚前性行为的看法

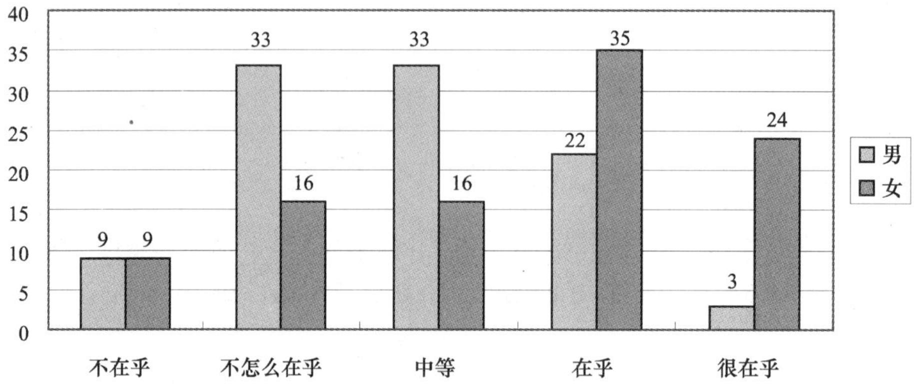

图5

图5很清楚地告诉了我们被访者的选择，跟我们预想的一样，男性更多地倾向于对婚前性行为持不在乎的态度，有75%的人觉得婚前性行为可以被接受；而女性则更多的选择在乎或很在乎，两者之间相差了34个百分点。这点也可以解释为社会的角色设置及文化培养的作用，但也无法回避女性在天生的生理结构方面的劣势。一层处女膜，保护着女性的童贞和纯洁的同时，也增加女性考虑婚前性行为的担忧。尽管女性解放的大旗高举，可是仍旧摆脱不了人们对处女膜的崇拜，对贞操的渴望。其次，大部分女性在社会生活上的地位不如男性，这点不可否认，无论是在经济上还是生活上，女性都扮演着一个弱者的角色，在性活动和性交上不例外，在决定发生婚前性行为这点上也不例外。在考虑这个问题时，女性要更多地考虑社会的舆论，未来伴侣的期待及婚姻忠诚度，因而趋向于保守的人依旧高居不下。

8. 什么影响着他们的性观念

我们在前人的基础上设计了一些有可能影响性观念的因素，并排列在一个二维表中供被访者选择。当然，我们也提供一个开放式的回答空间，鼓励被访者将我们没有考虑到的、自己认为也能影响性观念的因素写出来并给予评价。

表 15

女性—性观念影响因素分析	很小	较小	中等	较大	很大
人际交往	9	5	20	10	1
父母态度	2	7	15	13	8
自我评价	4	4	26	7	4
异性交往与恋爱经历	4	6	21	9	5
媒介影响	4	9	17	12	3
政策纪律	10	13	15	6	1
从众心理	13	7	16	7	2
男	9	33	33	22	3
女	9	16	16	35	24

表 16

女性—性观念影响因素分析	很小	较小	中等	较大	很大
人际交往	20	11	45	22	2
父母态度	4	16	33	29	18
自我评价	9	9	58	15	9
异性交往与恋爱经历	9	13	47	20	11
媒介影响	9	20	38	27	6
政策纪律	22	29	33	14	2
从众心理	29	16	35	16	4

在影响性观念的因素中，女性认为人际交往发挥较大或很大作用的占24%，父母态度发挥较大或很大作用的占47%，自我评价发挥较大或很大作用的占24%，异性交往和恋爱经历发挥较大或很大作用的占31%，媒介影响发挥较大或很大作用的占33%，政策纪律发挥较大或很大作用的占16%，从众心理发挥较大或很大作用的占20%。在所有因素中，发挥较大或很大作用的因素中排第一的是父母态度，媒介影响次之。

表 17

男性—性观念影响因素分析	很小	较小	中等	较大	很大
人际交往	7	14	19	12	3
父母态度	7	19	18	9	2
自我评价	3	7	20	20	5
异性交往与恋爱经历	1	7	18	19	10
媒介影响	4	13	20	13	5
政策纪律	15	23	9	6	2
从众心理	16	10	16	12	1

表 18

男性—性观念影响因素分析	很小	较小	中等	较大	很大
人际交往	13	25	35	22	5
父母态度	13	35	33	16	3
自我评价	5	13	36	36	10
异性交往与恋爱经历	1	13	33	35	18
媒介影响	7	24	36	24	9
政策纪律	27	42	16	11	4
从众心理	29	18	29	22	2

在影响性观念的因素中，男性认为人际交往发挥较大或很大作用的占27%，父母态度发挥较大或很大作用的占19%，自我评价发挥较大或很大作用的占46%，异性交往和恋爱经历发挥较大或很大作用的占53%，媒介影响发挥较大或很大作用的占33%，政策纪律发挥较大或很大作用的占15%，从众心理发挥较大或很大作用的占24%。在所有因素中，发挥较大或很大作用的因素中排第一的是异性交往和恋爱经历，其次是自我评价，再接着是媒介影响。

男性和女性的显著差别在于父母态度，自我评价，异性交往和恋爱经历发挥作用所占的比例。对于男性而言，父母态度并不是影响他性观念的重要因素，而自我评价、异性交往和恋爱经历的作用更为巨大。而其他的选项，媒介影响的作用是不可忽视的，分别排第二和第三。至于政策纪律这一项，当时归纳这点在内的考虑是，在潘绥铭先生 1997 年的调查中，在分析为什么性交的比例没有增加时说道："最重要和最简单的原因，就是中国目前的高等教育体制。它根本地禁止大学生结婚，许多院校仍然在纸面上禁止大学生谈恋爱。"可是，9 年过去了，新的《管理规定》中默认了在校大学生可以结婚，更少院校明令禁止大学生谈恋爱，那么这对大学生性观念的开放有影响吗？结果出乎意料却又在情理之中，这点的影响微乎其微。正如潘绥铭先生说的那样，其一，大学里规定纪律之类的知晓率并不高；其二，大学生的反叛精神不会因为校规的禁止而消亡。

二　主观题及多选部分

（一）谁主导着性活动和性交

首先我们要区分一下这两个概念。在我们的调查中，使用的这两个概念无疑是有区别的。性交，包括性交合，还包括各种触及或者插入人体其他体腔开口处的、具有性的含义和效果的举动。而性活动，是比性交"浅"一个层次的，它包括性爱抚和色欲活动等。换言之，除了性交以外的、双方肉体直接接触的但又不插入体腔开口处的、具有性的含义和效果的举动，以及人与人之间并没有任何性意义上的肉体直接接触，但是他们所从事的活动却具有性刺激的意义并且可以达到心理上的性满足的活动，都在性活动之列，但一般的异性交往并不在此列。

在整份问卷中，能够对答题人造成心理压力的只有 7、8 两个小题，这两个题无疑是触及了个人隐私。但由于我们采取的是校园的随机抽样，同学们的答案应该都是真实可信的。在 100 份有效问卷中，有 27 个人答了第 7 题，分别是 17 个男性和 10 个女性，占到各自总数的 31% 和 22%；有 11 个人答了第 8 题，男女性个数分别为 7 和 4，占到各自总量的 13% 和 9%。7、8 两题具有连贯性，所以所有答了第 8 题的问卷也都参与了第 7 题的填答。这样，我们就得出了另一组数据：在与异性进行性活动后，有 41% 的人有了性交行为，其中男性比例为 41%，女性为 40%。在继续进行的比例上，男女性差别不大，但是在进行性活动方面，男女性存在较大差距，达到了 9 个百分点。这就表明，男性在进行性活动方面还是占据了主动性，而在继续深入的活动上男女性比例确有一致性，这就不由我们不相信女性在性交行为上，很大程度上是受男性引导，或者说，男性在性交行为方面也是占有主动性的。

（二）从众心理

第 9、10、11 题测量的是男女性在恋爱方面的从众心理，所以把 3 道题放在一起考量。所谓从众心理，就是说那些把别人的性爱行为估计得很多的人，自己也就倾向于投入性爱活动，或者反过来说，那些自己已经发生性爱行为的人，就会不由自主地把同类人的比例估计得比较高，以便为自己的行为寻找合理性或者自我辩护。

（三）恋爱比例估计

在之前的答题中显示，有 66% 的大学生有过恋爱经历。我们将估计值低于 66% 的被调查者，归为“低估者”；将等于和高于 66% 的被调查者归为“高估者”。从而得出了总体情况：

表 19

	高估者	低估者	未选
总人数	39	58	3
男	22	33	
女	17	25	

从总人数上来看，39% 的学生高估了当代大学生的恋爱比例，而 58% 的学生都做出了较低的估计。在男性总数中，32% 的男性做出了较高的估计，60% 做出了较低的估计；在女性中，38% 的女性做出了较高估计，56% 做出了较低估计。从比例中可以看出，女性的高估者群体反而大于男性。

更有意思的一点是，在已有性活动的 27 人中，高估者有 15 人，比例达 56%，远远大于平均比例。而在已有性交行为的 11 人中，也有 6 个人做出了高估的判断，比例为 55%。

（四）接吻比例估计

答题中显示，与恋人的行为程度达到接吻的有 41 人，占到参选本题总人数的 41%。我们将估计值低于 41% 的被调查者，归为“低估者”；将等于和高于 41% 的被调查者归为“高估者”。得出情况为：

表 20

	高估者	低估者	未选、情况不明
总人数	51	41	8
男	30	19	
女	21	22	

从总体比例上看，大学生对本群体恋爱行为程度的估计还是较为准确的。高估者的比例为 51%，低估者和未选、情况不明的达到 49%，两者基本持平。从男女性两方面来看，56% 的男性做出了较高估计，36% 做出的是较低估计；47% 的女性做出了高估的判断，49% 做出了低估的判断。

在恋爱程度已达到接吻的 41 人中，有 28 人倾向于高估，比例达 68%，显著高于平均大学生的高估率。

（五）性活动比例估计

在第 7 题中，我们把性行为定义为带有刺激性的触摸及以上。从第 6 题中可以得出大学生与异性进行过性活动的比例为 25%。我们将估计值低于 25% 的被调查者，归为“低估者”；将等于和高于 25% 的被调查者归为“高估者”。得出情况为：

表 21

	高估者	低估者	未选、情况不明
总人数	24	65	11
男	15	34	
女	9	31	

此题得出的比例就与前两题有较大差异，前两题都是高估者多于低估者，而这道题中，高估者的比例显著低于低估者，两者差距竟然有 41 个百分点。而在前两题中充当“先锋”的男性的高估比例也仅仅只占 27%，62% 的男性都做出了低估的判断；女性的高估比例竟然只占 20%，有 69% 的女性认为本群体中有性行为的数量不到 25%。

在与异性有过性活动的 25 人中，11 人做出了高估的判断，比例达到 44%。这个数字虽然不及前两题的显著，但就本题来看，还是比平均高估率多出 20 个百分点。

（六）贞操观

表 22

可以原谅的原因	男		女		总	
	比例（%）	人数	比例（%）	人数	比例（%）	人数
被迫卖淫	38	21	36	16	37	37
被拐卖	40	22	42	19	41	41
被强奸	56	31	58	26	57	57
受骗	38	21	24	11	32	32
一时冲动，无爱可言	25	14	9	4	18	18
爱过那男，现已不爱	60	33	62	28	61	61
现在仍爱那男	4	2	4	2	4	4
什么原因都不行	7	4	11	5	9	9

由上表可以看出，可以原谅的原因比例比较高的是“爱过那男，现已不爱”、“被强奸”、“被拐卖”、“被迫卖淫”和“受骗”。在这个顺序上，男女都是相同的，甚至前四项的差距都不到两个百分点。只有在“受骗”这个原因中，男女相差较大，但与常理不同的是，男性的原谅比例反而大大高于女性，高出了 14 个百分点。出现这样的结论，恐怕还是证明了潘绥铭教授的结论：由于大学女性都是非常独立和自立的女性，由于她们接触最多的，都是大学里那些非常尊重女性的男性，所以她们大概不相信或者无法想象出那种完全地、

真正地情况，结果她们也就不能宽容这种情况。

在坚守传统贞操观（什么原因都不行）的大学生里，男女比例的差异不显著，而且比例都不高，比起 1997 年的平均 16%，可以看到我国大学生的性观念确实有了实质性的进步。但可惜的是，女性比例还是高于男性，在现在的社会中，依然有超过十分之一的女大学生认可女性应该处于这种不平等的地位。

被接受程度最高的原因是“爱过那男，现已不爱”，认同率在男女中都高达 60% 以上。这个结论的出现，说明大学生对爱情的宽容和理解。

（七）同性恋

第 18、19 题调查的是同性恋问题。对于第 18 题，合并“a. 可以坚持自己的性取向，支持”、“b. 较为支持”选项成为支持同性恋，合并“d. 认为有损社会风貌，较反对”、“e. 社会风气堕落，很反对”选项成为反对同性恋。就得出了以下结论：

49% 的大学生选择了支持，34% 表示不支持不反对，只有 14% 的大学生明确表示反对，另有 3 人未作选择。

在得出的结果中，选择支持的人占了绝大多数。即使在明确反对的 14 人中，也只有 5 个人选择了“很反对”（有一份问卷，被调查者不仅选择了很反对，还在旁边注明“违反生物性本能”）。所以，在当代大学生的思想中，为同性恋者的生存留下了宽容的空间。

在对第 19 题的分析中，76% 的大学生选择了“同性恋现象越来越普遍和公开”，只有 16% 选择了“不是”，另有 8 人未作选择或是注明“不太关心”。这两题联立就可以得出另一个结论：不管人们在现实生活中对同性恋现象的态度如何，同性恋现象都在不可避免的普遍和公开。

19 题的第二个问题是第一个问题的衍生，问题不仅仅停留在现象，而是希望了解现象背后的原因。有 76 位被访者写出了自己认为的原因，不管是同意还是不同意“同性恋现象越来越普遍和公开”这种说法，被访者都是从社会和个人两个方面来解释现象出现的原因。在 68 位同意“普遍而公开”的被访者中，有 12 位认为是因为个人观念进步、个人自由、个性发展所致，其他 56 人都认为是社会进步、社会宽容、文化多元、性解放所致。在 8 个不同意这种说法的被访者中，只有1个人认是个人对自己性取向的认识有偏差，其他的人均认为是由于社会不够开放、不够宽容所致。

（八）媒介成因

对比潘绥铭教授在《中国当代大学生的性观念与性行为》中在1995年作的调查，大学生的性行为程度指标如下：

表23

	行为程度低	行为程度高
男		
1995年	31.8	36.8
2006年	53	20
女		
1995年	36.4	31.2
2006年	42	13

从表中可以看出，不管是男性还是女性，在较低的行为程度上都有较大幅度的增长，但在高行为程度上却趋向拘谨。这究竟是由什么原因导致的呢？

在我们日常接触的大众媒体中，一些报纸杂志不断刊登这种（女大学生卖淫成风）“案例”、“透视”、“扫描”等，使人们不信也得信。① 这就使我们不能忽视大众传媒在塑造大学生性观念方面的影响。

（九）媒介为什么能影响

大众生活从广泛意义上而言，已经离不开媒介的介入，当代人的政治、经济、文化、社会生活的各个方面无不处于媒介的影响与控制之下。媒介不仅影响着人们对信息的获取，而且深刻地影响着人们的态度、观念、信仰、娱乐、

① 潘绥铭、曾静：《中国当代大学生的性观念与性行为》，商务印书馆2002年2月第1版，第120页。

教育等。①

大众传媒通过提供“象征性现实”表达媒体本身的态度，在很大程度上，人们会将这种象征性的现实误认为是社会存在中的现实，而这两者之间是有很大的偏离的。媒介运用自身无处不在的优势，潜移默化地“培养”人们对社会的认识。

在询问被访者都接触过什么样的性文艺作品时，52%的被访者看过直接描述异性性交的科学类文字材料，58%的看过直接描述异性性交的各类文艺作品，57%的看过直接描述异性性交的非科学类图像、影响资料。这个结果让人感到惊奇，竟然有超过一半的大学生都看过国家明令禁止的、属于扫黄打非范围的出版物。不知是国家的法令太过落后，还是这些准精英们的思想太过开放?

在大学生接触的关于性的作品中，文字和影像类的占了绝大多数，比例分别为60%和52%。这一题我们试图结合不同的媒体形式，例如：文字、图像对应的是书刊、报纸、杂志等纸媒体，影像对应的是电视、网络等电子媒体，声音对应的是广播媒体。所以从这一题中，不仅可以看出大学生看性的途径，也可以间接地反映出这几种媒体在大学生中的普遍程度。具体比例如下：

表24

文字	图像	影像	声音	其他
60%	26%	52%	7%	4%

这种媒介接触现状，体现了大学生作为一个特殊的群体（特别是大城市的大学生）所具有的特殊点：传统纸媒体已经开始逐渐淡出他们的生活，电子媒体特别是网络媒体对他们的生活方式、生活态度将起到越来越大的影响。网络作为一种新兴媒体，从20世纪90年代中后期起开始在中国广泛发展。网络传播具有的实时性、非同步性、高速性、融合性、开放性、交互性和虚拟性等特质使得各种信息在网上能够大量而广泛的传播。虽然网络传播所需要的硬件设

① 申凡、戚海龙：《当代传播学》，华中理工大学出版社2000年第1版，第188页。

施费用相对于前面的媒介显得较高，但作为准精英的大学生们还是纷纷把电脑作为大学生活的必须装备之一。大学生作为一群善于独立思考，不向权威低头的群体，在网络上找到了最好的表达方式；而网络这种媒介载体，也因为有了这么活跃的网民群体的存在才显得生机勃勃。

（十）媒介怎样影响

媒介通过“培养”民众对“现实”的认识，达到了影响民众观念的效果。正如前文所说到的，在互联网的非学术信息中，47%与色情有关。这就给了人们一种信息：我们正处在一个性开放的社会，有关性的一切都是被鼓励的。可能这并不是媒介提供信息时的最初想法，但确实达到了这样的效果，所以大学生们将看性作为一件日常生活而普遍接受。同时也可以得出这样的结论，媒介把社会的性开放程度放宽，就使得有更多的大学生提高了低程度的行为的发生率，因为媒体在告诉他们：这算什么，还有更多的大学生有过更高行为程度的活动呢！

媒介自身的发展对此也是功不可没。从文字、图像到电视、电影，特别是网络媒体的出现，使声音、文字、影像达到了高度的结合。点击率可以带来商业利益，把网络媒体推到性文化传播的最前台。

所以，要了解大学生性观念现状的媒介成因，就应当先从网络开始。

网络传播作为一种新的技术文化，极端突出了个性，使在传统文化束缚下的人们获得了空前的自由。但它带来的另一方面：人性的异化，人们日益被外在的“物”所主导，失去了自我。我们不妨换一种说法：网络培养了一个虚拟的社会，并把人们培养在这个虚拟的社会中。虽然在电视媒介中，培养分析的重要目的是揭示大众传播为占统治地位的阶级和意识形态服务的本质，但在网络媒介出现后，这种情况已经开始逐步瓦解。在网络媒体中没有绝对的权威，网络自身的即时性和开放性使其不可能被政权完全控制。在这种情况下，网络中的虚拟社会就不可能只有正统的规范，不可避免地会有规范外的信息。但这些同样属于媒介培养的产物，这些信息的传播发散，成就了人们对现实的错误认识。

（十一）媒介影响了什么

在看描述爱情的文艺作品时，58%的大学生都认为爱情崇高美好并相信其在现实生活中存在，28%的人认为爱情崇高美好但不认为在现实生活中存在，只有5%的被访者认为情节虚假并且不相信这样的爱情，另有7人觉得没什么反应，2人未选。

这样的结果，让同样身为大学生的笔者深感欣慰：在充斥欲望的现代社会中，还有多于一半的大学生相信美好爱情的存在。这个结论也从另一个方面印证了前面问题中大部分被访者都选择“先有爱后有性”的正确性。

在看性文艺作品（一切形式）时，73%的被访者认为是正常现象，并坦然接受。让我们事前没想到的是，在这73个被访者中，有37个男生和36个女生，按照他们各自的比例来算，男生有67%接受，而女生的比例更是高达80%。在封建思想有2000年历史的中国，作为准精英阶层出现的女大学生，竟然有4/5的人认为看性文艺作品是正常现象。

网络的匿名性为这种结果的出现解释了原因。“在电脑面前，没有人知道你是一条狗。”这句话在这里的衍生意就是：在网络上看性，没有人知道你是男人还是女人。这就使得女性在网络面前可以完全抛弃传统观念的影响，可以和男性一样了解性知识。换句话说，网络媒体的出现，使男女在“看性”的问题上达到了平等。

在其他的选项中，14%的被访者觉得害羞不大好意思看，3%抱着学习观摩的态度看，8%从来不看，2%的人为满足自己的需求而看。

本题与下题有着互相验证的作用。在对被访者观念影响最大的媒介中，网络还是以53%的比例高居榜首。具体比例如下：

表25

报纸	杂志	电视	电影	广播	网络
12%	12%	19%	26%	6%	53%

网络为所有的人都提供了相同的信息，没有职业年龄的区分。所以，网络

作为大学生每天接触最多的媒体，不仅为他们提供了大量有利的信息，也提供了方便看性的渠道。但我们不难看出，大学生们从网上接触的性材料很多都是不科学的。据统计，在互联网的非学术信息中，47%与色情有关。对作为具备独立思考能力的大学生来说，看性显然是他们自主的选择。

媒介特别是网络的影响，并不局限于男女看性的平等，在其他方面也有深刻的影响。比如在同性恋问题方面，作为新兴的媒体，政府控制和主流思想还没有形成绝对的优势。于是网络上就少了很多世俗的看法和官方的结论，更多的是对观念的自由探讨，每个网民都可以自由的表达自己的真实看法，每个人都会形成自己的观点。在社会进步和解放人性的大背景下，人们的观点就更趋于理性和宽容。

（十二）怎样规范媒介影响

在问卷中，有52位被访者参与回答了“您觉得媒介对您的性观念影响是利大于弊还是弊大于利?”其中60%的被访者认为“利大于弊”，37%认为“弊大于利”，另有3%的被访者觉得“差不多”。在填写“有哪些不利影响”时，更有66%的被访者把矛头直指网络，选择了“网络的开放性，腐蚀青少年思想”，认为媒介不利于青少年形成正确的性观念。

毫无疑问，人们对媒介规范的广泛关注，缘于对媒介不良影响的担忧，而媒介使用本身被认为有道德存疑的可能。在如何规范这个问题上，大部分被访者的观点都很一致，认为应该从立法、行政、道德和行业四个方面来规范。在我国现阶段，还没有出现一部全国范围的网络管理方面的法律，虽然有很多法规保证着网络在规则内进行，但作为一个完整的法律体系，显然是应该尽快使新事物进入规范的。

三　论文不足

首先，在问卷设计上，我们没有考虑周全，大部分都只是照搬潘绥铭先生在1997年做的关于《全国大学生的性行为与性观念调查》，尽管题目的专业性可以得到保证，但是缺乏创新，而且主要是过了9年，有些因素已经改变，因此问卷应该更加考虑时代性。其次，在样本容量的选取上，全北京市大学生有31.2万人，包括在校各类学生，我们仅仅抽取100人作为样本容量，在对整体情况的真实反映上难免有不足。再次，尽管我们本着科学严谨的态度进行数据录入和分析，但也不可避免出现疏忽。最后，在整个论文结构方面，我们做完才发现，跟之前预想的有出入，我们把大部分的精力和时间花在了问卷设计、发放、分析上，全文大部分都是以数据形式出现，尽管这样“用数字说话”代表我们公正的立场，但读起来不免枯燥。而且作为主要部分之一的媒介分析部分，我们的思路不是那么清晰，逻辑结构有点凌乱，整体而言，比重也比较小，有点偏离原来的轨道。但这次课题让我们获益匪浅，从对社会调查一无所知到自己设计发放问卷，到对现状有了个大概了解和把握，再到从媒介层面来分析，我们一直在努力，在进步，谢谢各位老师。

参考文献

[1] 潘绥铭、曾静：《中国当代大学生的性观念与性行为》，商务印书馆2002年2月第1版。

[2] 赵士林、彭红：《网络传播论》，上海交通大学出版社2002年1月第1版。

[3] 丹尼斯·麦奎尔：《受众分析》，刘燕南、李颖、杨振荣译，中国人民大学出版社2006年3月第1版。

[4] 胡钰：《大众传播效果问题与对策》，新华出版社2000年1月第1版。

[5] 潘绥铭、[美] 白维廉、王爱丽、[美] 劳曼：《当代中国人的性行为与性关系》，社会科学文献出版社2004年版。

[6] 潘绥铭、杨蕊：《性爱十年：全国大学生性行为的追踪调查》，社会科学文献出版社2004年版。

[7] http://ftp.haie.edu.cn/Resource/Book/Edu/JYLL/TS007021/0054_ ts007021.htm.

[8] http://www.mrpad.com/Article_ Show.asp? ArticleID = 7654.

[9] 申凡、戚海龙主编：《当代传播学》，华中理工大学出版社2000年第1版。

[10] http://www.hg911.cn/bbs/TopicOther.asp? t = 5&BoardID = 20&id = 207.

点评：《北京大学生性观念现状及其媒介成因分析》一文采用调查研究的方法，对北京大学生的性观念、性状态进行了客观描述与细化分析。论文借鉴了专业的调研框架，问题涉及面广，用数据和事实廓清了人们对大学性观念与性状况的一些模糊认识，具有较强的测量信度和效度。论文阐释了性观念与性行为之间的变量关系，提出了在决定性观念的因素中，媒介影响的作用，尤其是对互联网的作用日益增大的观点，具有独到的见解。论文提出了媒介和社会必须面对如何正确引导大学生性观念和性行为的现实问题，并提出有效方法："从立法、行政、道德和行业四个方面来规范。"体现了理性、建设性的学术追求，具有较强的现实意义。

论文作者较好地克服了选题所致的调研难度，获得了宝贵的真实数据。论文行文规范、方法得当、逻辑性强、层次清晰、语言流畅。论文的不足之处在于数据采集的方法和理论分析上还有拓展的空间。总之，该论文是一篇具有较高学术水平和实际价值的论文。

（中国青年政治学院新闻系副教授　漆亚林）

附录1

对于回答不够真实的原因，我们也整理了一下，希望对以后的调查有所帮助，附表如下：

回答不够真实的原因		男生	女生
调查没意思	1	0	1
问得太深	5	2	3
有苦难言	2	2	0
题目太刺激	6	4	2
我的回答全部真实	71	37	34
1、11	1	0	1
11 基本真实	1	1	0
4、5	1	1	0
8、11	1	1	0
保守	1	0	1
不大清楚	1	1	0
基本真实	1	1	0
基本真实 有些情况不甚了解	1	1	0

没太了解	1	0	1
没有足够了解	1	1	0
无经验，不知道	1	0	1
有些问题不清楚，如比例等	1	1	0
这些问题有点让人不舒服，但我的回答是真实的	1	1	0

附录2

中国青年政治学院第八届

“智慧星火”——中青学子学术支持计划

新闻与传播系论文《北京大学生性观念现状及其媒介成因》调查表

同学您好：

我们是中国青年政治学院新闻与传播系的学生。为了了解当代大学生性观念状况，我们需要您的支持和参与，您的回答是有价值的。请您在您认为正确或是符合您实际情况的答案上画圈或打勾（我们将对您的个人资料保密，不会外泄）。

1. 您的性别　a. 男　b. 女

2. 您的年级　a. 大一　b. 大二　c. 大三　d. 大四　e. 更高

3. 您的专业　a. 文科　b. 理科　c. 工科　d. 医科　e. 农科

4. 您到目前为止谈过几次恋爱？

   a. 一次　b. 两次　c. 三次　d. 更多　e. 没谈过

5. 您与您的恋人（从前、现在均可）有过以下哪种行为？

   a. 牵手　b. 拥抱　c. 接吻　d. 性爱抚及以上

6. 您到目前为止，与多少位异性进行过性活动（带有刺激性的触摸及以上）？

   a. 一位　b. 两位　c. 三位　d. 更多　e. 没有过

7. 您第一次与异性进行性活动（带有刺激性的触摸及以上）大约是在____岁？（第6题选e，本题可跳过）

8. 您第一次与异性性交约为____岁？（没有可不填）

9. 您周围的朋友 有/曾经有 恋人的数量约为____%

10. 您所知道朋友中接过吻的约为____%

11. 您所知道朋友中有过性行为的约为____%

12. 您认为自己的性观念是

a. 很传统　b. 较传统　c. 中间　d. 较开放　e. 很开放

13. 您认为爱情与性交的关系应该是？

a. 有爱而无性　b. 先有爱后有性　c. 爱和性可以同时产生

d. 先有性才会有爱　e. 最好有性而无爱

14. 假如新娘与别人性交过，

男生答：如果您是新郎，您能够原谅以下哪些原因？

女生答：您认为以下哪些原因，定会获得新郎的谅解？（凡是能原谅的都画圈）

a. 被迫卖淫　b. 被拐卖　c. 被强奸　d. 受骗　e. 一时冲动，无爱可言

f. 爱过那男，现已不爱　g. 现在仍爱那男　h. 什么原因都不行

15. 想过用钱或是为了钱去性交吗？

a. 没想过　b. 想过（哪怕一次），但没试过　c. 试过，没成功

d. 做过，不想再做　e. 还想做

16. 您对婚前性行为的看法是？

a. 不在乎　b. 不怎么在乎　c. 中等　d. 在乎　e. 很在乎

17. 您认为色情行业（包括性交易及与其有关行业）

a. 应予以取缔　b. 由其自由发展

c. 立法规范，合理引导　d. 无所谓，事不关己

18. 您认为同性恋

a. 可以坚持自己的性取向，支持　b. 较为支持　c. 不支持不反对

d. 认为有损社会风貌，较反对　e. 社会风气的堕落，很反对

19. 在你看来，同性恋现象是不是越来越普遍和公开？________在您看来，这是由什么原因导致的呢？________________________________

20. 您认为影响您性观念的因素及程度有

	很小	较小	中等	较大	很大
人际交往地位					
父母的态度					
自我评价（相貌、身材、气质）					
异性交往与恋爱经历					
媒介的影响（包括报纸、广播、电视、网络）					
政策、纪律的影响					
从众心理					

请说明影响您性观念的其他因素＿＿＿＿＿＿＿＿＿＿＿＿＿＿＿＿＿＿

在所有影响性观念的因素中，请您预测，哪种因素的影响会越来越大？＿＿＿＿＿＿＿＿

21. 你每天接触最多的媒体是？

a. 报纸　b. 杂志　c. 广播　d. 电视　e. 网络

22. 您的性知识的得到的渠道主要有？

a. 父母　b. 学校　c. 朋友　d. 报纸　e. 电影电视　f. 网络　g. 其他

23. 您在看描述爱情的文艺作品时，出现过什么样的反应？

a. 认为爱情崇高美好并相信现实生活中存在

b. 认为爱情崇高美好不相信现实生活中存在

c. 认为情节虚假且不相信这样的爱情

d. 漠然，没什么反应

24. 您在看性文艺作品（一切形式）时，是什么样的态度？

a. 害羞不大好意思看　b. 认为是正常现象，坦然接受

c. 抱着学习观摩的态度观看　d. 从来不看　e. 为满足自己的需求

25. 你看过（可多选）：

a. 直接描述异性性交的科学类文字材料（书报、文章等）

b. 直接描述异性性交的各类文艺作品（仅指文字的）

c. 直接描述异性性交的非科学类图像、影像资料

26. 在您接触过的关于性的作品中，大多是以什么形式出现的？

a. 文字　b. 图像　c. 影像　d. 声音　e. 其他

27. 在所有媒介中，对您观念影响最大的是？

a. 报纸 b. 杂志 c. 电视 d. 电影 e. 广播 f. 网络

28. 您觉得媒介在对您的性观念的影响中，是利大于弊还是弊大于利？主要是哪些方面的不利影响呢？（可多选）

a. 色情交易越加泛滥 b. 网络的开放性，腐蚀青少年思想

c. 享乐主义思想流行 d. 冲击中国传统道德规范

e. 艾滋病等疾病的广泛传播 f. 其他（请注明）＿＿＿＿＿＿＿＿

29. 对于媒介的不利影响，您认为应该通过什么途径来规范？在填答这个问卷时，如果您的有些回答不够真实，原因是（凡是有的都画圈）？

a. 调查没意思 b. 不信任调查者 c. 怕无法保密 d. 不愿谈性问题

e. 问得太深 f. 有苦难言 g. 旁边有别人 h. 题目太刺激 i. 题目不道德

j. 其他原因（请写明）＿＿＿＿＿＿＿＿ k. 我的回答全部真实

谢谢您的支持与参与！

中国青年政治学院新闻与传播系

多维视野中的“上访”*

——对上访“相关者”的调查分析

作者　于晨　林周灵　李实　雍丽融　顾明强　杨杰

指导教师　吴鲁平

一　研究的问题及其背景

根据2005年1月5日国务院通过的《信访条例》，“信访”是指：公民、法人和其他组织采用书信、电子邮件、传真、电话、走访等形式，向各级人民政府、县级以上各级人民政府所属部门反映情况，提出意见、建议和要求，依法由有关行政机关处理的活动。而“上访”相较于“信访”，专指信访人亲自登门，向有关机构表达意愿的活动。

上访，是一种人民维护自身权利的方式，也是政府听取各方意见、建议和要求的途径。但同时，闹访、截访、上访村等一系列“上访困境”的出现，引发了对这一制度的争议。2010年9月26日国务院新闻办公室发表的《2009年中国人权事业的进展》白皮书中指出，中国进一步完善信访工作法规制度体系，2009年的全国信访总量同比下降2.7%，已经连续5年保持了下降的趋势（http：//news. qq. com/a/20100926/000799. htm？ pgv_ ref = aio）。但信访工作

---

* 该作品获第十二届“智慧星火”——中青学子学术支持计划一等奖。第六届“挑战杯”首都大学生课外学术科技作品竞赛一等奖。

仍然存在着很多问题。因此，本次调查以来京上访群众、国家各部委信访接待处工作人员和地方各级信访接待处工作人员为调查样本，采用观察法和访谈法的方式，针对三方面的上访“相关者”视野中的“上访困境”展开调查。

与已有的文献相比，本次调查在调查对象、调查方法上都有了一定的突破。从调研对象来说，已有的文献主要针对上访三方面“相关者”的其中一方，且绝大多数是从上访者的角度来说。比如于建嵘的《当前我国群体性事件的主要类型及其基本特征》，从上访群众的角度描述了群体性事件，尤其是上访事件发生的各种条件及特点，表达了对当前执政官员及法律制度的不满。（于建嵘，2009）又比如王珍的《做好纪检监察信访工作与解决人民内部矛盾问题》，从纪检监察信访工作的角度论述了信访工作需做出的一些改变，对解决矛盾提供了一些意见和措施。（王珍，2000）而本次调查，我们从上访三方面“相关者”的角度来考察，兼顾了三方不同的背景、视野，全面呈现了他们各种不同的心理感受，使调查更具全面性。调查方法方面，已有文献主要采用问卷法、文献法来研究。比如《中国人在行政纠纷中为何偏好信访?》一文，作者张泰苏在没有找到样本的情况下，联系历史和已有文献对信访问题做了自己的描述，突出了中国民众对诉讼的排斥心理。（张泰苏，2009）而本次调查，我们直接接触来京上访群众和国家部委级信访部门的工作人员，主要采用访谈法和观察法，使调查更具直观性与真实性。

此次调查研究，我们近距离接触了一些群体和单位，了解了许多通过文献资料无法了解的情况。透过这些现象，探寻问题的实质，对我们来说是一种考验，也是一种磨炼。通过此次调研，小组成员不论从理论水平，还是实践经验上，都得到了一定的提升和锻炼，为今后做好思想政治教育工作积累了经验、打下了基础。

二　研究方法、研究过程及研究个案的基本情况

（一）研究方法

我们这一次的调查，主要是采用了半结构式访谈和实地观察的调查方法。对于来京上访群众、中央国家机关的信访工作者以及外围群众，我们采用

当面采访的方式；由于条件所限，对于地方信访工作者以及地方政府官员，我们则采用电话采访的方式。

我们实地走访了全国人大信访局接待室、国务院办公厅人民来访接待室、民政局信访办、农业部人民来访接待室、国土资源部信访接待室、最高人民法院人民来访接待室、中纪委信访室等七处国家信访机构，通过实地观察的方法，考察了这些国家信访机构的地理环境，现场观察了中央国家机关的信访工作者与来京上访群众的互动情况。

（二）研究过程

前期，我们小组6个人分工，搜集相关的文献资料。包括：掌握有关上访的基本概念，了解这之前学者对于上访问题的研究和有关上访的相关法律条例。然后，我们将收集到的资料进行梳理，在小组内进行讨论，确定我们调研的方向和侧重点，并初步制定出一份半结构式访谈提纲。

我们的采访对象主要包括三个方面：来京上访群众、中央国家机关信访工作人员和地方信访工作人员。采访以集体行动为主，一般3—5个人一起采访。

对于来京上访群众的采访，一方面我们深入到北京南站北广场附近的来京上访群众聚居地，进行实地的采访和调查；另一方面，我们在走访国家信访机构的过程中，在各信访办也会对一些来京上访群众进行适当的采访。

对于中央国家机关的信访工作人员的采访，我们主要先通过互联网寻找到一些部委信访办的地址，然后到本系办公室开采访证明，最后去相关的国家机构信访部门采访工作人员。

对于地方信访工作人员的采访，我们主要是小组内部成员，在自己的家乡联系信访工作者，进行电话采访。

每一次采访过后，小组成员会在一起总结当天的工作，讨论采访后的收获，并不断地丰富和调整采访提纲和访谈重点。同时，分别对采访记录和相应的照片进行整理，每个小组成员都会在每次采访过后写一份采访感受，由组长统一保管。

采访结束之后，小组召开讨论会，研究和布置最后撰写调查报告的任务。分工完成调查报告，最后再统一进行修改和完善。

（三）研究个案的基本情况

以下为本次采访对象的一些基本情况。

本次访谈对象包括三方面的上访“相关者”：来京上访群众、中央国家机关的信访工作者、地方信访工作者。另外，我们还对一些群众进行了外围采访。

被访者的基本情况如下表：

表 26　来京上访群众的个人信息

序号	姓名	性别	籍贯	年龄	文化水平	上访时间（年）
1	WFM	男	黑龙江	65	无学历	10
2	XSX	女	黑龙江	43	初中	1
3	XST	男	黑龙江	47	初中	8
4	CSH	男	黑龙江	45	高中	1
5	SBJ	女	黑龙江	33	初中	1
6	LXT	女	山西	56	初中	23
7	LKT	男	湖北	59	初中	6
8	LTQ	男	河北	47	初中	4
9	ZBH	男	河南	63	小学	2
10	LXZ	男	河南	73	无学历	3
11	XML	女	河南	53	小学	5

表 27　中央国家机关的信访工作者的个人信息

序号	姓名	性别	职务	工作单位
1	刘 × ×	男	处长	全国人大信访办
2	朱 × ×	男	科员	民政部信访办
3	李 × ×	男	主任	国土资源部信访办
4	于 × ×	男	主任	最高人民法院信访办

表 28　**地方信访工作者的个人信息**

序号	姓名	性别	职务	工作单位
1	杨××	男	科长	市信访局
2	陈××	男	科员	县信访局
3	张××	男	科长	省信访局
4	赵××	男	书记	县政府

表 29　**外围群众的个人信息**

序号	姓名	性别	身份
1	孙××	男	北京西站流浪汉
2	周××	女	北京西站电梯管理员
3	王××	女	农业部信访处附近居民

三　来京上访群众的生存状况及其他们视野中的“上访”

（一）来京上访群众的生存状况

我们实地调查了位于北京南站附近的“上访村”、北京西站北广场的上访聚集地，亲眼目睹了来京上访群众的生活环境；同时，采访数名上访群众以及外围部分群众，以此了解来京上访群众在北京的生存状况。调查发现如下：

1. 上访村状况：生活环境令人堪忧

> 他们的居住条件很差，一条一米见宽的小巷，两边破旧的房子就是他们的临时住所……8 个人挤在 10 平方米左右的小黑屋中，每人一张钢丝床，没有其他摆设，仅有一扇狭小的窗户可以透光……房间里散发阵阵恶臭。(调查员于晨)

图6　沿着这条胡同进去，就是我们采访的来京上访农民在北京临时的“家”

2. 缺乏生活来源，有的通过非法手段赖以维生，存在一定的社会问题

通过我们的调查发现，长期在京的上访群众没有谋生职业，生活费都是从家里带来的，一旦用完，就没有经济来源，只能艰难度日，或者偷抢些钱财物赖以维持生活。

> 我来北京二十多次，每次都带上千元……吃5毛的馒头，我这情况还比较好，有的上访的人没钱了，只能去垃圾堆里找些吃的。(LKT)
>
> 他们没钱住旅馆就打地铺住在这里（指北京西站北广场）……这些人还不找工作，有时候就在车站里顺手牵羊偷人家的东西……一般两三个人，一个人休息的时候，另外一个人就站岗放哨，看好他们自己的东西。(北京西站流浪汉孙××)
>
> 哪有什么正当工作啊，就是在西客站内偷抢。有一次，我看到一个小伙子躺着睡觉，就有一个人走过去把他的鞋子给偷走了。这种事谁敢管啊，搞不好眼睛都被人弄瞎了。我就走过去用脚碰了碰那小伙子，告诉他鞋子没了。他光着脚追了过去，没追回来。这种事太多了，不好管的。(北京西站电梯管理员周××)

3. 人权受到一定程度的侵犯

来京上访群众的人权问题引起了我们关注。首先，“截访”现象仍然存在，来京上访群众普遍存在这种“共同的经历”。

有些外地来的，晚上就被当地来的警察开车“接走了”。（农业部信访处附近的居民王××）

这次来北京两周了，每次来时间都不定，哪天被抓了就被送回去。我被抓了两次……上次被抓说我去了非上访区，其实我没去，但他们还是把我抓回去关了15天……我们上访的走在街上，有民警就会来查包，骗我说：“你跟我来，可以解决问题。”然后就把我们抓走了……我们来上访的根本不能接近天安门，接近就被抓。（LKT）

我们想上国家信访局，还没到就被北京警察拦截。他们没有出示证件就要求检查我们的包，一开包看见信访材料，就要我们去登记……有车送我们去，然后我们就上车了，就直接把我们拉到派出所登记……到一个小胡同里就被一群社会人士把手机等全没收，后来就跟乡政府打电话，派人来接我们……第二天上午9点就有人来跟我们谈，说回去解决问题，结果回去没有解决问题，直接到公安局，说我们扰乱政府办公秩序，这个实在说不过去，我们就连政府大门也没进，怎么能说扰乱办公秩序，就把我们拘留了7天。（CSH）

4. 失去一定的“自由权”，部分上访群众处于受监视状态

住宿的地方不能用身份证登记。因为上访，公安部门都有登记联网，只要宾馆一扫描就有人过来抓了……多次上访的，比如我，连手机都受到监控。（LKT）

（二）来京上访群众的上访偏好及对“上访”的感受和评价

我们对11名来京上访群众进行深入访谈，从上访偏好的原因、长年上访的心理感受、对政府的看法、对信访工作人员的评价、对上访的评价等五个方

面加以分析，得出以下几点结论。

1. 偏好上访的原因：对司法的不信任

在解决地方遇到的纠纷时，中国老百姓第一个念头就是“上访”。民众偏向选择上访的途径，而不是采取司法手段，其原因在于对司法的陌生感和排斥性。

> 我就是一个法盲，不懂还能怎么办呢？只能来上访了。(WFM)

占来京上访群众比例最大的是农民，他们的政治素养、知识水平、法律意识普遍不高，在遇到纠纷的时候，对于不熟悉的司法手段具有本能的不信任感，并不相信司法可以解决他们的问题。

同时，他们将对于地方行政官员的不满同样发泄在地方司法机关工作人员上，认为“官员都是一样的”，排斥在同级司法机关立案，只有采取上访的方式才能解决他们的问题。这在一定程度上反映了司法不独立、不公正的问题。

> 司法你们要知道，司法上就是相互推，就是村到县，县到村，反复这样。所以一直都不处理。同时呢，现在不是仲裁出现了，我们这个问题可以通过仲裁来解决。但是他们怕我们通过这条路来解决，仲裁机构设立几个月就被撤了，来堵住这条路，所以现在就没办法，才来京上访。(XST)
>
> 我老婆是被公安局打的，检察院、法院肯定都不受理案件，告他们没用，我只能上访。(LKT)

2. 长年上访的心理感受：难以放手，无所畏惧

我们采访的上访群众，其上访年限至少在 1 年以上，其中甚至有超过 20 年的。一位来京上访的大婶告诉我们，她从 1987 年开始，至今已上访了 23 年。

> 上访这么久了，我就是为了讨一个公道。(SBJ)
>
> 我从上访开始到现在，无论是自己还是家人，都已经遭受了极大的伤害。我现在已经无所畏惧了，我不怕死，我随时都可以死。只要我还有一口气在，我就会坚持上访到底。(LXT)

这次我可算是冒着危险的，要是还没结果，我们回去可能就只能硬碰硬地干了，我干不死他全家还干不死他啊，所以这次回去可能会通过硬干来维护我们的权利了。(CSH)

整个上访的过程给上访群众带来了无数的挫折和磨难，他们受到了很多的伤害。一方面，他们觉得如果“半途而废，之前的苦都白受了”，业已形成“习惯性”的上访，上访已经成为他们的一种生活状态。可以说，一旦选择“上访”，在上访群众的要求没有获得满足之前，他们是不可能放弃的。

另一方面，既然已经遇到了这么多挫折，今后再多的困难也都不害怕了。他们中，有人被威胁，有人被拘留，有人被多次拷打，但没有人打算放弃，他们说会战斗到最后一刻。抱着这样的心理，他们走在上访的这条“不归路”上，打算用自己的一生来捍卫自己的权利。如若处理不当，他们很有可能采取极端暴力的方式来解决问题。

3. 对政府的看法：存在强烈的“清官情结”

受到中国传统封建文化的影响，上访群众存在着深刻的“清官情结”，也可以说是对“人治”权威的信任感。相较于冰冷的法律，他们更倾向有一个类似于“青天大老爷”的人物来解决问题。

我们只希望能碰到清官，中国这么大，党还是好的，党的政策还是好的，都能为老百姓着想。但地方官员不执行……我们只希望能有清官能帮我们解决问题。最大的官都在北京，俗话说官大一品压死人，省里面都是他们的天下，哪里有我们说话的地方，我们希望中央领导帮我们解决。(CSH)

中央政策都是好的，温家宝也是好人。我就希望多次上访能遇到一个清官，把我们的问题给解决了。(XSX)

由于“清官情结”，上访群众对于清官的期望，导致他们对上访有着盲目的信任感，将自己的情绪与希望寄托于其中，甚至有些不能自拔。在这样的心理因素主导下，出现了我们熟知的一幕幕：各地群众纷纷不远千里来到北京上访，希望他们的冤屈能够被一位“负责任”的官员看到。然而，事与愿违，但各地上访群众在一次次的失败中，仍然坚持不懈地上访。

4. 对信访工作人员的评价：排斥地方，信任中央

上访群众的问题出现在地方，因而上访群众与各级地方政府的矛盾冲突是直接的。在我们的采访中，可以明显地感觉到上访群众对于地方政府和信访接待人员的敌视和不满。

> 我从 2001 年就开始上访，至今不给解决。这些材料上说得很好，说给你解决，但是相关部门根本就不当回事。我们给肇东市常务市长王剑波写的信，虽然王市长签条了，但被农委主任给扣下了，事情不解决还把我的材料扣下了，事情不给处理，就连省里给的证明，拿回去什么事也不管用，我们出具的国家信访办的签条也不当回事儿，一直搁置不办。(WFM)
>
> 我在哈尔滨信访办询问时，他们要求我们去找公社，公社的一把手就说你们爱告就去告啊，去北京去联合国告去，你们告我就拿公费陪你们告去。(XST)

在上访群众眼中，地方各级行政机关由于彼此间的裙带关系，“官官相护”。各部门给上访群众打“太极拳”，上访群众被一个部门推到另一个部门，又从另一个部门被推到其他部门。他们在地方上访的多年中，往往把时间都花在了在各部门之间跑来跑去上。此外，他们还认为，地方官员之间关系太紧密，即使有一些想为他们说话的官员，迫于其他位高权重的官员的压力，也不敢真正站出来为他们做主。

而对于中央国家机关信访办，他们则是满怀希望的，如同他们表现出的强烈的“清官情结”。在上访群众看来，中央国家机关的官员和地方官员没有裙带关系，不受地方官员的制约，因而有能力处理他们的问题。他们来北京上访，希望可以得到一些中央给出的相关的批示命令，让他们回地方后可以责成地方官员按照上级指示办理。

> 农业部那个接待我们的人态度真的很好，说话都说到我们农民心坎里去了。即使办不成也很感谢他，让他帮忙写一些批条都给写。(CSH)

5. 对上访的评价：成功率低，地方不执行

多年上访的群众对上访有着一个清醒的认识：上访成功率低。他们经过辗转来到北京，填写过无数张来访登记表，收到大量的信访转送单，却发现地方上根本不执行。

> 国家信访局根本没有用，他们就是把身份证刷一下，然后说：“你走吧”。我的材料在中纪委倒是看了一次。那些地方一看我是重访的，更不给接待，初访还可能给接待……那么多转接单到我们县都不给办。我到省里去过一次，转到市里，接着又到县里，根本没有用，人家就是不受理……我知道上访的成功率很低。(LKT)
>
> 省里的批示被肇东市农委主任看成废纸，不予办理。(WFM)

即使如此，但是个别上访的成功案例以及“清官情结”，仍然使得上访群众“拥护”上访制度。

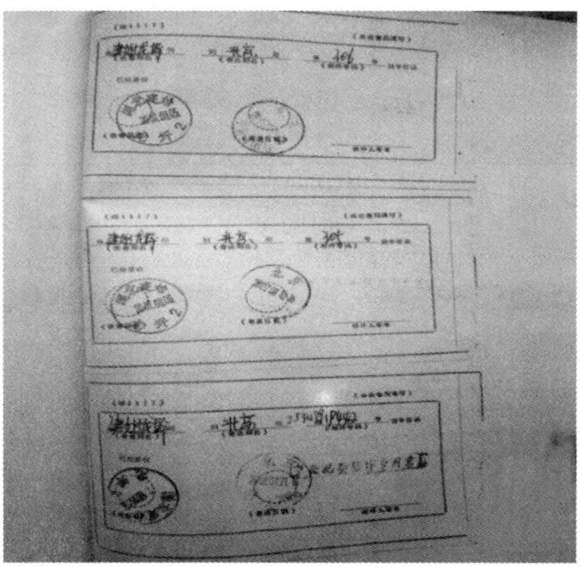

图7　上访群众得到最多的就是信访转送单，盖有公章即具备法律效应，但据被访的上访群众说“拿回地方如同废纸”

四　国家信访机构的地理环境及其工作者视野中的"上访"

（一）国家信访机构的地理环境

我们走访了全国人大信访局接待室、国务院办公厅人民来访接待室、民政局信访办、农业部人民来访接待室、国土资源部信访接待室、最高人民法院人民来访接待室、中纪委信访室等七处国家信访机构。经过实地的调查，这七处国家信访机构都有以下三个方面的情况。

1. 地理位置偏僻，"藏匿"于深巷中

实地调查这七处国家信访机构后，小组成员都有一个共同的感受："信访接待处都太难找了！"

首先，信访接待室与相关的行政办公大楼分离。我们在互联网上搜索到了这七处国家信访机构的地址，但是去实地调查时发现，网络上提供的地址都是行政办公大楼的具体位置，而所属的信访接待室并不在行政大楼中。这一特殊部门剥离于其他部门，另立门户。

表 30　　七处国家信访机构地址

序号	机构名称	信访接待处	办公楼地址	距离
1	国家信访局	宣武区永定门内西街甲 1 号	西城区月坛南街 8 号	7.9 公里
2	全国人大办公厅	宣武区永定门内西街甲 2 号	西城区西黄城根北街 2 号	4.5 公里
3	民政部	西城区敬胜胡同	东城区北河沿大街 147 号	4.9 公里
4	农业部	西城区敬胜胡同甲 3 号	朝阳区农展馆南里 11 号	11.1 公里
5	国土资源部	西城区西四前英子胡同	西城区阜成门内大街 64 号	1.5 公里
6	最高人民法院	东城区东交民巷 27 号	朝阳区南四环红寺桥	12.2 公里
7	中纪委	西城区平安西里 41 号	东城区府学胡同 2 号	9.2 公里

其次，信访接待室都深藏于胡同中，没有指示路标，附近多有"掩饰性"建筑物。这七处国家信访接待室不仅与各自的行政办公大楼分离，并且都处于胡同里，途中并无指示路标，只有通过当地居民打听才得以知道具体位置。要寻找到它们的确切位置，可谓是"千辛万苦"。

传达室的工作人员让我们直接去民政部信访办采访，并告诉我们信访办离这里很近，“出门北走，第一个胡同往西走就到了”。我们沿着工作人员的指示，出门北走，很顺利地进入了一个胡同。可之后，寻找民政部信访办的具体位置的过程，就十分的曲折了。我们沿着胡同左转右转、反复旋转，沿途问了好几个路人，可是不仅没有找到信访办，最后竟然绕回了民政部的门前。我们无奈了，只能再按照原来的指示，重新在“错综复杂”的胡同中寻找一番。在我们3个都快绝望的时候，不经意间，我们在一个公共厕所旁边看见了几个貌似上访的群众。抱着最后的希望，我们走了过去，终于在一个死胡同的角落里看见了民政部信访办的牌子和“大门”。门是对着死胡同的，旁边用水泥砌成了一个小走廊，而走廊又正好挡住了牌子。真可谓曲径幽深啊。(调查员，李实)

2. 接待室布置简单，信访工作者少，接待时间“特殊”

除了“两办”（即全国人大信访局接待室、国务院办公厅人民来访接待室）、最高人民法院信访办有比较完备的部门工作场所外，我们走访的其他信访接待室的布置都十分的简单。比如，民政部信访接待室只有两个房间，一间为摆设有9张塑料椅的休息室，一间是通向地下填表登记口的房间。相比较而言，农业部人民来访接待室则“条件较好”，一进门是一间填表处的房间，另外设有三间接访室。国土资源部信访接待室则设在一座四合院里。

相比于每天大量的上访群众而言，这七处信访接待处显得“人手不足”，接待时间和一般的政府办公时间有出入，有其特殊的“伸缩性”。

表31　**六处国家信访机构的信访工作者配置、来访接待时间**

序号	信访机构名称	信访工作者（人）	接待时间	上访群众（人/时）
1	全国人大信访局接待室	20	周一、三、五 8：30—11：20 13：30—16：20 周二、四 8：30—11：20	60—70

续表

序号	信访机构名称	信访工作者（人）	接待时间	上访群众（人/时）
2	民政部信访接待室	5	周一、五 8：30—11：30 13：30—15：30 周二、三、四 8：30—11：30	30—40
3	农业部人民来访接待室	3	周一至周五 13：30—16：30	人数不定，30—100
4	国土资源部信访接待室	4	周一至周五 13：30—16：30	30—40
5	最高人民法院人民来访接待室	无数据	周一、二、四、五 8：00—11：30 13：30—16：30 周三、六、日不接待	400—500（天）
6	中纪委信访室	无数据	周一、二、四、五 8：30—11：00 13：30—16：00 周二、四 8：30—11：00	100—200（天）

（注：上访群众的人数为我们小组实地观察所得。）

3. 孕育特殊“产业链”：复印店、律师事务所、代写文书、小旅馆林立周围

经过我们实地调查，发现这些信访机构附近都存在：复印店、律师事务所、代写文书、小旅馆。上访群众带来的大量资料，需要复印；一些文化水平不高的上访群众，则是找人代写文书；长期滞留在京的上访群众，则住几块钱一晚的小旅馆。这些行业都是依托“上访”发展起来。

（二）中央国家机关信访工作者的心理感受及其对“上访”的评价

通过对几名中央国家机关的信访工作者的访谈，从对信访部门的职能的认识、信访部门的角色的认识、工作感受、对上访群众的看法、对上访的评价等五个方面进行分析，探讨他们视野中的“上访”呈现何种面貌。经过调查，我们有以下几点发现。

图 8　中纪委附近的复印店、律师工作室

1. 对信访部门职能的认识：社会问题的“收集口”

在问及对信访部门职能的认识时，作为中央国家机关的信访工作者，他们大部分都认为是“起到信息综合、情况反映的作用”。全国人大信访办刘××的看法最具代表性。

> 我认为，主要是信息综合、情况反映、领导助手的职能，是党和国家开展工作的“前哨”。我们通过接待上访群众，获得社会各种问题的第一手信息……把这些资料加以分类、整理成案例，定期（一般是每月）上报给中央领导，让他们了解情况；同时，也为国务院政策出台、人大立法提供参考和调研材料。每年，我们还选择部分反映严重的社会问题作为课题，组织调研活动。（全国人大信访办刘××，处长）

由此可以看出，对于中央国家机关的信访工作者而言，国家信访部门的角色是沟通、了解民意的“窗口”，主要的作用是了解当下的社会情况，对社会问题的信息收集；同时为有关政策、法律的制定提供依据。

然而，从上文中可以看到，对于来京上访群众而言，国家信访部门的角色是“告御状的衙门”，他们寄望于其能够解决他们的实际问题。二者对国家信访部门职能的认识存在很大的差异。

2. 对信访部门的角色认识：发挥“协调解决”的作用

当问及“信访部门在解决上访问题中扮演何种角色”时，他们表示，信访部门主要起到“协调解决”的作用，并不直接参与问题的解决。

> 我们把一些合情合法、处理可行性大的上访材料交给“中共中央维稳联络处”，他们分发给各中央负责部门，由各中央部门把上访材料下发给地方有关部门，交由他们处理。（全国人大信访办刘××，处长）
>
> 多数情况下，我们一般会向来访群众解释政策，让他们回到家乡。但也有的情况下，我们会向上反映情况，或者向地方提供情况并督促地方解决问题。（国土资源部李××，主任）

我们发现，他们在谈到信访部门处理上访问题的可能性上，都持着保留的态度，在所能解决的上访问题前，都带着一定的限制语“合情合法”、“处理可行性大”等。对于工作难以开展，他们有一番解释。

> 我们主要起的是协调解决的作用，最大的难处就是心有余而力不足，对一些上访问题真是“非力所能及”。总的来说，有三点原因：
>
> 首先，一些属于历史遗留的特殊问题难以彻底解决。比如，有一个老妇人在（20世纪）50年代因为说了“毛主席也会犯错”，祸从口出，在“文革”期间遭受了批斗，“文革”后，她一直上访至今，以此要求国家解决她的住房、养老等待遇问题，国家也给了她一些补偿，但是她始终不满意。
>
> 其次，还有一些上访人士要求过高，对解决结果始终不满意，最后产生了心理偏执，每天非要到这里来上访，甚至都不愿意回家，一天不来都会觉得心里不舒服。
>
> 最后，由于地方政府、法院执法过程中的失误和偏差，也造成了诸多

问题。中央政府规定的解决方案和政策，地方上不执行，人大也起不到有效的监督作用。（全国人大信访办刘××，处长）

接访的法官要做的工作是向来访群众明示法律，解释法律，判断申述是否能够进入再审程序，如果不能进入再审，则对上访人进行思想疏导。（最高法院于××，主任）

同时，虽说“上访工作是化解矛盾的‘减压阀’和‘调节器’”，但因为上访事件本身的复杂性、上访群众自身的原因、政策执行过程中的偏差等原因，导致在现实中，信访部门的“协调”作用的发挥遇到很多局限。

3. 工作感受：心理压力大

我们发现，信访工作者无一不感到“工作压力大”。

工作压力大是每一个信访工作者的通病。（国土资源部李××，主任）

坦白说，长期接触这些上访群众，我们接待人员也会有一定的心理疾病。你想，本来每天都开开心心来上班，但是经常受上访群众辱骂、吵闹等不友好态度和行为的影响，长此以往，很多工作人员精神压抑，产生了抑郁、抵触的心理。所以，每个月局里都会安排一批人员外出放松一下，看看祖国的大好河山调整心态。（全国人大信访办刘××，处长）

信访工作难度大，工作辛苦。我从事信访工作30多年，极少休年假。听群众来诉苦，我们有时候也很受刺激。单位里专门设立了一间宣泄室，里面有橡皮人可以用来发泄；同时还配有心理医生，帮助调节信访工作者的心理压力。（最高法院于××，主任）

信访工作者的心理问题，一方面是由于工作性质决定的。可以说，接访工作不是一个“讨喜”的活，面对有冤难诉的上访群众，受其负面信息的影响，信访工作者或多或少产生一定的消极情绪。另一方面，则与上访群众的态度和行为有关，面对一些无理取闹的上访者，信访工作者也有着说不出的苦衷和无奈。

4. 对上访群众的看法：无奈与不满

关于“信访工作者如何看待上访群众”这一问题，我们并没有明确、直接地提问，但是通过对一些相关问题的旁敲侧击以及我们的观察可窥一斑。

群众不了解我们内部的工作程序，对我们有些误解，对解决的结果表示不满，这个我们也很无奈。（全国人大信访办刘××，处长）

现在很多上访群众都是因为对政策的不了解才来上访，有着简单思维，这也是目前我们最忌讳的问题……依然有人对结果不服，便会制造事端，以期待造成政治影响，使政府屈服。（国土资源部李××，主任）

他们来上访有的时候也是因为不了解政策。很多人是因为看到报纸中的只言片语就以为自己受到侵害了，就到处上访，其实他们并没有完全理解法律。这样很不利于我们的工作。（民政部朱××，科员）

这些“上访老户”，有些是诉求不当，有些要求过高没法解决，有些就是存在偏执心理。像这样的人还是不少的……公民具有合法的申诉权，这是法律予以保障的。但是同时，老百姓要依法申诉，不能无休止申诉……虽然要承认，地方法院判案不可能都是十全十美，肯定存在着瑕疵，但是我可以说，90%以上的案件是没有问题的，少部分是有瑕疵的。可有些当事人借此不断上访，他们认为“小闹小解决，大闹大解决”……无理缠诉的不少，即使他们的诉求合理，但是采取了违法的方式。比如到外国使馆告状，到中南海、天安门告状，妄图给政府施加压力。这些属于非正常上访，我们是不支持的，要加大打击力度，需要中央和地方共同配合，接走各地的上访人，不能在外国人面前给国家丢脸。（最高法院于××，主任）

从他们带有明显情绪倾向性的表达里，可以看出，他们对上访群众“误解”政策而来上访表示“无可奈何”，同时对制造事端的上访“刁民”，表示不满。

同时，我们多次现场观察了上访群众与信访工作者的互动场面。

这是我们采访了这么多天以来，第一次如此近距离地看到上访者和接待者的直接对话，场面十分的混乱，可谓是别开生面。

一个年轻的小伙子在门口拿着纸和笔现场登记，旁边有一个穿着灰色衣服的50多岁的中年妇女在问上访群众的情况，另外还有一个穿着粉T恤的大姐解答其他上访群众的问题。

上访群众操着各种口音，急切地向接待人员讲自己的事情。接待人员主要是关心上访群众的事情是否归他们管，粗略向他们解释相关政策，并告诉他们应该再去哪里上访，言词间透漏着一种被反复追问过多次后的无奈和不屑。（调查员，李实）

可见，信访工作者对上访群众的态度称不上“友善”，我们并没有看到他们有“公仆意识”的体现。

5. 对上访的看法：评价不一

作为中央国家机关的信访工作者，他们对于上访的评价，存在着不一样的声音。

我跟你说实话，你这样上访把事情越闹越大，地方更不会给你解决。（民政部信访办某工作人员）

这是我们在现场听到的声音。可见，这位信访工作者认为，上访对于解决问题并无用处，甚至产生阻碍的作用。而在采访中，我们又听到了另一种不同的声音。

信访问题从一定意义上影响着高层决定。就像前几年的征地补偿、截留补偿等问题，都是通过上访解决的。当前，这一制度也为社会稳定提供基础，为我国建设扫除后顾之忧。（国土资源部李××，主任）

我们即使不能解决他们的问题，但是还是可以在心理上给上访者最大的精神安慰。（全国人大信访办刘××，处长）

在改革开放时期，社会矛盾集中，上访是其延伸的体现，可见信访工作的重要，体现了我国的民主化。（最高法院于××，主任）

通过对以上不同看法的分析，我们认为：（1）上访群众对上访的“路径依赖”，信访工作者之于他们扮演了“倾听者”的角色，“上访”是群众的情绪宣泄口。（2）上访问题的一致性与覆盖面，将会影响一定时期内国家政策的导向，促使对一类问题的关注与集中解决。（3）个别的上访行为，力量淡薄，反而对问题的解决起到反效果。

另外，通过实地考察，我们有以下两点突出感受。

1. 中央国家机关的信访工作者对上访有关问题都有所回避，回答甚为谨慎。面对我们的采访，他们都采取较为回避的态度，回答都“有所保留”，表现出对这一问题的忌讳与不愿多谈，甚至给予风马牛不相及的回答。

问：您对上访群众采取何种态度？

信访制度是人民政府为人民提供的反映意见、申诉问题、解决问题的途径，这有利于人民政府联系群众，为中央、国务院、国土资源部做出重大决定时提供信息。因此可以说，信访问题从一定意义上影响着高层决定。（民政部朱××，科员）

可见，虽然上访已成为法律赋予公民的合法政治表达渠道，但是信访工作人员却对此讳莫如深，不希望被探寻太多。

2. 有着“进衙门”的紧张心理。

当我们进入这些国家政府机关时，有种“进衙门”的感觉，十分紧张；在与中央国家机关的公职人员的接触中，则有很大的压迫感。由此可见，“官本位”的思想还深深影响着我们，据此推测，那些上访群众的观念应该更是如此。

五　地方信访工作者的心理感受及其对“上访”的评价

对于地方信访工作者，我们侧重从工作感受、对上访群众的看法、对上访的评价以及截访问题这四个方面进行考察，探析他们对“上访”持何种态度及看法。通过电话采访相关人士，我们有以下四点认识。

1. 工作感受：工作量大，两头受气

首先，工作量大，工作人员相对缺乏。

我工作的市信访局，共有三个科室，分别是：办公室（也叫综合科）、来访接待科、办信督查科。地市级的信访局一般有5—10名工作人员。我们这里就只有5个人，我所在的来访接待科则只有2名工作人员……我们每年要接待5000—7000的上访人士……工作繁忙，缺人手，但是受到行政编制的限制，没有办法增加人员，应该是算超负荷工作了。我已经有快30年的工龄了，却因为工作忙，至今连续三年没有休假了。（市信访局杨××，科长）

前几年上访的群众比较少，近几年，随着城乡经济发展带来的问题，上访群众开始逐年上升，并且要求也逐步提高，而且群体性上访事件也有所增加……我们只有4名工作人员，没有明确分工，有时候接待大批上访群众，忙得团团转。（县信访局陈××，科员）

上访群众一般在基层涌现，县、市级的地方信访工作部门就是第一个接待口。在当前，上访群众逐年增多的情况下，地方信访工作部门却因为行政编制的规定，县级信访局只有2—4名工作人员，市级信访局只有5—10名工作人员，配备的信访工作人员不足，地方信访工作者表示“超负荷工作”。

其次，地方信访部门地位尴尬，两头受气。地方信访工作者在进行工作的时候，并不是一帆风顺，而可以说是“处处受气”、“举步维艰”，为此得到的“误解”而深感“无奈”。

我感到很辛苦。虽然领导说“要提高信访工作者的待遇”，但是话都说的很好，实际上……我们两头受气。一方面老百姓不理解，骂我们的工作；一方面上级也不理解，并且地方其他政府机关对我们也会有看法。有一个领导就曾说过：“行政机关中，工作最难的就是信访局。”可以说，我们的地位很尴尬。（市信访局杨××，科长）

我们的工作很辛苦，位置很尴尬，上对领导，下对群众，既要处理好内部事务，又要负责解决好群众的问题，很多事情我们常常感到无能为力……有时候常感到心有余而力不足，我总感觉是孤军奋战。信访工作应该得到社会人士的关注，需要多方的配合和合作，只信访局来做是远远不

够的，各部门应该通力合作，才能把信访工作做好。（县信访局陈××，科员）

地方信访部门工作的艰辛，在于其部门地位的“特殊性”。信访部门并不是直接问题的处理机关，他们对于其他行政部门只有建议权，没有处分权；对于下一级别的信访部门，上级信访部门只有业务指导的作用，却没有行政上的领导权力，下级信访部门不对上级信访部门负责。这样一来，在处理涉及同级行政部门的上访问题上，信访部门缺乏行政权威，如若得不到有力的配合，实际上是难以解决问题的；在处理下一级的上访问题上，上级信访部门没有直接领导权，若没有时时的跟踪和监督，问题最终仍然毫无进展。

2. 对上访群众的看法：非理性上访人士较多

一位有着二十多年的信访工作经验的工作者表示，来上访的人“非理性”人群的比例比较大。在他看来，这些上访人士，有些是对政策的不了解，有些是对信访部门职能的误解，还有些是借“上访”为名要求利益。

有些人对上访没有正确的认识，一些特别琐碎的事情，比如丢手机、家庭矛盾纠纷等都要寻求信访局的帮助，这些群众完全把信访部门当成了投诉点。（县信访局陈××，科员）

上访群众中有很多是无理上访，还有一些是以上访为业的……他们认为：小闹小解决，大闹大解决，不闹不解决，“我们反映正常的诉求，需要合法，中央精神要求畅通信访渠道”。上访是合情合理的，但是他们的行为和上访途径却违反法律。（省信访局张××，科长）

当问及对多年上访群众的看法时，他们没有先判断上访案件的性质，而是即表示“非常不认同”。

常年上访有三种原因。一是对政策不理解，二是诉求过高，三是要求翻老案，比如在五六十年代受到处分，现在要求恢复公职享受待遇，这种历史积案很难处理……那些长期上访的人有些已经走火入魔了，这样的人我天天接触很多，他们一直到死都要上访。（市信访局杨××，科长）

3. 对上访的看法：评价不一

一种观点是，赞成上访制度，承认信访部门存在的必要性，认为应该得到各方面的支持和配合。

> 上访是解决问题的一种方式……信访工作应该受到社会多层面的人的关注，需要多方的配合和合作。（县信访局陈××，科员）
>
> 上访是我们国家几千年的传统，是维护群众利益的合法渠道，这是我们党承认的，是有利的一面。但要求上访走合法途径，以免造成行政资源的浪费。（省信访局张××，科长）

另一种观点认为，大部分问题没办法通过上访解决，应该走法律程序。

> 大部分上访的问题还是难以解决的，因为很多是没有政策依据或者不符合条件，根本不可能通过上访解决……我巴不得撤掉信访机构，让上访人士走司法程序，按法律程序走。他们很多人都是“信访不信法”，而上访的很多事情其实都是有关司法事项的。（市信访局杨××，科长）

4. 对“截访”的看法：为了“维稳”需要

通过访谈，我们发现，“截访”现象的产生主要有两个方面的原因。

首先，为了社会秩序的稳定。

> “截访”当然是不对的。但是人都涌入北京的话，影响不好，地方会派人把他们接回去。并且，在“两会”这种敏感时期，北京那边也会担心社会秩序问题，打电话让我们当地去接人（来京上访群众）回来。（市信访局杨××，科长）
>
> 这种情况，早在2005年有一个中央联席会议，特别谈了关于人民来访问题。省、市、县也有自己专门的联席会议。中央要求各地方，在“两会”期间，为保证会议的顺利召开，各地要派工作小组的人员“劝访”，明确规定：谁家孩子谁抱走。（省信访局张××，科长）

其次，地方政绩考核的影响。一位地方官员给我们进行了详细的解释。

每一位地方官员在任期间都有各种考核指标来衡量其政绩。其中，上访在这些指标中起着一票否决制的作用。也就是说，官员辖区内一旦出现上访事件被上一级的领导知道，官员之前所做出的政绩都会被否决。因而，各级地方官员十分关注上访问题。

对于上访，地方官员最为头疼的就是群体上访和越级上访，这两种上访规模大、影响大，很容易让地方官员一年的努力付诸东流。因而各省市的官员都特别慎重的处理这两种上访。

对于群体上访，官员往往无法解决的，一般会给上访者一定的补助，劝退上访者不进行上访。每年各级政府都会花数额不少的资金来解决此类问题。

对于越级上访，各省的驻京办就是常驻的处理上访机构。每年“两会”期间，各级政府更是派专门官员在北京负责处理各自的上访问题。（县政府官员赵××，书记）

可见，以信访作为官员的考核指标，结果却适得其反，反而使官员对上访群众如临大敌，为了不使政绩受影响，为了阻止群众上访，一手以利益安抚，一手则是强制打压。

六　结论与建议

（一）调查结论

通过以上的调查结果，我们得出以下几点结论。

1. 具有“群体无意识”的上访行为

主要有以下两点原因。

首先，“清官情结”作祟。受传统的封建文化的影响，朴实的上访群众心中仍有一种挥之不去的“清官情结”。在遇到冤屈的时候，他们首先寄希望于一位“青天大老爷”能够出现，“官大一级压死人”的“人治”思想强烈的表现出来。有些上访群众表示，“我知道上访解决不了问题，但是只有这样不断的上访，才能让中央的领导知道，最终能遇到一位清官，事情就可以解决了”。这一思想与现今的法制社会的思想背道而驰。

其次，法律知识的缺乏以及对司法的不信任。上访群众大多是基层百姓，政治文化水平相对比较低，对于法律知识的了解比较缺乏。遇到问题纠纷，认为走司法程序“很麻烦”，对于不熟悉的事物天然的不信任，所以不会选择采取司法救济手段。另外，诉讼成本对于他们这些弱势群体来说也是一笔高昂的费用。

2. 信访工作者的心理状况值得关注

提及上访问题，人们总把同情和关注给予上访群众，自然产生了一种心理偏向。然而，通过这次的调查，我们发现信访工作者也有心理诉求。每天面对大量的上访群众，听到的多是冤屈，受到负面情绪影响，信访工作者其实处于精神高度紧张的状态下，尤其是地方信访工作者。在处理上访问题中，信访工作人员起着化解矛盾、沟通政府与人民的作用，对稳定社会秩序作出了一定的贡献。所以，信访工作人员的心理健康是不可忽视的重要问题。

3. 上访者与信访工作者的关系存在对立

通过调查，我们发现，上访者与信访工作者的关系并不和谐。上访者对地方信访工作者存有抵触心理，多次来京上访无果后，又对国家信访工作者表示“失望”，并认为“官官相护”。而信访工作者认为大多数的上访者“非理性多于理性”，有些甚至是无理取闹，所以在工作中多有不耐烦的神情或者敷衍的态度。

4. 信访工作者对“上访”存在不一样的评价

作为信访工作者，对于“是否应该设立信访部门”有着不一样的看法。

一种观点是从行政角度出发，认为信访机构的“协调”功能具有优势：与行政复议和行政诉讼具有较强的刚性相比，行政信访有较强的柔性，在一定程度上可以克服复议和诉讼中事实和证据严格要求的不足；信访机构处理争议的方式多样灵活；信访机构的“倾听”和理解体现了强烈的“人性化”特点，给予信访人极大的精神安慰和寄托。

另一种则是从司法角度出发，认为在法治社会中，应该更注重司法手段的应用，而弱化或者取消带有“人治”色彩的“上访制度”。

5. 地方执行力不强，接访工作不到位

地方信访部门处于“尴尬”地位，权威性不大，对于处理信访问题的执行力不强。由于信访有关法律条文尚不完善，地方信访部门没有实际的解决问题的权力，导致大量上访群众涌入北京，而不能在第一线得到处理。同时，地方信访工作人员相对国家信访工作人员来说，政治素养比较低，对待上访群众态度散漫，接访工作不到位。

6. 官方对“上访”持“非认可”的态度

从信访部门的工作环境（位置偏僻，配置简陋），以及信访工作者对于“上访问题”不愿多谈的态度中，我们感到，政府对“上访”所持的态度暧昧，虽然合法化了“上访行为”，但在现实中，却使其处于“不便公开”的状态中。

（二）相关建议

1. 对于上访群众：加强普法工作，提高法律意识，提供法律援助

我们同情上访群众的同时，也深深感受到他们对于上访的过分依赖。加强对上访群众的普法工作，提供法律援助解决上访问题，才能使他们摆脱“群体无意识”的无谓上访循环。

2. 对于信访工作者：加强思想教育，进行人文关怀

面对上访者与信访工作人员关系对立的现状，我们认为加强信访工作者的思想政治教育，才能使他们真正把“为人民服务”的认识融入日常工作，并且也不能忽视对他们的人文关怀。另外，政府应该对信访机构有进一步明确的角色定位与职权范围的划分，才能使信访工作在实际中正常顺利的开展，实现“以人为本”的行政理念。

诚然，我们的调查仍然存在一定的不足。首先，我们采访的样本还不足够多，地方信访工作者的样本量偏小，观点不够全面。其次，被访人的叙述中存在大量的主观判断，我们没有办法确认其事件的真实性。最后，如果能在有关信访机构实习，零距离接触上访群众，亲自体验信访工作者的工作，就更能保

证调查结果的真实性，这是我们小组缺乏的经历。

参考文献

［1］任永福：《“失地农民”社会保障制度建设探寻》，《温州农村探索》2004年第5期。

［2］中央党校进修一班（第40期）A班社会发展方向第三课题组：《从信访工作中存在的突出问题看和谐社会建设的难点重点》，《中国党政干部论坛》2007年第3期。

［3］皮修平、侯健康：《当前农民群体上访的问题和对策》，《湖南师范大学社会科学学报》2005第4期。

［4］于建嵘：《当前我国群体性事件的主要类型及其基本特征》，《中国政法大学学报》2009年第6期。

［5］郝宇青：《当前中国“体制性迟钝”原因剖析》，《探索与争鸣》2008年第3期。

［6］刘炳香、蔡军田：《党的执政能力建设成效测评的几个问题》，《理论学刊》2006年第7期。

［7］郭剑鸣：《地方行政行为中的潜规则》，《中共浙江省委党校学报》2008年第2期。

［8］丁胜、文思宛、罗思源：《非正常上访问题研究》，《唯实》2009年第2期。

［9］陈朋、齐卫平：《后农业税时代农民政治认同类型的实证分析》，《社会科学》2008年第6期。

［10］张泰苏：《中国人在行政纠纷中为何偏好信访?》，《社会学研究》2009年第3期。

［11］肖立辉：《县委书记视野中的农村信访问题》，《中国行政管理》2009年第12期。

［12］尹利民：《作为利益表达的信访之行动逻辑》，《南昌大学学报》（人文社会科学版）2009年第1期。

［13］赵树凯：《农民的政治：迷茫与断想》，《中国发展观察》2009年第8期。

［14］陈文正、曹永义：《农民上访视角下的乡镇政府治理》，《理论参考》2005年第6期。

［15］高新民：《信访、接访、下访制度的政治功能及其与政治体制的关联》，《理论视野》2009年第8期。

［16］成跃：《政治参与视角下的信访问题分析》，《太原理工大学学报》（社会科学版）2009年第3期。

［17］王珍：《做好纪检监察信访工作与解决人民内部矛盾问题》，《南昌高专学报》2000年第1期。

[18] 应星：《大河移民上访的故事》，三联书店 2001 年版。

[19] 李宏勃：《法制现代化进程中的人民信访》，清华大学出版社 2007 年版。

点评：选题有重要的理论现实意义，作者提供了一份非常好的多视角的“上访者”表述。可行性、创新性及科学性都较好。如能再加上上访者家人角度就更全面了。选题和调研过程敢于直面中国社会的最底层人群和最特殊的社会现象，显示出了强烈的社会责任感和实践精神，研究素材丰富鲜活，分析论证到位，有一定的深度，是一篇难得的习作。该研究报告的关注点——上访是当前社会比较敏感也比较热门的话题，能够关注到这一点，体现了研究者比较敏锐的现实观察力。论文从上访者本身、国家和地方两级信访机构对上访的评价三个视角对上访进行了描述和分析，既具有可行性又有创新性，整个研究方法合理，结论客观真实，不失为一篇优秀的调研报告。

（中国青年政治学院青少年工作系副教授　刘卫兵）

附录 1：与上访有关的行政法规

➢ 国土资源部《来访指南》

按照国务院《信访条例》，您须遵守以下规定：

一、采用走访形式提出信访事项的，应当到有关机关设立或者指定的接待场所提出。多人采用走访形式提出共同的信访事项的，应当推选代表，代表人数不得超过 5 人。

二、在信访过程中，应当自觉维护社会公共秩序和信访秩序。不得在国家机关办公场所周围、公共场所非法聚集，围堵、冲击国家机关，拦截公务车辆，或者堵塞、阻断交通。否则，将由公安机关依法采取必要的现场处置措施。

三、采用走访形式提出信访事项，应当向依法有权处理的本级或者上一级机关提出；信访事项已经受理或者正在办理的，信访人在规定期限内向受理、办理机关的上级机关再提出同一信访事项的，该上级机关不予受理。

四、对依法应当通过诉讼、仲裁、行政复议等法定途径解决的投诉请求，应当依照有关法律、行政法规规定的程序向有关机关提出。

五、按照行政管辖职能，以下问题不属国土资源信访受理范围：农村集体经济组织内部征地补偿费用分配和使用的监督；承包经营权、草原、林地纠纷；城市房屋拆迁和企业转制出现的问题；地勘队伍职工管理问题等。

➢ 处理信访事项“路线图”

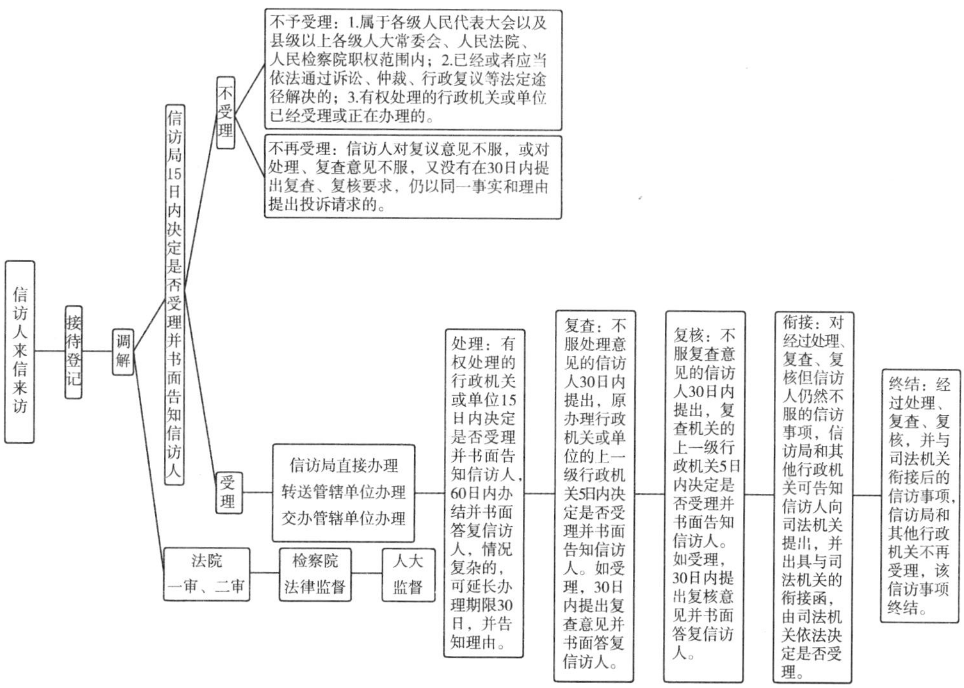

附录2：访谈提纲

➢ 信访工作者的访谈提纲

课题名称：关于信访现状的调查

课题小组成员：于晨、林周灵、雍丽融、李实、顾明强、杨杰

访谈员自我介绍：您好，我们是来自于中国青年政治学院的学生，我们正在进行一个关于信访现状的调查。希望通过这次调查了解上访人士以及上访接

待工作人员的一些情况，使人们对这方面能够有更深层次的认识，为此我们这里需要您的帮助与参与，以共同完成对本课题相关情况的调查。今天访谈涉及的内容和您阐述的观点，只作为我们研究参考，您声明不宜公开的资料和观点，我们将严格为您保密，非常感谢您的帮助。

访谈对象：信访工作人员

访谈提纲内容：

1. 请问，贵处每年接待多少上访群众？主要反映哪些问题？成功处理上访案件的比例是多少？能否提供一些历年统计数据？

2. 您在贵处工作多久了？能介绍下贵处的工作情况吗？（比如：贵处有多少工作人员？每天的工作程序是怎样的？）

3. 您认为信访办的主要职能是什么？

4. 对于来访群众反映的问题，您能谈谈贵处一般的处理程序吗？

5. 如果上访群众对解决结果不满意，再次上访，贵处一般如何处理？

6. 您认为，上访有利于解决相关问题吗？您认为，哪些问题和矛盾是可以通过上访解决的？哪些问题则无法通过上访解决？

7. 您认为工作中的难点和困境是什么？

8. 从事信访接待工作，您能谈谈这几年的工作感受吗？

➢ 来京上访群众的访谈提纲

课题名称：上访存在的问题调查

课题小组成员：于晨、林周灵、雍丽融、李实、顾明强、杨杰

访谈员自我介绍：您好，我们是来自于中国青年政治学院的学生，我们正在进行一个关于当代中国式上访现状的调查。希望通过这次调查了解上访人士以及接待上访工作人员的一些情况，使人们对这方面能够有更深层次的认识，为此我们这里需要您的帮助与参与，以共同完成对本课题相关情况的调查。今天访谈涉及的内容和您阐述的观点，只作为我们研究参考，您声明不宜公开的资料和观点，我们将严格为您保密，非常感谢您的帮助。

访谈对象：上访人士

访谈提纲内容：

1. 能简要说说您要上访的事件吗？

2. 事件发生初期，您如何找当地政府解决？是什么原因导致了您选择上访？

3. 您可以简单的介绍一下当发生上述事件的时候，当地政府是采取怎么样的行为来处理或解决事件的？他们怎样接待您，而您反映的问题又得到了怎样的处理？

4. 您在上访的过程中遭遇过怎样的挫折或者是阻碍？

5. 您是否曾经被信访部门接待过？您反映的情况是否得到了一定程度上的解决？

6. 您上访多久了？在这一过程中，您的心理有怎样的感受？

7. 最后，您上访的问题得到解决了吗？从您的上访经历中，您认为上访制度是否有利于解决您的问题？

附录3：访谈记录

➢ 来京上访群众的访谈记录

访谈时间：2010年8月26日上午　8点40分到10点05分

访谈地点：北京南站东庄上访村

访谈对象：WFM、XST、CSH

访谈简介：为了了解上访人员的基本情况，在6位来京上访者的带领下，我们进入了北京南站附近著名的东庄上访村进行了采访。开始我们大概参观了一下他们在北京的居住环境，由于房东的阻挠，只是简单地进行了观察。他们的居住条件很差，一条一米见宽的小巷，8个人挤在10平方米左右的小黑屋中，仅有一扇狭小的窗户可以透光。后来，我们在周边的一个停车场席地而坐进行了访谈。短短一小时之间，我们对上访者有了新的了解，与我们脑海中原有的上访者形象有了很大的出入。

访谈记录：

WFM：

问：您好，我们是中央团校的大学生，现在在做一个课题关于上访的课题研究。您能简单地向我们介绍一下您上访的经历吗？

答：好的。

问：谢谢。请问您这次上访的主要原因是什么？

答：因为土地问题！

问：您能具体讲讲这件事情的经过吗？

答：那好。1996 年 4 月 25 日，我在扎马草的时候，家中意外失火，烧死我一个 7 岁女儿，烧伤 2 个大人。这导致了我 1995 年的粮食都没卖，粮食烧得一粒不留，财产也烧得一分也没有，我真的没法生活了！

问：那好，您继续说吧。

答：因为在家已经无法生活了，我就外出打工啦。也是因为外出打工，村里就把我的地收走了。其中村里大队书记变相占有 26 亩，然后分给 × × 社员 10 亩，剩下的都被村里的其他社员强占了。

问：您大概是什么时候开始上访的呢？

答：我从 2001 年就开始上访了，至今不给解决。这些材料上说得很好，说给你解决，但一面对事情，领导就把我的事情不当回事儿了。我们给肇东市常务市长王剑波写的信，虽然王市长签条了，但被农委主任给扣下了。他不但不解决我的事情，还把我把材料扣下了。事情不给予处理，就连省里给的证明，拿回去什么事也不管用，我们出具的国家信访办的签条也不当回事儿，一直搁置不办。

问：也就是说，您土地被占，材料被强行扣下，然后您在上访的过程中找政府，政府说帮您解决，但是该进一步解决时，到各部门就不管了。

答：他不是不管，他就是叫你明天来，你后天来，下个礼拜来，完了之后我来了吧他就说这个没来，那个没来，就解决不了嘛，你就等着吧。就我们肇东市来了我们 6 个都是为这个事情。

问：你们上访的过程是怎样的呢？

答：我 2001 年就开始上访，一直上访到现在没有一个结果。从开始的乡政府，再到市政府（肇东市），接着是省政府，最后再到北京来上访。但是一直没结果，他们都说一定帮您解决，但官官相护，到现在都没解决。

问：请问您一共有多少地啊？

答：我家一共有 51.4 亩地。

问：就现在您被强占和被别人所用的地一共有多少啊？

答：都已经被强占了，我现在一分田也没有了。

问：那当时是怎样被强占的？

答：是因为我们外出打工，不了解情况，他们就在家里把我的地占了。

问：你们的土地是根据什么被占的？

答：村里面有一些土地政策，就是“户在人去，不留土地”。所以当地村委会将土地收回，开始为了外出打工，也没当回事儿，后来又分土地，就又回来了。但村里又说，第一次没分土地的人不列入第二次分地的范围。那这样也只好作罢，后来由于某种原因，也可以说是政策变动，当地政府支持我们将土地收回（按照法律，当事人享有对被抢占土地的使用权）。所以才有了后面的上访。

问：您当初为什么没有想到通过法律途径来解决呢？

答：我们不懂法，现在我也是法盲，现在我们就只有一级一级向上找，在大队跑了七八年不当回事儿，然后我们就上县党委、县信访办，但始终都不给解决，后来告到省里，省里农委说帮你办农村低保，你就不要上访了，但后来也一直不给解决，省里的批示被肇东市农委主任当废纸，不予办理。

问：那您一共上北京上访过几次啊？

答：我2009年来北京上访了3次，在农业部、信访局开的证明在当地都不给解决。

问：今年是第几次上访？

答：今年是第一次。

问：昨天去了农业部信访办，那您今天有什么打算呢？

答：接下来我们想去中纪委，我们要去告肇东市副市长、农委主任、乡长、村支书。

问：请问您在上访过程中有没有被当地的官员强制收押？

答：2009年7月份入境办公室把我拘留了6天5宿。

问：我听说有人到中央来上访，后让政府给上访人员汇点钱，然后劝他们不要上访，我不知道你们有没有遇到这种事情？

答：没给钱，从来没给过。

问：那您还遇到什么问题，不如说接待人员的态度之类的？

答：我在哈尔滨信访办询问时找到信访办，他们要求我们去找公社，公社的一把手说你们爱告就去告啊，去北京、去联合国告去，你们告我就拿公费陪你们告去。

XST：

问：您能把您的具体情况说一下吗？

答：具体是这样的，1985 年哥仨外出打工，所有地就都交给其他人代种，当时可能是由于地方政策问题，也就是“户在人不在”，农村大队就强行收回了我们的地。

问：您所说的外出打工是指在哪里啊，是绥化还是什么地方？

答：也就是当地啦！我们当时是交给同村的人代种的，当时就是村里的要交钱，也就是谁种地谁就给钱，然后我们跟他说明白了让他交钱，地也是他来种。后期我们也不是很了解情况，1997 年农村全部重新包地，但是你想要地，就得交什么养地基金和义工的钱，大概 3000 多块，不交钱就不给你地，就是这样。

问：那您一共有多少地呢？

答：一共是 64.7 亩，三户人家一起的。后期呢，就是 2004 年，省里就有文件了，国家也有文件了，我也是到 2007 年才知道，才开始上访的。

问：那是什么文件呢？

答：是《国务院办公厅第 21 号文件》（查实为《国务院办公厅关于妥善解决当前农村土地承包纠纷的紧急通知》）和《黑龙江省政府 17 号文件》（查实为《黑龙江省人民政府办公厅印发关于妥善解决农村土地承包纠纷问题若干意见的通知》），也就是说外出打工二轮承包、没有分到地源的可以在有机动地的情况下为我们提供地，我们就是按这个政策来找的。

问：那为什么不走法律途径，到法院去告他们来解决，而选择上访？

答：还司法呢！我们也知道，也找过律师。但是后来司法机关人员说，你们和村里的主任不属于平等主体，不予立案。所以我们就没辙了。

问：也就是说政策上已经说是可以拿回土地了，但当地还是不给解决？

答：我现在找了一年多了，村里有过一个协商，就是我们三户人家一共给

10 亩地，我们就不同意啊，咱们三个劳动力 16 口人就只给 10 亩地，我们不服，他也一直不给。

问：这个请示书是村里面决定给你们 10 亩地，还是得经过镇政府复核批示？

答：是的，但镇里面一直不给批，也没给出正当理由。

问：您是先向自己大队反映，没有解决，然后公社也没有解决？

答：公社不同意你的主张，但是我觉得，你总该给我一个明确的答复吧，书面的答复，就是什么都不给你。我们农村本身是有 1000 亩地，但是现在只承认 737 亩，那 200 多亩地他说没有，我们都是本村的村民，可以说老一辈的到现在一直种地难道还不知道有多少地嘛。

问：那您现在遇到的情况，就是县市都不解决，您就来北京了啊？

答：对。

问：那您来过几次了？

答：头一次。

问：那你们可以通过法律来调解问题嘛！

答：司法你们要知道，就是相互推，就是村到县，县到村，反复这样。所以一直都不处理。同时呢，现在不是仲裁出现了，我们这个问题可以通过仲裁来解决。但是他们怕我们通过这条路来解决，仲裁机构设立几个月就被撤了，来堵住这条路，所以现在就没办法，才上京来访。

CSH：

问：您能说下具体情况吗？

答：1984 年时由于外出工作，但是由于当地有个人不在就把地强行收回，1998 年由于政府说没有地源就不给地，2000 年还是相同的理由仍然不给地，2006 年我去大队找大队书记，他带着我去乡里找乡长。

问：那大队书记为什么要您去走上访这条路？

答：他们认为没有地源很有理由，对于信访这块来讲，在乡政府一压就是两年，2008 年 4 月 25 日，乡政府处理文件书，因为没有地源，不予支持，后来，就要我去肇东市复查，还是以没有地源为理由不给处理。后来就要我拿着肇东市的复查意见去绥化地区做复核（行政复议），2009 年 6 月 2 日绥化地区的符合意见书下来了，就要求我去地方清查地源，还我地源。因为我有举报信，我举报了，我的地源是被我们村的村委会书记和会计占有，没有经过任何转让程序。我们就找到了市政府，他们以各种理由不给查，然后就去省信访办和农委，他们一直推脱，下达转送单，说尽快帮我们解决，可是这个转送单在各级政府都视如废纸，甚至口出狂言。后来没办法，2010 年 6 月 5 日我们就来北京上访了。

问：您先去了哪里？

答：我们想上国家信访局，还没到就被警察拦截了。

问：是北京当地的警察吗？

答：是的，他们要求检查我们的包，没有出示证件，他们一开包就看见了信访材料，然后就要我们去登记，还有车送我们去，然后我们就上车了，他们直接把我们拉到了派出所登记，到了一个小胡同里就被一群社会人士把手机等全没收了，后来就跟乡政府打电话，派人来接我们，第二天上午 9 点就有人来跟我们谈，说回去解决问题，结果回去没有解决问题，而是直接到了公安局，说我们扰乱政府办公秩序，我们就连政府大门都没进，怎么能说扰乱办公秩序，就把我们拘留了 7 天。

问：您上访时北京有在召开什么会吗？

答：没有。

问：您现在是第二次来吧！

答：是的，我们 8 月 24 日来的。

问：这次是上的哪儿呢？

答：直接去国家信访局，希望他们能给个什么材料之类的，让我们不白来。

问：那您这次上访会有结果吗？你们的希望是什么？

答：我们只希望能碰到清官，中国这么大，党还是好的，党的政策还是好的，是能为老百姓着想的，但地方官员不执行，我们也没办法。都是中华人民共和国公民，凭什么他们有特权，我们就只能这样？我们要是没事谁愿意来北京上访，农民就是要那些土地，谁不愿意待在家里好好过啊。但是为什么我们就要待遇不同呢，我们只希望能有清官帮我们解决问题。最大的官都在北京，俗话说官大一品压死人，省里面都是他们的天下，哪里有我们说话的地方。我们希望中央领导帮我们解决。

问：那昨天去了农业部，信访办怎么说？

答：那个接待我们的人态度真的很好，话都说到我们心坎里去了。即使办不成也很感谢他，让他帮忙写一些批条他都给写。

问：那您这次上访后要是没有结果您会怎么样？

答：这次我可算是冒着危险的，要是还没结果，我们回去可能就只能硬碰硬地干了，我干不死他全家还干不死他啊，所以这次回去可能要通过硬干来维护我们的权利了。

访谈时间：2010 年 9 月 25 日下午　2 点 30 分到 3 点 15 分

访谈地点：中纪委信访接待处门口

访谈对象：LKT

访谈简介：为了了解信访工作的有关情况，我们申请进入中央纪律委员会信访接待处进行采访。由于当天下午信访接待处的工作人员要进行学习，我们并没有得到接待，于是，我们便对来中纪委上访的群众进行了小范围内的采访。中央纪律委员会信访接待处位于张自忠路府学胡同 2 号，相较于其他信访接待处更容易找到，但是周围的环境比较恶劣。处于西城区老干部局正对面的信访接待处，是一幢两层高的小楼，周围由灰色的围墙围着，上面架着铁丝网，墙上爬满了爬山虎。大门分为前后两个门，前门为接待群众的门，是一个斑驳的红色铁门，后门为工作人员进出的门，是一个白色大铁门。接待处周围满地都是垃圾，聚集了各种收集垃圾的车辆。我们对上访群众进行了简短的采访，之后就结束了当天的采访。

访谈记录：

1. 能简单说说您上访的事情吗？

答：我已经上访 6 年了，因为我老婆被公安局打了。而且因为是公安局打人，检察院、法院都不受理案件，告他们没用，所以我就上访。

2. 你是怎么认为地方和中央工作者的？

答：中央政策都是好的。但是国家信访局的人只登记身份证，甚至到了后来，根本不接待我，连材料都不看。国家信访接待处根本没有用，他们就是把身份证刷一下，然后说：“你走吧”。我的材料中纪委倒是看了一次。那些地方一看我是重访的，更不给接待，初访还可能给接待。

中央领导人根本不知道地方的情况，虽然中央有派人下来调查，但是地方好吃好喝的招待，还给他们递钱，中央的人也就回去了，根本不知道地方的情况啊。上有政策，下有对策，那么多转接单到我们县都不给办。我到省里去过一次，转到市里，接着又到县里，根本没有用，人家就是不受理。

3. 您为什么坚持上访呢？

答：为了讨公道。地方都是黑的，我不相信法律。虽然我要报复也是可以的，但是不能影响我孩子的发展，所以只能上访了。

4. 您在北京住在什么地方呢？您的生活情况如何？

答：我来北京 20 多次，每次都带上千元。路费用去五六百，来北京这里，住十元一晚的地方，还不能用身份证登记。因为上访，公安部门都有登记联网，一扫描就有人过来抓了。吃 5 毛钱的馒头，我的情况还比较好，有的上访的人没钱了，只能去垃圾堆里找些吃的。每天都跑几个上访的地方，连手机都受到监控。

我这次来北京两周了，每次来时间都不定，说不定哪天被抓了就要送回去。我被抓了两次，政策是抓两次拘留，第三次就要劳改 1 年。上次被抓说我去了非上访区，其实我没去，但他们还是把我抓回去关了 15 天。我们上访的走在街上，有民警就会来查包，骗我说：“你跟我来，可以解决问题。”然后就把我们抓走了。我们来上访的根本不能接近天安门，一接近就被抓。而且，我的子女们也不支持我上访，我只能自己掏钱。前两天，跟我们住一起的死了一个上海来的上访的人，我们打了 120，但医院因为他是上访的就不给处理。

5. 您觉得上访会带来怎么样的后果呢？

答：我的心态很好，和我住一起的 4 个人走极端，去中南海就被抓了。

6. 您对上访是怎么评价的呢？

答：我知道上访的成功率很低。我也想找记者来报，我去找过焦点访谈，他们说没有影响力的都不给报。虽然这样，但是我还是要上访，因为只有这样才能讨回公道。

➢ 中央国家机关的信访工作者的访谈记录

访谈时间：2010 年 8 月 27 日下午　3 点 15 分到 4 点 10 分

访谈地点：全国人大信访接待处

访谈对象：刘处长

访谈简介：为了了解信访工作的有关情况，我们申请进入全国人大信访接待处进行采访。

在刘处长的带领下，我们进入了全国人大信访办的工作区域。从大门进入即是一个院落，右边为行政楼，左边的楼正在修葺，据刘处长介绍，以后将是中纪委的信访接待处。穿过院子的铁门又进入里面的一个院子，右边是领表处，左边是填表厅，正前方是登记厅。上访人员从大门口旁边一小侧门进入，经过一个走廊，穿过右边的一个小门，来到这里，领了表到左侧填表厅填写。填表厅里环境干净，内设空调，塑料桌椅。填完表后，进入登记厅。登记厅有一排排等候的椅子，正前方的电子大屏幕上滚动着信访相关条文，右边设置 9 个登记口，按照省份划分，其中还设有初访和重访窗口。

随后，我们在刘处长带领下从一个小门进入了后面接待室。这里有 7 个接待室，一般是处理特殊的上访案件，有关专家会专门在这里接待上访群众。我们在刘处长的接待室进行了为时半个多小时的访谈，通过与刘处长的详谈，我们对全国信访办的职能、信访处理程序有了明确的了解，对信访接待工作者的日常工作情况、内心感受和思想情况有了全新的认识。

最后，刘处长带我们参观了挂满锦旗的会议室。

访谈记录：

1. 您这里主要受理什么类型的上访事件？

答：2005 年以前，我们受理来自全国的、各种问题的上访案件。自从 2005 年《信访条例》颁布以后，属于行政范围的各类纠纷，如土地、医疗等问题，一概交由国务院信访接待处受理。我们只受理对中级法院或最高法院的终审判决不服的上访事件。上访人员需手持终审判决书和相关证件才能进行登记。

2. 您认为，全国人大信访办的主要职能是什么？

答：首先，主要是信息综合、情况反映、领导助手的职能，是党和国家开展工作的“前哨”。通过接待上访群众，获得社会各种问题的第一手信息。我们作为信息的“收集口”，把这些资料加以分类、整理成案例，定期（一般是每月）上报给中央领导，让他们了解情况；同时，也为国务院政策出台、人大立法提供参考和调研材料。每年，我们还选择反映严重的社会问题作为课题，通过调研，提出解决方案。比如最近一次为“执行难”的课题调研，主要针对目前严重的信访积案问题，我们发现，因为政府机关主体的特殊性，导致上访的问题没办法及时解决。

其次，我们也尽量为一些上访群众解决问题。我们把一些合情合法、处理可行性大的上访材料交给中共中央“维稳联络处”，由他们分发给各个问题的中央负责部门，由各中央部门把上访材料下发给地方有关部门，交由他们进行处理。从这里开门到现在，我们确实为上访群众解决了一些问题，有些单位和个人还赠送锦旗表示感谢，就挂在二楼的会议室的墙上。

当然，群众不了解我们内部的工作程序，对我们有些误解，对解决的结果表示不满，这我们也感到很无奈。

3. 您从事信访工作多久了？您能简单地介绍下贵处的工作情况吗？

答：我是部队转业到这里的，从2000年到现在已经有10年的时间了。我们的工作是接访，负责接待上访群众，相对应的“听信”工作，即处理来访信件，则不属于我们工作范围。这里有20多个工作人员，平均每天接待600多人次。

以前，门口的街道上、周围的桥洞里住着许多上访人员，他们就在这里搭棚安家，很混乱。现在成立了一个派出所，经过整顿，情况得到了一定的改观。

4. 您觉得工作中的难点和困境是什么？

答：最大的难处就是“心有余而力不足”。我们主要起协调解决的作用，对一些上访问题真是“非力所能及”。这有几个方面的原因。

首先，一些属于历史遗留的特殊问题难以彻底解决。比如有一个老妇人，在50年代因为说了“毛主席也会犯错”，祸从口出，在“文革”期间遭受了批斗，“文革”后，她一直上访至今，以此要求国家解决她的住房、养老等待遇问题，国家也给了她一些补偿，但是她始终不满意。像她这种问题我们也没有办法。

其次，还有一些上访人士的要求过高，对解决结果始终不满意，最后产生了心理偏执，每天非要到这里来上访，甚至都不愿意回家，一天不来都会觉得心里不舒服。对于这样的情况，我们无能为力。

最后，由于地方政府、法院执法过程中的失误和偏差，也造成了诸多问题。我们这里规定的解决方案和政策，地方上不执行，我们也起不到有效的监督作用。

5. 您10年的上访接待经历，感受是什么？

答：坦白说，长期接触这些上访群众，我们的有些接待人员也会有一定的心理疾病。你想，本来每天都开开心心来上班，但是经常受上访群众辱骂、吵闹等不友好态度和行为的影响，长此以往，很多工作人员产生了抑郁、抵触的心理情绪，精神压抑。所以，每个月局里都会安排一批人员外出放松一下，看看祖国的大好河山以调整心态。

6. 您认为上访接待工作者需要具备哪些工作能力和要求？

答：不是所有性格的人都适合做接待工作的。比如我在部队里当排长、做宣传工作，担任过辅导员，专门做的是思想工作，所以转业后比较能适应。

我认为，上访接待工作人员需要具备四种能力。一是上下级别部门的沟通和协调的能力。比如上访群众来这里申诉，我们就要打电话联系下一级的负责单位，要他们接收处理，然后告诉上访群众可以回当地找谁解决。二是向上访群众明确清楚地解释法律、政策、程序的能力。我们这里就招收具有法律专业知识背景的工作人员。三是要会做思想工作，对上访群众进行心理疏导。比如，有些因为很小的家庭矛盾也来上访的人，我们就要耐心跟他摆事实、讲道理，做通他的思想工作。四是归纳总结、文字书写的能力。每天处理这么多社会问题，要学会进行信息的综合和经验的总结，并且形成有条理的书面文字，上交汇报给上级。

关于对工作人员的要求，我认为，首先，应该摆正自身的位置。我们这里的每个人代表的是国家机关的形象，对上访人员的态度要好。其次，要具有一定的工作艺术水平。让百姓能够“流着眼泪进来，带着笑脸出去”，也就是说，即使是那些解决不了的问题，但是接待的态度要好，尽量能在心理上起到安抚、疏导的作用，让他们感到温暖。同时，因为每天都会接触不同的案件，在这样的工作压力下，也需要不断地补充知识，自我充电。

访谈分析：通过今天和刘处长的访谈，我们有两个新发现。一是，信访部门起到的职能主要是社会问题的信息收集口，对于上访问题的实际解决能力弱，只能和具体负责部门“协调解决”。二是，我们之前同情、倾向于上访群众，没有意识到上访接待者自身也承受了巨大的压力。在以后的调查中，我们应该中立，不应该单方面同情上访群众，也应该关注工作人员的心理健康问题。这对他们二者间的互动关系起到很大的影响作用。

访谈时间：2010 年 9 月 6 日下午　3 点 00 分到 3 点 20 分

访谈地点：民政部信访接待处

访谈对象：朱科员

访谈简介：为了了解信访工作的有关情况，我们申请进入民政部信访接待处进行采访。与在全国人大信访办调研时的顺利不同，我们在民政部信访接待处遇到了阻碍。首先我们花费了太多的时间，找到了处于箭杆胡同的信访接待处。接待处位于一条死胡同的尽头，门口摆放着三张破损的塑料椅子。进入接待处分为两部分，地上的一部分是一个小型的房间，房顶上有一个正在工作的电风扇，椅子上或躺或坐着一些来上访的群众。地下的一部分是登记窗口，窗口上面是电子屏幕，上面显示着《信访条例》以及民政部的职权范围。接待窗口上钉着厚厚的铁窗，下面一个小小的窗口。我们跟着上访群众排队，将介绍信交给了工作人员，并在他们空闲的时候进行了短时间的交谈。交谈过程中，我们并没有得到什么确实有用的信息，却看到了很多真实的上访情况。

访谈内容：

1. 您对于您现在的工作有什么感受？

答：也没什么感受，就是把它当成工作来做，跟其他信访办的工作者其实都差不多吧。

2. 那您平时的工作是什么呢？

答：我平时的工作也就是登记一下他们来这里上访的情况，然后会有几种处理方式。有些情况，我们会与其他部委协办；也有些情况，我们会与地方协调想办法处理这些情况。

3. 您觉得您与上访群众之间的关系如何？

答：我们平时和他们也没有冲突和矛盾，他们来我们这里也是反映情况的，我这里也是帮他们。不过，他们来这里有的时候也是因为不了解政策。很多人是因为看到报纸中的只言片语就以为自己受到侵害了，就到处上访。其实他们并没有完全了解法律的真正意思，这样也很不利于我们的工作，但无论如何我们之间还是比较和谐的。

访谈分析：从这个简短的采访当中，从这些只言片语中，我认为这位信访工作者对上访群众带有明显的倾向性，持不太友善的态度。并且对“上访”这一敏感话题，非常的避讳，当上访已成为法律赋予的合法的公民政治表达的渠道时，我不明白为什么这些信访工作者还对此讳莫如深。

访谈时间：2010 年 9 月 7 日下午　2 点 30 分到 2 点 50 分

访谈地点：国土资源部信访接待处

访谈对象：李主任

访谈简介：为了了解信访工作的有关情况，我们申请进入国土资源部信访接待处进行采访。在国家土地资源部我们并没有得到接待，我们按照保安提供的《来访指南》来到了位于前英子胡同的国土资源部信访接待处。在保安的引导下进入了在一扇铁门后的信访接待处，整个接待处位于一个四合院内，是一个民居的造型。庭院内摆着几张桌子和椅子，让轮到的上访群众进入。

访谈记录：

1. 请问您从事这个职业多久了？

答：已经 20 年了。

2. 您觉得您对上访者的态度如何？

答：信访制度是人民政府为人民提供的反映意见、申诉问题、解决问题的途径，这有利于人民政府联系群众，为中央、国务院、国土资源部做出重大决定时提供信息。因此可以说，信访问题从一定意义上影响着高层决定。就像前几年的征地补偿、截留补偿等问题，都是通过信访问题解决的。当前，这也为社会稳定提供基础，为我国建设扫除后顾之忧。改革开放后，遗留了大量的问题，这也需要有关部门、有关政府协力解决。

3. 您觉得您从事这个职业这么多年来，最大的感触是什么呢？

答：工作压力大是每一个信访工作者的通病，不过，每解决一个问题心里也会感到很高兴。

4. 您觉得国土资源部与地方信访部门之间的关系如何？

答：主要是在需要的情况下，对地方实行反映、督办的职能。

5. 您平时一般的工作程序是什么呢？

答：一般来说，上访群众到了我们这里之后，首先是进行登记，然后我们根据不同的情况会有不同的处理方式。大多数情况下，我们一般会向来访群众解释政策，让他们回到家乡。但有的情况下，我们会向上反映情况或者向地方提供情况并督促地方解决问题。现在很多上访群众都是因为对政策的不了解才来上访，有着简单思维，这也是目前我们最忌讳的问题。这只能激化矛盾，所以我们也只能多做工作，包括思想工作，使他们做到依法信访。

6. 您平时工作时遇到的最大问题是什么？

答：应该是信访条例的不完善、不健全。虽然我们是依法回答问题，但就像接待室滞留现象、也有些是终结了的信访问题，依然有人对此不服，便会制造事端、闹事以期待造成政治影响，使政府屈服。

7. 您平时大概处理多少？

答：去年一年我们接待了18000多名上访群众，13000多封来信。

访谈分析：通过今天和李主任的访谈，我们主要有一点发现，信访部门还是对上访本身缄默，不希望被探寻太多。

访谈时间：2010年9月20日下午　4点到5点

访谈地点：最高人民法院信访办

访谈对象：于主任

访谈记录：

1. 您能简单介绍下贵处的工作情况吗？

答：最高人民法院信访办是仅次于“两办”，接待人数最多的单位。每天接待上访群众四五百人，每个月接待上访案件4000—5000件，一年接待7万件左右。由于我们的工作量相当大，所以旧址根本容纳不了那么多上访的人，经过申请，最高法院的信访办去年搬到了这里，占地15000平方米，分别有信访楼、办公楼、接待各地法院宾馆，所以相较其他信访办来说，显得比较正规。

2. 您能谈谈最高法院信访办的职能是什么吗？

答：我们的职能主要有两个：一个是负责办案，一个是负责接待上访人士。目的是化解社会矛盾，提供社会救助。最高法院的信访程序是：接访、审查、终了（也就是罢访）。接访的法官要做的工作是向来访群众明示法律，解释法律，判断申述是否能够进入再审程序，如果不能进入再审，则对上访人进行思想疏导。不过，能进入再审程序的案件比重很小。同时，我们还和地方相互协调，法院负责判案，地方维护稳定。

3. 您能谈谈近几年的上访情况吗？

答：从我的工作经历来看，我感到最高法院的来访接待经历了两个高峰：一个是1978年后，十一届三中全会召开后，平反冤假错案的高峰；另一个则是在2003年前后。这个时候应该是改革开放发展到一定的阶段，社会矛盾突出，涉及个人利益、拆迁、改造等各种社会问题不断涌现，同时人民的法制观念也在增强，法院受理的案件多了，来访量也随之而来的增加，有时候达到一个月受理一两万件。

4. 对长年上访的人，您怎么看？

答：这些“上访老户”，有些是诉求不当，有些要求过高没法解决，有些就是存在偏执心理。比如，有个人，30年前在“文革”期间被打成“反革命”冤案，后来经过平反，但是判决书里写的“因证据不足，宣判无罪”，他对这个提法不满，就多次上访，要求改写，组织上给他安排工作也不接受。像这样的人还是不少的。

公民具有合法的申诉权，这是法律予以保障的。但是同时，老百姓要依法申诉，一是要求逐级申诉，二是要求符合终结机制，不能无休止申诉。很多当事人站在自己的角度，而不是依法申诉。

虽然承认，地方法院判案不可能十全十美，肯定存在着瑕疵，但是我可以说，90%以上的案件是没有问题的，少部分是有瑕疵的，我们将会下大力气去解决。可有些当事人借此不断上访，则违反了司法的权威。有些人没完没了地告，他们认为“小闹小解决，大闹大解决”。因为申述不要钱，不需要当事人负责，所以就把诉状到处投，这样做是很没道理的。

无理缠诉的不少，即使他们的诉求合理，但是采取了违法的方式。比如到外国使馆告状，到中南海、天安门告状，妄图给政府施加压力。这些属于非正常上访，我们是不支持的，要加大打击力度，需要中央和地方共同配合，接走各地的上访人，不能在外国人面前给国家丢脸。

5. 您能谈谈接访的工作感受吗？

答：信访工作难度大，工作辛苦。我从事信访工作三十多年，极少休年假。听群众来诉苦，我们有时候也很受刺激。单位里专门设立了一间宣泄室，里面有橡皮人可以用来发泄；同时还配有心理医生，帮助信访工作者调节心理压力。

6. 您对上访制度怎么评价？您认为是否存在不足和缺陷？

答：在改革开放时期，社会矛盾集中，上访是其延伸的体现，可见信访工作的重要。上访体现了我国的民主化。我认为上访应该法制化。现在出台的一些有关上访的相关规定，体现了法律正在完善、健全。

但是，随着国家经济的发展，应对上访群众仍然是艰巨的任务。信访工作人员相对大量的上访群众而言，是人手不足的。我们每年需要借调地方的法官、法警来这里协调帮忙；同时，还抽调部分法官到各省，监督、指导地方上访情况，缓解北京来访量。另外，宣传法律，是一项重要内容。老百姓对法律认识比较浅薄，所以要加强法律宣传，引导合法上访，对违法上访要加强打击力度。

➢ 地方信访工作者的访谈记录

访谈时间：2010 年 9 月 8 日晚

访谈对象：市信访局杨 × ×

访谈记录：

1. 您从事信访工作多久了？是学什么专业的？

答：10 年了，农业专业的。

2. 有什么部门设置？有多少工作人员？平均年龄多大？是什么专业出身？

答：我工作的市政府信访局，共有三个科室，分别是：办公室（也叫综合科）、来访接待科、办信督查科。受行政编制的制约，地市级的信访局一般有5—10名工作人员，像我们这里就只有5个人，我所在的来访接待科则只有两个工作人员。最长在这里工作了20多年，最短的工作了2年左右。

3. 贵部门每天接待多少上访群众？主要是什么人？主要反映什么问题？接待程序是什么？

答：每年接待五六百批上访人士，大概5000—7000人，平均下来的话，每天接待20多个人左右。上访人士主要是农民、下岗人员、无业游民（这些人以上访为手段，希望得到政府救济），公职人员相对少，但是什么名堂的人都有。

我们的工作流程就是：登记（包括上访人士的基本情况、上访事件的情况），然后转办上访问题。上访解决的原则是“属地管理”、“谁主管谁负责”。要把上访的问题转办到当地的政府处理。比如，一个县的农民来上访土地问题，我们就要把他的问题转办给他所在的县政府的农业部来处理。

4. 上下级信访办是什么关系？信访办又和同级别的政府部门是什么关系？

答：在业务上，上级信访机构对下级信访机构有着指导作用；但是在行政方面，上下级信访机构没有行政隶属关系，下级信访机构的人事任免等不归上级信访机构负责，而是由当地政府主管。而对于同级别的政府部门，信访机构只有建议权，没有处分权。

5. 如果属地政府不处理上访问题，上访群众可以继续上访吗？

答：没有用，因为上访案件最后都会转回属地处理，一定要求所在单位给予答复。出现这种情况一般有两种解决的办法：一是，对地方政府这种行政不作为的行为，向政府效能办投诉；二是，走司法程序，起诉相关部门，进行行政诉讼。

6. 您认为一些上访群众多年坚持上访的原因是什么？您对这些群众怎么看？

答：我认为有三种人。一种是对政策不理解；一种是诉求过高；一种是要求翻老案，比如在五六十年代受到的处分，现在要求恢复公职享受待遇，这种历史积案很难处理。那些长期上访的人有些已经走火入魔了，这样的人我天天接触很多，他们一直到死都要上访。像北京南站就住了几万上访的人。

对于上访群众，如果属于合法诉求的，要依法保护到位。如果是不讲道理，天天缠着、闹着，就要依法处置到位。

7. 能谈谈您工作多年的感受吗？

答：我感到很辛苦。虽然领导说“要提高信访工作者的待遇”，但是话都说的很好，实际上……我们的工作繁忙，其实缺人手，但是受到行政编制的限制，没有办法增加人员，应该算是超负荷工作了。我已经有快 30 年的工龄了，却因为工作忙，至今连续 3 年没有休假了。

同时两头受气。一方面老百姓不理解，骂我们的工作；一方面上级也不理解，同时地方其他政府机关对我们也有看法。有一个领导就曾说过：“从行政机关来说，工作最难的就是信访局。”可以说，我们的地位很尴尬。

8. 贵部门会受理的上访案件主要是哪些类型？受理后会怎样处理？有解决成功的吗？

答：有，比较简单。大部分上访的问题还是难以解决的，因为很多是没有政策依据或者不符合条件的，根本不可能解决。

9. 您认为，信访办的主要职能是什么？

答：信访机构并不是直接处理机关。我们的程序是登记、转办、跟踪、督查、答复信访人。

10. 您对上访的看法是怎样的？您认为有用吗？

答：我巴不得撤掉信访机构，让上访人士走司法程序，按法律程序走。他们很多人都是“信访不信法”，而上访的很多事情其实都是有关司法事项的。

11. 对截访问题的看法？

答：截访当然是不对的，但是如果所有人都涌入北京的话，影响不好，上访问题还是要回到当地解决。不过也有不可思议的现象，就是北京接到来京上访的人，就打电话让我们当地政府接人回去。

访谈时间：2010 年 9 月 9 日下午

访谈对象：县信访局陈 × ×

访谈记录：

1. 请问，贵处接待的上访群众主要反映的是哪些问题？成功处理上访案件的比例是多少？

答：前几年上访的群众比较少，近几年，随着城乡经济发展带来了一些问题，比如拆迁征地、农业增产、养老保险、社会救济各个方面，上访的群众开始逐年上升，并且要求也逐步提高，有的时候我们无法满足。而且群体性上访事件也有所增加。虽然政府提到要控制上访量，但是这是社会发展的必然趋势，无法控制。一般成功处理的比例是90%左右，还是比较高的。

2. 您在贵处工作多久了？能介绍一下贵处的工作情况吗？

答：我的工作时间不长，来信访局也就一年零几个月，我们局里有4位工作人员，只要是在工作时间随时接待上访群众，一般就是先倾听群众诉说事由，能直接解决的就答复之后帮助协调，无法解决的就为群众提供意见，比如寻求法律途径，找律师了解情况等。

3. 您认为信访办的主要职能是什么？

答：我们这里的主要职能：一是处理相关的内部事务，二是接待上访群众帮助协调沟通，解决问题。至于内部事务，涉及机密，就不详细谈了。

4. 如果上访群众对解决结果不满意，再次上访，贵处一般如何处理？

答：如果群众第二次上访，那我们会建议他们到法院等相关司法部门，找律师寻求意见和解决。政府行政不干涉司法领域。

5. 贵处出现过群众对解决结果不满意直接上京上访的情况吗？

答：有过上京信访的，但是这种情况很少，都是涉法涉诉的、对判决不服的个别群体或个人；到法院、律师、检察院反映情况。

6. 您认为，上访有利于解决相关问题吗？您认为，哪些问题和矛盾是可以通过上访解决的？哪些问题则无法通过上访解决？

答：上访是解决问题的一种方式，但是有些人对这种方式没有正确的认识，一些特别琐碎的事情，比如丢手机、家庭矛盾纠纷等都要寻求信访局的帮助，这种问题就无法解决，这些群众完全把信访部门当做了投诉点。当然也有一些方面我们无法答复，因为信访局没有实际执行能力，不能直接对某些问题做出处理决定，所以有些问题也无法解决。

7. 您觉得工作中的难点和困境是什么？

答：我们的工作很辛苦，位置很尴尬，上对领导，下对群众，既要做到政府工作人员分内的事情，将内部事务处理好，又要同时负责解决好群众的问题，很多事情我们常常感到无能为力。

8. 从事信访接待工作，您能谈谈这一年多的工作感受吗？

答：我认为信访工作很重要，而且工作内容比较琐碎，有时候经常感到心有余而力不足，我总感觉在孤军奋战，但是信访工作应该得到社会各个的层面的人的关注，需要多方的配合和合作，只信访局来做是远远不够的，各部门应该通力合作，才能把信访工作做好。

访谈时间：2010 年 9 月 19 日　下午 2 点 15 分到 3 点 20 分

访谈地点：某省驻北京办事处

访谈对象：某省信访局张 × ×

访谈简介：为了更深入地了解地方信访部门的具体工作，加深对省级的信访工作的了解，我们特地采访了省信访局工作人员，请他谈谈对上访问题的看法。

访谈记录：

1. 您好，我们先前已经了解了中央、地级市、县的信访部门工作，现在想了解关于省（区市）这一级的信访工作情况，您能跟我谈谈吗？

答：就我个人看来，从中央到地方，现阶段来讲，信访是 1 个敏感的话题。打个比方，近日在江西宜黄发生的自焚事件中，虽然我具体不清楚是个什么情况。但我知道肯定和上访有关系。而在信访方面，从国家、部委、省里，主要以接访为主，起到一个督办督察功能。但主要的方法还是以信件形式向下转，发现一些重要的事情，就会直接派督查组、业务小组到地方去具体查明，或者要求下级部门在解决过程中，报一个书面结果。

《信访条例》出台，就是制度上保证了上访权利，现阶段的条例中明确规定，中国的信访是三级终结制。比如，上访人在向县公安局反映情况后，县公安局会给出一个答复。公安机关在行政上是属于双层上级，一个受地区人民政府管，另一个受上级公安机关管。如果上访人不服就可以到市公安局复查，市公安局做出一个复查意见后回复上访者，一旦上访人仍然不服结果可向省公安厅申请。到这里，即使还是不服，从法律层面讲，上访这条路已经不能走了，但事实上并非如此，很多上访者在此之后便直接到北京。跑最高法院、最高检察院，有的甚至跑中纪委，还有做得更出格的，跑天安门、中南海，或者去大使馆“告洋状”。对于涉诉案件，行政、公安实行二审终审制，只有通过检察院抗诉、或省高院主审不服才能驳回。

总的来看，虽然有《信访条例》，但是制度本身设计方面有缺陷，制度本身对于一切问题一刀切，这点在制定上本来就有一定难度。中国是一个具有2000多年封建历史的国家，告状观念根深蒂固，还有进京告御状的。我建议你们，如果想进一步了解，可以到县这一级去看看。

2. 省（区市）里面，比如公安厅，信访工作部门是一个怎么样的设置？

答：这个各个省份不一样。就拿我们省来说，县这一级设立科室，市、省设立办公室。我们省里面是在省公安厅办公室下设信访办，其实是两块牌子、一套机构，专门涉及公安类的。我知道的法院也有这么一套，其他的可能有，但不清楚。

3. 省里面的接待工作怎么样？有数据吗？

答：数据的话，我也不太清楚。反正也挺多的，我可以说一下工作状况，平常有专门工作人员接待，每月的15日有厅级领导接待日，每年的七八月份是专门的厅长大接访，厅里面的最高领导专门接访。

4. 我们走访了好多中央机关部门的信访办公室，都是在一些封闭的胡同，很难被发现。我不知道，贵省的信访接待怎么设置？

答：怎么说呢。我们省里面，拿我工作的公安厅打比方，是在办公室边上直接设立接访办公室。其实他们这样的设置也有一定的道理，毕竟信访是很影响正常工作的。在我们那边，每天来上访的人员严重堵塞交通，我们公安厅算是省里面的大部门，有700多人，还是忙不过来，哭的闹的。况且在中央，代表一个国家的形象问题，这是可以理解的。

5. 我们从一些中央机关的信访接待室了解到，他们的工作只是向上级反映一些社会状况，上报中央维稳机关，不是主要解决问题，我想这是不是上一级的普遍现象？

答：是这样的，我刚才不是也说了，这只是一个功能，而你所说的也是一个方面。他们针对不同案件整理，登记在案。上访的信件打回省里，省再打回市里，一级一级地打回去，最后就又落到县这一级来解决了。我之所以刚才说让你们到基层县级去了解，就是这原因，很多是在中央了解不到的。批条很常见，老百姓去上访，结果是跑来跑去，批来批去，最终不能解决。还有一些是无理上访，就是一些小事。但还是特地上访，这点就让人不了解。

6. 您能谈谈对上访的看法吗？

答：上访首先是我们国家几千年的传统，是维护群众利益的合法渠道，这是我们党承认的，是有利的一面。

但另一方面，既然我们已经制定了一些法律法规、条例制度，就要求上访走合法途径，以免造成行政资源的浪费。我们发现在上访群众中有很多是无理上访，还有一些是以上访为业的。

我们还得理顺一个关系，就是行为与事项，怎么说呢？有很多人的确有冤，上访是合情合理的，但是他们的行为和上访途径却违反法律。他们认为：小闹小解决，大闹大解决，不闹不解决，“我们反映正常的诉求，需要合法，中央精神要求畅通信访渠道”。但我们部门具体提出了四项措施：

1. 诉求合理，解决到位。就是说，只要你是合情合理，上访合法我们将竭力解决。

2. 诉求无理，教育到位。对于那些无力的诉求，我们将对他们的思想进行教育，让他们了解这一事项的重要性。

3. 诉求有理，行为违法，依法处理到位。我们区别对待行为和事项，一旦为了合理的诉求而做出违法行为，我们将会做出依法处理，不会因为合理事项掩盖他的违法行为。

4. 生活困难，帮扶到位。对于那些生活上有困难的，我们将会对他们的生活进行帮助。

5. 还有一个情况，每年“两会”时期，为了保证“两会”的召开，中央会告知驻京办，通知派人截访，你怎么看？

答：首先，不是驻京办的事情，驻京办，是人民政府驻北京办事处。但是这种情况，早在 2005 年就有一个中央联席会议，特别谈关于人民来访问题。省市县也有自己专门的联席会议。而中央要求各地方，尤其是省级联席会议派工作组到北京，在“两会”期间，为保证会议的顺利召开，就会直接派工作小组的人员“劝访”，明确规定：谁家孩子谁抱走。

6. 您怎么看待上访人？

答：其实这个问题，在刚才我已经说了。上访人中有一些是有理的，但还有一些是无理的，还有的是假借名义获取经济利益。这个的话，我也很难做出评论。但是，我还是主张：坚持依法理性表达。

前几天，我刚处理了一个案件：有一群人参与了传销组织，但是不久这个组织被公安机关依法取缔之后，很多人的“入会费”无法拿回，就进京上访，为这个真正的传销组织平反。但是，很明显这是一个无理上访，因为作为传销组织，你参加了，就得承担法律责任，公安机关不追究就已经很宽大了，还要求平反，这就有点过不去了。还有，这个案件还在审理之中，就算要上访，也等法院终审判决之后，所以我觉得这点就很难办。

访谈时间：2010 年 9 月

访谈对象：某县团委书记赵 × ×

访谈简介：来京上访的群众人数逐年增加，我们不能不思考，为什么地方政府没有及时解决上访问题，致使上访洪峰汇聚北京？在处理上访问题上，地方官员是如何对待的，出于何种考量？为此，我们采访了某地方基层团委书记。通过他述说解决信访问题的苦衷，我们了解到，一旦信访与政绩挂钩，简单的利益矛盾就上升为政治层面的权利博弈了。

访谈记录：

每一位地方官员在任期间都有各种考核指标来衡量其政绩。其中，上访在这些指标中起着一票否决制的作用。也就是说，官员辖区内一旦出现上访事件被上一级的领导知道，官员之前所做出的政绩都会被否决。因而，各级地方官员十分关注上访问题。

对于上访，地方官员最为头疼的就是群体上访和越级上访，这两种上访规模大、影响大，很容易让地方官员一年的努力付诸东流。因而各省市的官员都特别慎重的处理这两种上访。

对于群体上访，官员往往无法解决的，一般会给上访者一定的补助，劝退上访者不进行上访。每年各级政府都会花不少的资金来解决此类问题。

对于越级上访，各省的驻京办就是常驻的处理上访机构。每年“两会”期间，各级政府更是派专门官员在北京负责处理各自的上访问题。

访谈分析：以信访为官员的考核指标，初衷是督促各地官员合法行政，但适得其反，反而使官员对上访群众如阶级般敌人对待，为让其上访“胎死腹中”，安抚不成，则大动干戈，把简单的利益纠纷笼罩了一层政治意识形态的阴影。

➢ 外面群众的采访记录

访谈时间：2010 年 8 月 25 日下午

访谈地点：国土资源部附近

访谈对象：火车票代售点的老板　零售店的老大妈

访谈简介：为了找到来国土资源部的上访人员，我们先进行了外围采访。通过采访火车票代售点的老板和零售店的老大妈，了解到了农业部信访办接待室的具体地址与来这里上访人员的情况。同时，采访了零售店的老大妈对信访的态度。

访谈记录 1：火车票代售点的老板

1. 您好，请问您知道在哪里可以找到来这里上访的人？

答：一般他们都在那（国土资源部行政楼）前面的车站打地铺，你们可以去那里看看。

2. 可是，我们刚刚去看了，门口没有上访的人。

答：那你们从前面的胡同里进去，向南走，再找人问问，胡同里还有一个接待处。

3. 请问这里每天都有上访的人吗？

答：不一定每天都有。有些外地来的，晚上就被当地来的警察开车“接走了”。

访谈记录 2：零售店的老大妈

1. 您好，请问您知道在哪里可以找到来这里上访的人？

答：这可不好找了。前面的胡同看见了吗，走进去，看到一个“农垦局”，再往前走，看到敬胜胡同，走到头往右转，在胡同里可以看到一个小门，上面有挂牌，就是了。你们去看看可不可以找到吧，那里的农民一多，就有警察来把他们遣送走。

2. 可是前面有一个“土地矛盾协调处”，难道不是吗？

答：那里啊，就是一个幌子。去那里上访的人一般就是登记下，然后里面的人（工作人员）就让你回去等通知，哪会有什么电话啊。然后，上访的人就一直打电话，基本没人接，都是长途电话啊，七八十块的电话钱就砸在这上面了。

3. 请问您怎么看待上访问题呢？

答：他们上访是对社会的不满。社会嘛，很多问题，我们的心态要好啊。比如，我儿子有能力，但是晋升的机会就轮不到他，有些东西啊，看着就好，都在这里（指了指脑袋），大家都明白，没必要说出来。你们就去采访吧，多了解社会吧。

访谈时间：2010 年 8 月 28 日　10 点左右

访谈地点：北京西站北广场西南角

访谈对象：北广场无业流浪残疾老人

访谈简介：为了在西客站北广场找到上访的群众，我们开展“外围采访”。通过与一位在此的流浪残疾老人的交谈，我们对以西客站为据点的上访群众有了初步了解，对他们的生存状态有了新的认识。

访谈记录：

1. 大爷您好，您是本地人吗？

答：不是，我老家东北的，4 年前到河北打工，出了工伤，也联系不到家人，一条腿废了也没法再打工，就一直待在车站里，靠乞讨为生了。

2. 那您 4 年来一直在此吗？周围也有很多在这里铺垫休息的人，他们是做什么的？

答：嗯，自从我来这，这些人就一直有，大都是一些民工什么的吧，没钱住旅馆就打地铺住在这里。

3. 那这些人中有没有来上访的呢？

答：也有啊，有人会来问路，说信访部门怎么坐车。而且这些人还不找工作，有时候就在车站里顺手牵羊偷人家的东西，白天就出去奔走告状。

4. 那他们一般是多少人呢，会成群结队来吗？

答：不会，顶多两三个，一个人休息的时候，另外一个人就站岗放哨，看好他们自己的东西。

5. 那其他的一些情况您还了解多少呢？

答：其他的我就不清楚了。

访谈时间：2010 年 8 月 28 日中午　10 点到 10 点 10 分

访谈地点：北京西客站北广场东北角

访谈对象：一位看守电梯的北京老大妈

访谈简介：为了在西客站北广场找到上访的群众，我们开展“外围采访”。通过与一位在此工作 4 年的守电梯老大妈的交谈，我们对以西客站为据点的上访群众有了初步了解，对他们的生存状态有了新的认识。

访谈记录：

1. 阿姨，您好！您是北京人吧？

答：嗯，本地的。在这里工作 4 年了。

2. 您能告诉我们躺在地上的这些人是什么身份吗？

答：你们不是记者吧？不是的话，我就多给你们讲讲。这些人有的是农民工，有的是盲流，有的是过夜客，乱得很。

3. 他们中有来北京上访的人吗？

答：也有啊，有的下了火车，就问我“信访局怎么走”。在这里“安家”的人都很复杂，整顿不了，又赶不走。他们一听到整顿的风声，就全都没影了，等到风头过了，又都窜了出来。现在这个时间看到的人少，到了晚上 9 点、10 点，人就多了，都在地上躺着呢。

4. 那他们做什么工作呢？

答：哪有什么正当工作啊。就是在西客站内偷抢。有一次，我看到一个小伙子躺着睡觉，就有一个人走过去把他的鞋子给偷走了。这种事谁敢管啊，搞不好眼睛都被人弄瞎了。我就走过去用脚碰了碰那小伙子，告诉他鞋子没了。他光着脚追了过去，没追回来。这种事太多了，不好管的。

对“90后”大学生关于同性恋的认知、态度和行为状况研究

——兼论社会转型时代，“90后”价值观的形塑与变迁*

作者 汪晓翔 宋李佳 朱卫禄 刘恬君 杨笑 巩丽霞
张明明 孙冉冉 刘雨星 魏文倩
指导教师 赵莉 刘月 王薇

一 引言

（一） 研究背景

1. 同性恋仍受歧视，同性恋运动方兴未艾

同性恋群体作为主流群体之外的特殊群体，同性恋文化也处于主流文化的边缘，同性恋现象自古以来一直备受社会主流文化和价值观的批判和歧视。尽管随着社会现代化进程的加快，社会体制的转变、社会主体世界的变迁以及后现代主义思潮的兴起，激发了一系列的新社会运动，他们以种族、群体认同、宗教、性别为基础，聚焦的问题有关于社会价值观重构、团体存在价值、人权平等方面。其中同性恋群体也积极为自己在政治、权力以及社会参与等方面进行了不懈的努力，争取到了诸多与社会大众平等的权利。尽管许多国家从立法上对同性恋权益给予维护，但是深层次的社会主流文化和价值观难以从根本上消除对同性恋的歧视。到目前为止，各国、各地区以不同形式呼吁社会接纳和

* 该作品获第十二届“智慧星火”——中青学子学术支持计划一等奖。

社会平等对待的同性恋运动层出不穷、方兴未艾。因此，同性恋现象依然备受各界关注。

2. 社会转型：价值观冲突与重构

随着传统社会向现代社会转向，人类社会普遍面临着诸多方面价值观的冲突，主要表现在：传统价值观与现代价值观的冲突；中西方价值观的冲突；个体本位价值观念与社会本位价值观念的冲突；① 社会主导价值与基础性价值的冲突；道德价值与利益价值的冲突。② 然而，在社会转型时期，价值观念的深刻变革与激烈冲突，是当代人类文明进程的突出表现，是社会变革的必然的产物。导致这些价值观冲突的原因在于：现实生活中的物质利益冲突是当代价值观念冲突的根源；社会转型理论的不充分性，导致人们价值观过渡不当；经济全球化所带来的民族国家之间利益矛盾；③ 社会主流文化的统治地位，使得各种亚文化处于边缘。同时，价值观的冲突，必将导致社会价值观的偏离，进而影响社会结构和利益分配格局，导致更深层的社会矛盾问题，威胁社会稳定。为了保证社会转型的科学进行，促进社会进步，需要对人类面临的价值观冲突进行重构：即对传统与现代价值观之间、中西方价值观之间、个人本位与社会本位价值观之间的冲突进行调和，以实现二者之间的科学融合与过渡，最终促进社会的和谐和公平。

3. “90 后”大学生亚文化的诞生：对主流文化的挑战抑或妥协？

随着社会转型进程的加快，社会孕育出了一个特殊的新兴群体——“90后”一代，由于该时期具有诸多直接或间接影响这一新兴群体的因素，包括各种亚文化、新思潮，以及网络时代的到来，对青少年的思想带来巨大的冲击，他们不再遵循传统，而是寻求超越传统；他们不再惧怕权威，而是向权威挑战；他们不再依附于主流文化和价值观，而是形成和遵循自身群体的亚文化和价值观。这些特征，表明“90 后”一代跟当前社会大众有着不一样的思维和

---

① 刘国军：《当代中国社会转型时期的价值观念冲突问题研究》，硕士学位论文，东北师范大学，2002 年，第 4—7 页。

② 孙安忠：《我国社会转型期人的价值观重塑》，硕士学位论文，山东师范大学，2007 年，第 20—22 页。

③ 刘国军：《当代中国社会转型时期的价值观念冲突问题研究》，硕士学位论文，东北师范大学，2002 年，第 8—9 页。

观念，有着不一样的世界观和价值观，在对待同一传统事件上，他们将与社会主流观点、与父辈等之间有什么不同？他们对传统、主流的对抗和挑战，到底能不能实现，还是受限于特定的社会、历史、文化背景，而最终只能向主流、传统妥协？本研究将对这些问题进行探究和论证。

（二）研究目的及假设

本研究的主要目的在于，通过研究，分析社会转型脉络下，“90后”大学生价值观形成与社会转型的关系；“90后”大学生对同性恋的认知、态度的行为状况；以及“90后”大学生价值观与主流社会价值观之间的关系。

1. 结合社会转型背景及理论，深刻分析当前国内外社会主流文化关于同性恋的价值观演化及现状

社会发展轨迹是分析社会现象的根本线索。作为社会发展重要表现形式的社会转型，其发生背景、理论观点是反映社会特定时期，历史、文化和社会特征的重要体现。本研究基于社会转型理论背景及其观点，深刻分析国内外社会主流文化关于同性恋的价值观演化状况及现状，以表明旧有的、根深蒂固的社会文化和社会价值观是束缚同性恋群体顺利参与社会事务的根本原因。

2. 结合社会转型理论及特征，分析其对“90后”大学生的亚文化和价值观的形塑和影响

本研究基于社会转型大背景之下，力图通过调查“90后”大学生对同性恋的认知、态度和行为状况，来揭示社会转型期对成长于其中的“90后”大学生价值观的形塑和亚文化形成的影响，反映出新一代群体生活的主导性价值观正逐渐与传统主流价值观发生偏离，并向着独立的方向和地位延伸，警示社会各界关注新一代群体的价值导向和发展需求，并尽可能实现二者之间的融合。

3. 结合中西主流社会文化、价值观形成的多元文化交融，科学阐释“90后”大学生对同性恋认知、态度的宽容与困境

“90后”大学生成长于网络开放、信息公开的世界，西方文化的唾手可学、主流传统文化的严格束缚，在这样多元化的文化交融下，“90后”大学生倾向于批判传统文化，接受西方前沿文化的影响，形成一种特定的看待同性恋

现象及群体的观念和价值观，并表现出比社会主流和传统社会大众对同性恋态度的包容和理解。然而，由于“90 后”大学生亚文化力量的弱小，难以抗衡主流社会文化对其亚文化的支配，因此，在他们身上还有一些传统文化观念的影子。导致“90 后”大学生在关于同性恋群体及现象的认知、态度和行为方面表现出一些逆向特征和困境局面。

（三）研究意义

1. 学术意义

对于同性恋的研究，学术界一直以来从来没有中断过，包括从同性恋产生的历史渊源、理论、发生机制、形成原因等都做了科学、细致的研究。此次研究以“90 后”大学生关于同性恋的认知、态度和行为表现为主题，是对以往研究的一次深化。同时，本研究将研究视角定位于社会学视野下，通过结合当前社会转型时期的特点和理论，分析新兴群体“90 后”大学生对同性恋现象的态度，以揭示社会转型对新生代群体价值观和亚文化形塑的作用和影响，从很大程度上来说，这是对以往研究的创新和超越。因此，本研究的开展实施，具有明显的学术意义和学术价值。

2. 实践意义

同性恋的话题已经不是新鲜事，同性恋群体从古至今遭到社会主流群体的排斥和漠视，甚至对他们权力的剥夺，尽管制度上、法律上的现状已经得到巨大的改善，但是同性恋群体依然受到歧视，反映了在根深蒂固的传统文化根基指导下，人们难以表现出用宽容的心态来面对同性恋群体。本研究将视角定位于两个不同的群体身上，即通过了解“90 后”大学生对同性恋的态度，来与以往社会主流大众对同性恋的态度进行对比分析，从而揭示传统主流价值观和文化为维护其主导地位而不择手段的本质。在实践上能给同性恋群体权益的维护、价值观的定位以及身份认同产生积极的支持和理解。

3. 社会意义

从社会的角度，对同性恋的不公正对待已经激起了几十年的同性恋运动，他们要求实现社会公平和受到公正待遇的诉求一定程度上得到回应，有了一定的成果，但是，尚未从根本上获得自己的真正的地位和应得的权利。尤其是在中国，同性恋群体仍然处于社会边缘，尚未有明显的法律对其给予保护，同性恋群体在社会制度和社会排斥的挤压下，容易激起他们对社会的不满，一定时候，他们的思想将会统领其行动，对社会产生许多负面的影响，造成社会动荡，威胁社会稳定。本研究旨在从“90后”大学生眼里来看同性恋，他们给予同性恋更多的包容和理解，这种结论对于启发社会大众改变自身价值观，理解和尊重同性恋实际，营造同性恋和谐生活环境，实现人类的和谐共融和社会的公平公正，将会起到难以替代的深远意义。

二　文献研究

（一）　核心概念界定

1. 社会转型

（1）社会转型的内涵

所谓社会转型（Social Transition）是指社会结构的整体性、根本性变迁，通常是指社会从低级阶段向高级阶段，从愚昧时代到文明时代，从传统社会向现代社会过渡的特殊时期。[①] 由于本研究主要集中在中国社会转型背景下，“90后”大学生关于同性恋的认知、态度和行为研究，因此，在此我们只对国内关于社会转型研究的观点进行梳理。

关于我国社会转型的问题，自1992年学者李培林提出以后，学界对此进行了持久深入地研究，其中最具有代表性的观点有：第一种观点由陆学艺、景天魁提出，他们认为社会转型是指中国社会从传统社会向现代化社会，从农业社会向工业社会，从封闭性社会向开放社会的社会变迁和发展；[②] 第二种观点由郑杭生、李强等提出的社会转型即社会现代化过程的观点，他们认为社会转型是一个有特定含义的社会学术语，是指社会从传统型向现代型的转变，或者

① 转引自涂红星《社会转型期大学生多层文化心理研究》，硕士学位论文，武汉科技大学，2005年，第3页。

② 陆学艺、景天魁：《转型中的中国社会》，黑龙江出版社1994年版，第5—6页。

说由传统型社会向现代型社会转变的过程；[①] 第三种观点认为社会转型是一种特定的社会发展过程，它包括三个方面：一是指社会从传统型向现代型转变的过程，二是指传统因素与现代因素此消彼长的进化过程，三是指一种整体性的社会发展过程；[②] 第四种观点认为社会转型可分为广义和狭义两个概念，广义的社会转型是指人类社会从一种社会形态向另一种社会形态转变，是一种质变过程；狭义的社会转型是指在同一种社会形态下，社会生活的某一个或几个方面发生了较大甚至较为剧烈的变化，但是这种变化不涉及社会形态的变化，是一种量变过程。[③]

从上面的不同论述，我们可以看出，在当前社会转型期，我国社会正经历着从物质层面、制度层面到文化层面的全面变革，而且这种发展变化具有广泛性、普遍性和复杂性的特点，它的触角涉及社会的各个不同的领域，同时也对人们的思想、价值观念及文化产生了深远影响。

（2）社会转型的特征

我国正处与社会转型与社会发展的重要时期，当前我国社会转型，呈现出一系列显著的特征。一是社会转型从空间看是全方位的、多角度的、多层次的，从时间看是加速度的，从程度看则是深层次的。[④⑤] 二是社会转型具有高度的复杂性、艰巨性和长期性。[⑥⑦] 三是社会转型具有高度的自觉性和计划性，高度的系统性和配套性。[⑧] 我们认为，除上述学者和所界定的特征之外，社会转型还从微观上对人产生巨大的影响性，包括促使个人群体价值观的改变，促

---

① 郑杭生、李强：《当代中国社会结构和社会关系研究》，首都师范大学出版社 1997 版，第 1—3 页。

② 范燕宁：《当前中国社会转型问题研究综述》，《哲学动态》1997 年第 1 期。

③ 刘祖云：《社会转型：一种特定的社会发展过程》，《华中师范大学学报》（哲学社会科学版），1997 年第 6 期。

④ 蔡拓：《社会转型：一种特定的社会发展过程》，《华中师范大学学报》（哲学社会科学版），1997 年第 6 期。

⑤ 包心鉴：《论中国社会转型时期的政治发展》，《政治学研究》1996 年第 1 期。

⑥ 赵仕品：《社会转型期价值观念的变革和引导》，《四川师范大学学报》（社会科学版），1994 年第 21 期第 2 版。

⑦ 胡鞍钢：《一个中国四个世界：中国地区发展差距的不平衡性》，《第二次转型，从经济建设为中心到制度建设为中心》，清华大学出版社 2003 年版，第 7 页。

⑧ 朱力：《中国社会转型临近关节点》，《南京社会科学》1994 年第 4 期。

使其反思其所生活于其中的文化观念，并形成一种看待社会世界的新的观念和思想。

2. 同性恋

同性恋这一概念，是德国医生 Benert 于 1869 年创造的，描述“对异性不能做出性反应，却被与自己性别相同的人所吸引”①。此后不同学科的学者们争相对同性恋进行与自己学科密切相关的定义。医学上的同性恋定义是：“在正常生活条件下对同性成员持续表现性爱倾向，包括思想、感情和性爱行为；对异性缺乏或减弱性爱倾向，也可有正常的性行为。”② 社会学的主要观点是，人类大部分的行为不是与生俱来的，而是通过后天学习获得的，是人类社会化的结果。同性恋既不是犯罪，也不是病态，只是一种性倾向。③我国性社会学家李银河博士认为：“同性恋这一性取向是指以同性为对象的性爱倾向与行为；同性恋者则是以同性为性爱对象的个人（男人或女人）。”④ 性社会学工作者张北川则认为：“在对性伴侣的选择拥有充分自由的条件下，一个性成熟的个体如果具有明显或强烈的指向同性的性欲或同时存在主动的同性性行为，方可视为同性爱者。”⑤ 在早期，大多数国家视同性恋为一种精神疾病，随着时代的发展，同性恋逐渐被视为一种正常的性取向。1973 年，美国心理协会、美国精神医学会将同性恋行为从疾病分类系统中去除。对于同性恋的定义更正为：“同性恋是指一个人无论在性爱、心理、情感还是社交兴趣上，主要对象均为同性别的人，这样的兴趣并未从外显行为中表露出来。”2001 年 4 月 20 日，中国最新颁布《中国精神障碍分类与诊断标准》，重新定义精神病标准，指出同性恋者不是精神病人，同性恋不再被统划为病态。⑥ 这表明，无论在国外，还是国内，关于同性恋的定义基本上达成一致共识，并且认识上也达到一种积

① 余放争、国纲、余翔：《同性恋国内研究概述》，《医学信息》，2005 年第 18 期第 12 版：第 1758—1761 页。

② 中华医学会精神科分会：《中国精神障碍分类与诊断标准（CDMD－3）》，山东科学技术出版社 2001 年版，第 105 页。

③ 吴炽煦：《西方国家对同性恋的认识与研究》，《湖北预防医学杂志》2003 年第 14 期第 5 版。

④ 李银河：《同性恋亚文化》，中国友谊出版公司 2002 年版，第 430—431 页。

⑤ 张北川：《同性爱》，山东科学技术出版社 1994 年版，第 135 页。

⑥ 中华医学会精神科分会：《中国精神障碍分类与诊断标准（CDMD－3）》，山东科学技术出版社 2004 年版，第 110 页。

极的、正面的和科学的认识。

3. “90 后”大学生

（1）“90 后”大学生界定

所谓“90 后”，就是指所有出生于 20 世纪 90 年代的人。“90 后”大学生则是指从 1990 年到 1999 年年底为止出生的、并已进入大学校园的中国公民。2008 年入学的大一新生中，大部分出生于 1990 年，这也意味着到现在为止，大学已经迎来第三批“90 后”学生。由于成长于特定的历史时期，“90 后”大学生群体具有许多不同于其他既有群体的特征，拥有不同于其他群体的独特亚文化。

（2）“90 后”大学生价值观特征

我国目前正处于社会主义市场经济体制初步确立时期以及社会急剧转型的时期，市场经济运作法规和秩序尚不健全，加之国际国内各种社会思潮和文化、价值观的碰撞，对正处于世界观、人生观、价值观形成时期的“90 后”大学生产生了深刻的影响。“90 后”大学生的价值观主流是积极向上的，主要表现在以下方面：一是价值取向的多元化；二是价值追求的个体化；三是价值目标的现实化；四是价值评价的功利化。① 我们认为，除上述特征外，“90 后”大学生的价值观还具有包容性、批判性、妥协性。

4. 亚文化

（1）亚文化内涵

亚文化是与主文化相对的一个术语，主文化是指在社会上占主导地位的，为社会上多数人所接受的文化，其对社会上大多数成员的价值观、行为方式、思维方式影响极大；亚文化是指仅为社会上一部分成员所接受的或为某一社会群体特有的文化。② 本质上，主文化并不与亚文化相冲突，但是实际社会领域，却存在着主文化排斥和压榨亚文化的实践和现象。

（2）“90 后”亚文化

“90 后”作为新兴的一代，他们形成了自己的亚文化，作为群体内的价值

① 郑士鹏、王永明：《“90 后”大学生价值观教育探析》，《学理论·中》2009 年第 2 期。
② 郑杭生：《社会学概论新修》，中国人民大学出版社 2003 年版，第 69—70 页。

观、行为方式和思维方式的根本准则。“非主流”一词是诸多人士用于描述“90 后”一代文化特征的，即“非主流就是张扬个性、另类、肥大中华，不盲从当今大众的潮流，讲究符合自己心性的服装、衣着、言行”。“非主流”成为了他们合理彰显个性和宣称独立的标志。网络时代的繁荣也给“90 后”提供了自由狂欢的舞台。在这个舞台上他们创造了属于他们自己的历史，其中影响最为深远的当属被称为“脑残”杰作的“火星文”。① 尽管“90 后”大学生确实存在着自身特有的特征、价值观和亚文化，但是社会倾向于将“90 后”“非主流化”，认为“90 后”是“垮掉的又一代”，是“脑残的一代”等，因而相应地产生了对“90 后”群体的压制和束缚。但是，“90 后”亚文化一直未被主流文化所吞噬，而是出于一种微妙的斗争状态中。本研究从“90 后”大学生与主流社会大众关于同性恋的态度中，可略见一斑。

（二）国外研究状况

1. 西方理论视野下“同性恋”概念的研究

对于同性恋一词的定义，西方古典理论学家、精神分析学家以及性学家由于理论视角的不同，定义也有所区别。

（1）古希腊哲学家柏拉图认为，同是一种自然属性，身体方面的生殖力使人爱恋异性，心灵方面的生殖力使人爱恋同性，前者的目的是人类种族的繁衍，后者的目的是美的创造。这是两种爱情的本质差异。② 根据柏拉图的观点，我们似乎可以看出同性恋比起异性恋，为人类提供了更多爱的可能性，深化了爱的能力，开拓了爱的空间。

（2）精神分析学派鼻祖弗洛伊德否定同性恋是犯罪和不道德的，认为同性恋是一种性角色认同的“倒错”；霭理士的观点与此相近，他曾指出：“我个人的立场一向以为逆转（倒错）是一个变态，而不是病态。”③ 阿尔弗雷德·金西彻底否定了对性活动作道德判断的做法，认为“没有任何一种性释放途径或频率可以称为‘正常的’、‘典型的’、‘有代表性的’，它们只有差异，而且

---

① 向东：《“90 后”亚文化解读》，《科教文汇》2009 年第 4 期（下旬刊）。

② 柏拉图：《文艺对话集》，人民文学出版社 1963 年版，第 237—243 页。

③ 霭理士：《性心理学》，商务印书馆 2003 年版，第 304 页。

除了差异之外什么也不表明”①。

（3）当同性恋不再被定格为罪恶的、不道德的、病态的时候，将其视为一种文化现象进行思考便是顺理成章的。马尔库塞不但不反对同性恋，而且认为同性恋现象中包含着革命的潜力，是对生殖秩序的反叛；② 福柯也同样认为，性行为如果不是出于生育繁衍的需要，没有纳入生殖繁衍的秩序，就不可能指望得到承认和保护，也别想得到发言的机会。③ 从上面的观点中可以看出，西方国家对同性恋内涵的认识，不仅停留在肯定同性恋作为一种性自由的层面，而是进一步提请社会思考有关性的前提，即特定社会中性取向、性行为和性关系对个人的影响问题。

2. 国外对同性恋的认识历程研究

西方国家对同性恋的看法大致经历了古代文明、罪行化与非刑事化、病理化和非病理化的过程。

（1）古代文明：同性恋正常

在古希腊和古罗马的早期社会里，同性恋多出现于当时的政治、军事和文化名人中。当时人们普遍认为，年轻人应当将青春奉献给长者，借此从长者那里获取智慧。

（2）同性恋罪行化与宗教、法律

国际上在认为同性恋是疾病之前，认为同性恋是罪恶，因为同性恋违反了基督教的婚姻生育原则——原罪说，即追求性欲是一种罪恶。因此，同性恋行为长期受到社会强烈谴责。公元 4 世纪，随着基督教作为罗马国教的建立，同性恋行为开始被罗马成文法界定为违法行为而不受保护。漫长的中世纪，欧洲的教会和一些国家制定了多种惩处同性恋的法律，其中包括长期监禁和苦役，甚至将同性恋者用火刑、绞刑等方法处死。第二次世界大战爆发前后，德国同性恋者因被斥为“有辱德意志民族”而受到逮捕，并被关入了集中营，囚徒们佩戴的粉红三角后来成为同性恋权益的象征。

（3）非刑事化

10 多个世纪以来，同性恋现象并不因为道德的指责和法律的禁止而消失，

---

① 阿尔弗雷德·金西：《金西报告——人类男性性行为》，光明日报出版社 1989 年版，第 50 页。

② 马尔库塞：《爱欲与文明》，上海译文出版社 1987 年版，第 32 页。

③ 福柯：《性史》，上海科学技术文献出版社 1989 年版，第 156 页。

用道德伦理很难解释同性恋现象。同性恋正常性研究最早始于18世纪的社会改革思想家杰洛米·本森，他认为具有同性恋欲望的双方发生性行为，这种互娱给双方都带来了满足，同时对其他人没有造成任何伤害，因而这种行为促进了社会总福利的提高；而禁止同性恋只会降低整个社会的生活质量，因此同性恋不应该被列为犯罪。本森的思想促进了当时社会将同性恋行为非刑事化。①

19世纪后期，德国律师卡尔·亨利希·赫兹菲尔德从自己的成长经历出发，摈弃将同性恋归为道德败坏或堕落的观念，将其视之为一种天生的本性。他认为人生来并不只有泾渭分明的两种性别，应该还存在着一个介于男女之间的“第三性”，而同性恋者就属于这类性别。20世纪初，德国柏林成为欧洲同性恋权益运动的中心。卡尔·亨利希·赫兹菲尔德在学生和矿工中展开社会调查，结果发现超过1%的男性只受到同性的性吸引。这是人类有史以来首次进行的有关同性恋者占人口比例的社会调查。②

（4）病理化研究

国际上对同性恋病理化的研究始于19世纪，早期研究认定这种“不道德行为”和“犯罪行为”是疾病，是性心理障碍，即性变态。20世纪50年代这一观念被国际学术界普遍确认。但其后的研究表明，同性恋是属于少数人的自然状态（正常状态），这一观念70年代中期首先在美国被确立。1849年，瑞士医生克洛德·弗朗索瓦·米基亚发表了有史以来第一篇有关“性变态”的医学论文，文中首次提出同性恋是一种天生的生理缺陷。

20世纪初，奥地利精神病学家弗洛伊德创立的精神分析法将恋母情结视为同性恋形成的主要原因之一。精神分析法认为，孩童经历对于个人成长有着重要影响。精神分析法还认为，每个人在青少年时期都会经历同性恋情阶段，但有的人后来发展成异性恋者，有些人则一直无法挣脱这个“停滞”状态而成为同性恋者。

（5）非病理化

在同性恋病理化的过程中，西欧部分学者曾陆续提出过同性恋正常化的倡

① 参见杰洛米·本森《道德与立法原则入门》，1780年版。

② 卡尔·亨利希·赫兹菲尔德：《性与文明》，克甘保尔公司1928年版。

议。1948 年，来自美国印第安纳大学的以阿尔弗莱德·金赛博士为首的研究小组发表了《男性性行为研究》，也即著名的“金赛性学报告”。统计结果告诉同性恋者：他们同属于一个隐秘而庞大的群体。金赛报告同时对同性恋刑事化的政策和同性恋病理化的观点提出质疑。报告认为，如果同性性行为是一种犯罪，那么相当一部分的男子就应该被判罪坐牢，而统计上表明同性性行为的普遍性可作为这种行为正常性的一种佐证，因为病理化的依据之一就在于这种行为的稀少；而同性恋是人类的基本能力之一，不应该将异性恋当做唯一正常的生物导向而将同性恋列为病态；即使将同性恋列为病态而对此加以压制，也不能阻止下一代同性恋者的产生。

20 世纪 50 年代初，人类学家克利夫兰·福特和弗兰克·比奇发表了《性行为模式》一书。他们得出结论：同性恋和异性恋都是文化训练的产物，人类原始的模糊状态中包含了同性恋和异性恋两种性倾向的能力。福特和比奇在暗示同性恋先天性的同时，将它视为与异性恋并行的正常性爱表达方式，并对精神病医生理所当然所具有的干涉权力提出了质疑。心理学家艾伦·胡克博士发现同性恋者的心理健康程度丝毫不亚于异性恋者，老练的精神病学家根本无法将两者区分开来。由此她得出结论：同性恋之所谓的病态其实是社会压制的结果，“治疗”同性恋的良方在于社会和大众的宽容和理解。

福柯提出的社会建构主义认为，历史上本来只有与同性发生性行为的人而人为建构起来的“同性恋”概念，将个体的行为视为某个群体的特征，从而使针对个人性行为的谴责扩展到对这一群体的迫害与压制。他在《疯癫与文明》一书中指出，医学赋予医生定义疾病的权力，而精神病学家从自己所处的正常状态出发，将偏离这种状态的人定为精神病患者；但常人所处的世界从那些“患者”的目光来看，也是不正常的。因此，所谓“正常”的标准是相对的，就像右位心、左利手一样。①

1973 年，美国精神病学会经过对有关同性恋正常性和病理化研究的仔细审查与比较后，率先做出了将同性恋剔除出疾病分类的决定；1992 年，世界卫生组织确认同性恋是属于少数人的自然现象后也将同性恋从心理障碍（性变

① 福柯：《疯癫与文明》，生活·读书·新知三联书店 1961 年版。

态）疾病分类中剔除。

至此，同性恋在西方世界经历了一个从正常到宗教罪恶、非刑事化、病理化以非病理化的过程，表明西方国家对同性恋的认识和看法有了翻天覆地的改变，也意味着同性恋在西方国家获得了一定的权力和地位。

3. 同性恋的立法研究

克斯特尔对欧洲许多国家关于同性恋的法律进行了评述，认为欧洲各国关于同性恋立法存在着七个方面的特征①：第一，关于是否进行立法规制的自由裁量的范围并不太大。第二，单纯同居者的立法（例如新西兰所确立）的规制即使系统且综合，也不够充分。第三，同性伴侣（或其他同居者）的身份不应等同于婚姻。第四，登记伙伴这种身份应作为婚姻的替代物适用于那些不准结婚的人，但将其适用于异性伴侣就不恰当了。第五，现在遍及欧洲和世界上其他国家的同性恋立法潮流显示出法律上对同性恋身份定位不适当。第六，现行的改革运动和讨论显示出对性关系的不适当定位。第七，在同性恋和非同性恋之间，或者在身份和事实结合之间决定性的界线并没有确定，但在伙伴与家庭之间已确定了决定性的界线。

4. 同性恋权利研究

当同性恋者在医学上被确认为自然人之后，接下来的问题是同性恋者之间的恋爱、婚姻和性生活是不是一种人权？同性恋者是否真正享有与其他人同样待遇的要求——如在就业上不应受到歧视，等等。当同性恋者被认为是正常的人后，所有有关国际人权公约赋予每一个公民的权利同性恋者也应该同样享有。《世界人权宣言》宣称：“人人生而自由，在尊严和权利上一律平等。他们赋有理性和良心，并应以兄弟关系的精神对待。”“成年男女，不受种族、国籍或宗教的任何限制有权结婚和成立家庭。”“家庭是天然的和基本的社会单元，应受到社会和国家的保护。”“当男人和妇女达到适当的年龄后，他/她们有权利结婚，组成家庭。”②《公民权利和政治权利国际公约》和《经济、社会和文化权利国际公约》规定，公民享有平等权、名誉权、隐私权、人格尊严

① ［德］M. 克斯特尔、邓建中：《欧洲同性恋立法动态的比较考察》，《比较法研究》2004年第2期，第157—160页。

② 董云虎、刘武萍：《世界人权约法总览》，四川人民大学出版社1990年版，第961页。

权、婚姻自由、劳动权、劳动自由、自由选择职业权、雇佣机会平等权、享受适当工作条件权等权利。《禁止酷刑公约》第1款明确反对“基于任何理由的歧视行为”。但是，人权宣言和公约中的规定与现实状况存在着相当的差距，对某一特殊人权的保护仍需要特定的公约或条款。

1999年8月23日，由世界性学会（World Association for Sexuality）组织、有30多个国家和地区参加的世界性学大会在中国香港举行。会议通过的《香港性权宣言》对性权利进行了全面、具体规范阐释，《香港性权宣言》宣称性是每个人人格之不可分割的部分，性权是基本的、普世的人权，并规定了性自由权、性自治权、性完整权、性身体安全权、性私权、性公平权、性快乐权、性表达权、性自由结合权等11项性权利。[①]

从上面有关人权方面的各种宣言或公约来看，尽管国际上关于同性恋群体的权利有了越来越多的重视，但是实际生活中，同性恋权利未被普遍认同并得到保护的原因主要有四点：一是世界上很多国家对同性恋群体持不同程度的歧视、排斥和厌恶态度。二是同性恋组织制度化程度低。三是许多国家政府对同性恋群体存在着误解，不支持他们/她们的行为。四是同性恋者在组成家庭生儿育女问题上仍存在着难以解决的现实问题。[②] 我们认为，除了上述所列举因素外，最根本的原因在于传统社会主流价值观和主流文化对同性恋亚文化的排斥和疏离。因此，要保证同性恋权利真正得到社会大众的认可以及法律的保护，就需从根本上对整个主流文化和价值观进行改善，以实现一种多元文化共融、多元主体共存的和谐生活状态。

综上所述，可以看出，国外关于同性恋的研究主要集中在对同性恋内涵、历史及人们对同性恋认识的历史演变，以及关于同性恋的立法研究和权利等研究，虽然这些方面取得了较为丰富的研究成果和理论成果，但是，研究时忽视了同性恋研究的其他因素，如未将同性恋研究纳入整个社会、历史、文化框架内来思考，从而导致难以从根本上认识同性恋，而产生对其不同程度的歧视、排斥、冷漠，甚至是人身攻击等。

---

① 赵合俊：《性权与人权》，《环球法律评论》2002年（春季号）。

② 黎尔平：《同性恋权利：特殊人权还是普遍人权——兼论大赦国际对同性恋权利的保护》，《法学》2005年第10期。

（三）国内研究状况

1. 我国“同性恋”定义研究

余放争、杨国纲在《同性恋国内研究概述》中指出我国对于同性恋的定义研究还是将它定位在疾病层面。文中表明1985年陈仲庚在《变态心理学》中认为同性恋是性变异；1985年阮芳赋在《性知识手册》中认为同性恋是性变态；1989年高彩芹在《性与人生》中认为同性恋是病态行为、精神症状；1989年刘燕明在《性偏离及其防治》中认为同性恋是性偏离，以及一些精神病学著作如上海医科大学主编的《临床精神病学》，北京医科大学主编的《精神病学与相关问题》，夏镇夷主编的《实用精神病学》等都认为同性恋是性倒错、性变态或性心理障碍。有的认为同性恋属于性变异；还有的把同性恋归属于性心理障碍或精神（心理）疾病，同性恋是指对某一同性产生性爱的思想和感情。许多学者认为：无论有无明显的性行为，同性恋是指同性个体之间肉体亲昵的性行为；同性恋的特点是指向同性，即与同性的人发生真正的或想象的性行为；同性恋是指在思想中或实际行动中，更喜欢与同性个体发生性关系的癖好；同性恋是指有明显的同性性行为和同性爱慕等。国际学术界以《生命伦理学百科全书》为代表对同性恋的描述为：同性恋者是一个有着显著的、持久的、唯一的受同性性吸引，对同性有性渴望和性反应，寻求同性性活动并从中得到性满足的人，同性别人之间的性爱或情爱关系。① 但是，2001年4月20日，我国最新颁布《中国精神障碍分类与诊断标准》，重新定义精神病标准，指出同性恋者不是精神病人，同性恋不再被统划为病态。标志着我国科学界开始把同性恋视为正常现象而科学地认识。

2. 国内关于同性恋成因的研究

倪晓肪、沐炜指出：我国古代把原因分成“先天说”和“后天说”，前者也称为“夙命说”，包括“淫恶果报说”和“因缘轮回说”，后者包括“环境劫诱说”和“意志堕落说”②。

① 莱克：《生命伦理学百科全书》，上海人民出版社1971年版，第254—255页。
② 倪晓肪、沐炜：《关于同性恋成因研究综述》，《红河学院学报》2003年第12期。

汪新建、温江红将同性恋产生的原因分别从生理因素决定说和心理社会因素决定说两个角度来论述：认为是由生理因素造成的，这种同性恋称为素质性同性恋。认为是由心理社会因素所致，这种同性恋称为境域性同性恋。持前一种看法的学者是以遗传因素、激素水平和大脑结构来考察同性恋问题的。关于遗传因素，学者们认为，可能是先天遗传的原因导致一个人从幼儿开始便产生性倒错，进而形成同性恋倾向。①

李银河等人对男同性恋做过专门的调查研究，主要针对同性恋形成的后天因素，即社会、心理因素进行研究。结果表明，同性恋的成因是先天还是后天的没有定论，有的是先天的，有的认为是后天形成的，但有几个重要因素。其一是最初的性经历，认为性行为方式和性角色认同之间关系密切。其二是恋母情结，这个与精神分析学派的观点很相似。②

李玉玲提出：同性恋发生的真正原因是在于性情绪的作用，而且男女同性恋的发生原因是一样的，同性恋和异性恋发生的原因也是相同的，都是性情绪的作用。作者抽取男女各三名做个案研究调查，都是事业有成或成绩优异的人，结果表明是性情绪激发了性行为。③ 同时，他认为，同性恋产生的原因在于个体的大脑性神经结构为异性型，根据同性恋者性心理及性行为呈异性模式的特点，他推测同性恋者的大脑神经包括大脑性神经结构呈异性型，这是导致同性恋行为的根本的原因。④

3. 我国社会对同性恋的认识变迁

（1）中国历史上的同性恋：相对宽容的社会风气⑤

同性恋在我国的传说最早始于黄帝。在中国历史上，同性恋首先被冠以“龙阳”的称号，其故事见《战国策·魏策》，史载龙阳君为魏王“拂枕席”；还称同性恋为“余桃断袖”之癖。“余桃”的典据见韩非子的《说难篇》，记载着弥子瑕与卫灵公“分桃而食”；“断袖”的典故载《汉书·董贤传》：汉哀

① 汪新建、温江红：《同性恋成因的理论探讨》，《医学与哲学》2002 年第 4 期。

② 李银河：《李银河说性》，北京文艺出版社 2006 年版，第 156—160 页。

③ 李玉玲：《同性恋是怎样发生的》，《中国性科学》2006 年第 3 期。

④ 李玉玲：《同性恋成因探索（下）》，《社会》1991 年第 11 期。

⑤ 转引自周俪《对当前中国社会中同性恋现象的伦理分析——探寻自由的伦理界限》，硕士学位论文，西南大学，2006 年，第 4—6 页。

帝与董贤“尝昼寝，偏籍上袖，上欲起，贤未觉，不欲动贤，乃断袖而起”。后代于是以“龙阳”、“余桃”、“断袖”等语汇暗指同性恋现象。唐朝与五代史籍所载同性恋资料缺乏，因此有人认为，当时男色之风渐衰，但到宋朝又兴盛起来。男子公然为娼，聚集成风月作坊，招揽生意。

中国历史上不少小说中都有对同性恋现象的描写如《红楼梦》、《金瓶梅》等更有《品花宝鉴》一书，完全是以描写梨园界的同性恋为主题的。近代我国称同性恋风气为“男风”，又称“南风”，因为这一风气“闽广两越尤甚”。男同性恋者互称契哥、契弟，女同性恋者则结拜金兰。荷兰汉学家高罗佩也注意到清代对同性恋宽容、对异性恋反而严厉的态度：“当时的社会规矩对这些关系的公开表现（男人手拉手在街上走，戏剧表演中出现娈童等）相当宽容，反而把异性恋严格限定在私人生活的范围内。”①

可以看出，明清时期及以前的时代，中国社会对同性恋的态度有着一种相对宽容的社会风气，究其原因，尚未有学者加以探讨。但是近代以来，我国社会对同性恋的态度十分冷漠，敌对和排斥，表现出了主流文化对同性恋亚文化的压抑。

（2）中国今天的同性恋：社会主流文化压抑下的亚文化②

中国的男风之盛行一直到清朝才引起统治者的关注和干预。1740年，乾隆承袭雍正加强之礼教的精神，中国历史上第一部反鸡奸法令出台。开始了中国的同性恋行为的被刑事化的历史。孙中山推翻清朝后，立即取缔了在北京、天津、济南及扬州等地的“象姑院”，国民党的《六法全书》也将同性恋以“妨害风化罪”论处。这是人们对同性恋采取较为严厉和压迫的态度的开端。

同性恋这个词汇，这个概念本身，以及这种划分方法，都是“五四”之后被盲目地、错误地照搬到中国来的。原来的中国并没有这样的标准，在中国的历史中，有此事，而无此词。在当时热衷于向西方学习的五四时代，把对同性恋的压迫打击也从西方学了过来，从此中国的同性恋现象成了移风易俗的新对象，社会公众的误解也由此开始。受“文化大革命”和左思潮的影

① ［荷］高罗佩、李零、郭晓惠：《中国古代房内考》，上海人民出版社1990年版，第71页。

② 转引自周俪《对当前中国社会中同性恋现象的伦理分析——探寻自由的伦理界限》，硕士学位论文，西南大学，2006年，第7—9页。

响，我国的社会和公众对同性恋往往采取较为强硬的态度，到20世纪80年代，仍不时以“流氓罪”予以逮捕拘留。可以说，这与中国性教育的发展状况有关，公众对于同性恋存在许多误解，也并不了解同性恋者的实际生活状态。

所以在中国巨大的社会压力下，分散的中国同性恋者不但没有人会因为同性恋问题上街游行，也不会像西方同性恋者那样有勇气让公众和研究者了解自己的生活，更多的还是一种防御心理，不是一种主动出击的姿态，甚至对亲友都不好意思提起。面对同性恋问题，中国的心理学界承袭了发达国家的疾病说和性倾向观点，以设想同性恋者处于病态的观点来看待他们。由于对同性恋的看法引入了西方的“性变态”概念，但一般人是不可能从生物学的角度、生理的角度来看待性变态的。当人们使用变态概念时，其主要的含义还是一种耻感。换句话可以这样说：同性恋是性变态，性变态是耻辱的。

随着西方人权运动和同性恋运动的兴起，西方国家逐渐改变了对同性恋的认识，从法律上确定同性恋拥有与大众同等的权利；同时，性解放思潮也风起云涌。这两件标志性事件，对中国社会看待同性恋的态度和思维产生了显著的影响，但是如同李银河所说的“中国的同性恋受制于中国传统文化规范的压力，选择单身的极少”①。这一种同性恋者走入婚姻与异性恋者组成家庭的现象，实际上是社会主流文化（也可以说是异性恋文化）对同性恋的压抑和歧视。

4. 我国同性恋的权利与立法研究

随着社会的发展、人们思想的转变，同性恋者的法制环境也变得逐渐宽容：2001年4月中华医学会精神科分会颁布了《中国精神障碍分类与诊断标准第三版》（以下称《标准》），其中的同性恋者已不再归类为精神病人，《标准》的颁布不仅显示了我国对同性恋有了更为科学的认知，而且也为我国的司法实践提供了科学的理论支持。就目前国内有关同性恋立法而言，专家学者普遍认为首先应加强对同性恋者正当权益的维护。

中国著名的社会学家李银河在2006年再次向政协递交了同性婚姻提案。

① 李银河：《同性恋亚文化》，今日中国出版社1998年版，第210页。

其理由主要归结为四点：第一，据现行法律，同性恋不违反中国法律，同性恋者是具有各项权利的中华人民共和国公民。同性恋中有人有结婚的要求，他们的要求与他们作为公民的权利没有冲突，应该得到承认。第二，由于同性恋者的关系没有婚姻形式加以束缚和保障，容易造成一部分同性恋者交友随意，增加性病传播的可能性。而承认同性婚姻则可以使相当一部分同性恋者建立和保持长期关系，减少短期关系，从而减少性病传播的可能性。第三，从历史和跨文化的研究看，凡是人口增长压力较大的国家，对同性恋一般都采取比较宽容的政策；而人口稀少的国家对同性恋则比较严厉。这是因为人口中有这样大的一个人群不生育，将对国家的人口状况产生直接影响。第四，我国有保护少数族群和弱势群体利益方面的成功经验，如在保护少数民族利益、保护妇女儿童利益方面都属于世界领先地位。对于同性恋这个处于弱势地位的少数族群的保护将使我国的形象更为开明、进步，造成一种各社会群体之间更为宽容、和谐的气氛，有利于国家的形象和社会的稳定。①

相关学者认为，我国人权方面关于同性恋的立法应该注意以下方面：不受歧视，法律面前人人平等；隐私权；免于非人道的羞辱对待和惩罚；工作保障的权利不受随意剥夺；言论、集会和结社自由；同性恋者的领养以及收养权利等。②

上述研究表明，我国关于同性恋的研究起步较晚，且在对同性恋的认识变迁方面，与西方国家差异明显，这表明中国特定历史、社会、文化时空下，社会大众对同性恋的态度和认识有着本土性的、显著的文化特色；虽然受西方性解放思潮的影响，但是社会大众更受制于根深蒂固的文化和价值观的约束，以使得主流大众对同性恋的态度依然不太宽容。同时，上述研究所涉及之处，所集中于对同性恋自身的宏观研究，而对当前社会转型时期所孕育下的新一代“90后”大学生对同性恋的认识和态度缺乏关注。

---

① 转引自艾燕《中国同性恋权利与立法思考》，硕士学位论文，重庆大学，2008年，第32—33页。

② 艾燕：《中国同性恋权利与立法思考》，硕士学位论文，重庆大学，2008年，第26—27页。

（四）对以往研究的评价

1. 优势

通过对国内外已有研究的梳理，我们发现，目前的研究成果主要有以下几个方面。

首先，同性恋现象由违背宗教、伦理和道德，演化为一种非刑事化事件，进而成为一种病理性现象，并最终成为一种非病理性的正常现象。这个过程表明，随着社会的发展，社会对同性恋的认识逐渐科学化，对同性恋的态度逐渐宽容化，对同性恋的权利逐渐认同化。尽管中西方所表现的趋势不同，但是这个过程所致的结果相近，也即当前世界范围内，许多国家都将同性恋视为正常现象加以视之，并不同程度地通过立法来保护同性恋群体的权利。

其次，不同学科对同性恋认识和界定在很长时间以来存在偏离，随着社会转型的到来，人类价值观的演化，各种对同性恋不同程度的批判和错误认识逐渐进行了反思，并寻求以一种正常的、科学的、人性的视角和态度来认识和对待同性恋，并尽可能消除一直以来对同性恋的歧视、排斥，营造有助于同性恋生存、生活和发展的良好和谐氛围，实现人类世界的和谐和共融。

最后，关于同性恋的内涵、历史、认识演化过程、产生原因及理论、立法、权利等方面的研究，在以往研究中得到明显的体现，这些成果的获得，对于社会各界，包括政府、社会大众和科学界正确认识和看待同性恋产生了巨大的价值观导引作用。同时，这些成果的问世，也为后续的研究者们深化和扩展以往研究领域，探索更加广阔、更加深入的同性恋领域的研究提供了科学的理论基础和知识经验。

因此，从上述三个方面来看，以往国内外研究关于同性恋的研究已取得了突出的成效，并在这一领域中达到了一种科学界的共同规范。

2. 不足

然而，以往研究在取得显著效果的同时，却也存在着许多弊端和不足，主要表现在以下方面。

（1）以往研究未将社会发展和社会转型视为同性恋研究的参照线索和依据

从对以往研究的梳理和认识来看，以往研究较集中于分析特定时期同性恋存在和发生的相关因素，研究视角较为集中于一种横向扩展。但是对于促进社会发展和社会进步的纵向因素，却未加考虑，也即未将同性恋这一社会现象纳入社会发展进程和社会转型背景之下进行分析。因此，以往研究只能算作一种静态分析，而忽视了对其不断演化的特性进行动态分析。

（2）以往研究较少关注价值观和文化在同性恋研究中的作用

从对以往研究的认识来看，学者们在分析同性恋产生的原因、对同性恋的认识变迁以及同性恋权利得不到认可和尊重的原因时，倾向于以道德、伦理、宗教信仰等方面为权衡标准，认为同性恋是违背伦理道德的现象，是违背宗教懿旨的罪恶现象；对同性恋得不到认可也相应地归于这些方面。但是，学者们忽视了导致这些认识和态度的根本原因，即主流社会存在的价值观和主流文化支配着社会的各种价值方式、思维方式以及各种亚文化，如果不能从根本上改善主流文化和价值观对同性恋亚文化的认识，不能寻求主流文化对同性恋的包容、理解和认可，那么就难以从根本上使同性恋获得与大众同等的权利，也难以从根本上消除社会对同性恋的歧视和敌对态度，更难以消除因为对同性恋的不公正待遇而激发出来的同性恋运动，以及随之而来将对社会稳定产生负面影响的事件。

（3）以往研究主要集中于同性恋自身群体和社会大众对同性恋的态度等研究，而忽视了新时期新兴群体对同性恋认识和态度的研究

从以往研究可以看出，研究多集中于从同性恋群体入手，挖掘同性恋产生的原因、发生机制等，以及从社会大众的角度来衡量其对同性恋的认识和态度。尽管随着后现代主义的到来，各种思潮的涌现，包括性解放思潮在西方世界大肆呼吁要求平等对待同性恋，在一定程度上启示了研究者、政府以及社会大众对同性恋的态度和认识，但是，由于受主流价值观的支配和影响，对同性恋的认识和理解不能得到根本上的保证，现实生活中许多歧视、排斥同性恋群体，侵犯同性恋权益的现象仍随处可见，导致同性恋群体处于被压抑的文化角度和生活空间。然而，随着社会转型的加速，新一代群体的价值观与传统价值观之间存在着严重的冲突，新生代群体不再遵循传统，不再惧怕权威，而是张扬个性，表现出独立于主流文化之外的明显的青少年亚文化。其中，“90后”一代是社会转型对社会影响最典型的结果，他们对同性恋这一老生常谈的现象

会持什么样的态度？他们的态度跟其父辈们是相似还是相反？这些问题，在以往研究中从未有过体现，因此，可以说以往研究是不全面、不完整的。

(4) 以往研究未将社会转型、价值观冲突和变迁，以及新时期新生代群体的亚文化结合起来研究，难以体现社会思想发展的最新动态

以往研究倾向于从单维度、单视角对同性恋进行研究，而未将同性恋纳入一种系统的、综合的视角之下进行研究。以往研究虽然注重不同时期特定社会、历史、文化对同性恋研究的影响，而未将同性恋研究纳入一种动态的、发展的纵向空间框架中进行思考，尤其是随着社会转型在世界范围内的扩散和传播，以往研究者未将社会转型这一大背景纳入同性恋研究领域，也忽视了社会转型背景下价值观冲突及变迁对同性恋的影响，因而，难以体现出新时期社会思想和价值观发展状况。

（五）今后研究的关注点

基于上述文献探讨和分析评价，我们认为，在以往研究成果的基础上，今后的研究应该着重关注以下方面的研究视角和思路。

1. 以社会学为研究视角，注重社会转型背景、特征及理论对同性恋研究的指导

尽管以往研究有将同性恋纳入社会学视野中进行分析的范例，但是如前所述，这些研究倾向于从横向、静态的角度来分析与同性恋有关的各种领域和主题，而未将同性恋纳入动态的、纵向的社会发展视角中进行研究。本研究着眼于当前社会转型急剧加速的特殊时期，其凸显出来的许多不同于以往时代的特征，不同程度地影响了新时期人们的价值观。本研究旨在通过立足当前社会转型背景，分析成长于该背景之下的新一代群体的价值观状况，及其对同性恋这一充满争议的主题所体现的态度和看法，来论证社会转型与“90后”大学生亚文化的形成及其价值观的形塑的重要关系。

2. 透视社会文化根基，注重社会主流文化、价值观对同性恋亚文化的根本影响

以往研究中，没有从根本上探寻影响同性恋生存、发展和维护其权利的原因，因此，也就难以从根本上改变对同性恋的歧视、排斥，甚至是生命、人权

的攻击等现状。我们认为，导致一直以来社会对同性恋的憎恨、厌恶、歧视、排斥、冷漠等的根源在于，同性恋亚文化与社会主流文化的背离，因此，居于主导地位的文化、价值观试图将这种脱离于主流的亚文化消灭殆尽，以避免对主流文化和价值观造成威胁。当然，正由于传统文化统治地位的需要，才会出现宗教视角下认为同性恋是罪恶的观点等。我们的研究集中于传统社会性文化、性思想的根深蒂固，在社会转型时期的到来，尽管一定程度上有所变迁，但是只是从形式上有所进步，而本质上却未得到改善，因而，揭示了当前限制同性恋群体生存和权利的主要障碍仍然是社会主流文化、价值观对同性恋亚文化的压制和消解。

3. 分析多元文化交融，揭示“90后”大学生对同性恋的认知、态度和行为状况，反映当代“90后”价值观走向

社会转型的到来，传统文化继续蔓延，各种价值观发生了冲突，为适应社会转型和社会发展需要，在一定程度上实现了价值观的重塑，西方性解放思潮在全球范围内的传播，同性恋亚文化在压制中成长等，形成了一个多元文化交融的局面，这对于成长于社会转型背景下、并具有自身独特亚文化特征的“90后”大学生来说，这种多元文化交融的局面，对他们产生了巨大的影响。“90后”大学生群体将会形成一种什么样的价值观？这是以往研究所忽视的，本研究以实证研究为基础，以同性恋为研究素材，对这一问题进行科学、真实的研究，以揭示社会转型背景下，“90后”大学生的价值观和和主流社会价值观的关系。

三　研究框架与研究方法

（一）　研究框架

基于上述分析，我们已经初步呈现了我们的研究假设和研究思路，为了清晰明了地向读者呈现我们的研究思路，在此，单独专门进行研究框架的论述（见图9）。需要说明的是，对于本研究来说，我们在研究开展、研究实施和研究结果之前，所具有的思路是一种假设性的，因此下列研究框架仍然是一个悬而未决的框架。但是本研究将会通过结果呈现来验证该研究假设和研究框架，

并得出研究结论。

本研究的逻辑在于：通过文献，了解传统社会关于性文化和性观念思想，在社会转型到来之际，各种价值观发生冲突和重塑，与此同时，西方性解放思潮和同性恋亚文化在世界范围内的传播，形成一种多元文化交融的局面；孕育和成长于社会转型大背景下的“90后”一代，收到社会转型诸多特征的影响和形塑，形成了一套独具特色的亚文化。这种亚文化与多元文化的交互作用，形成了“90后”大学生独特的价值观以及看待同性恋的态度。在新型时代孕育的“90后”亚文化到底是对同性恋的包容还是排斥？“90后”亚文化在强大的主流文化和价值观面前，到底是批判、超越抑或一种对传统主流文化和价值观的妥协？这些答案，我们不得而知，结论将在后文中才能知晓。

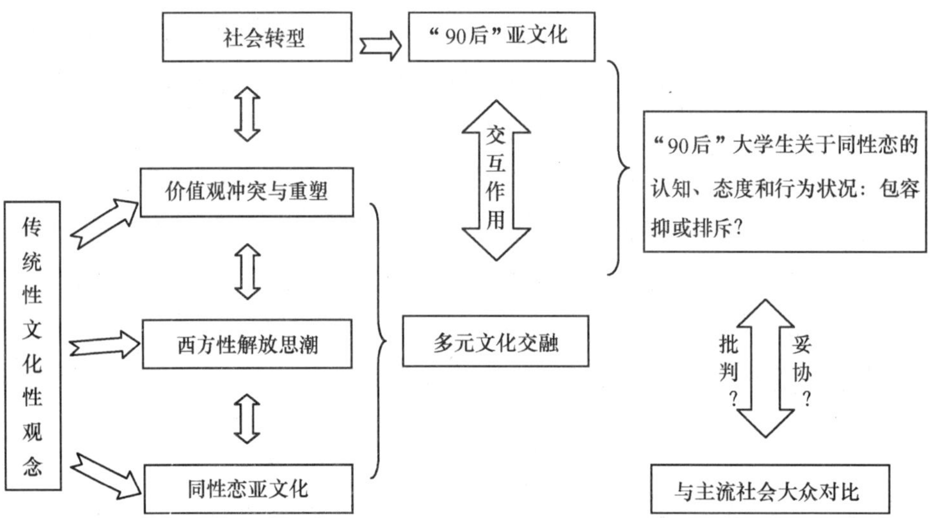

图9　研究框架

（二）研究方法

1. 研究方法论基础

本研究以实证主义为方法论基础，坚持科学、客观的原则，遵循科学的研究程序，将社会现象当做纯粹客观的现象来进行测量和分析，对经验事实做出客观的研究结论。实证主义研究方法所采用的研究方式主要是定量研究，通过定量研究将社会现象以及关系和变化趋势用精确的统计语言描述出来，从而达到认识和预测社会世界的目的。① 同时，本研究还结合文献研究来开展实施，也即通过文献，了解到当前社会主流文化对同性恋的认识、态度状况，以及通过文献探索了社会转型时期的各种社会特征，并将这些结论与上述研究所得结果进行辩证的分析，从而得出整个社会转型脉络下，"90后"大学生价值观形成与社会转型的关系；"90后"大学生对同性恋的认知、态度的行为状况；以及"90后"大学生价值观与主流社会价值观之间的关系。

2. 资料收集方法

本研究主要以随机抽样为原则，以问卷调查作为主要资料收集方法，通过调研小组前期文献研究，找出研究切入点，自行设计问卷，多次讨论决定后，由相关专业教师进行审核评价，并进行必要的试调查，在最后修订后开展调查。同时，调查员为本次调研小组成员，因此，在调查技能方面有统一的规划和安排，保证了调查的质量和效度。另外，还通过文献检索的方式查询必要的研究资料，丰富了研究所需资料，及对本研究的论证具有重要的支撑作用。

3. 资料分析方法

研究小组将回收来的问卷进行核查，剔除不符合问卷填答的废卷，对所有有效问卷进行编码，制作编码簿；同时，运用 Epidata 软件建立数据录入模板，由小组部分成员将问卷数据全部录入数据库，并转为数据文件等，通过必要的数据清理工作，利用 SPSS11. 5 数据分析软件对数据进行分析。所有分析结果都是从数据中得来，因此，所有结论只作为一种参照，不作为一种定论。

（三）研究进程

1. 准备、计划阶段：2009年11月初—2010年3月上旬；
2. 调查实施阶段：2010年3月中旬—4月中旬；
3. 研究分析阶段：2010年4月下旬—5月中旬；
4. 结束、评估阶段：2010年5月上旬—7月中旬。

---

① 风笑天：《社会学研究方法》，中国人民大学出版社2001年版，第6页。

四　研究结果分析

（一）调查对象基本情况介绍

1. 总体情况

本次研究共发放了 300 份问卷，回收了 300 份，回收率 100%，有效问卷 272 份，有效回收率 90.7%。调查对象主要集中于 2008 年和 2009 年入学的“90 后”大学生，为保证调查对象符合我们的研究样本标准，我们删除了 28 份非“90 后”大学生，以保证我们的研究结果具有科学性和客观性。本次调查内容主要包括三个方面，即对“90 后”大学生关于同性恋的认知、态度和行为状况三个方面的调查和了解，其中认知部分包括 8 道题，态度部分包括 19 道题，行为方面包括自我性取向判定等 4 道题。

2. 访谈对象人口学特征分析

访谈对象基本人口学特征如表 32 所示：

表 32　**访谈对象基本信息统计表**

<table>
<tr><td>性别</td><td colspan="3">男
107（39.5%）</td><td colspan="3">女
164（60.5%）</td></tr>
<tr><td>年龄</td><td colspan="3">90 前
28（9.3%）</td><td colspan="3">90 后
272（90.7%）</td></tr>
<tr><td>独生子女</td><td colspan="3">是
181（66.5%）</td><td colspan="3">否
91（33.5%）</td></tr>
<tr><td>成长环境</td><td colspan="2">城市
153（56.7%）</td><td colspan="2">城镇
67（24.8%）</td><td colspan="2">农村
50（18.5%）</td></tr>
<tr><td>专业类型</td><td colspan="2">文科类
175（65.1%）</td><td colspan="2">理科类
46（17.1%）</td><td colspan="2">艺术类
48（17.8%）</td></tr>
<tr><td>学校</td><td>中青院
36（13.2%）</td><td>人大
49（18.0%）</td><td>北师大
48（17.6%）</td><td>国关
46（16.9%）</td><td>民大
47（17.3%）</td><td>北邮
46（16.9%）</td></tr>
</table>

由表可知，访谈对象中女生占多数（60.5%），属于独生子女的也占大部分（66.5%），且大多来自城市（56.7%），所属专业类型以文科性质居多（65.1%），调查对象比例学校分布基本一致。

（二）认知状况分析

1. “同性恋”出现的频率和相关知识认知情况分析

（1）同性恋出现频率分析

由表33所示：在问及“同性恋”这个词语在生活圈子里出现的频率时，38.9%的人选择“经常”，42.6%的人选择“偶尔”，15.6%的人选择很少，只有3.0%的人选择“没听过”。这表明，在“90后”被调查对象群体中，有81.5%认为自己的生活中经常出现或偶尔出现“同性恋”这个词，表明他们对“同性恋”并不陌生；只有18.6%的学生很少或没有听说过“同性恋”，说明部分“90后”大学生对“同性恋”还有些陌生。

表33　**“同性恋”该词出现的频率分析表**

同性恋出现的频率	频数	百分比	有效百分比
经常	105	38.6	38.9
偶尔	115	42.3	42.6
很少	42	15.4	15.6
没听过	8	2.9	3.0
合计	270	99.3	100.0
缺失值	2	0.7	
合计	272	100.0	

（2）对同性恋群体之间的认识和沟通方式的认知分析

由表34可知，被调查对象中，对同性恋群体之间的认识和沟通方式的认知，主要集中在酒吧和舞厅、参加同志聚会、网络中，分别为56.0%、50.0%和43.3%，朋友介绍以及说不清的分别占26.1%和31.3%。该项数据表明，“90后”大学生对同性恋群体之间的认识和沟通方式认识程度较高，与现实情况较为吻合。另外，在调查问卷的主观题选项中，有相当一部分大学生认为，厕所这个渠道也是同性恋群体之间认识和沟通的一种方式，表明当前高校内部存在着一定比例的同性恋人群，这与以往对高校大学生同性恋群体比例调查研究情形吻合。

表 34　　对同性恋群体之间的认识和沟通方式的认知分析表

	途径	结果		个案百分比
		频数	百分比	
对同性恋群体之间的认识和沟通方式的认知	参加同志聚会	134	24.2	50.0
	酒吧和舞厅	150	27.1	56.0
	网络	116	20.9	43.3
	朋友介绍	70	12.6	26.1
	说不清	84	15.2	31.3
合计		554	100.0	206.7

（3）对同性恋相关称谓认知分析

由表 35 可以看出，关于与同性恋相关的“同志”、“拉拉”、“gay”、“lesbian”、“BL”、“GL”6 个词语的认知，全都知道意思的占 39.5%，知道 3—5 个的占 34.7%，知道 1—2 个的占 20.7%，仅有 5.2% 的被调查对象全都不知道它们的意思。这项结果表明，同性恋的不同称谓，已被绝大多数“90 后”大学生所熟知，相当于 74.2% 的学生知道大部分对同性恋的代称，有 94.9% 的“90 后”大学生至少知道 1—2 个关于同性恋的代称。

表 35　　是否知道“同志”等 6 个词意思分析表

知晓情况	频数	百分比	有效百分比
全都不知道	14	5.1	5.2
知道 1—2 个	56	20.6	20.7
知道 3—5 个	94	34.6	34.7
全部知道	107	39.3	39.5
合计	271	99.6	100.0
系统缺失值	1	0.4	
合计	272	100.0	

（4）对同性恋相关称谓不同维度的认知差异分析

由表36我们可以看到，关于同性恋的不同称谓，调查对象在不同性别、不同成长环境、不同专业类型以及是否是独生子女等维度，表现出显著的差异，统计结果具有统计学意义（P=0.000<0.005）。

在性别维度上，女生对同性恋不同称谓的知晓程度高于男生（P=0.000<0.001）；在不同成长环境维度上，城市学生认知水平高于城镇学生和农村学生（P=0.000<0.001）；在不同专业维度上，文科学生认知程度明显高于理科学生和艺术生（P=0.000<0.001）；在是否为独生子女方面，独生子女学生高于非独生子女（P=0.000<0.001）

表36　　**不同维度“90后”大学生对同性恋相关称谓的认知分析表**

		性别		成长环境			专业类型			独生子女	
		男	女	城市	城镇	农村	文科	理科	艺术	是	不是
全都不知道	人数	7	7	8	3	3	3	2	9	10	4
	行（%）	50.0	50.0	57.1	21.4	21.4	21.4	14.3	64.3	71.4	28.6
	列（%）	6.5	4.6	5.3	4.5	6.0	1.7	4.3	19.1***	5.5	4.4
知道1—2个	人数	38	18	18	14	24	29	8	18	28	28
	行（%）	67.9	32.1	32.1	25.0	42.9	52.7	14.5	32.7	50.0	50.0
	列（%）	35.5	11.0***	11.8	20.9	48.0***	16.6	17.4	38.3***	15.5	31.1***
知道3—5个	人数	36	57	48	26	19	65	15	14	55	39
	行（%）	38.7	61.3	51.6	28.0	20.4	69.1	16.0	14.9	58.5	41.5
	列（%）	33.6	35.0	31.6	38.8	38.0	37.1	32.6	29.8	30.4	43.3***
全都知道	人数	26	81	78	24	4	78	21	6	88	19
	行（%）	24.3	75.7	73.6	22.6	3.8	74.3	20.0	5.7	82.2	17.8
	列（%）	24.3	49.7***	51.3	35.8	8.0***	44.6	45.7	12.8***	48.6	21.1***
合计	人数	107	163	152	67	50	175	46	47	181	90
	行（%）	39.6	60.4	56.5	24.9	18.6	65.3	17.2	17.5	66.8	33.2
卡方		29.824		42.875			41.255			21.677	
P		0.000<0.001		0.000<0.001			0.000<0.001			0.000<0.001	

（5）对同性恋男女角色认知分析

由表37可知，被调查“90后”大学生中，对同性恋角色代称的认知情况与他们对同性恋的称谓的认知不一致，所调查学生中，全部知道“0”、“1”、“t”、“p”意思的学生仅占被调查对象的18.9%，而全都不知道意思的比例为54.8%，而只知道部分意思的比例占26.3%，相当于超过半数的学生不知道同性恋群体中的角色含义，只有45.2%的学生知道同性恋群体中的角色含义。

表37　**是否知道“0”、“1”、“t”、“p”意思的分析表**

知晓情况	频数	百分比	有效百分比
全都不知道	148	54.4	54.8
知道部分	71	26.1	26.3
全都知道	51	18.8	18.9
合计	270	99.3	100.0
缺失值	2	0.7	
合计	272	100.0	

（6）不同维度对同性恋男女角色认知差异分析

由表38可以看出，不同维度“90后”大学生对同性恋角色意义“0”、“1”、“t”、“p”的认知情况不同，其中不同性别、不同成长环境和是否为独生子女对被调查对象关于同性恋角色意义的认知水平具有显著影响，差异具有统计学意义。男女生之间，女生的认知程度高于男生（$P=0.015<0.05$）；不同成长环境的大学生之间差异显著（$P=0.006<0.01$）；是否为独生子女的大学生之间的认知差异，独生子女高于非独生子女（$P=0.031<0.05$）。而不同专业类型的被调查对象，对同性恋角色意义的认知无明显差异，结果无统计学意义（$P=0.262>0.5$）。

2. 同性恋产生的原因分析

由表39看出，关于同性恋产生原因的认知，“90后”大学生有着各种不同的看法，其中认为同性恋是由于后天各种环境的影响所致的比例为74.5%；其次认为是由于异性恋受挫，对异性失望所致，占39.3%；认为同性恋有着与常人不一样的经历和先天性遗传所致，比例基本相当，分别占37.1%和35.6%；认为是由于性压抑没有得到发泄途径所致者占21.7%；认为是由于身体器官没有发育好所致者占9.4%。在他们看来，同性恋性取向的形成以及最后同性恋角色的确定，主要是因为后天各种环境因素的影响所致，这种认知与主流社会的观点不太一致，主流社会中，有人认为同性恋主要是由于个体大脑神经缺位所致，而其他因素相对于个体身体器官来说，处于次要位置。可见，本研究与主流观点结果不一致。

表38　　**不同维度"90后"大学生对同性恋角色意义认知差异分析表**

		性别		成长环境			专业类型			独生子女	
		男	女	城市	城镇	农村	文科	理科	艺术	是	不是
全都不知	人数	60	87	75	37	34	88	27	31	93	55
	行（%）	40.8	59.2	51.4	25.3	23.3	60.3	18.5	21.2	62.8	37.2
	列（%）	56.1	53.7	5.3	4.5	6.0	1.7	4.3	19.1	51.7	61.1*
知道部分	人数	35	36	37	20	14	53	8	10	45	26
	行（%）	49.3	50.7	52.1	28.2	19.7	74.6	11.3	14.1	63.4	36.6
	列（%）	32.7	22.2*	24.3	30.3	28.0	30.5	17.8	20.8	25.0	28.9
全都知道	人数	12	39	40	9	2	33	10	7	42	9
	行（%）	23.5	76.5	78.4	17.6	3.9	66.0	20.0	14.0	82.4	17.6
	列（%）	11.2	24.1*	26.3	13.6	4.0**	19.0	22.2	14.6	23.3	10.0*
合计	人数	107	162	152	66	50	174	45	48	180	90
	行（%）	39.8	60.2	56.7	24.6	18.7	65.2	16.9	18.0	66.7	33.3
卡方		8.372		14.299			5.261			6.968	
P		0.000 < 0.001		0.000 < 0.001			0.000 < 0.001			0.000 < 0.001	

注：* $P<0.05$；** $P<0.01$。

表39　　**同性恋产生的原因分析表**

	原因	结果：频数	结果：百分比	个案百分比
同性恋产生的原因	先天性的遗传	95	16.4	35.6
	后天各种环境的影响	199	34.3	74.5
	异性恋受挫，对异性失望	105	18.1	39.3
	性压抑没有很好的发泄途径	58	10.0	21.7
	身体器官没有发育好	25	4.3	9.4
	有着与常人不一样的经历	99	17.0	37.1
合计		581	100.0	217.6

3. 其他方面的认知情况分析

（1）同性恋能够产生爱情的认知及性别、成长环境差异分析

表 40 表明，被调查对象中，认为同性恋之间能够产生爱情的人数居多数，占 56.6%，认为说不清和不能的比例分别为 34.9% 和 7.7%。由表可以看出，很少人认为同性恋之间不能产生爱情，这种观点与主流观点有很大差距，主流观点认为同性恋之间不可能产生爱情，尽管有些国家已经允许同性恋结婚，但是对于同性恋能够产生爱情则表示质疑。因此，“90 后”大学生的认知与主流观点不一致。

同时，对于同性恋之间能否产生爱情基础的认知，男女生之间、不同成长环境之间的大学生，存在着显著差异。显著性分别为 $P = 0.000 < 0.001$ 和 $P = 0.002 < 0.01$。

表 40　　对同性恋能否产生爱情的认知及性别、成长环境差异分析表

				性别		成长环境		
	人数	百分比		男	女	城市	城镇	农村
能	154	56.6	人数	43	111	101	33	18
			列%	40.6	68.1 ***	66.0	50.0	36.7 **
说不清	95	34.9	人数	46	48	43	29	23
			列%	43.4	29.4 ***	28.1	43.9	46.9 **
不能	21	7.7	人数	17	4	9	4	8
			列%	16.0	2.5 **	5.9	6.1	16.3 **
合计	270	99.2	卡方	27.262		17.320		
			P	0.000 < 0.001		0.002 < 0.01		

注：** $P<0.01$；*** $P<0.001$。

（2）同性恋与传染艾滋病之间关系的认知分析

由表 41 可知，被调查对象中，认为同性恋与艾滋病传播之间的关系难以说清的比例最高，占 44.1%，只有 9.9% 的学生认为二者关系非常大，25.7% 的学生认为关系大，认为关系不大和没有任何联系的比例分别为 14.0% 和 6.3%。这说明“90 后”大学生关于同性恋与艾滋病传播之间的关系认知还不

系统、不完善，因为对于男同性恋性行为，已成为近年来艾滋病传播的最明显的因素，并且影响程度越来越明显。

表41　　**同性恋与艾滋病传染之间的关系认知分析表**

关系程度	频数	百分比	有效百分比
非常大	27	9.9	9.9
大	70	25.7	25.7
说不清	120	44.1	44.1
不大	38	14.0	14.0
没有任何联系	17	6.3	6.3
合计	272	100.0	100.0

（3）关于同性恋性交方式的认知分析

由表42可知，被调查对象中，对同性恋的性交方式的认知形成了一种两极对立的情形，即都不知道和都知道的学生比例分别占43.8%和34.6%，而对于具体男同性恋和女同性恋的性交方式的认知程度较低的，分别占17.6%和4.0%。这种认知状况构成一种两头大、中间小的局势，对于被调查者来说，同性恋在他们看来可能更多的是观念上的，而同性恋实际生活中的具体事情、文化事项，他们的认识不够深入。如只知道女同性恋性交方式的学生只占4.0%，这说明大多数学生对这一方面认识还需提升。

表42　　**“90后”大学生对同性恋性交方式的认知状况分析**

认知情况	频数	百分比	有效百分比
不知道	119	43.8	43.8
只知道男同性恋	48	17.6	17.6
只知道女同性恋	11	4.0	4.0
都知道	94	34.6	34.6
合计	272	100.0	100.0

（三）态度状况分析

1. 对同性恋现象的主观描述及宏观态度

（1）“90后”大学生对同性恋现象的主观描述分析

由表43可知，被调查对象对同性恋现象的主观描述中，主要是积极的描述，由高到低的描述分别是：没有必要干预的私人生活方式（64.3%），正常的情感抉择（47.4%），正常的生理现象（30.1%）；负面评价由高到低的描述分别是：违背自然规律的行为（21.3%），变态的心理扭曲（14.0%），另类的时尚潮流（10.7%），违背道德的行为（9.2%）。可以看出，“90后”大学生对同性恋现象的描述趋于积极和乐观，认为同性恋是私人生活，没必要干预；并且是正常的情感抉择和正常的生理现象。负面的描述尽管存在，但是与积极的描述对比，并不明显。

表43　　对同性恋现象的主观描述分析表

对同性恋现象的主观描述	结果		个案百分比
	频数	百分比	
正常的情感抉择	129	24.1	47.4
正常的生理现象	82	15.3	30.1
另类的时尚潮流	29	5.4	10.7
变态的心理扭曲	38	7.1	14.0
违背自然规律的行为	58	10.8	21.3
违背道德的行为	25	4.7	9.2
没有必要干预的私人生活方式	175	32.6	64.3
合计	536	100.0	197.1

（2）不同性别和不同专业类型关于同性恋现象的主观描述分析

表44 关于同性恋现象主观描述的性别和专业类型差异分析表

		性别		成长环境		
		男	女	文科类	理科类	艺术类
正常的情感抉择	人数	31	98	90	23	13
	列%	15.5	29.3***	25.4	28.4	14.0*
正常的生理现象	人数	30	52	51	14	15
	列%	15.0	15.5	14.4	17.3	16.1
另类的时尚潮流	人数	14	15	17	2	10
	列%	7.0	4.5*	4.8	2.5	10.8**
变态的心理扭曲	人数	21	17	24	3	11
	列%	10.5	5.1*	6.8	3.7	11.8**
违背自然规律的行为	人数	34	24	41	7	10
	列%	17.0	7.2**	11.6	8.6	10.8
违背道德的行为	人数	17	8	15	2	8
	列%	8.5	2.4**	4.2	2.5	8.6**
没有必要干预的私人生活	人数	53	121	116	30	26
	列%	26.5	36.1**	32.8	37.0	28.0*

注：* $P<0.05$；** $P<0.01$；*** $P<0.001$。

由表44可知，在关于同性恋现象的主观描述方面，男女生之间，以及不同专业类型之间表现出了不同程度的差异，如女生（29.3%）认为同性恋是正常的情感抉择优于男生（15.5%），差异具有统计学意义（$P<0.001$）；女生（36.1%）认为同性恋是没有必要干预的私人生活方式优于男生（26.5%），差异具有统计学意义（$P<0.01$）；男生（7.0%）认为同性恋是另类的时尚潮流高于女生（4.5%），差异具有统计学意义（$P<0.05$）；男生（10.5%）认为同性恋是变态的心理扭曲高于女生（5.1%），差异具有统计学意义（$P<0.05$）；男生（17.0%）认为同性恋是违背自然规律的行为上高于女生（7.2%），差异具有统计学意义（$P<0.01$）；男生（8.5%）认为同性恋是违背道德的行为方面高于女生（2.4%），差异具有统计学意义（$P<0.01$）。从

这些结果来看，关于同性恋现象的正向描述，女生明显高于男生；从对同性恋的负面消极描述来看，男生高于女生。这说明，整体上，女生对同性恋的包容度高于男生。这种结论的原因有待深入探究。

在专业类型的区分上，文科、理科和艺术类学生在正向描述中，文科、理科学生低于艺术类学生，差异具有统计学意义（P<0.05）；在关于同性恋的负面描述中，艺术类学生高于文科、理科学生，差异具有统计学意义（P<0.01）。这种结果表明，文科、理科学生比艺术类学生更能包容同性恋，而艺术类学生表现出更多的对同性恋的负面评价和态度。今后的研究应该进一步论证，并在教育中有所侧重。

（3）“90后”大学生对男女同性恋者的不同态度分析

表45　**对男女同性恋的接受程度分析表**

态度	人数	百分比	性别		
			男	女	
更能接受男同性恋	17	6.3	6	11	人数
			5.7	6.7	列%
更能接受女同性恋	56	20.6	35	20	人数
			33.3	12.3 ***	列%
同样能接受	149	54.8	38	111	人数
			36.2	68.1 ***	列%
同样排斥	47	17.3	26	21	人数
			24.8	12.9 ***	列%
		卡方	30.746		
		P	0.000<0.001		

由表45可知，在关于男女同性恋的接受程度上，54.8%的学生认为同样能接受，而20.6%的学生认为更能接受女同性恋，而更能接受男同性恋的比例仅为6.3%，导致这种结果的原因，我们还不得而知，这将在后面的讨论部分加以论述。对男女同性恋同样排斥的学生比例占17.3%，这种情形与上述对同性恋现象的主观描述有着一致的结果，因为“90后”大学生中仍有部分群体认为同性恋是违背道德的行为，是变态的心理扭曲等。同时，男女生在关于男女同性恋的接受程度上表现出显著差异，结果具有统计学意义（P=0.000<0.001）。

2. 对不同群体作为同性恋者的态度分析

由表46可以看出，关于“您的偶像是同性恋者”，被调查对象的各种态度趋于一致，完全能接受到完全不能接受，分别占21.7%、22.8%、18.4%、16.9%和19.1%，说明偶像在“90后”大学生看来，是不是同性恋者，对他们的态度影响并不明显；关于“高级官员是同性恋者”的态度结果与对偶像的态度基本一致，影响均不明显；对于“您的同学是同性恋者”的态度，完全接受到完全不能接受之间差异明显，比例分别为26.5%、37.5%、14.7%、13.6%和7.0%，其中可以看出64%的学生基本或完全能接受自己的同学是同性恋的事实；对于“您的亲密好友是同性恋者”的态度，变化不是十分明显，说明接受与不接受之间的程度相差不大；但是，对于“您的家成员是同性恋者”的态度变化明显，从完全能接受到完全不能接受，呈现出一种递增趋势，比例分别是为8.8%、11.4%、17.3%、26.5%和36.0%，这说明被调查群体对于家庭成员是同性恋者的态度非常严肃，有52.5%的学生完全不能接受或基本不能接受家庭成员是同性恋者的事实；对于“您自己是同性恋者”的态度，是最明显不同于其他群体对“90后”大学生态度的影响的，有65.1%的学生完全不能接受或基本不能接受自己是同性恋者，而完全能接受和基本能接受的比例分别是9.2%和10.3%。这种结果的原因是深层次的，但是我们粗浅地认为，对自己是同性恋者表示认同的学生，应该多数属于当前大学生群体中的同性恋学生。关于该提法只是一种假设，有待与后文中被调查群体中同性恋者比例结果相对照，才能下定论。

表46 **“90后”大学生对不同群体作为同性恋者的态度分析表**

不同群体	完全能接受	基本能接受	说不清	基本不能接受	完全不能接受
您的偶像是同性恋者	21.7	22.8	18.4	16.9	19.1
高级官员是同性恋者	19.5	22.4	21.0	21.0	16.2
您的同学是同性恋者	26.5	37.5	14.7	13.6	7.0
您的亲密好友是同性恋者	22.4	26.5	15.4	21.3	13.6
您的家庭成员是同性恋者	8.8	11.4	17.3	26.5	36.0
您自己是同性恋者	9.2	10.3	14.7	14.7	50.4

由上可知，“90后”大学生对于不同群体是同性恋者的态度明显不同，对与自己关系不大的群体，如偶像、高级官员、同学，甚至是自己的亲密好友，他们都持一种平衡的态度，即不是十分认可，也不是十分反对；但是对与自己关系重要的群体，如家庭成员，甚至是自己，他们表现出来的态度则十分强烈，不愿意接受的心态和愿意接受的心态形成明显的两个极端。表明“90后”大学生内心一种复杂的心态状态，至于这种状态是由于什么原因所致，我们将在后面的部分进行讨论。

3. 关于同性恋相关权利的态度分析及性别差异分析

（1）“90后”大学生对同性恋相关权利的态度分析

由表47可知，“90后”大学生对同性恋相关权利的态度基本上都是积极的，对于“同性恋者从事教师职业”的态度，有53%的学生认为基本同意或完全同意；对于“同性恋者领养孩子”的态度，有63.9%的学生基本同意或完全同意；59.6%的学生认为应该“在中国立法让同性恋者拥有结婚的权利”；87.2%的学生认为“同性恋者应有与常人平等的就业机会与工作待遇”；61.4%的学生基本或完全不同意“社会将同性恋视为弱势群体”的做法。这些调查结果表明，“90后”大学生对同性恋应该拥有自身的权利具有明显的支持感，并认为同性恋可以与社会大众平等地生活在社会中，而不是被排斥于主流社会之外，也不能将同性恋视为弱势群体，而是应该通过社会大众的认可，来体现同性恋与大众的平等性。这些结果将能够有力地形成与主流社会对同性恋认识和态度的差异，后文将着重论述。

表47 **“90后”大学生对同性恋相关权利的态度分析表**

相关权益	完全同意	基本同意	说不清	基本不同意	完全不同意
同性恋者从事教师职业	18.4	34.6	18.8	16.2	12.1
在中国立法让同性恋者拥有结婚的权利	23.2	36.4	21.0	11.0	8.5
同性恋者领养孩子	29.0	34.9	11.8	13.2	9.2

续表

相关权益	完全同意	基本同意	说不清	基本不同意	完全不同意
同性恋者应有与常人平等的就业机会与工作待遇	51.8	35.7	6.6	2.6	3.3
社会应将同性恋视为弱势群体	3.7	10.7	24.3	34.2	27.2

（2）“90后”大学生对同性恋相关权利态度的性别差异分析

表48　**不同性别“90后”大学生对同性恋相关权利的态度差异分析表**

	同性恋者从事教师职业		在中国立法让同性恋者拥有结婚的权利		同性恋者领养孩子		同性恋者应有与常人平等的就业机会与工作待遇		
	男	女	男	女	男	女	男	女	
完全同意	11	39	16	47	17	62	33	108	人数
	10.3	23.8 **	15.0	28.7 ***	16.5	38.0 ***	30.8	65.9 ***	列%
基本同意	37	57	35	63	38	56	49	47	人数
	34.6	34.8	32.7	38.4	36.9	34.4	45.8	28.7 ***	列%
说不清	18	33	20	37	14	18	10	8	人数
	16.8	20.1	18.7	22.6	13.6	11.0	9.3	4.9	列%
基本不同意	22	21	20	10	17	19	7	0	人数
	20.6	12.8 **	18.7	6.1 ***	16.5	11.7 ***	6.5	0 ***	列%
完全不同意	19	14	16	7	17	8	8	1	人数
	17.8	8.5 **	15.0	4.3 ***	16.5	4.9 ***	7.5	0.6 ***	列%
卡方	13.747		24.264		20.437		42.493		
P	0.008 <0.01		0.000 <0.001		0.000 <0.001		0.000 <0.001		

由表48可知，男女“90后”大学生关于同性恋相关权利的态度，存在着显著性差异，在这些权利观点方面，表示同意的学生中，女生优于男生，而表示不同意方面，男生高于女生，这表明男女生关于同性恋权利的态度与他们关于同性恋现象的态度基本一致，即女生对于同性恋的态度比男生更具包容性和认可性，在关于同性恋权利的四种说法中，即对“同性恋者从事教师职业”、“在中国立法让同性恋者拥有结婚的权利”、“同性恋者领养孩子”、“同性恋者

应有与常人平等的就业机会与工作待遇”的态度上，男女生差异具有统计学意义，显著性分别为：$P = 0.008 < 0.01$；$P = 0.000 < 0.001$；$P = 0.000 < 0.001$；$P = 0.000 < 0.001$。

4. 其他方面的态度分析

表 49　　**“90 后”大学生对与同性恋有关的其他方面的态度分析表**　　单位:%

现象	完全能接受	基本能接受	说不清	基本不能接受	完全不能接受
社会上存在同性恋现象	46.3	34.9	6.6	8.8	3.3
同性恋电影	38.6	34.2	9.9	12.5	4.8
男同性恋者都趋向于女性化	7.7	31.3	29.8	22.4	8.1
帮助同性恋恢复异性恋性倾向	9.6	21.7	33.1	25.4	10.3
以同性恋为主题的电影电视节目在国内公开播放	23.2	35.7	22.8	11.4	5.9

由表 49 可以看出，被调查对象中，绝大多数学生对“社会上存在同性恋现象”表示完全能接受和基本能接受的比例分别占 46.3% 和 34.9%，而不能接受者仅占 12.1%；对“同性恋电影”态度，72.8% 的学生表示完全能接受或基本能接受，不能接受者占 17.3%；“男同性恋者都趋于女性化”的看法中，完全能接受和完全不能接受的比例较小，分别为 7.7% 和 8.1%，表明“90 后”大学生对于这种说法的态度趋于一致，并且表现出不太肯定的态度，回答主要集中在基本能接受、说不清和基本不能接受三种态度上，比例分别为 31.3%、29.8% 和 22.4%；对于“帮助同性恋恢复异性恋性倾向”的态度，呈现的结果与前者相近，少数同学能够给出肯定的态度，大多数同学集中在基本能接受、说不清和基本不能接受方面，而完全接受和完全不能接受分别仅占 9.6% 和 10.3%，但是表示正向接受的比例（31.3%）低于表示负向接受的比例（35.7%），也即保持同性恋现有性倾向的状态的比例高于对他们进行性倾向改变的比例，这与前述中“90 后”大学生认为同性恋是“不需干预的私人生活方式”的结果一致；对于“以同性恋为主题的电影电视节目在国内公开播

放”的态度，有58.9%的大学生认为基本或完全能接受，只有16.3%的大学生表示不能接受，表明大多数“90后”大学生能够接纳同性恋电影在国内公开放映。

（三）行为状况分析

1. 接触“同性恋”的途径分析

由表50来看，被调查中接触同性恋的主要途径是听周边人说起和网络、报刊、电视、广播等媒体，分别占75.6%和74.8%，其他途径，如阅读书籍、课堂或讲座以及亲身接触分别占29.3%、14.4%和21.1%。结果表明，“90后”大学生获取“同性恋”相关信息的途径主要是身边同辈群体的交流和传播，以及网络时代，具有象征性意义的互联网是“90后”大学生获取同性恋相关信息的重要渠道。这种结果符合新时期，新一代群体社会化影响因素的变迁规律，即由之前传统的家庭、学校占主导地位的因素演变成由网络、同辈群体等因素占主导地位的情形。通过书籍和教育中获取“同性恋”的相关信息不足，这表明，当前教育领域关于同性恋相关知识、信息的教育不足，学生群体难以从正式教育渠道中获得关于同性恋的信息。有为数不少的被调查者认为亲身接触到关于“同性恋”等相关信息，这说明，“90后”大学生已经主动愿意去关注和了解同性恋。

表50　**“90后”大学生接触同性恋的途径分析表**

接触同性恋的途径分析	结果		个案百分比（%）
	频数	百分比（%）	
听周边人说起	204	35.1	75.6
阅读书籍	79	13.6	29.3
网络报刊电视广播等媒体	202	34.8	74.8
课堂或讲座	39	6.7	14.4
亲身接触	57	9.8	21.1
合计	581	100.0	215.2

2. “90后”大学生自我性取向评价分析

表51　“90后”大学生金赛性学自我评定分析表

自我性取向评定	频数	百分比（%）	有效百分比（%）
完全的异性恋	200	73.5	74.1
几乎是异性恋	37	13.6	13.7
大多时候是异性恋	17	6.3	6.3
同性恋和异性恋各半	12	4.4	4.4
大多时候是同性恋	1	0.4	0.4
完全的同性恋	3	1.1	1.1
合计	270	99.3	100.0
系统缺失值	2	0.7	
合计	272	100.0	

根据《金赛性学报告》对同性恋的划分，我们将这六类性取向评定作为“90后”大学生自我性取向评定的依据，由表51可以看出，认为自己是完全的异性恋者占绝大多数，比例为74.1%，认为自己几乎是异性恋者以及大多时候是异性恋者的比例分别为13.7%和6.3%；认为自己是同性恋和异性恋各半的学生比例为4.4%，即认为自己是双性恋者；认为自己大多时候是同性恋者的比例为0.4%；认为自己是完全的同性恋者占调查学生总数的1.1%。这种结果表明“90后”大学生群体中，绝大多数学生性取向属于异性恋者，少部分属于双性恋者和同性恋者，这种结果跟以往调查结果基本一致。

3. 对同性与自己建立恋爱关系的反应分析

在被问及当同性想自己表达恋爱请求时，“90后”大学生的行为反应如表52所示，有28.7%的学生表示“完全无法接受并远离对方”；56.7%的学生会“委婉拒绝”，说明大多数学生会在尊重对方的同时，表明自己的态度；回答“依情况看是否交往”的学生占12.3%，这说明，有部分学生从心理上对同性的恋爱请求，会有一些接纳的余地；表示愿意“接受对方”的学生占2.2%，这部分学生可能大多是上述性取向自我评定中的同性恋倾向者。这使我们不难理解这样的结论。

表52　　“90后”大学生对同性恋爱请求的行为分析表

行为表现	频数	百分比（%）	有效百分比（%）
接受对方	6	2.2	2.2
依情况看是否交往	33	12.1	12.3
委婉拒绝	152	55.9	56.7
完全无法接受并远离对方	77	28.3	28.7
合计	268	98.5	100.0
系统缺失值	4	1.5	
合计	272	100.0	

4. 对自己是同性恋者时的行为分析及男女生之间行为表现差异分析

在假设自己是同性恋时，“90后”大学生在是否会公开自己同性恋身份时表现出不同的行为反应，并且在性别方面表现出明显的差异。回答会公开自己的同性恋身份的学生占9.6%；回答不会公开，除非被迫以及绝对不会公开的比例分别占26.5%和13.6%；有47.4%的学生不公开也不隐瞒自己的同性恋身份，表明以一种顺其自然的方式对待自己的身份。这种结果跟前述“90后”大学生对自己是同性恋者时的接纳态度形成明显的关联性。同时，在会不会公开自己同性恋身份的对比分析中，男女生之间表现出明显的差异，在“会”与“不公开也不隐瞒”的回答上，女生优于男生；在“绝对不会”和“不会，除非被迫”的回答上，男生高于女生，这表明，整体上女生比男生在面对自己是同性恋者时，更能接受自己的同性恋身份，更愿意公开自己的同性恋身份。这种结果与前面的态度比较相一致，女生在对同性恋的态度方面比男生更加包容和理解。

表53　　“90后”大学生对自己同性恋身份认可及性别差异分析表

	人数	百分比（%）	性别		
			男	女	
会	26	9.6	8	18	人数
			7.9	11.1 ***	列%
不公开也不隐瞒	129	47.4	30	98	人数
			29.7	60.5 ***	列%

续表

	人数	百分比	性别		
			男	女	
不会，除非被迫	72	26.5	43	29	人数
			42.6	17.9 ***	列%
绝对不会	37	13.6	20	17	人数
			19.8	10.5 ***	列%
		卡方	30.425		
		P	0.000 < 0.001		

注：数字后“ * ”赵多表示显著性越强。

（四）小结

1. “90 后”大学生对同性恋的认知状况结论

（1）从总体上，“90 后”大学生对同性恋相关方面的认知程度较高

如被调查学生中，81.5% 的学生经常或偶尔听说过“同性恋”，只有 18.6% 的学生很少或从来没有听说过，这表明“同性恋”在“90 后”大学生群体中是一个普遍熟知的词语而被多数学生认识；同时，“90 后”大学生对“同性恋”的相关称谓，具有更高的认知程度，仅有 5.2% 的学生全都不知道，其余绝大部分学生全部知道或知道，这与上述结果一致；另外，他们对同性恋群体之间认识和沟通方式的认知也较高，与现实生活中的情形相一致。因此，在与同性恋有关的一些基本信息方面，“90 后”大学生具有较高的认知水平，这与他们所处的生活时代特征密切相关，社会转型的急剧加速，网络时代各种信息的纷至沓来，使得成长于其中的“90 后”大学生对同性恋有了更多的认识和了解。

（2）部分相关信息，“90 后”大学生认知程度较低

但是，在与同性恋有关的一些较为复杂的信息方面，“90 后”大学生的认知程度大为下降，如对同性恋者具体角色的认知状况是：全都不知道“0”、“1”、“t”、“p”意思的比例为 54.8%，超过半数以上，而全部知道意思的比例仅占被调查对象的 18.9%，而只知道部分意思的比例占 26.3%；对于同性恋与艾滋病传染之间的关系，“90 后”大学生中，44.1% 的学生认为说不清，

即不知道它们之间有无关系，仅有35.6%的学生认为有关系或关系很大，其余大部分则不知道或没有关系，这种结果令我们较为担心，因为同性恋，尤其是男同性恋已成为近年来艾滋病传染的重要群体，也是近年来传染比例最快的群体，因此，今后这方面的忧患意识需要在高校范围内大力培养，并进行相关教育。对同性恋性交方式的认知，也显示了“90后”大学生对同性恋的认知尚不全面、系统，究其原因，我们认为跟“90后”大学生接触信息的渠道不深刻、不全面有关。

（3）在许多方面，不同维度“90后”大学生认知情况差异较大

为深入细致了解不同维度下，“90后”大学生对同性恋相关方面的认知差异，我们对一些方面进行了对比分析，如在关于“同性恋”的相关称谓的认知上，男生在知道1—2个的比例高于女生，而女生在全部知道的比例上高于男生，这表明男生整体上对同性恋称谓的认知程度低于女生的认知程度。同样地，不同成长环境的学生对这个问题的认识，农村学生在知道1—2个的比例上远高于城市和城镇学生，而在全部知道的比例上，城市学生和城镇学生的比例远高于农村学生，这表明不同成长环境下的“90后”大学生获取知识的机会不均等，导致知识掌握的不一致，城市学生、城镇学生在了解和认识同性恋相关信息方面更具优势，更能全面获得相关信息。不同专业学生对这个问题的认识差异也较显著，在不知道和知道1—2个的比例上，艺术类学生远高于文科和理科学生，而在全部知道的比例上，文科、理科学生远高于艺术类学生，表明不同专业大学生对同性恋相关信息的获取机会不一样，艺术类学生在这方面处于劣势，这跟他们的学习性质和对社会的关注度有关。是否为独生子女也是考察学生之间认知差异的一个维度，独生子女在全部知道的比例上高于非独生子女，而知道1—2个的比例上则相反，这同样表明独生子女在知识获取过程中比非独生子女更具优势，更能全面把握有关同性恋方面的相关信息。

另外，在关于同性恋性角色的认知方面，男女生之间、不同成长环境之间、不同学科之间以及独生子女与非独生子女之间表现出的差异基本上跟上述结论一致，有关原因，我们认为跟上述原因一样。在对同性恋能否产生爱情的认知上，56.6%的学生认为能，这种认知结果与总体认知程度一致，但是在具体男女生、不同成长环境的学生之间存在差异，女生认为同性恋者之间能产生

爱情的比例远高于男生，而在不能产生爱情的比例上，男生高于女生，这可能与女生在对待同性恋相关方面的态度上比男生更加包容有关，相关结论在态度部分加以说明；不同成长环境的学生之间，城市学生和城镇学生认为能的比例高于农村学生，认为说不清和不能产生爱情的比例则相反。这与他们对于同性恋相关认知差异的结果一致，原因也相似。

总之，“90 后”大学生在总体上对同性恋相关信息的认知程度较高，部分较为复杂的信息方面认识程度稍有降低，同时不同维度的“90 后”大学生之间对同性恋的认知存在着很大差异，原因正如上述论述中所呈现的。

2. “90 后”大学生对同性恋的态度状况结论

（1）“90 后”大学生对同性恋具有较为包容的态度

从调查结果来看，“90 后”大学生对同性恋相关方面的态度比较宽容和理解，如在对同性恋的主观描述方面，从正面和积极方面进行描述的学生占绝大多数，而负面和消极的描述占少数，累计比例分别为 141. 8% 和 55. 2%；在对男女同性恋的接受程度方面，表示二者同样接受的比例占一半以上，比例为 54. 8%；在对同性恋相关权利的态度上，“90 后”大学生表现出了较为正面积极的心态，希望同性恋者具有与大众平等的权利，并为同性恋者营造无歧视的环境。在对于其他一些与同性恋有关的现象的态度上，“90 后”大学生同样表现出较为明显的包容和理解心态，81. 2% 的学生认为能够接受社会上存在同性恋现象。上述结果表明“90 后”大学生对同性恋这一备受争议的话题和现象表现出非常果断的看法和态度，他们表现出来的包容和理解与他们生活所具有的社会特征有关，“90 后”亚文化的形成和多元文化的交互影响，塑造了“90 后”大学生对同性恋的包容。

（2）“90 后”大学生对于与自身关系重大方面的同性恋事件表现出不包容的态度

比较值得关注的是，在对待不同群体的态度上，“90 后”大学生表现出复杂的心态和看法，在对待与自己关系不大的群体，如偶像、高级官员、朋友，他们的接受程度，正面高于负面，并且二者之间相差不大，也即对这些群体作为同性恋的态度，在“90 后”大学生看来都是正常的，这表现出他们对同性恋的接纳。但是，在对待与自己关系重大的群体，如同学、家人，尤其是自己时，他们表现出与上述态度相反的矛盾心态，也即对于上述群体，他们表现出包容和无所谓的态度，但是对于他们自身及有重要关系的群体，他们表现出强烈的反应和难以接受的态度，62.5%的学生不接受自己的家庭成员是同性恋者，65.1%的学生不接受自己是同性恋者。我们认为，受到社会转型时期特征的形塑，以及西方性解放思潮的传播和同性恋亚文化在“90 后”大学生成长中的影响，使得他们能够对社会范围内的同性恋现象和同性恋者表示出宽容和理解；但是，由于受传统性文化、性观念中对同性恋的谴责和歧视的影响，在“90 后”大学生内心形成根深蒂固的影响，使得他们不愿意接受自己、家人是同性恋的事实。这种矛盾的心态，正反映了“90 后”大学生想超越传统主流而又受传统价值观和文化的束缚，而表现出一种向传统主流妥协的状态。

（3）不同维度“90 后”大学生之间对同性恋的态度差异较大

尽管总体上“90 后”大学生对同性恋具有一种比社会大众更加包容的态度，但是不同性质、维度的大学生之间却存在着差异。如关于同性恋的主观描述中，女生在正面的描述中，比例明显高于男生，而在负面描述中，男生的比例则高于女生，表明在这方面，女生表现出来的心态比男生更加友好；同时，在对待男女同性恋的态度上，女生表示更愿意接受同性恋，但是男女生差异不大；而男生更容易接受女同性恋者，与女生形成显著差异，同样能接受方面，女生远远高于男生。在关于同性恋应该拥有自己的权利和与社会大众拥有平等权利的态度上，女生表现出的认可度高于男生。上述结果表明同一种现象，女生总体上比男生更易于接受同性恋者，男生比起接受男同性恋者来说，更容易接受女同性恋者，这可能跟传统文化对男生的角色要求有关，主流价值观希望男生具有阳刚性，能够成为生活的主宰，照顾妻儿等功能，因此对同性恋表现出来的一些特征表示不愿意接受，甚至排斥；而女生对于男同性恋者来说，甚至会有一种崇拜心理，因此不会排斥；对于女同性恋者来说，女性之间天生具有亲和性，因此也不会排斥女同性恋。可见，生活于同样时代特征之下的“90 后”大学生，由于主流文化、社会对男女生赋予的角色期望不同，导致他们在对待同性恋的态度方面存在着明显差异。

在不同专业类型维度上，文科、理科学生在正面描述方面高于艺术类学生，而在负面描述上，艺术类学生的态度比文科和理科学生强硬，表示不太包容的心态。究其原因，我们认为，由于文科学生和理科学生在学习过程中能够涉及许多方面的知识，可能在无形之中他们就能了解和加深对同性恋的认识和理解；而艺术类学生较集中于学习艺术方面的知识，对与同性恋有关的知识认识不够，因此，凭着一种模糊的印象对同性恋做出较为负面的评价，这是可以想象得到的。

3. “90后”大学生对同性恋的行为状况结论

（1）“90后”大学生接触同性恋的途径较为集中，教育途径比例较小

关于“90后”大学生接触同性恋的途径，主要集中在听周边人说起和网络报刊电视广播等媒体，分别为75.6%和74.8%，而通过教育途径接触的比例较小，阅读书籍和课堂或讲座分别占29.3%和14.4%。可以看出，“90后”大学生接触同性恋的途径主要是同辈群体之间的相互交流以及网络媒体的传播，而教育方面严重不足，这说明社会转型时代，网络和同辈群体对“90后”大学生社会化过程起着决定性影响，学校、家庭等教育途径已经退居次要地位。这表明，今后在教育中应该加大对“90后”大学生有关同性恋相关知识的教育，以保证其对同性恋的认识不会出现偏差和误解。

（2）“90后”大学生中，存在着一定比例的双性恋和同性恋倾向者

从对“90后”大学生对自己性取向的自我评定结果来看，除大部分是异性恋性倾向外，有一定比例的双性恋倾向者和同性恋倾向者，分别占4.4%和1.5%，表明当前大学生群体中，存在着一定数量的双性恋和同性恋者，在社会转型的时代，他们是否能够正确看待自己的性取向？是否能够接受和认可自己的性取向事实？我们发现，在上述关于“90后”大学生对自己是同性恋的接受态度时，尽管大多数学生表示不能够接受，但是仍然有部分大学生会接受和认同自己的同性恋身份。这表明，在当前社会转型背景下，虽然大部分学生受到主流社会价值观的影响，不接受自己的同性恋事实，但是，仍有部分“90后”大学生对自己性取向的态度也有很大的包容性。这启示我们：无论在社会上，还是在高校中，同性恋群体都占有一定的比例，我们调查出来的结果未必能够反映现实世界的比例，因此，我们需要认识到，在这个特定的社会发展和社会转型时代，在多种文化和价值观交融的时代，我们正与一个数量庞大的同性恋群体一起生活着，尽管我们没有发现他们，但是我们需要为他们的生活营

造一种关心、支持、接纳、理解和包容的环境，因为他们没有错，他们并不比我们低一等。在高校同样需要创造和谐校园文化，为高校同性恋群体营造和谐的、轻松的无歧视环境。

（3）“90后”大学生对自身同性恋身份持平常心态，并且性别差异大

为了解“90后”对自身同性恋身份认可情况，他们“如果您是同性恋者，你是否会公开自己的身份?”的回答更集中于平常，即不公开也不隐瞒，表示一种较为随和的心态。在会与不会方面，女生均表现出优于男生的情形，原因与上述分析情况一致，“90后”大学生中，男生对同性恋者的接受程度较低，而女生对同性恋的认可程度更高。

五　研究结论与讨论

（一）研究结论

1. 研究主要结论

根据前述研究结果的呈现与分析，我们得出以下方面的结论：

（1）社会转型时期，形塑了“90后”大学生独特的亚文化

如前文所述，社会转型时期具有许多鲜明的特征，生活于其中的各个群体在价值观方面受到巨大的影响，以使各种价值观之间形成激烈的冲突，由于主流价值观要保持其主导地位和支配地位，因此，在社会转型加速期，它需要作出一些改善以适应社会环境的需要，但是根深蒂固的文化传统，决定着主流价值观难以从根本上与社会转型时代的特征相结合、相适应。但是，作为新兴事物，“90后”一代从一出生开始就接受着社会转型背景的形塑，形成了一种独特的“90后”亚文化，尽管成长过程中，依然会受到主流社会价值观的约束和限制，但是“90后”亚文化仍然朝着其特有的方向前进。

（2）多元文化交融，缔造了“90后”大学生对于同性恋的包容与排斥并存的复杂价值观

社会转型具有强大的力量，使得原有的各种价值观和文化为适应社会发展和进步而发生文化和价值观重构，西方性解放思潮在这时风起云涌，同性恋亚文化也在此时得到生存的生机，这诸多文化汇成一股强大的力量，以多元文化

交汇而成，对“90 后”大学生的价值观产生了巨大的影响，使得他们形成了一种不同于社会主流的价值观，因而在看待同性恋现象和事件上，表现出一种更具包容性和理解性的价值观，但是由于多元文化中尚存传统性文化、性观念的根基，因此，无形之中使得“90 后”大学生对同性恋持有一定程度上的排斥现象。“90 后”大学生对同性恋表现出的不彻底性，反映了当代社会转型下，多元文化交互影响着“90 后”一代，使得他们形成一种复杂的价值观。

（3）“90 后”价值观与主流价值观关系：前者对后者的超越与妥协

从上面的论述和结论中，我们发现，当前社会中，“90 后”一代所具有的价值观与主流社会所具有的价值观之间形成一种既超越，又妥协的关系。超越的方面表现在：“90 后”出生后形成了自己的独特亚文化，并可以根据这种亚文化形成一种与众不同的价值观，他们对同性恋表现出来的很大程度上的包容就是这种独特价值观的体现，也正说明他们想超越传统价值观束缚的愿望；二者之间关系的妥协，表现在：“90 后”成长在社会主流文化和价值观居于统治地位的时代，这种价值观无形之中控制着“90 后”一代的思想，使得他们表现出一种与社会主流相近的价值观，即对同性恋所持有的态度与社会大众相似，这表明强势价值观前面，“90 后”大学生向社会主流妥协的一面。

（4）“90 后”价值观走向：在对主流社会价值观的超越与妥协中求成长

本研究得出以上结论，“90 后”本来就应该具有与主流社会价值观不同的独特的价值体系，但是居于当前现实中“90 后”价值观与主流价值观的超越和妥协的困境局面，令我们深思：“90 后”一代的未来价值观走向将会怎样？我们认为，从本研究所显示的各种情形，让我们较为乐观的是，“90 后”亚文化诞生于社会转型加速时期，这一社会背景为“90 后”价值观的形成和发展提供了强大的环境基础，因此，“90 后”的价值观走向将表现出在对主流价值观进行超越和妥协的关系中，不断向前发展，并最终形成完全体现“90 后”亚文化特征的价值观体系。

2. 研究框架及假设的论证

基于前述的研究结果，以及我们得出的研究结论，我们将对研究框架集假设进行论证：

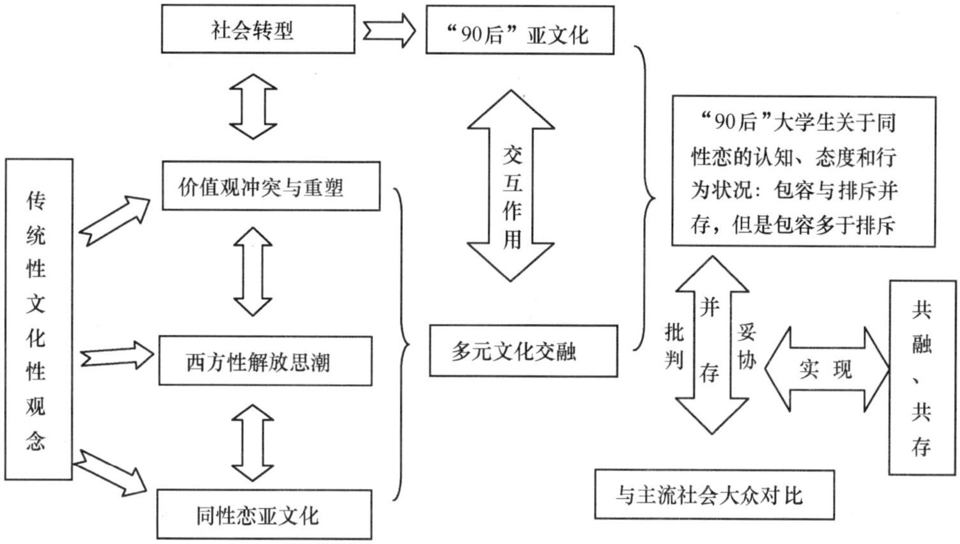

图10　研究框架结论论证

上图表明，在社会转型大背景下，传统社会的性文化和性观念受到冲击，各种价值观发生冲突，传统性文化、性观念为找到自己合适的地位，在一定程度上尽心重塑；与此同时，西方性解放思潮的广泛传播以及同性恋亚文化的成长壮大，这些不同价值观和文化交融形成一种多元文化局面。这种多元文化与诞生于社会转型时期的“90后”一代的独特亚文化发生交互作用，塑造了“90后”大学生复杂的价值观，以致他们在对同性恋的态度上表现出包容与排斥并存的局面，但是包容的程度明显高于排斥。造成这种局面的原因，一方面是受社会转型背景的影响，形成自己的独特亚文化，并且在与多元文化的交互作用中，形塑了使他们拥有不同于社会主流价值观念的态度和思想，因此，表现出对同性恋的更加包容的态度；但是另一方面，有传统主流文化和价值观的束缚，“90后”大学生一定程度上仍然受到影响和限制，使得他们表现出对同性恋仍然具有排斥的态度。但是这种排斥的程度远不及他们对同性恋的包容态度，这说明“90后”大学生在对待同性恋这一社会现象和群体时，表现出对社会主流价值观和文化的超越和批判；同时，在强大的社会主流文化和价值观面前，“90后”大学生表现出一种对社会主流价值观和文化的妥协。从研究结果中可以得到很好的体现，如他们在对不同群体属于同性恋时的态度上，对于与自己关系不大的群体，他们表现出非常包容的态度，但是对于与自己关系重要的人，包括家庭成员，甚至是自己时，他们表现出明显的不接纳态度。

（二）讨论

1. 社会转型：对“90 后”大学生群体是利还是弊？

社会转型时代，孕育了“90 后”一代，并形塑了他们的独特价值观和思想特征。我们需要思考：社会转型对“90 后”大学生来说，到底是利？还是弊？是幸运？还是困惑？社会转型就像一把双刃剑，一方面，社会的进步，经济的发展，各种文化的融合，为“90 后”大学生的成长创造了优越的环境基础，这些启发着他们不断思考和探索新事物，有助于他们形成一套自己独有的、符合社会发展的价值观体系。但是，另一方面，作为社会转型重要标志内容的网络时代的到来，对“90 后”大学生价值观念、生活方式、思考方式等方面产生着巨大的影响，互联网的普及，“90 后”大学生有了不同于以往人们拥有的交往方式、学习方式，网络、同伴成为“90 后”大学生生活中的重要组成部分，世界范围内各种各样的信息一涌而来，“90 后”大学生在对待这些信息时，不可避免地会接触到许多不良信息，对他们的顺利成长和发展产生严重的负面影响，这无疑是对他们的一大困扰。

2. 多元文化交融：谁来为“90 后”大学生掌舵？

在多元文化冲突和交融的形势下，对于心理发展尚不成熟的“90 后”大学生来说，面对如此众多的文化冲击，他们应该如何选择？谁来为“90 后”大学生掌舵？这是我们向主流社会提出的最迫切的问题。“90 后”一代生活在其父辈们主导的世界里，比起他们的父辈来说，“90 后”没有地位，没有独立生活的能力，生活在想挣脱父辈压制和约束却又挣脱不了的困境状态中，导致他们在价值观上发生扭曲，以至于创造出了许多与主流价值观背道而驰的现象出来，包括“90 后”独有的“火星文”等现象，这是他们对主流价值观反抗的呼声。如果主流社会不能意识到这些方面，他们的子女将生活在一种没有方向的世界里。

3. “90后”价值观VS主流社会价值观：冲突抑或共融？

对于上述两个问题的进一步深化，我们需要问：“90后”价值观与主流社会价值观之间应该如何面对彼此？是继续冲突还是逐渐达成共融的状态？我们认为，二者之间需要以共融的方式共存。无论是主流社会的各种主体包括家庭、学校、社区以及社会大环境，还是“90后”一代，首先需要科学地认识到“90后”一代产生的特殊背景，要科学地认识到“90后”一代所具有的特征、亚文化和价值观的客观性，主流社会不应该将“90后”视为“非主流”、“脑残的一代”、“堕落的一代”等，而是应该接纳、理解和认可他们所表现出来的各种价值观念，帮助他们顺利实现社会化，并成为社会发展和社会建设的后备军和主力军。同时，对于“90后”本身，需要他们学会正确看待世界，看待社会，培养自身社会责任感和使命感，主动承担社会责任，发挥自身群体探索性、创新性和主动性优势，努力将自己塑造成为社会需要的人才，这是当代青少年的使命之所在。只有两种价值观之间实现共融和共存，才能实现上述目标，即发挥社会转型对“90后”大学生的优势作用，才能使“90后”大学生顺利驶向成功的远方。

（三）研究的不足及今后研究重点

1. 研究存在的不足

本研究尽管在创新型、重要性和探索性方面都具有独特的优势，但是我们仍然觉得本研究尚存在一些问题和不足，主要表现在：

（1）研究之初，我们对整个研究的思路缺乏一个系统、清晰的了解，一直处于摸索的状态，这对整个研究方向的把握具有一定程度的负面影响。例如，我们之前没有考虑周全，因此，在具体研究计划和调查实施时，只进行了300份问卷调查，这可能会影响研究的信度和效度。

（2）由于本研究视角独特，即通过了解“90后”大学生对同性恋的认知、态度和行为表现状况来反映处于社会转型背景下的“90后”大学生价值观如何？其价值观与主流社会价值观之间的关系如何？以及二者之间应该以怎样的方式和状态存在？……由于缺乏较深刻的理论知识，我们只是把观点抛出来，而未能进行系统、深刻的论证和分析。这可能对我们的研究实效性具有一些影响。

（3）本研究的另一个不足之处，可能要算我们的文献研究部分，作为以同性恋为研究主题的成果较多，作为以社会转型及价值观为主题的研究成果也不少，但是对“90后”的研究，以及对他们的价值观以及与社会转型相结合的研究几乎无人涉足。我们的文献研究可能尚未达到较好地论证这些方面的效果，因此，在此说明。

2. 今后研究的重点

对于上述存在的问题和不足，我们认为今后的研究应该以下列方面为研究重点：

（1）研究之前，务必确立清晰、科学的研究思路和研究框架，这是保证研究朝着正确方向运行的根本前提。

（2）作为社会学专业学生，我们今后应该注重理论知识学习内化的同时，学以致用，与现实社会结合起来，才能真正洞察和认识各种社会现象，为各种社会问题寻求有效解决之道。

（3）从研究层面来讲，我们应该不断培养自己的各种学习能力，包括独立思考和探索新知识的能力，也包括整合、批判和超越以往知识的能力，还包括有效地运用各种资源来转化成自己能力的能力。

总之，这是我们在该研究领域的一个开端，如果今后还有机会的话，我们将按照上面的启示，对该领域继续进行更加深刻和科学的探究，以真正为学术界、为社会提供真实有效的依据。

六 结语

本研究虽以“90后”大学生关于同性恋的认知、态度和行为状况为主题，但是更为核心的是，我们想借助这个主题来分析当前社会转型以及多元文化交融的背景下，“90后”大学生的价值观是如何得以形塑的，以及“90后”大学生价值观与主流社会价值观之间的关系怎样，并分析了这种状态下“90后”价值观如何得以生存和发展。通过研究，我们发现：社会转型背景和多元文化交融的背景，形塑了“90后”大学生独特的亚文化和价值观，他们表现出来的对同性恋的较大程度的包容，正是这种独特亚文化和价值观的体现，这是他们对父辈主流文化和价值观的超越；同时，这种背景还形成了“90后”大学生的另一种价值观，即对主流文化的妥协，也即在强大的主流价值观压制下，“90后”大学生表现出一定程度的对同性恋的排斥和不接纳态度，反映了他们对主流价值观的妥协；另外，尽管受到主流文化的压制和约束，“90后”价值观同样在对主流价值观的超越中成长。

参考文献

[1][3] 刘国军：《当代中国社会转型时期的价值观念冲突问题研究》，硕士学位论文，东北师范大学，2002年，第4—7、8—9页。

[2] 孙安忠：《我国社会转型期人的价值观重塑》，硕士学位论文，山东师范大学，2007年，第20—22页。

[4] 转引自涂红星《社会转型期大学生多层文化心理研究》，硕士学位论文，武汉科技大学，2005年，第3页。

[5] 陆学艺、景天魁：《转型中的中国社会》，黑龙江人民出版社1994年版，第5—6页。

[6] 郑杭生、李强：《当代中国社会结构和社会关系研究》，首都师范大学出版社1997年版，第1—3页。

[7] 范燕宁：《当前中国社会转型问题研究综述》，《哲学动态》1997年第1期。

[8] 刘祖云：《社会转型：一种特定的社会发展过程》，《华中师范大学学报》（哲学社会科学版）1997年第6期。

[9] 蔡拓：《可持续发展的历史向度与当代中国社会转型》，《文史哲》2000年第5期。

[10] 包心鉴：《论中国社会转型时期的政治发展》，《政治学研究》1996年第1期。

[11] 赵仕品：《社会转型期价值观念的变革和引导》，《四川师范大学学报》（社会科学版），1994年第21期第2版。

[12] 胡鞍钢：《一个中国四个世界：中国地区发展差距的不平衡性》，胡鞍钢：《第二次转型，从经济建设为中心到制度建设为中心》，清华大学出版社2003年版，第7页。

[13] 朱力：《中国社会转型临近关节点》，《南京社会科学》1994年第4期。

[14] 余放争、杨国纲、余翔：《同性恋国内研究概述》，《医学信息》2005年第18卷第12期。

[15] 中华医学会精神科分会：《中国精神障碍分类与诊断标准（CDMD－3）》，山东科学技术出版社2001年版，第105页。

［16］吴炽煦：《西方国家对同性恋的认识与研究》，《湖北预防医学杂志》2003 年第 14 期第 5 版。

［17］李银河：《同性恋亚文化》，中国友谊出版公司 2002 年版，第 430—431 页。

［18］张北川：《同性爱》，山东科学技术出版社 1994 年版，第 135 页。

［19］中华医学会精神科分会：《中国精神障碍分类与诊断标准（CDMD－3）》，山东科学技术出版社 2004 年版，第 110 页。

［20］郑士鹏、王永明：《“90 后”大学生价值观教育探析》，《学理论》2009 年第 2 期。

［21］郑杭生：《社会学概论新修》，中国人民大学出版社 2003 年版，第 69—70 页。

［22］向东：《“90 后”亚文化解读》，《科教文汇》2009 年第 4 期（下旬刊）。

［23］柏拉图：《文艺对话集》，人民文学出版社 1963 年版，第 237—243 页。

［24］霭理士：《性心理学》，商务印书馆 2003 年版，第 304 页。

［25］阿尔弗雷德·金西：《金西报告——人类男性性行为》，光明日报出版社 1989 年版，第 50 页。

［26］马尔库塞：《爱欲与文明》，上海译文出版社 1987 年版，第 32 页。

［27］福柯：《性史》，上海科学技术文献出版社 1989 年版，第 156 页。

［28］杰洛米·本森：《道德与立法原则入门》，1780 年版。

［29］赫兹菲尔德：《性与文明》，克甘保尔公司 1928 年版。

［30］福柯：《疯癫与文明》，生活·读书·新知三联书店 1961 年版。

［31］［德］M. 克斯特尔、邓建中：《欧洲同性恋立法动态的比较考察》，《比较法研究》2004 年第 2 期，第 149—160 页。

［32］董云虎、刘武萍：《世界人权约法总览》，四川人民出版社 1990 年版，第 961 页。

［33］赵合俊：《性权与人权》，《环球法律评论》2002 年 01 期。

［34］黎尔平：《同性恋权利：特殊人权还是普遍人权——兼论大赦国际对同性恋权利的保护》，《法学》2005 年第 10 期。

［35］莱克：《生命伦理学百科全书》，上海人民出版社 1971 年版，第 254—255 页。

［36］倪晓舫、沐炜：《关于同性恋成因研究综述》，《红河学院学报》2003 年第 12 期。

［37］汪新建、温江红：《同性恋成因的理论探讨》，《医学与哲学》2002 年第 4 期。

［38］李银河：《李银河说性》，北京文艺出版社 2006 年版，第 156—160 页。

［39］李玉玲：《同性恋是怎样发生的》，《中国性科学》2006 年第 3 期。

［40］李玉玲：《同性恋成因探索（下）》，《社会》1991 年第 11 期。

［41］转引自周俪《对当前中国社会中同性恋现象的伦理分析——探寻自由的伦理界

限》，硕士学位论文，西南大学，2006年，第4—6、7—9页。

［42］［荷］高罗佩、李零、郭晓惠：《中国古代房内考》，上海人民出版社1990年版，第71页。

［43］李银河：《同性恋亚文化》，今日中国出版社1998年版，第210页。

［44］转引自艾燕《中国同性恋权利与立法思考》，硕士学位论文，重庆大学，2008年，第32—33页。

［45］艾燕：《中国同性恋权利与立法思考》，硕士学位论文，重庆大学，2008年，第26—27页。

［46］风笑天：《社会学研究方法》，中国人民大学出版社2001年版，第6页。

点评：作者通过对“90后”大学生关于同性恋的认知、态度和行为状况的研究来解析社会转型期该群体价值观的形成和发展，具有一定的研究价值与独特的视角。目前“90后”刚刚开始步入大学生活，“90后”大学生作为大学生新鲜血液，已经烙上了属于这一时代人的“标签”，他们是如何看待同性恋现象的？他们的价值观又将如何变迁？这些都值得我们关注。因此，从选题上看，该选题具有一定的时效性。与此同时，该研究结合相关的社会学理论对所发现的问题进行诠释具有一定的理论意义。从研究方法上看，作者选择定量的研究方法，将收集到的经验材料作为依据，对相关问题进行探讨，具有一定针对性。如果论文能够在研究结论及理论层面增加对以往相关研究成果的对话和回应就最好不过了。从总体上看，该研究选题新颖、方法得当，研究过程严谨、规范，论文结构清晰明确，符合学术论文的写作规范。

（中国青年政治学院社会工作学院讲师　赵莉）

附录

“90后”大学生关于同性恋的认知、态度和行为调查问卷

亲爱的同学：

您好！

感谢您能参加此次调查活动。我们是中国青年政治学院的调研小组，为了

了解“90 后”大学生对同性恋的知识和态度状况，我们在北京六所高校开展了这项调查。本调查采用匿名形式，您的回答不涉及是非对错，大约只会耽误您 3 分钟的时间，同时我们会对您的回答予以保密。

对您的合作与支持，我们表示衷心的感谢！

填答说明：★请在每题的答案中选择一个打√，或者直接在____中填写。

★若无特殊说明，每一个问题只能选择一个答案。

中国青年政治学院“‘90 后’大学生对同性恋的知识和态度”调查组

2010 年 5 月 30 日

一　基本信息

1. 您的性别：　（1）男　（2）女
2. 您是在哪一年出生的？ ______年
3. 您是否为独生子女？　（1）是　（2）否
4. 您的成长环境：　（1）城市　（2）城镇　（3）农村
5. 您的专业类型是：　（1）文科类　（2）理科类　（3）艺术类

二　知识部分

1. 您知道“同志”、“拉拉”、“gay”、“lesbian”、“BL”、“GL”的意思吗？

（1）全都不知道　（2）知道 1—2 个　（3）知道 3—5 个　（4）全部知道

2. 您知道“0”、“1”、“T”、“P”的意思吗？

（1）全都不知道　（2）知道部分　（3）全部知道

3. 在您生活的圈子里，“同性恋”这个词语出现的频率是怎样的？

（1）经常　（2）偶尔　（3）很少　（4）没听过

4. 您认为同性恋者及其群体之间的认识和沟通方式是什么？（可多选）

（1）参加同志聚会　（2）酒吧和舞厅　（3）网络

（4）朋友介绍　（5）说不清　（6）其他（请写明）______

5. 您认为同性恋是怎样产生的？（可多选）

（1）先天性的遗传　（2）后天各种环境影响

（3）异性恋受挫，对异性失望　（4）性压抑，没有很好的发泄渠道

（5）由于身体器官没有发育好　（6）有着与常人不一样的经历

（7）其他（请写明）______

6. 您认为同性之间能产生爱情吗？

（1）能　（2）说不清　（3）不能

7. 您认为同性恋与传染艾滋病的关系大吗？

（1）非常大　（2）大　（3）说不清　（4）不大　（5）没有任何联系

8. 您是否知道同性恋性交的方式？

（1）不知道　（2）只知道男同性恋性交的方式

（3）只知道女同性恋性交的方式　（4）都知道

三　态度部分

9. 关于同性恋现象，您认为以下合适的描述是：（可多选）

（1）正常的情感抉择　（2）正常的生理现象　（3）另类的时尚潮流

（4）变态的心理扭曲　（5）违背自然规律的行为　（6）违背道德的行为

（7）没有必要干预的私人生活方式　（8）其他______

10. 您对男同性恋和女同性恋的态度有差别吗？

（1）更能接受男同性恋　（2）更能接受女同性恋

（3）同样能接受　（4）同样排斥

11. 对以下现象或假设的情况您的接受程度如何？（每行选择一格打√）

问题	完全能接受	基本能接受	说不清	基本不能接受	完全不能接受
1. 社会上存在同性恋现象					
2. 同性恋电影					
3. 您的偶像是同性恋者					
4. 高级官员是同性恋者					
5. 您的同学是同性恋者					
6. 您的亲密好友是同性恋者					
7. 您的家庭成员是同性恋者					
8. 您自己是同性恋者					
9. 某些西方国家允许同性恋者结婚的政策					

12. 您对以下的观点或做法持什么态度？（每行选择一格打√）

问题	完全同意	基本同意	说不清	基本不同意	完全不同意
1. 男同性恋者都趋向于女性化					
2. 帮助同性恋恢复异性恋性倾向					
3. 以同性恋为主题的电影电视节目在国内公开播放					
4. 同性恋者从事教师职业					
5. 在中国立法让同性恋者拥有结婚的权利					
6. 同性恋者领养孩子					
7. 同性恋者应有与常人平等的就业机会与工作待遇					
8. 社会应将同性恋视为弱势群体					

四　行为部分

13. 当前您接触“同性恋”这一概念或行为多是通过哪些途径？（可多选）

（1）听周边人说起　（2）阅读书籍　（3）通过网络、报刊、杂志、电视、广播等媒体（4）课堂或讲座　（5）亲身接触　（6）其他（请写明）______

14. 根据金赛性学报告的标准，人的性取向可以分为六个级别，您是以下哪一个级别呢？

（1）0 级：完全的异性恋

（2）1 级：几乎都是异性恋，偶尔作同性恋的梦或幻想

（3）2 级：大多时候是异性恋，偶尔明显的同性恋

（4）3 级：同性恋与异性恋各半

（5）4 级：大多时候是同性恋，偶尔明显的异性恋

（6）5级：几乎都是同性恋，偶然异性恋

（7）6级：完全的同性恋

15. 如果一位同性希望和您建立恋爱关系，您会怎么做？

（1）接受对方　（2）依情况而定，考虑是否交往

（3）委婉拒绝　（4）完全无法接受，从此远离对方

16. 如果您是同性恋者，您会公开同性恋身份吗？

（1）会　（2）不主动公开，但也不刻意隐瞒

（3）不会，除非迫不得已　（4）绝对不会

我们的调查到此结束了，您辛苦了！再次感谢您的支持与合作！

致谢

本研究得以顺利开展、实施，并取得现在的成果，首先，需要感谢我们调研小组的所有成员，包括我们2008级社会学专业的汪晓翔、宋李佳、朱卫禄、巩丽霞、刘恬君、杨笑、孙冉冉、张明明，以及2008级社会保障专业的刘雨星和2008级社会工作专业的魏雯倩，正是所有成员的共同努力，从小组选题、到具体实践的每一个阶段，都是集体智慧的结果。因此，我们首先对自己一年多来的团队合作表示欣慰，也对我们在其中的努力表示鼓励。

其次，我们真挚地感谢刘月老师、赵莉老师、王薇老师在我们的调研过程以及参与此次比赛的过程中对我们的指导和帮助，是你们启发了我们学会如何探寻知识，如何学会做研究，没有你们的悉心指导，就不会有今天的成果出现。因此，我们小组所有成员再次感谢各位老师为我们付出的一切，祝愿你们在生活中一帆风顺。

再次，我们应该感谢学院，尤其是陈树强老师和侯欣老师作为学院领导，对我们全班同学以分组形式来实施和开展社会学研究相关课程表现出了极大的支持和鼓励，这是我们取得本次研究成果的重要保证。在此，我们希望向两位老师表达我们最真诚的谢意和最衷心的祝愿。

最后，我们还要感谢我们的研究生督导徐选国师兄，从他刚开始作为我们

调研小组的督导时，就给了我们很大的鼓舞，希望我们能做的最好。在整个过程中，他以较高的标准来要求我们做得更好，包括这次参赛论文的撰写，以硕士论文的标准和要求对我们确实很难，但同时他又以最耐心的方式鼓励我们要敢于尝试、敢于探索，所以，我们有了今天的成果。在此，我们表示真诚的敬意。

2008 级社会学“对‘90 后’大学生关于同性恋的

认知、态度和行为状况研究”课题组成员

2010 年 9 月 25 日

公共危机事件中政府形象的媒体呈现对大学生的影响研究

——以“西南干旱”报道为例*

作者　许婧　刘轩辰　马云佳

指导老师　刘朝霞

一　研究背景

回顾2010年发生的重大公共危机事件，从西南干旱到玉树地震再到舟曲泥石流灾害，可谓是多灾多害的一年。同时，中国正处于各类矛盾凸显的社会转型期间，如果人祸因素掺杂到天灾中，就会导致危机不断。因此政府如何能解决这些公共危机事件，就被媒体和公众高度的关注着。本研究力图以西南干旱作为个例来研究这个问题，共分两个层面：一是政府在媒介中呈现的形象；二是在该形象影响下大学生对政府的认知。

公共危机事件是指“突然发生的危及群众生活与生存以及社会安全与稳定的重大紧急事件”①。2010年上半年的西南干旱事件就是其中的一起典型事件。它持续时间长、影响范围大、造成的损失严重。据中国扶贫基金会报告披露，

---

* 该作品获第十二届“智慧星火”——中青学子学术支持计划一等奖。

① 郑保卫、邹晶：《论公共危机事件中发的新闻传播及其策略》，《新闻爱好者》2008年1月下半月。

大旱导致西南五省区市除四川之外，2271 万人饮水困难，至少有 218 万人返贫，经济损失达 350 亿元。

如何能处理好这样的重大事件，是对政府执政能力的一个考量标准。而在政府处理事件的过程中，公众获得对其的认知往往来自于媒体。因此，处理好政府形象的媒介呈现对稳定舆论、增强社会自信心有不可替代的帮助作用。不难看出我国政府在面对媒体的时候还是比较生硬，并且对媒体的控制也比较严重。这种方式导致的不良影响日渐凸显，亟待解决。因此探究出一条合理的政府形象的呈现道路，受到社会各界的迫切关注。

而作为大学生本身，我们既来自社会的各个阶层，同时也是受教育较高的一个群体，甚至可以说是未来社会掌握话语权的一个群体。因此探究大学生对媒体呈现的政府形象的反馈，是衡量政府形象构建中的缺陷的重要标准。对于政府如何构建形象，媒体如何报道政府，有着重要的参考价值。

二　文献综述

（一）研究回顾

回顾近几年有关政府形象在公共危机事件中的媒介呈现相关文献研究发现，国内学者的理念主要涵盖以下方面：如何通过正确的领导塑造政府在媒体中的正面形象，政府形象对公众的影响力。比如有文章提出在公共危机事件中要树立责任政府、服务性政府、开放性政府、亲民政府等良好政府形象的建议。但在研究内容上，多将政府形象、媒介、公众三方割裂开对待，没有将三者联系为一个整体研究。以汶川地震为例，研究多是对地震中政府形象如何塑造，政府形象如何通过媒体传播为主，较少涉及这一形象塑造对公众的影响。

而在研究方法上，多采取定性分析，即运用归纳和演绎、分析与综合及抽象与概括等方式，对获得的各种资料进行思维加工，从而能由表及里地认识事物的本质，揭示内在规律。如《公共危机中的政府形象塑造》（卢红屹，广西师范学院管理学院，广西南宁 530001）一文，主要是对以往公共危机事件政府应对措施的经验总结，并在此基础上提出怎样塑造良好政府形象以及塑造该形象的重要意义。

我们发现，这些研究对象大都以政府形象在公共危机中的媒介呈现为主，较少与对公众的影响统一起来分析，并且研究方法大多采取定性研究。我们将以西南干旱这一公共危机为例，把定性分析和定量分析方法相结合，将政府形象、媒介、公众三方关系统一起来，探讨政府形象在公共危机事件中的媒体呈现对特定人群——大学生的影响。

（二）研究文献梳理

1. 拟态环境与刻板印象

在 20 世纪 20 年代，美国著名政论家李普曼就在其所著的《公众舆论》一书中，首次论及了拟态环境（pseudo-environment）和刻板印象（stereotype）。“拟态环境”指的是，在“客观现实”到“主观现实”的转变中，很大程度上通过“象征性现实”（传播媒介经过有选择地加工后提示的，即拟态环境）搭建桥梁，从而使“主观现实”与“客观现实”产生了一定的偏移，成为了一种“拟态”的现实。“刻板成见”指的则是人们对特定的事物所持有的固定化、简单化的观念和印象，它通常伴随着对该事物的价值评价和好恶的感情。

2. 媒介功能理论

1949 年，拉斯韦尔在《传播在社会中的结构与功能》一文中首先提出大众传媒具有的三个功能：（1）环境监视；（2）使社会各个不同部分相关联以适应环境；（3）使社会遗产代代相传。查尔斯·赖特在《大众传播：功能的探讨》一书中在拉斯维尔的理论之外又增加了第四个功能——娱乐。施拉姆于 1982 年出版的《传播学概论》里提出了四种功能：雷达功能、控制功能、教育功能、娱乐功能。直至今日，学界大体倾向于“四功能说”：环境监测、社会协调、教育功能和提供娱乐。

3. 政府危机公关

政府危机公关指的是“政府在危机状态下，为了妥善处理危机事务，采取公共关系的方式方法，在与社会各界交往过程中，开展化解危机、渡过难关、重塑形象的各种公关活动。”①

三 研究方法

本研究同时采用的是内容分析法与问卷调查两种研究方法，内容分析考察的是媒体在“世界图像”到新闻报道的转换过程中是否有体现媒体的四种功能，由于什么样的阻力造成了拟态环境的形成。而问卷调查则考察的是新闻报道的影响是否能塑造理性的民意。本研究力图在此基础上客观、系统、准确地对西南干旱时期政府形象的媒体呈现以及对大学生的影响做描述与分析。

（一）内容分析法

1. 目标媒体选定：本研究选取的样本有《人民日报》、《云南信息报》、《新京报》、《南方都市报》。

《人民日报》是中国共产党中央委员会的机关报，是信息发布最权威、最官方的渠道。尤其是在重大事件发生期间，《人民日报》更是作为中共官方的喉舌，控制着舆论的方向。《云南信息报》作为云南本地的都市报，信息来源广且快，并且具有比较好的严肃性。同时《云南信息报》的读者群呈现一种中高学历、高收入者的比例高于同城共他媒体的状态，所以具有比较大的影响力。《新京报》是首都地区的都市报，而《南方都市报》是广东地区的都市报。但这两份报纸都具有全国性的影响力，并且这两份报纸远离事件发生的中心，在报道上可能更具有客观性和中立性，也涵盖了更广大的读者群。

2. 时间范围的选定：根据西南干旱的持续时间及媒体集中报道的时间，我们选取了从 2010 年 3 月 1 日—2010 年 4 月 30 日的报道进行考察。《人民日报》、《云南信息报》等在 2 月就开始出现了关于西南干旱的报道，但是由于数量少，因此我们选择从 3 月 1 日开始研究。在 4 月下旬开始，由于玉树地震

① 唐钧：《政府公共关系》，北京大学出版社 2009 年版，第 32 页。

的发生，使媒体的注意力几乎全部的转移到玉树地震上去了。我们的研究时间范围也就终止在4月30日。

3. 分析单位的选取：西南干旱事件中有关政府形象呈现的报道内容，包括新闻、文章、图片等。我们对于所抽取的样本，将每一条新闻（或每一篇文章）及配发的新闻图片和图表视为一个分析单位，单独的图片和照片作为一个独立的分析单位。如果报道中只是简单地提及政府，而非以弱势群体为主要报道内容，则不属于收集内容。其中《人民日报》关于政府的报道有104篇，《云南信息报》有146篇，《南方都市报》有59篇，《新京报》有52篇。

4. 研究变量：本研究有5个研究变量，包括报道数量与趋势、报道主题、报道体裁、词频和语义向性。

（1）报道数量与趋势：看有关政府的报道在全部西南干旱报道中的分量，并以五天为一个单位，分析两个月中报道数量的变化。

（2）报道主题：形势评估、政策决策、政策发布、政策执行、政策效果、政策的缺失与不足、各级领导人的作为、政府部门援助行为、军队作为、灾民现状。

（3）报道体裁：主要的新闻报道体裁。包括消息、通讯、评论、深度报道、答记者问、知识性报道、图片图表、读者来信、记者手记、其他。

（4）词频：正面词汇与负面词汇。

（5）语义向性：正面报道、中性报道与负面报道。

（二）问卷调查

1. 调查及问卷设计方法：

2010年9月，我们通过专业问卷网站问卷星，向北京、上海等数十所高校的237名学生发放了问卷，共回收237份（100%），其中有效问卷234份（98.7%），无效问卷3份（1.3%）。其中男生118份（50.4%），女生116份（49.6%）；文科生108份（46.2%），理科生126份（53.8%）。这个样本人群主要分布在大学比较密集的北京、上海、杭州等地区，能够在比较大的程度上展现当代大学生的想法，符合本研究的要求。

2. 研究变量：

（1）媒体类型：所涉及的媒体类型包括报纸、电视、广播与网络。其中包括以下两个方面：一是对不同类型的媒体的关注程度，二是对同一类型但不同性质的媒体的关注程度。

（2）报道主题与体裁：这与内容分析中的变量一样。主题包括形势评估、政策决策、政策发布、政策执行、政策效果、政策的缺失与不足、各级领导人的作为、政府部门援助行为、军队的作为、灾民现状。体裁包括消息、通讯、评论、深度报道、答记者问、知识性报道、图片图表、读者来信、记者手记、其他。

（3）政府形象：包括政府的正面形象与负面形象。

（4）大学生反馈渠道：包括对新闻的评论，自主发表评论和不评论。

（5）词汇影响：本研究在此问题上设计了一个量表，采用4个5分制的问题（1分为非常不同意，2分为不同意，3分为一般，4分为同意，5分为非常同意）力图定量的、客观的、精确的统计。让读者看出词汇对大学生读者的影响是否真如媒体所传播的那样。词汇分为正面词汇与负面词汇，内容取自内容分析。

四　数据统计

（一）报道数量及走势分析

目标媒体《南方都市报》、《云南信息报》、《新京报》、《人民日报》自2010年3月1日—2010年4月30日中有关西南干旱的报道有840篇，其中涉及政府的有361篇，占总数的43.0%。其中《云南信息报》关于政府报道的篇数最多，有146篇；《人民日报》第二，有104篇；《南方都市报》第三，有59篇；《新京报》居末，有52篇。

《人民日报》关于政府报道的比例最高，占全部西南干旱报道篇数的61.9%；其次是《南方都市报》，占59%；然后是《新京报》，占45.2%；最末是《云南信息报》，占31.9%（见表54）。

表 54

	西南干旱的报道篇数	西南干旱中涉及政府的报道篇数
《南方都市报》	100	59（59%）
《云南信息报》	457	146（31.9%）
《新京报》	115	52（45.2%）
《人民日报》	168	104（61.9%）
合计	840	361（43.0%）

从四份报纸的报道走势看，《人民日报》与《云南信息报》的走势较为接近，在这两个月间出现了三个高峰，分别在3月6日—3月11日、3月26日—4月10日、4月15日—4月20日。《南方都市报》与《新京报》的报道走势较为接近，高峰集中爆发在3月26日—4月5日，其他时段的报道篇数几乎为零（见图11）。

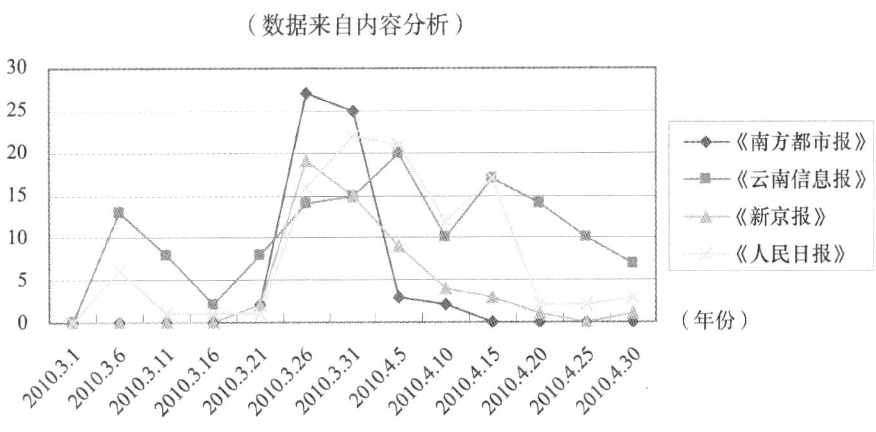

图11　报道走势图

（二）学生关注媒体情况分析

大学生最关注的媒体是网络，有182人（77.8%）关注。其次是电视，107人（45.7%）关注。接下来就是报纸，有70人（29.9%）关注；广播，有9人（3.8%）关注；其他包括手机报等，有6人（2.6%）关注。

（数据来自问卷）

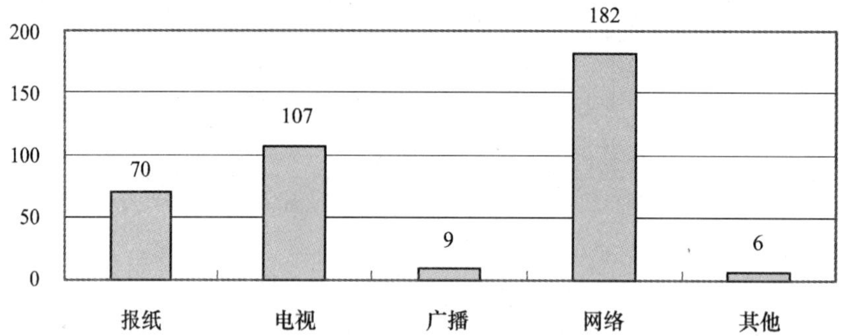

图12　大学生最关注的媒体类型

由表55可以看出，大学生对媒体的关注主要集中在市场化报纸（54.6%）、央视（59.5%）、央广（47.9%）和门户网站（46.2%）上。

表55　大学生对不同媒体的关注程度

报纸	关注度	电视	关注度	广播	关注度	网站	关注度
官方报纸	39.9%	央视	59.5%	央广	47.9%	门户网站	46.2%
市场化报纸	54.6%	凤凰卫视	26.2%	交通广播	19.8%	SNS	24.8%
其他	5.5%	地方台	10.3%	CRI	16.2%	BBS	9.8%
		其他	4.1%	其他	16.2%	新闻网站	19.2%

（三）报道主题分析

在361篇报道中，前三位的报道主题是政策执行（15.5%）、政府部门援助行为（15.0%）和各级领导人的作为（13.3%）。最少的是政策的缺失与不足（4.7%），政策发布（5.0%）和政策效果（5.8%），见表56。

表 56

（数据来自内容分析）

	《南方都市报》	《云南信息报》	《新京报》	《人民日报》	合计
形式评估	13（22.0%）	10（6.8%）	11（21.1%）	14（13.5%）	48（13.2%）
政策决策	11（18.6%）	20（13.7%）	4（7.7%）	6（5.8%）	41（11.4%）
政策发布	2（3.4%）	8（5.5%）	2（3.8%）	6（5.8%）	18（5.0%）
政策执行	8（13.6%）	19（13.0%）	6（11.5%）	23（22.1%）	56（15.5%）
政策效果	2（3.4%）	6（4.1%）	5（9.6%）	8（7.7%）	21（5.8)%
政策的缺失与不足	1（1.7%）	2（1.4%）	9（17.3%）	5（4.8%）	17（4.7%）
各级领导人的作为	6（10.2%）	19（13.0%）	5（9.6%）	18（17.3%）	48（13.3%）
政府部门援助行为	5（8.5%）	32（21.9%）	4（7.7%）	13（12.5%）	54（15.0%）
军队的作为	2（3.4%）	17（11.6%）	4（7.7%）	6（5.8%）	29（8.0%）
灾民现状	9（15.3%）	13（8.9%）	2（3.8%）	5（4.8%）	29（8.0%）
合计	59	146	52	104	361

大学生最希望看到的报道主题前三位是灾民现状（187 人）、形势评估（114 人）和政策的缺失与不足（82 人）。最少的是政策发布（38 人）、政策决策（47 人）和各级领导人的作为（55 人），见图 13。

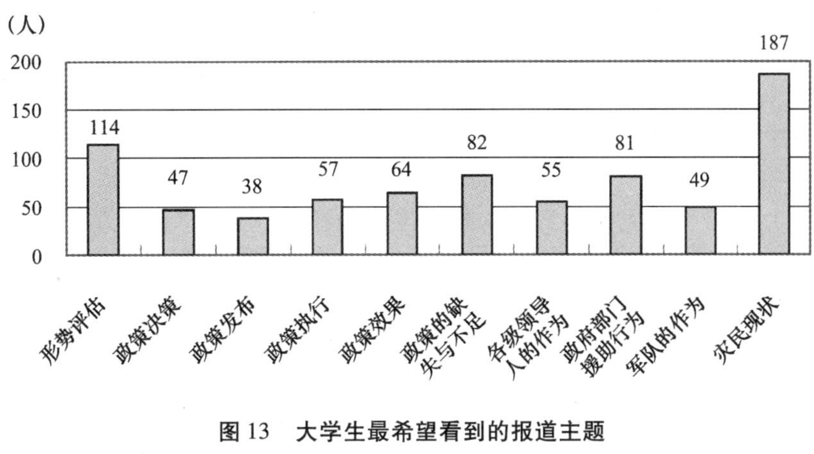

图 13　大学生最希望看到的报道主题

（四）报道体裁分析

在361篇涉及政府的西南干旱的报道中，从多到少依次是：消息类（59.3%）、通讯类（21.3%）、评论类（5%）、答记者问（4.2%）、深度报道（3.9%）、图片图表（3.3%）、知识性报道（2.2%）、记者手记（0.6%）、读者来信（0.3%）。以消息类报道为主（见表57）。

表57

	《南都》	《云南信息报》	《新京报》	《人民日报》	总报道数
消息	37（62.7%）	108（74.0%）	25（48.0%）	44（42.3%）	214（59.3%）
通讯	15（25.4%）	26（17.8%）	5（9.6%）	31（29.8%）	77（21.3%）
评论	1（1.7%）	6（4.1%）	5（9.6%）	6（5.8%）	18（5.0%）
深度报道	2（3.4%）	1（0.7%）	4（7.7%）	7（6.7%）	14（3.9%）
答记者问	4（6.8%）	5（3.4%）	2（3.8%）	4（3.8%）	15（4.2%）
知识性报道	0（0%）	0（0%）	2（3.8%）	6（5.8%）	8（2.2%）
图片图表	0（0%）	1（0.7%）	7（13.5%）	4（3.8%）	12（3.3%）
读者来信	0（0%）	0（0%）	1（1.9%）	0（0%）	1（0.3%）
记者手记	0（0%）	0（0%）	1（1.9%）	1（0.1%）	2（0.6%）
其他	0（0%）	0（0%）	0（0%）	1（0.1%）	1（0.3%）
合计	59	146	52	104	361

大学生最希望看到的前三位的报道体裁是消息（152人）、图片新闻（150人）和深度报道（123人）。最少人数关注的是读者来信（3人）、记者手记（23人）和答记者问（28人），见图14。

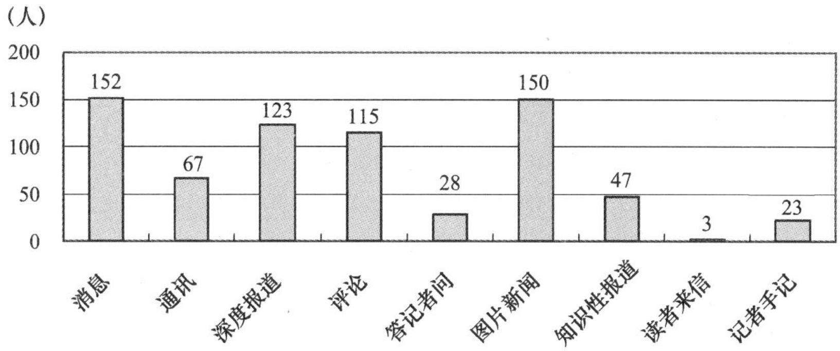

图 14　大学生最希望看到的报道体裁

（五）词频分析

统计发现正面词汇出现的频率远远高于负面词汇出现的频率。正面词汇出现频率最高的是确保、积极、加强等。负面词汇是耗水等。

表 58

	正面词汇	出现次数	负面词汇	出现次数
《南方都市报》	进一步加大	5	空话	1
全面	5	不了了之	1	
积极	7	不重视	3	
确保	7	束手无策	1	
加强	7			
《云南信息报》	确保	35	变卦	1
加强	25			
力争	26			
保证	18			
《人民日报》	积极	25	薄弱	2
先锋	6	软肋	1	
高度重视	11	隐患	1	
全力	13	法律缺位	1	
紧急	19	相去甚远	1	
《新京报》	保证	6	耗水	8
解决	14	人祸	3	
及时	4	生态破坏	5	

Independent Samples Test									
	Levene's Test for Equality of Variances		t-test for Equality of Means						
								95% Confidence Interval of the Difference	
	F	Sig.	t	df	Sig. (2 - tailed)	Mean Difference	Std. Error Difference	Lower	Upper
1. 看出现先锋、高度重视、紧急、全力等词汇的报道，会让您产生对政府形象的正面认知	0. 552	0. 460	-9. 732	92	0. 000	-1. 766	0. 181	-2. 126	-1. 406
2. 看出现确保、加强、保障、积极等词汇的报道，会让您产生对政府形象的正面认知	0. 069	0. 794	-8. 476	92	0. 000	-1. 426	0. 168	-1. 760	-1. 092
3. 看出现薄弱、软弱、隐患、缺位等词汇的报道，会让您产生对政府形象的负面认知	0. 678	0. 413	0. 000	92	1. 000	0. 000	0. 192	-0. 381	0. 381
4. 看出现耗水、盲目、生态破坏、不了了之等词汇的报道，会让您产生对政府形象的负面认知	0. 126	0. 724	0. 663	92	0. 509	0. 128	0. 192	-. 254	0. 510

（六）语义向性分析

由表 59 的数据中可以看出，《南方都市报》、《云南信息报》和《人民日报》的正面报道篇数均超过总报道数的半数，其次中性报道。《新京报》最多的是中性报道，其次是正面报道。四份报纸最少的都是负面报道。

表 59

	正面	负面	中性	合计
《南方都市报》	34（57.6%）	6（10.2%）	19（32.2%）	59
《云南信息报》	123（86%）	1（0.6%）	19（13.4%）	143
《新京报》	18（34.6%）	10（19.2%）	24（46.2%）	52
《人民日报》	63（60.6%）	5（4.8%）	36（34.6%）	104
合计	238（66.5%）	22（6.1%）	98（27.4%）	358

由表 60 的数据来看，大学生对政府正面的印象最深刻的是完成了本职工作（56%）和体察民情，人性化处理（48.75%）。对政府的负面印象最深刻的是预测不足，救灾行动滞后（62.4%）和有作秀成分（45.7%）。

表 60

	人数	比例（%）
正面印象		
完成了本职工作	131	56.0
体察民情，人性化处理	114	48.7
积极应对，措施得当	94	40.2
预测准确，防患未然	21	9.0
负面印象		
心有余而力不足	55	23.5
预测不足，救灾行动滞后	146	62.4
有作秀成分	107	45.7
欲盖弥彰，封闭消息	101	43.2

（七）大学生发布言论的渠道分析

由表 61 的数据可以看出，大学生大都没发表过评论（43.2%），其次是在微博或人人等转帖（39.2%），发博文或日志等（21.4%）。

表 61

选项	人数	百分比（%）
发博文、日志等	50	21.4
微博、人人等转帖	93	39.7
在门户网站等的新闻下评论	41	17.5
给媒体投稿	9	3.8
其他	10	4.3
没有发表过评论	101	43.2

五　数据分析

本研究根据李普曼在《公众舆论》中对于外部世界，媒介以及公众做出了详细的研究。他认为舆论的形成经历了以下几个阻碍：首先是人们在获得外部信息的时候会受到主观、客观环境的障碍。主观障碍是由人本身的偏好、学识、信仰等方面造成的对信息的“选择性”接收。客观障碍是信息本身在传播的时候就已经不完美了。其次是实现民主政治的障碍，公众可能没办法理性的判断自己的利益，容易受到不同文化与情感的支配。最后是媒体受到不同的控制，导致了新闻的事实的歪曲。剔除这些障碍，我们可以看到一条完美的舆论形成链条，即根据这一链条，将其置于本研究中，即得到了下面一个新的链条：简单来说即政府形象从建构——传播——反馈的过程。首先政府在西南干旱事件中的作为，被媒体转化为新闻的形式，即政府形象而加以传播；然后是大学生通过这个形象来产生自己的想法，综合起来即为民意；最后这种民意反馈回政府和媒体，以建立更完备的政策机制。

这无疑是一种理想的机制，然而在现实传播中，在某个环节的沟通中肯定会产生这样那样的阻碍。在本研究的内容分析中，我们探讨的就是在“世界图像”到新闻报道中，媒体是否在恪守精确，还是因为来自政府或大众认知形成的阻碍，从而导致拟态环境的诞生。

（一）报道数量及走势分析

从报道数量上来看：政府的报道篇数都占了总篇数很大的比例，证明政府在公共危机事件中的表现是非常受媒体关注的。其中《人民日报》关于政府报道的比例是最高的，这是由于其党的三大喉舌之一的性质。《南都》和《新京报》的比例也比较高，证明市场化报纸也十分关注在西南干旱中政府的动向。《云南信息报》比例比较低只有31.9%，因为《云南信息报》刊登了许多企业捐款的新闻，这一部分占了很大的比例。但是它的报道篇数是四份报纸中最多的，地方报纸对政府也是十分关注的。

从报道走势上来看：根据美国学者斯蒂文·芬克的周期理论，危机事件的发生过程通常经过潜伏期、爆发期、延续期、痊愈和评估期四个阶段。①

在危机事件潜伏期阶段，早在2月份，《人民日报》、《云南信息报》、《新京报》就已经进入了报道的潜伏期，但是可以看出自3月6日的一个小高峰后，关于政府报道的数量明显递减，到3月16日到了一个低谷，《新京报》和《南都》甚至都没有报道。通过分析发现，那时正值2010年两会召开时期（3月3日—3月14日）。证明政府为了在两会期间安定民心，维护政府形象，对西南干旱的报道，尤其是关于政府的报道实行了控制。

由于潜伏期的延缓，使得报道爆发期的来临比较猛烈。在此期间，各个报纸的报道量都在每天3篇以上，此时的信息发布充分，信息也比较公开，是政府形象形成的集中期。

在事件的延缓期中，报道的数量有所减少。《人民日报》和《云南信息报》减少幅度较缓，这是由于《人民日报》是中央党报对重大事件的关心程度大，而《云南信息报》是事件发生地报纸对本地事物关心，因此日均报道在2篇以上。而《新京报》和《南都》由于地域的远离，在发行上又具有一定的地方性，因此报道数量减少幅度较大。

在事件的评估期，《人民日报》出现了一个报道篇数大幅下降的情况。这是由于2010年4月14日发生了玉树地震，媒体的视线全部都转移到了玉树地

① Steven Fink, Crisis management: Planning for the inevitable. New York: American Management Association.

震中去了。因此关于西南干旱的报道就开始锐减，可以看出在评估期政府和媒体的反思不足，没有能够给公众一个关于西南干旱事件的最终的交代。

（二）大学生关注媒体情况分析

根据图 12 可以看出，大学生最关注的媒体类型是网络（182 人）。首先这是因为网络对于大学生的接近性。电脑是大学生常用的工具，所以在一定程度上来看大学生获取外界信息的主要工具就来自网络。其次在传统媒体上刊登文章可能要经历比较严格的“把关”过程，信息准确但可能会过于呆板。相比之下，网络上的发布就更加随意自由。这使得网络的世界庞杂、信息多样，对活跃的大学生而言非常的有吸引力。加之网络上的新闻往往采自报纸和电视，令它兼有阅读与观看的优势，并且没有时间的限制。又如网络具有双向传播功能，能够在一定程度上令大学生读者发表反馈。施拉姆曾在《传播学概论》中提出“如果不存在反馈，或者迟迟才做出反馈或反馈微弱的话，那么，这种局面就会引起传播者的疑虑和不安，并会使传播对象感到失望，有时在传播对象中产生对立情绪”①。因此新媒体中的反馈机制是非常重要的。这些原因使得网络非常广泛地被大学生使用。

其次大学生关注最多的是电视（107 人），这是因为现代传媒社会已经进入了影像时代，比起单纯的平面文字大家对于视听结合的视频会更加关注。这也与现代社会的浮躁程度增加节奏加快有关。可是由于大学生接触到电视的机会不如网络那样多，所以对于电视的关注程度并不如网络。

从表 55 我们可以看到，对于报纸而言，关注市场化报纸的占 42.7%，关注官方媒体的占 32.1%，市场化报纸因为版面活泼、内容丰富，比官方媒体更能得到大学生的青睐。此外，根据调查得出的数据，占关注电视最高比例的是央视，达 49.6%，占关注广播最高比例的是央广，达 34.2%，这一数据表明在电视和广播领域，官媒具有得天独厚的优势地位。可以看出政府对这两块领域的控制。就网络而言，门户网站的关注度是最高的，有 46.2%。SNS 网站和 BBS 等也受到了比较高的关注。

---

① 威尔伯·施拉姆：《传播学概论》，新华出版社 1984 年版。

（三）报道主题分析

从表54的数据中可以看出，在西南干旱有关政府的报道中媒体最集中报道的主题主要是政策执行、政府部门援助行为和各级领导人的作为；而最少报道的主题是政策的缺失与不足、政策发布和政策效果。从表57的数据中可以看出大学生读者最关注的报道主题是灾民现状、形势评估和政策的缺失与不足；最少关注的是政策发布、政策决策和军队的作为。

从以上数据的比较中可以看出，媒体集中报道的焦点与大学生读者关注的焦点有着比较大的区别。从中我们大致总结出两点：（1）媒体在西南干旱中有关于政府的报道上主要集中于报道政府比较正面的作为，也就是政策执行的过程；而大学生读者在关注西南干旱事件时比较关注于政府比较中性与负面的作为，也就是政策执行的结果。（2）媒体比较关注政府单方面的作为，而大学生读者则比较关注政府与灾民双方面的状况。下面我们将逐一分析：

（1）细看双方的不同我们可以发现，媒体关注的政策执行和各级领导人的作为，而大学生看来是不太关注的。媒体想要展现的是政府解决西南干旱事件所做的努力，而大学生读者似乎并不买单，反而会认为政府有利用媒体作秀的嫌疑（参看本研究表60，有107人选了负面形象中的“有作秀嫌疑”一项）。大学生读者关注的政策的不足与缺失，而媒体则报道的比较少。从媒体社会功能的角度来看，它的环境监测功能就没有充分的发挥。“我们深深地需要一种附属感，要有一种属于我们的文化和我们的社会的感觉，感到在我们的周围环境和生活方式中有一定程度的稳定和亲近。”① 媒介没有能够做到排除危险的环境监测功能，而只是一味地诉说浮于表面的“大好形势”，这不仅不能增强公众处于这个社会的安全感，反而会令小道消息和谣言四起。

但是我们又要从另一个方面看到，现代社会是一个信息和知识爆炸的社会，“这种知识的剧增是否削弱了人类理性分析和判断的能力，从而破坏一个有效的政府赖以生存的基础——公共智慧？现代媒体制造的是即刻的公众情

① 威尔伯·施拉姆：《传播学概论》，新华出版社1984年版。

绪、即刻的公共舆论和即刻的公众压力。”① 也就是说，由于信息的泛滥，出于媒体为了实现读者最大化的利益的考虑，它需要制造出能在第一时间抓人眼球的报道。为了这个目的，媒体要唤起的就不是公众的理性，而是公众的情感。所以正面积极的报道比中性负面的报道，更能在第一时间吸引公众的注意力。

然而我们也应该看到，大学生是受教育程度较高的一个群体，因此其对事件的反思可能更加关注。作为未来社会的中坚力量，媒体需要关注到大学生群体的需求，要做到有感性的同时，增加理性报道的成分。

（2）尽管本研究的主题是研究西南干旱事件中政府形象的媒体呈现，然而大学生读者最为关注的还是灾民的现状（当然是在政府同时出现的情况下），说明大学生渴望看到政府与灾民的互动，而不仅仅是政府的作为。但是媒体在报道此类主题的时候，还是以政府单方面为主题，灾民往往处于次位。

媒体在传播新闻的过程中，往往要选取一个能给读者带来明确信息的符号。因为符号“是这个符号所引起的一套情景、感情、腺和神经的活动”②，是产生情感与共鸣的途径。然而在对同一符号而言，由于个人经历、学识、偏好上的不同，很可能会产生不同的认知。从我们的研究中可以看到，大学生读者更希望看到灾民与政府平等的互动。“政府”这一符号，在普通公众的心目中还是比较高高在上、亲和力不强的。而如果转化为“政府与灾民”这一符号的话，情况则有所不同。这个符号就带有一种互动性，而不再是传统的、单一的政府形象，与政府力图打造的“服务性政府”这一符号，有着很大的共同点。

（四）报道体裁分析

由表 57 和图 14 的对比中可以看出，消息不仅是报道数量最多，同时也是大学生读者最关注的（59.3%，152 人），从这一点而言媒体与大学生读者不谋而合。这是因为消息具有报道的广度，新闻信息量大，涉及的层面比较多。读者在观看新闻的时候最关心的还是到底发生了什么事情。但是由于消息过多

---

① 李希光、赵心树：《媒体的力量》，南方日报出版社 1984 年版，第 2 页。

② 威尔伯·施拉姆：《传播学概论》，新华出版社 1984 年版。

也可以看出媒体报道形式比较集中，又容易使信息流于表面化，缺少变化和深度。

媒体最多报道的第二、三种体裁是通讯（21.3%）和评论（5%），而读者最关注的第二、三种体裁是图片图表（150人）和深度报道（123人），评论也非常受关注（115人）。在这里，媒体和读者的意见就发生了分歧。通讯是我国独有的新闻文体，以树立典型人物和典型事件为目标，这种文体在《人民日报》上尤为突出。这个数据证明在西南干旱的报道中，媒体在树立政府形象，尤其是典型的个人形象时，还是以正面为主。其中以官方报纸更为明显，这是作为党和政府的喉舌的一项重要任务。因此这使得通讯新闻带有一定的宣传和说教意味，导致了新闻性不强，但同时通讯新闻比较有人情味，所以大学生读者的关注度对其属于一般水平（67人）。

由于消息和通讯占了媒体报道体裁的绝大多数，相对来说能够体现深度的深度报道、评论和答记者问所占的比例就小了。但是深度报道却深为大学生读者喜爱，这是由于大学生普遍文化水平比较高，对社会问题比较关注，思考比较深刻。由于深度报道的特点，它“不仅要说明‘是什么’，还要解释‘为什么’”[①]。同时在我们的统计中来看，有关于政府形象的负面报道大多来自于深度报道和评论。作为全国性的报纸，如《人民日报》，显示出了媒体对于政府形象的负面部分还是有所规避，有充当“把关人”的势态，这个把关人可能还包括“公共关系从业人员和希望左右大众传媒内容的其他利益群体的代表”[②]，对事件的责问与反思不足。

同时图片、图表的新闻也较少，纸媒在报道的直观性上还有所欠缺。然而当今社会已经进入了一个读图时代，直观的具有现场感的图片才是读者最需要的。这也是报纸日渐衰微，而公众更愿意去关注电视和广播的原因。但同时我们也认为报纸永不可能在影像这一方面赶上电视和网络，所以报纸也不应该为了销量而放很多哗众取宠的图片，如汶川地震时期《旅游新报》的那组用美女表现地震的照片，就备受社会谴责。因此我们认为及时的信息更替（消息）、

① 杜俊飞：《深度报道原理》，新华出版社2001年版，第178页。

② Pamela J. Shoemaker：《大众传媒把关》，上海交通大学出版社2007年版，第23页。

深刻的反思与剖析（深度报道与评论）以及真实的具有记录性的图片（图片新闻）都是媒体最应该关注的。

在报道体裁的分析中，我们可以看出报纸的传播主要是单向传播。在本研究的另一个统计中，新闻来源以本报记者（72.3%）和新华社通稿（13.3%）为主。相较于唯一的读者反馈——读者来信的比例（0.3%）来看，传统媒体发表意见的主体很少，受权力、传统观念等控制的可能性比较大。“话语表达渠道不畅通造成意见偏差”①，这是传统媒体在报道中会遇到的困境。因此在西南干旱事件中网络的力量会突起，这是新媒体的双向传播功能优势的体现。

（五）词频分析

由表58中可以看出，正面词汇出现的频率远远大于负面词汇。这说明媒体在报道危机事件时，正面引导功能远远大于舆论监督功能。

不仅如此，在对词汇的更进一步的研究中我们发现，媒介在对政府的正面报道中存在着“刻板印象”，从而导致了公众在接受政府信息时存在着“刻板印象”，即制造同意。制造同意的一种有效办法“是在一种强烈的意识形态的语境下和严格禁止不同话语的语境中报道新闻”②。无论官方报纸还是市场化报纸，在正面词汇中出现频率最高的词就是确保、加强和保障等词。同时官方报纸更能体现“刻板印象”这一特点，这是长期意识形态控制下所形成的一套话语权，比如高度重视、全力、积极等词汇。并且通过媒体和教育体制的影响，这些词在我们的生活中随处可见，每个人对它们都有耳熟能详的感觉。

从表58的数据分析中就可以看出，正面词汇对大学生读者的影响不显著，也就是说“先锋、高度重视、紧急、全力”和“确保、加强、保障、积极”等词汇并不能给大学生读者形成一个正面的形象（$t=-9.732$，$p<0.05$，$df=92$；$t=-8.476$，$p<0.05$，$df=92$）。从以上分析看出，媒体试图在“制造同意”，但传播效果却显示大学生与媒体的“刻板印象”并非一致。

---

① 张明、靖鸣：《政府新闻发布与民众知情权、话语权冲突与协调——以松花江污染危机事件为例》，《新闻大学》2006年第1期。

② 同上。

而负面词汇对大学生读者的影响是显著的（$t = 0.000$，$p < 0.05$，$df = 92$；$t = 0.663$，$p < 0.05$，$df = 92$），也就是说负面词汇容易给大学生留下深刻的印象。我们研究得出的结果认为负面形象是具体的，有比较大的差异的。这就会使负面形象会给人以新鲜的、不同于往常的思考，给读者以更大的吸引力。而正面词汇由于太过统一而缺少了新闻价值中的时新性，即使说得再多也不能给公众留下深刻的印象。

我们分析认为“刻板印象”的形成在于社会对政府的期望以及政府为了维护自己的利益从而控制媒体，与此同时媒体也在无形中加强了“自我审查”。久而久之，政府就拥有了一个固定的、不可变更的正面形象。而大学生却对这样“刻板”的正面形象没有很高的接受度。

同时地方报纸的这一情况更为突出，《云南信息报》的负面词汇仅有一个。而正面词汇也是和全国化的报纸大同小异。这就没有能体现它作为地方报纸接近新闻事发地的优势。但是从我国新闻法规的历史上也可以看出，这种现象是有原因的。1994 年 8 月，中共中央办公厅和国务院办公厅发出《关于国内突发事件对外报道工作的通知》规定，突发事件的对外报道一律由中央外宣办公室组织协调，归口管理，新华社统一发稿。① 也就是说，事件发生地的地方媒体，是没有权利在第一时间报道的，这就不利于灾情的控制。② 但是也要看到我国在信息公开上也做了很大的努力，2007 年 1 月国务院发布了《中华人民共和国信息公开条例》规定了各级人民政府及其部门公开的范围，并逐一列举了重点公开的政府信息，公开方式和程序，以及监督和保障的措施、方法。③ 地方媒体的权力也在进一步的扩大，但是长期的控制使媒体形成的“自我审查”制度不是一时之间就能够改变的，还需要更长时间的努力。

（六）语义向性分析

从语义向性统计（见表 59）中可以看出，从总数上来看正面报道的篇幅比例远远大于中性报道和负面报道的篇幅比例。媒体想要传达给公众的还是以

---

① 中共中央宣传部新闻局：《新闻法规政策须知》，学习出版社 1994 年版，第 30—34 页。

② 孙旭培、牛静：《从突发事件报道看政府信息公开》，中华传媒网。

③ 孙旭培：《新闻传播法学》，复旦大学出版社 2008 年版，第 133 页。

政府的正面形象为主。尤其是《云南信息报》，几乎全部都是正面报道。《人民日报》与《南方都市报》次之，但是可以看出其中性报道也有所增加。《新京报》的报道比较平衡，以中性报道居多。

而从表60中可以看出大学生读者对政府的正、负面印象参半，甚至负面印象更有影响力一些（选的人数更多）。大学生对政府印象最深的负面形象则是“预测不足，救灾行动滞后”，说明政府部门前瞻性预测经验欠缺，同时，相关的自然灾害预测机制建构不完善，导致抗旱救灾措施不能在准确的预测情况下展开，使行动滞后。

值得一提的是，问卷中，45.7%的大学生对政府形象存有“作秀成分”的负面印象。据分析原因有以下两点：首先，从所研究报纸的政府形象来看，其正面形象的报道占压倒式趋向，而能引人深思的具有批判性的报道却很少。这样，政府形象被塑造成高大、睿智、亲民、鲜有缺陷的形象，显然给人以不真实的感觉，令人质疑报道中对政府形象的刻意宣传和打造。其二，参考报道主题分析可以看出，各级领导人的作为、政策决策和政府部门援助行为在四份报纸中所占比例都较大，而相对应的政策效果和政策的缺失与不足比例却很低，容易给人以报道流于形式的印象，尤其在报道领导人实地考察和某项政策决策时，大量使用积极、确保、加强等主观色彩浓厚的正面词汇，也给人以宣传的感觉。同时，“欲盖弥彰，封锁消息”（43.2%）这一较高的政府负面印象也说明，政府的信息公开度、透明度尚处于较低的水平，群众得到的信息反馈量较少，应进一步加强政府信息透明机制的构建和监督机制的完善。

不可否认，在公共危机事件面前，无论哪一国的政府都会启动自己的危机公关力图摆脱危机。而从我们的调查数据来看，目前导致我国政府危机公关陷入困境的原因是，正面报道过多而揭露问题的报道太少。一方面这样会让新闻报道的宣传意味变得浓厚，而真正的信息则变少，另一方面“一些政府在危机公关时形成‘严防死守’的习惯，对内红头文件迅速传递，对外‘三缄其口’，只字不提。这样的操作，将导致‘信息管道’中，谣言和小道消息四起”①。

① 唐钧：《政府公共关系》，北京大学出版社2009年版，第222页。

不过现实要与历史对比才能够看出进步。在1959—1961年的三年自然灾害中，《人民日报》的20多条新闻，无一不是正面报道。对于许多灾难，各大报纸均未做出报道，佯装不知。而新闻发展到现在，也能够在一定程度上客观公正的反映新闻事件的面貌，从中性报道占全部篇数的27.4%可以看出。中性报道在一定程度上可以反映新闻报道在格式上符合新闻报道客观原则。

由表60的数据中看，大学生对政府印象最深的正面形象是“完成了本职工作”（56%），说明大学生对政府在西南干旱中抗旱救灾行为属于基本认可。可见，中性报道起了非常大的作用。而“体察民情，人性化处理”（48%）、“积极应对，措施得当”（40.2%）两方面也占据比较大的比例，可以看出，政府亲民形象的塑造较成功，救灾政策的制定与实施更能站在受灾群众的角度上考虑，即以人为本；同时，政府在面对突发性公共危机时，较以往更能理性对待，并能在短期内制定出合理的救灾方案并付诸行动。

媒体“一方面可以在引领公众参与中结合公民精神的东西和价值追求，并能形成较为一致的意见。另一方面，它又要得到政府的支持、理解。一方面，它不能简单地满足于揭丑，另一方面，它又要配合政府对这个社会提出建设性的内容”①。因此我们不能一味地看负面报道多，就说明媒体拥有社会责任感。媒体的社会责任感在于“表达自由既然是一项道德权利，他们就有义务确保将公民的所有重要观点在传媒中表达出来……确保所有值得公众倾听的意见必须让公众倾听”②。因此我们认为媒体最应该提供的和公众最想要知道的还是要客观、中正、平和的报道。

（七）大学生发布言论渠道分析

从表61可以看出，大学生读者的反馈还是比较薄弱的，有101人没有对西南干旱有关政府报道发表过意见。从反馈的情况来看，大学生读者的选择主要是集中在网络反馈上，如微博、人人等转帖（93人）、发博文、日志（50人）、在门户网站等的新闻下评论（41人）。而在传统媒体中的投稿则比较少，

---

① 方延明：《媒体与政府形象的关系研究》，《江海学刊》2004年第5期。

② 美国新闻自由委员会：《一个自由而负责的新闻界》，人民大学出版社2004年版。

只有9人。在这样的对比中我们可以发现新媒体的双向传播上比传统媒体的单向传播上占了优势。

在这里值得关注的是SNS网站和微博，SNS和微博是近年来发展最快的网络传播平台，以人人网和新浪微博为代表，它们与其他媒介不同的是人际传播与大众传播的结合体。现当代的传媒研究已经改变了以“传者为中心”的局限，而新衍生出“使用与满足”理论，也就是说人们在“使用”媒体并且“满足自我”。这使得这种传播具有接近性、群体性和表演欲，它们的确使信息传播的范围更上了一个台阶，也代表了前所未有的民意。“在现代媒体下，受众又对信息回应和交流的渠道，公众不再仅仅是新闻事件和外交谈判的观众，而且还可能是事件解决、政策形成和谈判的参与者。”[①] 因为在这样的网络平台上，名人与平民获得了同样的话语权力，名人高高在上深不可测的形象被解构了甚至平民还可以反过来监督名人。如最近的谢亚龙“下课”事件，就通过BBS和SNS显示了中国网民的力量。

但是同时我们也要注意到，这种传媒方式会造成一些群体性的冲动。如3月24日《南方都市报》发表了名为《广西东兰旱区挑水老人跪求政府修路》的文章，这篇文章通过SNS网站和微博引起了很大的反响，很多人都因此而对政府十分不满。然而修路虽然是很值得关注的社会问题，但是其中老人跪地的照片是摆拍的，并且老人的年龄是作假的（文章中写92岁实际上是72岁），这就加剧了公众对政府的负面印象。这既是传统媒体的失职，也是网络媒体引起的一场“举国愤怒”。这就直接导致公众给出非常负面的反馈。这不仅仅是“在这种民主观念的普及过程中，既包含着人类几千年来想要驯服强权的真诚愿望，也隐含着为此而奋斗的人民落入强权全套的巨大危险”[②]。同时也是媒介环境监测功能的失误，对周遭形势不仅不能给出较为精确的判断，反而损害了政府形象，使公众都处于一种愤怒与绝望的状态。这都是我们值得注意的。

无论是正面还是负面的影响，我们都认为网络媒体的兴起，可以在一定程

---

① 李希光、赵心树：《媒体的力量》，南方日报出版社2002年版，第13页。

② 冯克利：《民主直通独裁的心理机制》，《乌合之众》，中央编译出版社2004年版，第23页。

度上代表中国民意的兴起。在2008年6月胡锦涛在人民日报社发表的讲话"把互联网形容为'思想文化信息的集散地和社会舆论的放大器'。讲话中还有'必须加强主流媒体建设和新兴媒体建设，形成舆论引导新格局'和'把握媒体分众化、对象化的新趋势'等表述，表明网络力量已彻底纳入官方视野"①。无论网络带来的结果是好是坏，总之它已经形成了一种不可忽视和否认的力量。

六　总结与建议

从数据分析中，我们得出政府形象在建构、传播和反馈的过程中有以下的一些特征与问题：

1. 从建构方面看，政府形象比较单一，通常以正面形象示众，所用的正面词汇甚至都形成了一定的模式。同时媒体关注的方面主要以政策执行为主，而对政策的反思则相对不足。可以看出在政府形象构建时期，媒体报道有所偏重，从一定程度上来说，缺乏公正。这个源于政府对传统媒体的控制较强，媒体也因为惯性而形成一种"自我审查"，比如一些重大的新闻常常以新华社通稿的形式呈现。而与此同时，网络上的政府形象则相对比较多面。

2. 从传播方面看，主要有以下三个方面的特点：

（1）在该事件中，大学生读者更关注新媒体上的报道。

（2）媒体传播与读者期望不是十分一致。首先大学生读者更希望看到具有反思意味的深度报道，而媒体提供的更多的是感性的事件性报道。其次媒体希望通过正面符号来制造同意，然而大学生读者却对这些符号不甚敏感，甚至认为政府在"作秀"，"欲盖弥彰"。相反他们对一些中性负面的报道更感兴趣，认为这样的报道更能体现政府在实实在在地做事。

（3）虽然关于政府形象的报道，还是以正面形象为主，但是也可以看出报道中性化的趋势。这种趋势使报道更加客观真实，能提供更多的讯息。

---

① 展江：《审慎而积极地调整国家—媒体关系——胡锦涛在人民日报社考察工作时的讲话解读》，中华传媒网。

3. 从反馈方面看，反馈机制随着新媒体的发展而日渐壮大。在西南干旱事件中，对政府形象的再次建构也起到了一定的作用。然而依据本研究一开始提到的理性传播之路："世界图像"——精确的新闻报道——理性的民意——民主制度，我们发现这样的民意反馈还有很多的缺陷。首先是意见的分散，其次是意见反馈的有效性，最关键的一点就是如果将之上升为一种有力量的话语，能够促进民主制度的发展，还有很长的路要走。

通过对政府形象在建构、传播与反馈过程中出现的特征问题的总结，我们提出了一些建议。

1. 丰富报道的对象、形式与内容，使报道模式朝多元化方向发展。

（1）增加理性的、具有反思与问责性的报道，使政府形象更加全面。

鉴于在公共危机事件中，政府在媒体报道中的正面形象绝对优势的现象，使公众产生"不真实"、"作秀"的状况。媒体在塑造该形象的过程中，就应该多增加具有反思与问责性的报道。报道不应该仅仅停留在感性的层面上，一味地关注政府在过程中的作为，而更应该深入挖掘事件背后的新闻，如政策不足、方法的总结与借鉴等。

为了达到这个目的，首先是增加报道政策的效果与不足的新闻，这样可以为政府随后的工作提出意见，提供帮助。其次是展现更多人的声音，比如增加评论、答记者问和深度报道等形式，给出专家、政府官员、大学学者等不同领域的人的意见，深入探究政府作为的影响，从而使得政府形象更具反思性、真实性。

（2）报道对象由单一的政府，转变为多元的政府与灾民。

为了达到社会共识，在政府形象的构建中，往往只着重于政府的单一报道。然而在现在看来，这种传播方式的传播效果在逐渐减弱。从"政府"转变到"政府与灾民"，不仅能塑造更人性化、更具有亲和力的政府形象，同时也能在灾民福利保障的问题上起到监督政府的作用。

2. 媒体要提供客观、中正、平和的政府形象报道。

报道的不客观即报道失实，造成这一现象产生的原因有很多，如体制性失实，"刻板印象"失实等。要避免报道失实，保障新闻的客观性与真实性，我们认为媒体要加强自身的舆论监督功能，突破媒体"自我审查"的局限，充分发挥环境监测功能。深入其间，获得第一手资料。不仅要传播政府的努力，也要敢于揭露政策弊端，塑造真实的政府形象。

同时报道也要中正、平和，不偏不倚。过度的正面报道只能使媒体沦为宣传的工具，而过度的负面报道会引起社会的不安，真正全面客观反映政府作为的报道目前仍不占报道的大多数。我们认为要做到报道中正、平和，就要尽量避免使用具有明显倾向的，带有煽情煽动意味的词语。增加中性报道的比例，更加充分地提供事实，这样才能呈现一个客观的政府形象。

3. 完善读者反馈机制，为进一步塑造政府形象提供意见。

虽然新媒体的兴起使双向传播有了一个质的发展，但是我们还是可以看到读者反馈的机制是比较薄弱的。在反馈的过程中，读者往往只停留在赞扬或愤慨的层面上，而不能真正地参与到政府形象的构建中去。完善公众发言的渠道，是媒体在发展过程中的必经之路。更好地整合公众的意见，更有利于政府指导公众的需要，对捐款活动的开展等也有促进作用。同时读者反馈也能起到监督政府的作用。

我们认为首先媒体与政府要加强对读者反馈的重视，定期整合读者对热门事件的最高频反馈，关注知名的学者或是草根的博客。其次网站的评论应该进一步地开放，打造有充分新闻自由的言论平台。

评语：本文以“西南干旱”报道为例，阐述了公共危机事件中政府形象的媒体呈现对大学生的影响，这一选题在当今社会矛盾比较集中，自然灾害不时发生，公共危机频发的时代具有一定的理论意义和现实价值。

论文选取了我国比较有代表意义的四家媒体，既有中央级党报，也有省市的都市报，同时在研究方法上重点通过定量的研究方法，用可量化的数据说明了大学生接触媒体的行为习惯，对于公共事件报道的反应，对于政府形象的认知程度，具有一定的客观性和科学性。

同时，作者对于政府形象在建构、传播和反馈的过程中出现的一些特征与问题进行了总结和反思，如从建构方面，政府形象比较单一，通常以正面形象示众，所用的正面词汇甚至都形成了一定的模式。在反馈机制方面，应随着新媒体的发展而日渐壮大。在丰富报道的对象、形式与内容方面，使报道模式朝多元化方向发展。媒体要提供客观、中正、平和的政府形象报道等。另外，媒体与政府要加强对读者反馈的重视，定期整合读者对热门事件的最高频反馈，关注知名的学者或是草根的博客，网站的评论应该进一步地开放，打造有充分新闻自由的言论平台。

当然，本篇论文也有值得改进的地方，如作者并没有对大学生进行深度的访谈和调查，文章的注释和参考文献有不规范的地方。

（中国青年政治学院新闻系副教授　黄楚新）

三校大学生政治参与现状研究及学校对大学生政治参与的影响浅析*

作者　印超　詹胜花　黄瑞卉　张旭

指导老师　吴庆

一　导言

扩大民众的政治参与是民主政治发展的一般特征，也是政治现代化的基本内涵。伴随着城市化、识字率、教育和接触传播媒介水平的提高，民众对政治参与的愿望和期待也会上升。① 中国现在正处于经济转型时期，社会结构急剧变化，民众的政治意识及政治介入的幅度与政治制度的发达程度之间的适应程度将直接影响社会秩序。青年大学生作为未来的社会中坚力量，他们在大学的政治参与不仅影响现有政治系统的运作，而且很大程度上能够反映他们未来的政治参与状况，所以，调查分析大学生政治参与的现状及其影响因素具有重要意义。

国内外学者对"政治参与"概念的界定存在不同见解。《布莱克维尔政治学百科全书》定义政治参与为"参与制定、通过或贯彻公共政策的行动"，②

---

* 该作品获第五届"挑战杯"首都大学生课外学术科技作品竞赛二等奖。

① ［美］塞缪尔·P. 亨廷顿：《变化社会中的政治秩序》，王冠华等译，生活·读书·新知三联书店1988年版，第44页。

② D. 米勒、W·波格丹诺：《布莱克维尔政治学百科全书》，邓正来译主编，中国政法大学出版社2002年版，第608页。

S. 亨廷顿认为政治参与是平民试图影响政府决策的活动，[①] 而 G. A. 阿尔蒙德和 S. 伏巴认为参与的定义也应该包括对参与的态度，[②] 这几种界定的分歧在于以下方面：一是政治参与主体的范围；二是政治参与是否包含参与主体的政治认知和态度等主观方面。国内大部分研究者赞成将政治认知和态度等主观方面纳入政治参与的研究范围。在一个政治制度较为健全的国家，影响公民参与行动的因素主要是内在和主观的，[③] 公民的政治认知、态度等内在因素是政治参与不可分割的一部分，因此笔者界定大学生的政治参与为作为参与主体的大学生对国家的政治和社会状况的了解和认识，以及在此基础上以个体或群体方式试图影响公共政策的制定与实行的行动。政治参与包含两个基本方面：参与意识和参与行动。本研究侧重于调查大学生的参与意识。

国外对政治参与的研究起步较早，在 20 世纪六七十年代就已经有大批学者对此进行了探讨，他们将心理学、功利主义等理论引入对政治参与的研究，取得了很多成果，其中美国的 G. A. 阿尔蒙德和 S. 维伯对美国、英国、西德、意大利和墨西哥五国公民文化做的调查（1962 年）最有借鉴意义。在调查维度的划分上，笔者借用了他们所采用的维度，即将政治参与意识分为认知取向、情感取向和评价取向。[④]

国内对政治参与的研究起步于 20 世纪 90 年代，近年对此的研究较多，大多数是针对特定群体（如农民）的政治参与状况做的抽样调查，但是专门针对在校大学生的政治参与的研究不多，这些研究大都将重点放在对大学生政治参与现状的描述上，认为当代大学生的政治参与在形式上往往借助团委等组织形式，在参与层次上低层次的参与面广、人多而高层次参与的水平较低，在参与目的上较为注重具体、现实的利益追求，[⑤] 存在不同程度的政治

---

① ［美］塞缪尔·P. 亨廷顿、琼·纳尔逊：《难以抉择——发展中国家的政治参与》，汪晓寿、吴志华、项继权译，华夏出版社 1989 年版，第 3 页。

② ［美］诺曼·H. 尼、西德尼·伏巴：《政治参与》，格林斯坦、波尔斯比：《政治学手册精选》，商务印书馆 1996 年版，第 292 页。

③ ［美］R. 达尔：《现代政治分析》，王沪宁、陈峰译，上海译文出版社 1987 年版，第 31 页。

④ ［美］加布里埃尔·A. 阿尔蒙德、西德尼·维伯：《公民文化——五个国家的政治态度和民主制》，徐湘林译，华夏出版社 1989 年版，第 17 页。

⑤ 顾晓英：《当代大学生政治参与现状及对策》，《思想理论教育》2003 年第 6 期，第 8 页。

冷漠现象①，在途径上多借助网络媒体来表达政治观点和态度②。有些研究也涉及对大学生政治参与现状的原因分析，但是都是从整个社会的政治、经济和文化等角度进行归因，未能深入分析大学生的政治参与现状与大学生自身的社会属性（包括性别、专业、生活状况、年龄、生源、政治面貌）③ 及其所在学校（校训、校史、校园软硬件设施、校园人文环境等）之间的相关性，笔者所进行的调查研究能够填补此方面的空白，也能够为今后对政治参与的研究提供新的视角。

二　对象和方法

本次调研的研究对象为北京海淀区在校大二、大三全日制本科生，同时笔者按照大学分类标准：综合类、文理类、文科类、理科类以及专业类，④ 分别选取了理科类大学清华、综合类大学北大和文科类大学中青院三所学校（以下简称清华、北大、中青院）的学生作为调研对象。本次调研样本的容量为100，根据三所学校的人数对比，笔者按比例在清华、北大和中青院三所大学分别发放问卷45份、36份和19份。采用的调查方法为统一发放自填式问卷。

抽样方法，笔者采用的是PPS抽样⑤和简单随机抽样、整群抽样三种抽样方式相结合。即采用PPS抽样方法确定第一阶段的样本——三所大学被作为调查对象的院系以及被抽中的院系需要调查的人数。在第二阶段中，笔者采用简单随机抽样或整群抽样确定具体元素名单。

在具体操作中，笔者根据网络收集到的资料，将清华、北大和中青院三所学校以系别为抽样单位，运用PPS抽样分别在三所学校中抽取了15个、11

① 陈金圣、周爱平：《关于在校大学生政治参与状况的调查分析》，《河北青年管理干部学院学报》2007年第2期，第44页。

② 李斌：《论网络政治参与的发展趋势》，《中共福建省委党校学报》2008年第2期，第7页。

③ ［日］蒲岛郁夫：《政治参与》，解莉莉译，经济日报出版社1989年版，第61页。

④ 广东管理科学研究院：《中国大学评价》课题组，我国学者提出中国大学分类新标准，http：//www. edu. cn/20021113/3072109_ 3. shtml。

⑤ PPS抽样即概率与元素的规模大小成比例的抽样（sampling with probability to size），在PPS抽样中每个抽样单位按照其规模被给予大小不等的抽样概率。

个、7 个系，同时确定了各个系的具体抽样数量。在第二轮抽样中，考虑到具体操作的可行性，笔者在对北大和清华抽样时以寝室为抽样对象，分别抽取了 11 个和 9 个不同系别、不同专业的寝室。在中青院，基于抽样样本较小，采用的是简单随机抽样的方式，在 7 个系中借助随机数表抽取了 19 人。这样，20 个寝室的 81 名北大和清华学生和 19 名中青院学生构成了本次调研的样本。

在调查资料的收集方式上，笔者采用统一收集自填式问卷的方式进行，由笔者的北大和清华的同学统一发放和回收。本次调研发放问卷 100 份，回收问卷 98 份，回收率为 98%，问卷有效率为 98%。从问卷回收情况来看，由于本次调研的对象素质较高，填答问卷十分认真，回收到的问卷质量较高。

本次调研使用的测量工具为自填式问卷。问卷由 2 部分组成包括基本信息和问卷内容。本次问卷在使用前曾进行了 2 次测试。第一次试测主要是针对问卷内容中的政治情感五度量表部分进行了分辨率检验，从实测结果中筛选出较高分辨率的问题组成了问卷内容中用以测量政治参与意识这一部分。在进行第二次试测时，选取了 30 名大学生对整份问卷进行测试，并根据反馈信息对问卷进行了改进和调整。

以下是对本次调研所涉及的变量关系进行简单介绍：本次调研所考察的因变量为三所学校的大学生的政治参与意识（具体包括政治认知、政治情感、政治评价）以及大学生的政治参与行为。自变量受调查者社会属性（包括性别、专业、生活状况、年龄、家庭所在地、政治面貌）以及学校对学生政治参与的影响。本次调研将通过问卷测量相关变量，描述总体状况，进而分析自变量和因变量之间的关系，探讨影响大学生政治参与的内在因素以及学校在大学生政治参与上所发挥的作用。

在问卷中关于政治参与意识部分的调查运用的是李克特五度量表，该部分的答案均为五项程度一样的选项，通过对这些选项赋值，可进行得分加减的量化方法，并可衡量此量化受调查者的政治文化状况。在政治参与行为部分，将通过两组精选的问题——参与活动数量的调查和投票活动测量大学生的政治参与程度（通过数量衡量）以及在面对典型政治参与——投票事件上的行为模式。

在本次调研资料的分析方式上，融合了定量分析和定性分析两种分析方法，运用专业分析软件 SPSS 和 Excel，在描述三校政治参与状况的基础上，对学校以及其他相关变量对大学生的影响进行了较深入的相关分析和因果分析，以期了解影响大学生的政治参与的主要因素以及学校在大学生政治参与中所发挥的作用。

三　大学生政治参与意识分析

政治参与是大学生实现其政治社会化的重要途径，通过政治参与，大学生从中获取政治参与经验并形成独立的政治价值判断。政治参与意识是一种典型的政治心理文化，它作为政治参与的重要组成部分，从内在层面体现了大学生政治参与的水平并深刻影响政治参与行为。“政治文化影响着政治体系中每一个政治角色的行动”①。对政治参与意识的分析将有助于笔者了解大学生的政治态度、政治情感等内在政治价值取向。

在政治参与意识部分，笔者通过六组问题，运用里克特五度量表，测量包括政治认知、政治情感、政治评价在内的三个维度的政治参与意识构成。

（一）大学生政治参与意识的总体状况与影响原因分析

根据本次调研所回收到的98份问卷分析，本次调研对象总体在政治参与意识上呈现出其无论从认知还是情感上都处于一种对政治中立的状况，极端的政治参与意识较少。在本部分6组问题19组小问题中，选择“中立”、“一般”选项的基本上在30%左右（总共5个选项），其中w2.5的第四小题更是达到了50%。具体到三个维度的数据分布情况，笔者发现各个维度主要有以下特点：

1. 政治认知：高认识与理性判断

政治认知是指政治主体对于政治生活中各种人物、事件、活动及其规律等方面的认识、判断和评价，即对各种政治现象的认识和理解。在这一部分，笔者主要考察大学生对国家公共政策的了解程度（w2.11—w2.14）以及对政治事件的认识和理解（w2.4）。

在本部分所调查的对国家公共政策的了解程度中，选择“一般”（了解程

① ［美］加布里埃尔·A. 阿尔蒙德等：《比较政治学》，曹沛霖等译，上海译文出版社1987年版，第29页。

度）和“了解”两个选项的大学生平均达到了 45% 以上，手机漫游缴费价格听证会（微观政策制定）一项上更是达到了 58%。同时，笔者发现大学生对国家公共政策的了解在不同的政策类别上又存在差异。例如大学生普遍表示对利益关系较远的“农村医疗改革政策”等国家农村政策关注不够，但对与自己利益直接相关的“个税起征点调整政策”给予了极大的关注。由此看出大学生在政治信息的选取上存在功利性价值取向。

在进行数据分析时，笔者发现大学生的政治认知状况与年龄以及家庭所在地（长期居住背景）有很大的相关性。

2. 政治认知与年龄

通过 SPSS 专业分析软件中的卡方检验①，笔者发现受调查者对公共政策的了解程度与年龄之间存在正相关。（pearson 卡方值小于 0. 05）尤其在 w2. 11 和 w2. 12、w2. 13 上相关性显著。如图表 62 为 w2. 13 与年龄的交互列联表。

表 62 **Crosstab**

			年龄							Total
			16	17	18	19	20	21	22	
w2. 13	1	Count	0	0	1	2	2	1	0	6
		% within 年龄	0. 0%	0. 0%	14. 3%	20. 0%	5. 40/0	2. 9%	0. 0%	6. 1%
	2	Count	1	0	3	6	15	12	1	38
		% within 年龄	100. 0%	0. 0%	42. 9%	60. 0%	40. 5%	35. 3%	14. 3%	38. 8%
	3	Count	0	1	3	2	11	13	2	32
		% within 年龄	0. 0%	50. 0%	42. 9%	20. 0%	29. 7%	38. 2%	28. 6%	32. 7%
	4	Count	0	0	0	0	9	8	4	21
		% within 年龄	0. 0%	0. 0%	0. 0%	0. 0%	24. 3%	23. 5%	57. 1%	21. 4%
	5	Count	0	1	0	0	0	0	0	1
		% within 年龄	0. 0%	50. 0%	0. 0%	0. 0%	0. 0%	0. 0%	0. 0%	1. 0%
Total		Count	1	2	7	10	37	34	7	98
		% within 年龄	100. 0%	100. 0%	100. 0%	100. 0%	100. 0%	100. 0%	100. 0%	100. 0%

注：分数越高表示越了解。

① 卡方检验是对样本的频数分布所来自的总体分布是否服从某种理论分布或某种假设分布所作的假设检验。

从表中可以看出学生的年龄在一定程度上与其对政策的了解程度正关联性。尽管存在个例（17 岁对该政策了解程度达 5），但从总体上看，随着年龄的增长，大学生对公共政策的“了解”（4 分）和“很了解”（5 分）逐次增加。

国外多位学者曾经就年龄和政治参与的关系进行研究。日本学者蒲岛郁夫也论证过年龄与政治参与的相关性：“年龄同政治参与的程度密切相关……随着年龄的增长，政治参与越来越高。”① 在他看来，这种现象产生的原因是“随着年龄的增长，公民加入了组织、政治关心度提高、政治义务感增强、参与代价感降低、政党支持程度和地区挚爱程度增强的原因”②

综合本次研究，笔者认为产生这种中国大学生年龄与政治参与正相关的原因在于在我国学生进入大学以前，知识面较窄，很多学生缺乏足够的政治关注。由于长期的包办教育使得很多学生在进入大学的初期尚未形成关注政治的意识。伴随年龄的增长，知识的积累增加，同时与社会的接触增多，从而个体在政治中的主体意识增强，并且逐渐形成政治责任感，从而更乐于关注政治。

3. 政治认知与长期居住背景

对政治事件的认识和理解也是政治认知的一个方面。在本次调研中，笔者主要通过考察大学生对某一政治事件（笔者选取了政治争议事件——民众抵制家乐福事件）的看法进行量化和定性分析其对政治事件的认识和理解。

家乐福事件是一次民众自发性抵制活动，是一次激进的民族主义色彩浓厚的活动。长期以来民族主义往往由于过于激进被标识上盲目、狂热、排外、哗众取宠的标签。半年后，在家乐福事件渐渐淡出人们视野时大学生如何理性思考家乐福事件体现了大学生在对政治事件上是否已经形成独立的认识和见解。

从整体上看，大学生在此问上呈现了一种价值多元化趋势：选择“赞同”、“中立”和“不赞同”三项的比重占总人数的比重相当，同时“不赞同”则略高于“赞同”。由此不难看出现代大学生对政治事件的理解更偏向于多元和理性。对于狂热的自动参与已经形成独立的、理性的判断。

同时通过 SPSS 分析软件笔者发现：大学生对政治表达的激进程度与其家

① ［日］蒲岛郁夫：《政治参与》，解莉莉译，经济日报出版社 1989 年版，第 78 页。

② 同上书，第 99 页。

庭所在地（长期居住背景）有关（pearson 卡方值为 0.01）（如表 63 所示）。

表 63 **Crosstab**

			家庭所在地						Total
			农村	乡镇街道	县城街道	中小城市	特大城市	城郊	
w2.4	1	Count	0	0	0	0	3	1	4
		% within 家庭所在地	0.0%	0.0%	0.0%	0.0%	15.8%	14.3%	4.1%
	2	Count	1	2	9	14	8	4	38
		% within 家庭所在地	5.6%	50.0%	47.4%	45.2%	42.1%	57.1%	38.8%
	3	Count	7	0	7	11	6	0	31
		% within 家庭所在地	38.9%	0.0%	36.8%	35.5%	31.6%	0.0%	31.6%
	4	Count	10	1	2	6	2	2	23
		% within 家庭所在地	55.6%	25.0%	10.5%	19.4%	10.5%	28.6%	23.5%
	5	Count	0	1	1	0	0	0	2
		% within 家庭所在地	0.0%	25.0%	5.3%	0.0%	0.0%	0.0%	2.0%
Total		Count	18	4	19	31	19	7	98
		% within 家庭所在地	100.0%	100.0%	100.0%	100.0%	100.0%	100.0%	100.0%

注：1 表示非常不赞同；2 表示不赞同；3 表示中立；4 表示赞同；5 表示很赞同。

如图中显示在针对民众抵制家乐福一事上，所有接受调查的大学中来自农村、乡镇的学生比来自大城市的学生更容易倾向一种激进政治表达，来自城市的学生都往往不赞同或者对此采取一种中立的态度。

对于长期居住背景与个体政治参与的影响的相关性，日本学者蒲岛郁夫也曾做过类似的研究，并得出结果："我国的城市规模和政治参与呈负的相关性……也就是说，大城市的居民比农村居民的政治参与程度低。"[①] 笔者认为在本次调查中形成这种不同于欧美参与状况的原因在于我国来自农村的大学生面临的政治关系较为简单，考虑的利益冲突也相对较少，因此在政治表达上更为直接。

通过以上分析，笔者认为现今大学生尽管存在获取政治信息上的功利性取向，但从总体来看现今大学生政治认知程度较高，政治信息量较大，对国家的公共政策有一定了解，同时对政治事件特别是政治争议事件已经形成相对稳定

① ［日］蒲岛郁夫：《政治参与》，解莉莉译，经济日报出版社 1989 年版，第 80 页。

的、成熟的看法。

1. 政治评价：

①理性评价趋势显著。政治评价指的是关于政治对象的判断和见解。[①] 在这部分，大学生对不同的政府行为表现出了不同的评价，并且在评价上趋于理性化。在本次调查的我国政体、政府应对能力、官员清廉程度、官员守法程度以及政府应对突发事件的处理上，大学生对于以上方面选择正方向的百分比分别为50%、72%、24%、16%、79%。由此可以看出，大学生对于政府的评价已经形成基于事实的客观判断和见解，他们更注重从理性的角度进行价值取舍。

在五项指标中，大学生在政府的清廉度以及政府处理国内外事物的能力和应对突发事件的能力上表现出了两个极端。

在政府清廉度以及官员守法程度上，大学生对于我国政府在这两项上的表现正面评价程度较低。而与大学生的低心理评价相对应的是总部设在德国的全球腐败监督机构“透明国际”公布2008年度清廉指数排行榜，在被涵盖的180个不同国家和地区中，中国排名第72位。[②] 尽管每一届政府高层许诺上任后的第一件事是整顿贪污腐败，加强法制建设，但纵观长期局势，收效甚微，贪污腐败之风屡禁不止。由此可见，我国政府在完善监督机制、加强法制建设、打击贪污腐败上仍然任重道远。

在对政府处理国内外事物的能力以及应对突发事件的能力上，大学生普遍都表示了积极认同。2008年是中国的多事年，温家宝总理在汶川大地震以后也用了一个词来概括今年国家的多灾多难以及政府应对灾难的决心：“多难兴邦”，但灾难最终会不会成为民族发展的阻力关键还是要看政府应对这些灾难的能力。从年初的南方大雪灾到汶川大地震，中国政府给中国人民交上了一份还算满意的答卷，也获得了我国新一代知识分子（大学生）的高评价。

同时运用分析软件，笔者发现大学生的政治面貌与其对政府的评价存在相关性（如表64所示）。

---

① ［美］加布里埃尔·A. 阿尔蒙德、西德尼·维伯：《公民文化——五个国家的政治态度和民主制》，徐湘林译，华夏出版社1989年版，第17页。

② 中新网9月25日：全球腐败监督机构“透明国际”24日公布2008年清廉指数排行榜，中国在排行榜上得分有所上升，获得赞誉。

表 64　　**Crosstab**

			政治面貌			Total
			党员	预备党员	团员	
对政府的评价	8	Count	0	0	1	1
		% within 政治面貌	0.0%	0.0%	1.5%	1.0%
	11	Count	0	0	1	1
		% within 政治面貌	0.0%	0.0%	1.5%	1.0%
	13	Count	0	1	2	3
		% within 政治面貌	0.0%	5.6%	3.0%	3.1%
	14	Count	2	0	5	7
		% within 政治面貌	16.7%	0.0%	7.6%	7.3%
	15	Count	1	2	10	13
		% within 政治面貌	8.3%	11.1%	15.2%	13.5%
对政府的评价	16	Count	1	3	19	23
		% within 政治面貌	8.3%	16.7%	28.8%	24.0%
	17	Count	1	1	6	8
		% within 政治面貌	8.3%	5.6%	9.1%	8.3%
	18	Count	2	1	10	13
		% within 政治面貌	16.7%	5.6%	15.2%	13.5%
	19	Count	0	2	9	11
		% within 政治面貌	0.0%	11.1%	13.6%	11.5%
	20	Count	1	2	1	4
		% within 政治面貌	8.3%	11.1%	1.5%	4.2%
	21	Count	3	4	0	7
		% within 政治面貌	25.0%	22.2%	0.0%	7.3%
	22	Count	0	2	1	3
		% within 政治面貌	0.0%	11.1%	1.5%	3.1%
	24	Count	0	0	1	1
		% within 政治面貌	0.0%	0.0%	1.5%	1.0%
	25	Count	1	0	0	1
		% within 政治面貌	8.3%	0.0%	0.0%	1.0%
Total		Count	12	18	66	96
		% within 政治面貌	100.0%	100.0%	100.0%	100.0%

注：得分越高评价越高。

②政治评价与政治面貌。由图中可以看出：党员和预备党员对政府的评价普遍高于团员。中国共产党是执政党，党员作为执政党的一员，在对政府的判断和见解上必然有着一定的认同取向。但是，在政治情感分析上笔者并没有发现党员或者预备党员比团员体现出更为强烈的内在的喜欢与亲近感。同时在对待政府官员是否清廉以及守法的问题上，更多的党员和预备党员和团员一样，选择了中立（如表65）。

表65　　**w2. 54 * 政治面貌 Crosstabulation**

			政治面貌			Total
			党员	预备党员	团员	
w2. 54	1	Count	0	1	4	5
		% within 政治面貌	0. 0%	5. 6%	6. 1%	5. 2%
	2	Count	3	5	19	27
		% within 政治面貌	25. 0%	27. 8%	28. 8%	28. 1%
	3	Count	6	9	34	49
		% within 政治面貌	50. 0%	50. 0%	51. 5%	51. 0%
	4	Count	2	3	8	13
		% within 政治面貌	16. 7%	16. 7%	12. 1%	13. 5%
	5	Count	1	0	1	2
		% within 政治面貌	8. 3%	0. 0%	1. 5%	2. 1%
Total		Count	12	18	66	96
		% within 政治面貌	100. 0%	100. 0%	100. 0%	100. 0%

由表65和表66的分析，笔者认为我国大学生中的党员尽管在一定程度上和执政党的价值取向接近，但在政治情感的认可度上并未表现出特别的情感认同感。由调研结论中可以集中反映现今的大学生党员的价值评判更趋于理性化。

2. 政治情感：

①在政治心理上的好感与疏远感并存。政治情感是政治心理构成要素之一，是指政治主体在政治生活中对政治体系、政治活动、政治事件和政治人物等方面所产生的内心体验和感受，是伴随人的政治认知过程所形成的对各种政

治客体的好恶感、爱憎感、美丑感、亲疏感等心理反应的统称。

在这部分，笔者通过考察大学生对政治客体的心理距离感（w2.6）以及政府（w2.51 和 w2.56）的情感偏好，衡量大学生对政治系统的情感。结合研究中受调查者对政府的评价，最终笔者得出初步结论：大学生对政府总体上普遍存在好感，但对于利益关系比较疏远的政治组织（如人民代表大会）仍然存在心理距离上的疏远感。

在调查中笔者发现许多大学生都认为政府会帮助有困难的人民（80%），以及政府决策是人民福祉的反映（50%）。综合受调查者对政府的评价，笔者认为从总体上看大学生对政府行为心理认可度较高，认为政府行为始终与大众利益趋同。从这一点出发，笔者认为本次研究对象对于政府这个政治客体从心理体验这一角度上偏向好感。

同时在这一部分，笔者为了考察政治系统与受调查者的利益远近对受调查者的政治情感所产生的影响，问卷中特别加入了一组问题调查受调查者对人民代表大会选举、学生会选举以及班级选举的意愿参与程度（w2.6）。

回收数据显示：三校大学生在政治参与意愿上都普遍受到了利益远近的影响。大部分大学生均选择愿意参加班委这样的身边的政治参与，但像人大代表选举这样不会与个人产生直接利益冲突的选项上，更多的学生都保持了中立态度，这一点在清华学生身上尤为显著（愿意参加占被调查总数的35%）。近年来越来越多的学者研究表明我国青年一代的政治参与趋向一种功利化，在前面的研究中，笔者也已经提到类似的结论。

②政治情感与性别。在对这一部分进行分析时，笔者发现对政府的情感上，男女性别不同所引起的差异显著（见表66）。

表 66　　**w2.54 * 政治面貌 Crosstabulation**

			性别		Total
			男	女	
对政府情感	1	Count	0	3	3
		% within 性别	0.0%	5.5%	3.1%

续表

			性别		Total
			男	女	
对政府情感	2	Count	0	2	2
		% within 性别	0.0%	3.6%	2.0%
	3	Count	8	16	24
		% within 性别	18.6%	29.1%	24.5%
	4	Count	10	9	19
		% within 性别	23.3%	16.4%	19.4%
	5	Count	16	19	35
		% within 性别	37.2%	34.5%	35.7%
	6	Count	9	5	14
		% within 性别	20.9%	9.1%	14.3%
	7	Count	0	1	1
		% within 性别	0.0%	1.8%	1.0%
Total		Count	43	55	98
		% within 性别	100.0%	100.0%	100.0%

注：得分越高评价越高。

正如表66中显示，在对政府的情感上，男生表现出了更强的心理偏好。不仅仅在这一部分，通过研究笔者发现女性在政治认知以及政治评价上也比男性表现出更多的冷漠和保守倾向，男性总体来说在对政治显得更有热情。这种性别差异不仅仅是在中国，在文化相对开放的美国、英国也是如此。

早在20世纪60年代，美国学者加布里埃尔·A. 阿尔蒙德所做的关于公民文化的调研中对妇女和政治取向进行了研究，研究所得数据也表明女性在政治意识和信息以及责任感等方面均表现得比男生要冷漠。尽管很多女性在政治和社交上表现活跃并乐于参加其中活动，但相对于男性来说仍然略显保守，参与程度上仍然存在差距。罗伯特·E. 莱恩以及莫里斯·杜维吉也做过专项研究或相关研究。莱恩指出："那种强调妇女信守道德依赖他人和政治上能力不强的文化，削弱了他们的党派观念和对政治效能的意识，并为她们规定了某种比较消极的政治角色。”（1959）在此问题上，阿尔蒙德曾经预言：“日益增加和扩大的教育机会的分配，最终将削弱传统妇女的地位。”① 笔者认为在性别差异上，既要看到长久以来的文化根基原因也要明白妇女解放不仅仅是使妇女获得更多的选举权利或者有更多的机会进入政治体系，成为政府中的一员，更重要的是改变妇女在心理上的政治冷漠，使其形成政治上的主体意识。

③政治情感与专业差别。在对政府情感上，影响大学生情感取向的除了有性别外还有专业差别。

表 67 **Crosstab**

			专业		Total
			文史类	理工类	
对政府情感	1	Count	2	1	3
		% within 专业	4.0%	2.1%	3.1%
	2	Count	1	1	2
		% within 专业	2.0%	2.1%	2.0%
	3	Count	19	5	24
		% within 专业	38.0%	10.4%	24.5%
	4	Count	10	9	19
		% within 专业	20.0%	18.8%	19.4%
	5	Count	12	23	35
		% within 专业	24.0%	47.9%	35.7%
	6	Count	5	9	14
		% within 专业	10.0%	18.8%	14.3%
	7	Count	1	0	1
		% within 专业	2.0%	0.0%	1.0%
Total		Count	50	48	98
		% within 专业	100.0%	100.0%	100.0%

① ［美］加布里埃尔·A. 阿尔蒙德、西德尼·维伯：《公民文化——五个国家的政治态度和民主制》，徐湘林译，华夏出版社 1989 年版，第 17 页。

表 68 **Chi – Square Tests**

	Value	df	Asymp. Sig. (2 – sided)
Pearson Chi – Square	14.118[a]	6	0.028
Likelihood Ratio	15.121	6	0.019
Linear – by – Linear Association	7.428	1	0.006
Nof Valid Cases	98		

注：a. 6 CELLS（42.9%） have expected count less than 5. The minimum expected countis. 49.

分数越高表明程度越深。

表 68 中的数值得分越高表明其对政府情感取向更乐观，卡方检验分析（见表 67）则表明文理专业与大学生个体对政府情感取向有极大的关联性。正如表 67 显示，理科生在情感取向上更倾向于积极，对政府的好感更强。在学校影响部分，笔者也将探讨人才培养类型对其政治参与的影响，即探讨注重实用型人才培养的理科专业与注重研究型人才培养产生差距的原因。

④低政治效能感。政治效能感是公民对自己政治参与行为影响力的主观评价。在这一部分，笔者通过考察大学生对自己能否影响政策决定、个体态度和看法是否被重视、合理改革建议是否会被政府三个方面的主观评价考察大学生的政治效能感的高低。

值得注意的是：大学生对于自己能够影响政府政治输入的评价普遍不高，基本上低于 20% 。

长期以来的研究证实：政治效能感和公民的政治参与行为呈现正相关关联。高的政治效能感会强化个体的政治参与行动。政治效能感和政治参与行为之间的关系还将在第四部分中结合具体调研数据分析。

总体来说，在政治参与意识上，大学生的政治参与呈现了一种高认知、高情感、多样评价价值取向以及较低的政治效能感。具体总结主要包括以下几点：

①当代大学生已经形成高度认识水平与理性判断，并在年龄和长期居住背景两个变量的影响下，显示出差异性。

②在政治情感方面，大学生普遍存在政治心理上的好感同时与疏远感并

存。男生和理科专业的学生表现出了更为强烈的情感。

③涉及政治评价方面，大学生理性评价趋向显著；党员在政治评价上显得更为认可政府行为。

④政治效能感普遍偏低。

以总体分析的分析单位为个体，在对这一部分研究时，作为个体的研究对象往往是忽略学校因素的。笔者发现尽管一些维度与受调查者本身的基本信息存在相关性，但当以学校作为分析单位时，被调查的主体也会相应地呈现因各个学校的各种条件不同而产生的差异。

（二）三校大学生政治参与意识对比

大学生政治参与在很大程度上受学校范围的制约，不同学校的不同条件和环境对大学生的政治参与意识的形成和稳定起到了重要作用。因此以学校为单位的三校的政治参与状况也呈现出一些共性以及差异：

第一，理科类大学清华大学与人文背景浓厚的综合类大学北京大学、文科类大学中国青年政治学院在政治认知上差异较为显著。清华生在选择“不了解”、“很不了解”上均占45%以上，在农村医疗保障一项上，甚至达到67.4%。而在中国青年政治学院和北京大学更多学生选择将一些公共政策作为一种常识性的知识了解（选择“一般”和“了解”的占了60%以上）。

对政治事件的理解上，三所学校对政治争议事件（民众抵抗家乐福事件）也呈现出两种趋势：中青院学生和北大学生表现出了一种多元的价值取向，选择“赞同”、“中立”以及“不赞同”的选择比例均等，各占了30%左右；而清华学生则更倾向于“不赞同”与“中立”（两项总计达79.1%，不赞成为51.2%，中立为27.9%）。

第二，三所学校学生的政治评价和总体的政治评价一样，对不同的政治和政府行为给出了不同的评价的价值判断，但与此同时，三校学生在各项指标上又有着不同的趋势。

北京大学学生在对我国的政体评价（“人民代表大会制度能促进民主”）上认同感最高，选择“完全同意”和“基本同意”的占到总数的55.5%。同时，北京大学的学生在政府的对内和对外的处理问题的能力上也是高度评价

（w2.52），普遍“非常同意”和“同意”政府有能力解决在国内外遭遇的困难，这一百分比高达91.8%。

清华大学的学生则在政府守法程度上认同度相对较高，认为“政府官员守法程度高”的达到了23.2%相对，高于北京大学的11.1%和清华大学的10.5%。并且通过SPSS分析，卡方检验显示这一现象和笔者所测量的基本数据男女性别间有一定关系。

男生对政府的正评价（4和5选项）度达到了43.8%，而且男生在表达正评价程度上差异较大，从“很不同意（政府官员守法程度很高）”到“很同意”5个不同程度的选项均有选择。而相对的，女生的选择基本上集中在“中立”一项上。

在这一部分，三校大学生比较统一的观点是政府官员清廉度的低评价和对政府在应对紧急事件（突发的天灾人祸等）的处理上较为迅速和有效率。

第三，从总体上看，在政治情感方面北京大学学生和清华大学学生对政府情感上认同感偏高。许多北京大学和清华大学的学生均认为政府与人民利益相关、人大代表与自己利益切身相关等。在对政府这个政治客体上，两所学校的学生都有着较高程度的心理认同，中国青年政治学院在此项上相对较低。

在以上部分，笔者主要对整体的政治参与意识状况以及以学校为分析单位的三所学校的政治参与意识上的差距进行了状况描述。笔者发现，尽管三校的政治参与意识上的差距中单个学校的数据会与性别差异、年龄、家庭所在地等基本信息存在相关性，但以学校作为分析单位整体分析时，学校对大学生的政治参与意识的影响显著。

四　政治参与行为状况描述

美国学者亨廷顿定义政治参与为平民试图影响政府决策的活动，[①] 外在、实质层面的政治参与行为更有可能真正影响到政治系统的运行，因而在政治参

① ［美］塞缪尔·P. 亨廷顿、琼·纳尔逊：《难以抉择——发展中国家的政治参与》，王晓寿、吴志华、项继权译，华夏出版社1989年版，第3页。

与中意义重大，但是因为设计本调查主要侧重于研究大学生的政治参与意识，所以在问卷中对这部分问题的设置相对简单。

在本部分，笔者主要从对受调查者参与政治活动的数量以及政治参与行为的质量（考察典型政治参与活动——投票活动的相关情况）两个方面简单描述三校大学生政治参与的总体情况，进而分析大学生在政治参与上表现出的主要特点。

从总体上说，大学生的政治参与行为呈现以下状况：

1. 较为乐观的数量水平与参与层次参差不齐现象并存

在本部分笔者参照欧盟 2005 年 11 月的调研 "Political Participation of Young People in Europe - Development of Indicators for Comparative Research in the European Union（EUYOUPART）"，从其问卷中关于调查政治参与行为数量的问题，[①] 结合我国大学教育的实际情况各抽取了 9 项典型政治参与活动（w3. 11）。

在对这些活动分析时，笔者发现大学生参与政治的情况从总体上看较为乐观，参加了 3—6 项活动的占总数的 56%，一项也不参加的为 3%，参加了本次所列举出来的全部 9 项活动的学生为 0。

同时根据 9 项活动在参与时所要付出的精力，将其分为两类，即低层次的政治参与高层次政治参与。通过对不同层次的政治参与行为的量化和统计，发现低层次参与较多，但高层次的参与仍然有待提高。统计的数据显示：65% 的调查者参加了半数以上的低层次参与，但仅 15% 的受调查者表示曾经参与问卷中的高层次政治参与。

2. 盲目投票动机影响政治参与行为质量

在本部分，笔者精选了一组关于投票行为的问题，试图从是否曾参与投票、投票态度、投票动机以及投票心理等方面衡量投票质量，进而分析大学生的政治参与行为。

回收数据显示，在所调查的大学生中参加了人大代表投票的为 60. 8%。在

① 原问题为 There are different ways of being politically active. Have you ever done any of the following activities?

政治参与意识部分作的调查（w2.6）显示，有45%的受调查者表示愿意或者非常愿意参加人大代表选举，但有近40%的大学生选择了中立观望的态度。以此相对的是，在学生会选举中，选择愿意或者非常愿意的为47%；而在班委会选举中，选择愿意或者非常愿意的为55%，而且受没有调查大学生选择“非常不愿意参加”。

同时，在投票态度上，大部分受调查者表示在投票前希望通过间接方式了解候选人（50.8%），但在实际投票动机上近半数的受调查者表示在投票时他们没有特别的目标，仅仅是随大流，这无疑会大大影响投票这一主要政治参与行为的质量。

综合调查收集到的数据分析可以得出当今大学生在政治参与上存在的几个显著特点，具体分析如下：

1. 政治参与层次不一

调查数据显示，大学生接触活动中选举班、干部和其他学生团体的干部比参加人大代表选举更积极、踊跃，而发表政治评论的比例则很低，只有6人，只占受调查总人数的6.1%，而且学生党员和入党积极分子以及社团活动组织者的政治参与热情相对比普通大学生高。多数大学生的政治参与呈现为多层次和高低层次上的不均衡。低层次的政治参与面广、人多，而较高层次的政治参与水平相对较低，大学生参加社团、成为班委会和学生会成员的比例比较高。

这种现象的出现与当代大学生的政治参与更加务实有很大关系。在范围相对较小的社团、班级以及学生会中，大学生的意见更容易表达，而且被其所处的群体（社团等）理解和接受的概率更大，所以与参与政府公共政策制定相比，大学生会更倾向于参加此类社区活动。

2. 注重参与方式上的适度性

在调查到的数据中参加过学校里抗议活动的只有2人，只占到总人数的2%，表示愿意“写激进的政治内容的信件或文章”的有6人，仅占总人数的6.2%，愿意“参加可能有危险的政治活动”的有2人，占总人数的2.1%，愿意“参加可能会与政府发生暴力冲突的政治活动”只有4人，占总人数的4.1%。

可见，绝大部分受调查大学生不愿意卷入一些法定参与途径之外的活动，注意到利益或要求表达的适度性，整体趋于理智化。

3. 在选取人大代表上理性程度不高

表 69 **您认为大学生投票的动机是**

		Frequency	Percent	Valid Percent	Cumulative Percent
Valid	珍惜选举权	14	14. 0	24. 6	24. 6
	随大流	24	24. 0	42. 16	67
	关心政治，参与政治	77. 0	12. 37	8. 9	
	积极履行公民义务	12	12. 0	21. 1	100. 0
	Total	57	57. 0	100. 0	
Missing	System	43	43. 0		
Total		100	100. 0		

表 70 **投票时怎样选代表**

		Frequency	Percent	Valid Percent	Cumulative Percent
Valid	凭感觉，随便填一个	10	10． 0	16． 9	16． 9
	选自己认识和熟悉的	26	26． 0	44． 1	61． 0
	按组织和领导要求选	11	11． 0	18． 6	79． 7
	从众，和别人选的一样	3	3． 0	5． 1	84． 7
	选代表自己利益的	9	9． 0	15． 3	100． 0
	Total	59	59． 0	100． 0	
Missing	System	41	41． 0		
Total		100	100． 0		

如表 69 所示，在人民代表选举中投过票的受调查大学生认为自己的大学同学的投票动机是“随大流”的占到了 42. 16%，由此可以看出相当大一部分受调查大学生对自己所在的大学生群体的投票动机并不持乐观态度，他们认为

这个群体的投票动机不够科学、理性。由表70可知表示自己在投票时“凭感觉，随便填一个”，或是“选自己认识或熟悉的”，或是“从众，和别人选的一样”，或是“按组织和领导要求选”，这些共占参加过人大代表选举投票总人数的84.7%，由此可以得出结论：绝大多数受调查大学生在选举人大代表上不够理性。

特别值得关注的是“选自己认识的或是熟悉的”候选人的占到了参加人大代表选举投票的受调查大学生的44.1%，这表明传统的“熟人社会”（费孝通，1948）法则在受调查的大学生中依旧发挥了相当大的作用。虽然很多学者预言随着我国经济市场化程度的推进，社会空间会越来越大，熟人社会将会转变成陌生人社会，但是就本调查来看，作为文化层次较高的大学生受“熟人社会”影响仍然较大这一事实可以看出这一转变的过程十分缓慢，这将导致大学生（甚至还包括其他选民）在选举人大代表时将关注点放在候选人而不是更为重要的参选方案上，此现象的存在无疑降低了人大代表选举的质量。

4. 低政治效能感直接影响部分大学生的政治参与行动

从调查到的数据中能够看出，在受调查大学生中有选举权却没有在人大代表选举中投票的人中有32%选择“上面都定好了，选也白选”，或是“我的一票不起什么作用”，或是“选了对我没有好处”这三个反映政治效能感低的选项，由此可以得出结论，低政治效能感影响了部分大学生的政治参与行为。

这种现象的出现，既与我国政府决策民主化程度还有待提高、选举制度还不完善有关，也同大学生在政治上的理想化色彩使得他们对政治参与期望值过高但现实情况存在较多不足所造成的心理落差有关。

综合来看，三校大学生在政治参与行为上注重参与方式的多样性与多层次以及适度性，但也存在理性程度不高、低政治效能感等不足。

五　学校对大学生政治参与的影响

学校作为大学生的主要活动场所，从有形上和无形上限制了大学生的政治参与，进而也对大学生的政治参与产生了深刻的影响。通过前面两个政治参与维度——政治参与意识和政治参与行为的调查结果分析，已经可以得出学校的差异的确会使大学生在政治参与上表现出差异。

大学有其独特的组织形式，它以培养高素质人才为宗旨，其组织文化在各个方面影响着大学生的成长和成才。大学组织文化，就是指在大学这个特殊的组织里，以大学师生员工为主体，以办学实践为客体，通过组织内部的教育、教学、科研、生产、生活等实践活动所创造出来的文化总和，它可以相对区分为三个基本内容结构：物质文化、制度文化与精神文化。[①] 此次调查中，笔者从大学组织文化的角度出发，分校训、校史、校园软硬件设施、校园人文环境等几个维度就学校对大学生政治参与的影响进行研究。

（一）学校类型的影响对大学生政治参与的影响

正如前文所述，按照大学分类标准：综合类、文理类、文科类、理科类以及专业类笔者选取三个不同类型的学校进行调查研究。由于中国青年政治学院自身的专业特点成为文史类学校的代表，清华大学和北京大学则分别是理工类和综合类的代表。主要考虑的是学校的专业体系构成结构，援引这样的分类有助于从学校专业构成结构的角度更加深刻地把握学校对学生政治认知的影响。

就此次调查结果而言，有近半数的同学（46%）认为学校类型（文史、理工、综合）会影响政治认知，三个学校分别是中国青年政治学院 11 人次占 57.9%、北大 19 人次占 52.8% 和清华 16 人次占 35.6%，比例都很高。同时，赞同的和非常赞同的人数合计占了整个被调查人数的 58%，通过该数据可知学校类型在学生政治认知中起到了很大的作用。

大学生是具有较高知识文化的特殊社会群体，而大学生的政治认知水平以及形成的参与能力受到很多因素的影响。本文所说的学校类型就是诸多因素之一，学校类型从专业上对学生们的知识结构、认识问题的角度，思维问题的方式等起到了潜移默化的作用。在报考大学的时候同学们会考虑学校的类型，主要原因也是因为考虑到了学校类型对一个人的成长所起到的不可忽视的作用，因而在这个问题上出现较高的赞同比例。

---

① 彭兰、张泽麟：《大学组织文化建设之思考》，《现代大学教育》2004 年第 3 期。

（二）学校人文环境对政治价值取向的影响

总体而言，三个学校的学生都认为学校人文环境对政治价值取向具有相当大的影响，中国青年政治学院、北京大学和清华大学三所学校在这个问题上的赞同比分别是57.9%、52.8%和44.4%。上文所说的校训亦是人文环境表现之一。在这里，从整体上来看同学们对学校人文环境的看法。而调查的结果证明学校的人文环境对同学们的政治价值取向起到了举足轻重的作用。

人文环境在《公共关系辞典》中的解释是，人类社会的文化环境。可分为有形和无形两个方面，前者指含有特定的思想内容、价值观念的社会物质产品，如纪念碑、园林、广场、博物馆、名胜古迹等，具有强烈的符号象征意义；后者是社会精神形态，如政治思想、宗教信仰、道德伦理、价值观念、风俗时尚等，表现在人们的行为模式和公共秩序之中。对人们的行为起着耳濡目染、潜移默化、广泛深远的作用，是体现社会文明程度、渲染社会气氛的重要标志。

大学教育是在一定的物质环境和人文环境中进行的。大学人文环境是高等学校的精神文化生活及氛围，它包括学校精神、制度、文化景观、文化活动、教风学风和师生员工的价值体系、道德观念等。校训作为无形的文字符号，是大学人文环境的重要体现，其对大学生的内化影响不言而喻。以下我们将以校训为例来重点分析一下校训对政治认知起正面作用。

《教育管理词典》对校训有两条解释：一是“体现一校精神风貌的训词。一般言简意赅”；一是“根据办学目标和学校的特点，选取名人名言、格言或警句，制成匾额，悬挂在显而易见的地方，作为学校的座右铭。目的是使全体师生员工能随时遵照实行。”

本次研究对象——中国青年政治学院、北京大学和清华大学三个学校的校训分别是：实事求是、朝气蓬勃；思想自由、兼容并包；自强不息、厚德载物。

通过本次调研，笔者发现校训对大学生的政治认知起到了正面的作用，持赞同观点的人数接近总人数的一半，占到了48%，非常赞同的占6%，而不赞同的和非常不赞同的加起来只有6.1%。

值得一提的是，中国青年政治学院的同学对校训对政治认知有正面影响的观点表示赞成的占到了47.4%，北京大学赞同的占51.1%和非常赞同的占4.4%加起来达55.5%。清华大学赞同的占44.4%，非常赞同的占11.1%，相加起来也达到了55.5%的水平（如表71所示）。

表71　　校训对政治认识起正面作用

		Frequency	Percent	Valid Percent	Cumulative Percent
Valid	很不赞同	1	10	10	10
	不赞同	5	5. 0	5. 1	6. 1
	中立	38	38.0	38.8	44. 9
	赞同	48	48. 0	49. 0	93. 9
	很赞同	6	6. 0	6. 1	100. 0
	Total	98	98. 0	100. 0	
Missing	System	2	2. 0		
Total	100	100. 0			

通过以上数据分析可以得出校训对大学生的政治认知起到了一定的正面作用。校训是一所大学对其文化传统、文化内涵、文化精神的抽象和认同，是学校办学理念、办学精神和办学风格的高度概括，是展示大学文化精神的名片，是大学文化精神的核心和灵魂。它反映了一所大学的办学传统和特色，体现了学校师生共同的行为准则、价值观念和整体价值追求。校训既是大学文化精神的综合反映，又是大学文化精神的具体化和外化，具有外塑形象、内聚人心，继承传统、激励创新的重要作用。它构成了师生思想和行为的不同“文化模式”，既是师生追求的目标，又是师生言行的规范。

校训是对学生在道德、修养和做人的品行方面提出的要求。从功能上看，校训作为大学文化传统的凝结和大学文化的重要组成部分，对于大学生的全面发展具有重要作用，主要体现在以下几个方面：

1）评价引导功能，校训对学生行为规范具有指导意义，包含一种行为标准，大学生以此为标准及时调整和校正自己的行为；

2）激励功能，以大学生的情感愉悦为基础，以其未来憧憬为动力，在情感体验中获得精神鼓舞，从而激发大学生开拓进取的热情。

事实证明，对学生影响最大的、最长远的不是某一门学科、某一种知识，而是学校的文化，一种经过几年校园生活逐渐形成的学习态度、思想品质和行为习惯。大学校训作为大学精神的核心和灵魂，主要包含了树立崇高目标，引导学生的精神追求；激励学生，奋发有为；倡导对真理和自由的追求等基本内容。从这一意义上说，校训精神的培养，对于大学生政治社会化具有不可小视的作用和意义。

高素质人才的培养需要优良的人文环境，这些人文环境反映在校风、校纪、教风、学风、教育者的言行作风以及校训精神等方面，它是无形的，渗透于学校的办学理念、办学宗旨、奋斗目标、学科建设、管理模式、职业道德等很多方面。笔者看重人文环境建设，在于它所具有的直接和潜移默化的作用，所谓环境育人。良好的学校人文环境能够促进一个人的人文素质，把知识、能力、意志、情感等因素经过内化提升而形成的相对稳定的品质，表现为一个人的人格、气质和修养。它影响着同学们的全面成长，无疑，将对同学们的政治价值取向起到相当大的影响。

（三）优秀校友的成功从政经历对政治参与热情的影响

优秀校友的成功从政经历对同学们政治参与热情的影响比较弱，不赞同的占到了19%，中立的占到了44%，而赞同和非常赞同的分别占29%和4%，这两项加起来达33%。

在这里笔者主要讨论的是校友的示范作用，示范有着特殊的教育功能，即利用模范、典型的精神感召力、行为带动力和心理共鸣力可引发公众产生尊崇心理，进而效仿和学习。校友示范开辟了一条学校认同的有效途径，校友尤其是杰出的校友，是维护弘扬学校精神的重要力量，对后来的学生提供了榜样，设定了刺激学校成员去努力达到的标准。

现今现实显示：大部分大学校友资源开发明显不够，校友资源对高校建设和发展的巨大潜能没有很好地发挥，而且对学生的成才的教育和激励作用也受到了限制。

简单来说，校友的作用主要表现在教育作用和激励价值这两个方面：

①教育价值。高校校友学历层次高，在各个行业做出了优秀业绩。邀请优秀校友回母校参与教学、管理工作以及对在校生进行人生教育、就业指导、传授工作经验等必然会解决同学们生活中的实际问题，这些都是教育资源的合理补充。

②激励价值。一方面，学校把收集的校友风采、先进事迹等信息资料以各种形式组织师生观看，让在校生了解校友取得的优异成绩，进一步增强成才的信心；另一方面，校友的奋斗精神，为在校大学生树立了学习的好榜样，对大学生今后的成才发展具有深远的启迪与激励作用。

就政治认知和参与而言，笔者希望校友成功的从政经历能够积极地影响到大学生的政治参与热情，但是由于学校在这个方面的工作做得不够，使得这一资源没有得到充分利用，同时，也影响了同学们的政治社会化的积极性。

对于中国高校领导层而言，校友被当成学校弥足珍贵的资源来看待，并加以开发利用的理念还未树立。校友工作在学校众多工作之中，常常处于边缘地位，甚至还有相当一部分高校尚未启动校友工作。所以，加强校友资源的开发，加强校友对学生成才的激励和引导是一个亟待解决的问题。

（四）校史与政治参与愿望

学校的历史在很大程度上影响了同学们的政治参与愿望，尤其是中国青年政治学院的学生在这一点上赞同的百分比达到了68.4%，高于北京大学的41.7%和清华大学的44.4%。

校史是对一所学校发展轨迹的真实记录。主要包括学校重大改革决策的实施情况，有杰出贡献的学校领导和教师的事迹，历届学生在校时为学校赢得的荣誉，学生走向社会后为社会做出的突出贡献，学校教学、科研、管理、服务的特色和学校的文化、传统、精神等。

每个学校都有其自身的发展历史，每个校园都有其独特的校园文化。只有珍惜自己的光辉历史，并把它作为当下学校建设中宝贵的精神财富和精神资源，才会打造一个独具特色、有生命力的学校，也才能在大学生政治社会化的过程中起到它应该起的作用。

从调查所收集的数据中，笔者发现三所学校的学生分别对自己所在学校的历史有着较高的认可度。

在此仅以中国青年政治学院为例，该校是在中央团校基础上于1985年12月份成立的，是共青团中央所属的一所普通高等学校。中国青年政治学院成立后，与中央团校两块牌子，一套机构，承担普通高等教育和共青团干部培训的双重职能。校长由共青团中央第一书记兼任，冯文彬、胡耀邦、韩英、王兆国、胡锦涛、宋德福、李克强、周强、胡春华、陆昊先后任校长。从中央团校到中国青年政治学院再到如今，积淀了悠久的学校历史，为新中国的建设和发展输送了一批又一批的青年干部。因而同学们对自己学校的历史具有很强的认同感，同时，继承和发扬了学校积极参与政治生活的优良传统。

北京大学和清华大学同样是历史悠久的学校，有着可以让北大人和清华人自豪的学校历史，这个无形的资源也在同学们的政治参与意愿中起到了一定的积极作用，促进了学生们政治社会化的进程。

（五）学校名声对政治参与信心的影响

学校在社会上的好名声能在很大程度上增强同学们政治参与的信心，中国青年政治学院的学生在这一点上赞同的68.4%和非常赞同的10.5%加起来达到了78.9%，与此同时，北京大学有41.7%赞同、2.8%非常赞同，清华大学有44.4%赞同、6.7%非常赞同。

光荣的学校历史和良好的社会评价无疑都给同学们的政治参与注入了活力和信心。换言之，在讨论两个因素对同学们政治参与的影响时，笔者涉及了一个问题，那就是政治效能感。一般来说，政治效能感强的人比政治效能感弱的人会更多地参与政治。学校的好名声从一定程度上影响了其政治效能感的水平。

由于我国政府决策民主化程度还有待提高，同时选举制度尚不够完善，处于象牙塔中的大学生们对自己影响政府决策的信心严重不足，因此往往就远离政治，不参与政治。显然学校历史和好名声在这方面给了同学们一定的信心，是值得注意和肯定的一个现象。

（六）学校软硬件设备对政治表达的影响

学校是同学们政治表达的途径，软硬件设备方面仍有很大的改进空间，同学们对学校软硬件设备持满意观点的只占到了总人数的27%，非常满意的仅仅为1%。过半数的同学在这个问题上持中立态度，也体现了三所学校在政治表达途径建设上的欠缺，这也是中国大学普遍存在的一个问题。

这里涉及的是大学生政治愿望表达途径的问题，即要扩大、创新大学生政治参与的途径和渠道。建立和健全政治参与的机制，拓宽青年学生政治参与的渠道。同时加强青年大学生的政治参与的热情必须进行政治体制改革，建立健全参与机制，为青年学生的政治参与提供基本的条件。要完善拓宽现有的参与渠道，强化其功能。

笔者认为学校要根据时代的发展进行制度创新，开辟新的参与途径和渠道。例如学校要对大学生的政治参与迅速做出回应，努力解决学生提出的问题。

推进政治体制改革是实现当代大学生政治参与的重要条件。它为大学在广泛地直接或间接参与国家和社会事务管理的过程中，民主意识法制观念和参与条件的形成提供了制度上的保障。“制度是一系列被制定出来的规则，守法程序和道德伦理规范，它旨在约束追求主体福利或最大利益的个人行为。”只有体制不断深化改革和完善，运行机制更加健全合理，以及人们的政治行为所遵守的法律制度日趋完善，人们才可能更有秩序地实现政治参与。

同时，不得不考虑的一个因素就是网络的出现对大学生政治参与的影响。互联网时代大学生政治参与是指大学生作为政治参与的主体，以网络为媒介，通过政治信息网上发布、网上选举、网上利益表达、网上评论、网上讨论、网上民意调查、网上信访等方式参与政治生活并试图影响政治过程的行为。

网络政治参与成为大学生政治参与的重要手段是既定事实。一方面，网络给了我们大学生一个方便快捷的政治参与途径。但是，另一方面网络给大学生政治参与带来了严峻的挑战。因此，我们应采取措施，防止网络给大学生政治参与带来的消极影响。

互联网络的发展容易造成大学生政治态度的畸形和政治行为的失范。网络不仅提供了形形色色的政治价值观和政治文化，而且使五花八门的政治信息充斥网络，造成整个社会政治价值观多元化，甚至出现是非难辨的局面，使大学生对网络时代的政治行为规范无所适从。拥有一定数量的客观信息是大学生理性政治参与的基础和前提。但是，如今每天互联网上的信息不计其数，面对互联网上海量的信息，大学生缺乏驾驭这些信息的能力，同时没有时间去鉴别和消化这些信息，以致茫然不知所措，最终可能导致大学生的政治参与在人云亦云中失去理性，引发非理性的政治参与。

因此，在加强大学生政治参与途径建设的同时必须始终不断地加强互联网络的建设和规范管理。

（七）人才培养类型与就业从政

在学校人才培养类型对将来学生就业从政有影响这个观点上，三个学校出现了很大的不同。中国青年政治学院的同学有 15.8% 的同学不赞同这个观点，36.9% 的人赞同和很赞同，有近一半的人对就业从政抱中立态度。北京大学的同学有 52.8% 的人赞同和非常赞同，同时又有 25% 的人持不赞同意见。清华大学的同学对将来从政更有把握，赞成的和很赞成的达到了 60%，仅仅只有 2.2% 的人不赞成这个观点，以理科生居多的清华人更加渴望投身政坛，这与政府官员中文科出身的官员将增加的言论有所不同。

不同的学校对学生的培养有不同的定位和方向，也就出现了上面这个问题。在此，以对三个学校中比较有特色的清华大学的详细分析来说明这个问题。

在开篇的时候笔者就涉及了一个学校分类的问题。笔者认为，高等院校的分类问题在一定程度上是一个人才培养类型的问题。对大学生的人才素养的不同追求，导致了有不同类型的高等院校。并且体现在专业设置、课程设置等各个方面，现在大学在人才培养类型上出现了不同程度的分化和差异。

有学者研究，人才培养经历了两次分化，一个是产业型人才分化和科学研究人才的分化，另一个是应用型人才培养的出现。现在大学的人才培养目标主要定位于应用型人才培养，但是在各个学校的培养上有着差别。本文将对清华的人才培养进行详细分析。

清华大学在“通识为本，专识为末”的通才教育思想指导下为国家造就了一大批栋梁之才。正如本文前面提及的校训因素，清华的校训是“自强不息，厚德载物。”正是这种精神，也正是这样的学校文化，促使一代又一代清华人发奋图强，成为德才兼备的国家栋梁之才。

清华大学是中外学术思想的荟萃地，它深厚的学术氛围，使它成为学术圣地，也造就了清华精神，这种精神的实质就是“自强不息，厚德载物”。清华校长梅贻奇先生可以说是清华精神的重要缔造者，或者说，他是清华精神形成的奠基者。梅贻奇先生任清华校长后，一直致力于通才教育的施行。在业务上他认为办大学的目的，一是要研究学术，二是要造就人才。梅贻奇等人还提出“通识为本，专识为末”，要求学生对自然、社会与人文三方面都具有广泛的综合的知识，而“不贵乎有专技之长”，即便是学工程的，对“政治、经济、历史、地理、社会等都得知道一点”。否则他就只能做一个“高等匠人”，而不能做一个“完人”，就会“完全变成一个极能干的工人，而不配称大学生——大学生应该有极完美的常识”。

除了清华大学著名的校训外，还有那铿锵有力的宣言：“造就中国领袖人才之试验。”这句话体现了清华大学以国家为己任的办学宗旨，显示了清华人自信、自强与自豪。前清华校长蒋南翔先生将此具体化，他曾断言：“未来中国部长、总理就是要从清华出。”清华前辈的预言已成为事实，因而有“清华就是未来中国的发动机”这么一说。

不仅学校的人才培养类型是这样的，而且事实也证明了清华培养了很多优秀的政坛领袖人物。

六　讨论和建议

在本调查中，笔者根据调研分析的结果总结出了一些在今后研究中值得分析探讨的问题。

首先，调查得到的数据显示有49%的受调查大学生认为人民代表大会制与自身利益有关，有50%的受调查大学生认为人民代表大会制能够促进民主，但是，仅有不到20%的受调查大学生认为自己能够影响政治系统的输入。这形成一种巨大的反差：虽然大学生对人民代表大会制度的认同程度较高，但是他们并不认为自己能够通过投票来影响人民代表大会这一最主要的政治系统输入方式。

其次，在参加过人民代表选举投票的受调查大学生中有52%的人对人大代表选举持无所谓或不愿意参加的态度，这表明动员型参与在大学生政治参与中占据很大比例，也即大学生的政治参与停留在较低层次，缺乏更为实质性的参与，笔者认为今后对这个问题的分析如果能结合中国现有政治系统在输入机制的不足来探讨，能得到一些更有益的结论。

再次，在进行长期居住背景（w1.5）与政治信息量的交互分析中，笔者注意到来自农村和乡镇街道的受调查学生对农村医保政策（w2.12）选择了解或很了解的比例高达55.6%，而来自中小城市的受调查学生选择此两项的低了36个百分点，而来自特大城市的受调查大学生选择此两项的低了45个百分点。由此可见，大学生更倾向于关注与自身或家人利益相关性更高的公共政策，功利性趋势较为明显，今后的研究如果能对此现象进行更深入的分析并且提出一些对策，将会对改善大学生的政治参与有很大参考作用。

为扩大在校大学生的政治参与范围，提高大学生政治参与层次和水平，笔者提出以下建议：

（一）从政府角度来看，可以考虑为大学生政治表达开辟更多直接、快捷、有效的渠道，甚至是一些专门面向在校大学生的渠道；积极改进政府各项工作，以提高大学生对现有政治系统的认同程度，以提升大学生的政治效能感；大力推动民主法制进程，促进公民社会的进程。

（二）从学校角度来看，发挥高校在大学生政治社会化发面的积极作用，鼓励、引导大学生参与公共政策的制定，为大学生参与政治提供软硬件的支持。具体可采取如下措施：

1. 扩大高校的民主，大学生参与学校管理：在制定与学生利益密切相关的决议时为大学生开通表达其利益要求的渠道；增强学生会作为大学生自治组织的独立性，让其自主发挥服务和组织大学生的作用；成立由校方、教授和学生三方组成的为大学生提供权利救济的中立机构，协调大学生与学校之间的关系等。

2. 在人民代表的选举上，高校可以主动联系候选人来校园与大学生进行近距离的接触与对话，向政府主管部门要求在校园内设立投票点等。

3. 为大学生政治参与提供硬件支持：主要体现在加强校园网络建设，为大学生通过网络进行政治表达提供便利。

4. 为在校大学生提供校友资源：成立按从事行业为依据的校友会，邀请政界校友返校与大学生交流。

（三）从大学生自身来看，多与社会接触，提高自身的政治认知，主动了解参与政治的途径，就一些问题积极与人大代表或相关政府部门沟通，表达大学生群体的利益诉求，充分利用自己作为现代公民的政治参与权利，影响政治体系的运行和变革。

总之，提高大学生的政治参与水平需要政府与学校的通力合作和积极配合，但更重要的是大学生要增强自身的社会责任感和历史使命感，充分发挥自身的知识优势，积极主动参与政府过程，表达自己对公共财富和价值反配的意愿和选择，使政府决策更加合乎人民的意愿。

七　结语

此次抽样调查研究是基于国内外已有研究，从大学生政治参与现状着手，探索其与大学生的社会属性及学校之间的相关性，得到了一系列很有价值的结论，进行了一些能为进一步研究提供思路的讨论，并提出了扩大大学生的政治参与范围和水平的相关建议，从总体上讲达到了开展此研究的目的。

但是也存在一些缺陷，例如因资料匮乏未能充分研读美国学者在 20 世纪六七十年代针对政治参与做的大量调查，相对于总体来看样本容量偏小，对一些搜集到的资料分析得不够深入；另外，就是没有在问卷中涉及网络这个新型且在大学生中广泛使用的媒体对大学生政治参与的影响。

本次调研是对受调查大学生的一次公民教育，促使其关心政治，发挥其政治作用，还能够为国家改善大学生甚至是全体公民的政治参与提供借鉴，并为高校在大学生的政治社会化方面发挥更加积极的作用提供一些参考。

参考文献

［1］［美］G. 阿尔蒙德、S. 维伯：《公民文化——五个国家的政治态度和民主制》，徐湘林等译，华夏出版社 1989 年版。

［2］［美］S. 亨廷顿、J. 纳尔逊：《难以抉择——发展中国家的政治参与》，汪晓寿、吴志华、项继权译，华夏出版社 1988 年版。

［3］［美］S. 亨廷顿：《变化社会中的政治秩序》，王冠华等译，生活·读书·新知三联书店 1998 年版。

［4］［美］R. 达尔：《现代政治分析》，王沪宁、陈峰译，上海译文出版社 1987 年版。

［5］［日］蒲岛郁夫：《政治参与》，解莉莉译，经济日报出版社 1989 年版。

［6］［美］E. 巴比：《社会研究方法》，李银河编译，四川人民出版社 1987 年版。

［7］王浦劬：《政治学基础》，北京大学出版社 2006 年版。

［8］［美］D. 米勒、W. 波格丹诺：《布莱克维尔政治学百科全书》，邓正来译主编，中国政法大学出版社 2002 年版，第 608—609 页。

［9］［美］威廉·F. 斯通：《政治心理学》，胡杰译，黑龙江人民出版社 1997 年版。

［10］风笑天：《现代社会调查方法》，华中科技大学出版社 2005 年版。

［11］徐大同主编：《现代西方政治思想》，人民出版社 2003 年版。

［12］朱永兴、李素芳：《学术论文撰写与发表》，浙江大学出版社 2007 年版。

［13］［美］雷·牛顿、克叶尔·鲁德斯坦、乔迪·威洛夫：《大学论文十二讲》，颜晓维译，首都师范大学出版社 2005 年版。

［14］［美］诺曼·H. 尼、西德尼·伏巴：《政治参与》，见格林斯坦、波尔斯比《政治学手册精选》，商务印书馆 1996 年版。

［15］顾晓英：《当代大学生政治参与现状及对策》，《思想理论教育》2003 年第 6 期。

［16］陈金圣、周爱平：《关于在校大学生政治参与状况的调查分析》，《河北青年管理干部学院学报》2007 年第 2 期。

［17］李斌：《论网络政治参与的发展趋势》，《中共福建省委党校学报》2008 年第 2 期。

［18］罗志：《探讨当代大学生政治参与意识和参与能力》，《高教探索》2003 年第 2 期。

［19］陈振明、李冬云：《“政治参与”概念辨析》，《东南学术》2008 年第 4 期。

［20］李娟、李尚敏：《当代大学生政治参与现状研究综述》，《网络财富》2008 年第 7 期。

［21］王冰、陈娜：《论当代青年学生的政治参与》，《理论观察》2006 年第 4 期。

［22］涂序堂、彭康清：《浅析当代大学生政治认知的现状》，《党史文苑》2006 年第 3 期。

［23］夏坤：《校训精神与大学生思想素质》，《法制与社会》2007 年第 5 期。

［24］徐愫芬：《我国大学校训的文化解读与优化研究》，山东师范大学出版社 2007 年版。

［25］袁世全主编：《公共关系辞典》，汉语大词典出版社 2003 年版。

［26］卞睿：《大学人文环境建设论要》，《通化师范学院学报》2006 年第 5 期。

［27］马晋宜：《论高校人文环境建设》，《雁北师范学院学报》2003 年第 1 期。

［28］沈鹏：《校友示范：大学生学校认同的新路径》，《重庆科技学院学报》2008 年第 2 期。

［29］施雪华：《政治科学原理》，中山大学出版社 2001 年版。

［30］赵宏斌、邹俊：《当代大学生政治参与问题的“冷”思考》，《山西高等学校社会科学学报》2006 年第 7 期。

［31］［美］道格拉斯·C. 诺思：《经济史中的结构与变迁》，生活·读书·新知三联书店 1994 年版。

［32］赵雪芬、王洪顺：《网络发展对大学生政治参与带来的挑战及对策》，《党史博采》2007 年第 5 期。

［33］李海芬：《本科人才培养类型分化的历史探源》，《南阳师范学院学报》2006 年第 5 卷第 5 期。

［34］彭兰、张泽麟：《大学组织文化建设之思考》，《现代大学教育》2004 年第 3 期。

点评：政治参与的广度与深度是衡量一个国家政治民主化程度的重要标准之一。现代政治文明必须建立在公民的广泛、深入、多渠道的政治参与之上。因此，这篇对大学生政治参与现状的实证研究，选题表现出很强的专业性和时代性，有着重要的理论价值和实践意义。

文章的学术综述非常规范，研究方法和研究工具也运用得科学得当。文章整体结构明晰，语言表述规范凝练，体现出作者较强的理论功底和较好的方法论基础。总体而言，是一篇理论与实践、规范与实证结合较好的学术论文。

文章的不足之处在于：第一，从政治学理论角度而言，对于政治参与所存在问题的分析还是不够深入，问题意识还是不够明确。第二，从方法论角度而言，样本容量偏小，影响结论的说服力。

（中国青年政治学院公共管理系讲师　柴宝勇）

《小组工作》课程实验教学行动研究*

作者　洪江荣　漆光鸿　冯婷　张璟雯

指导老师　周军

一　绪论

（一）研究背景

社会工作是一门应用性的社会学科，强调实践性。作为该专业的三大工作方法之一的小组工作，更是如此。中国青年政治学院社会工作专业在国内享有较高的声誉和地位，引领着中国社会工作教育的发展。该校的小组工作教学，一直努力探求一种理论与实践相结合，突出学生实践能力的教学方法。多年以来，积累了一定的经验。本研究是在实验教学中，引入助教的探索，力求探索一种在现有教学资源下，最有效的实验教学法。在2006—2007学年中，“助教实验教学法”取得了可喜的成绩。

（二）研究目的

在小组工作助教的实验教学中，助教怎么发挥作用，参与教学的各方怎么互动？怎么让学生能够将学习到的理论知识运用到实践中，并在实践中获得个人的成长？本研究试图对这些问题有所阐述，以期给应用性社会学科提供一种

* 该论文荣获第九届“智慧星火”——中青学子学术支持计划一等奖和学术创新奖。第五届“挑战杯”首都高校大学生课外学术科技作品竞赛一等奖。

可供参考的教学方法。具体如下：

1. 对课程。突出课程的实践应用性，提高当前小组工作教学质量。在有限的教学资源下，给学生提供运用理论的机会，积极探索课程教学新方法。

2. 对学生。在实践中，运用和内化所学知识，提高学生实际运用的能力。

3. 对老师。改进传统教学模式中，单纯的理论讲解，单向的教学模式。运用助教力量，针对性地磨合知识与实践，提高能力。

（三）概念的界定

实验教学。实验教学就是在应用类或技术类学科中，将所学的知识、理论和方法，模拟运用到实践中的教学方法。具体到小组工作课程中，就是将所学的理论和方法，具体运用到具有预防、治疗和发展的小组方法实践中。本研究中，采用的就是小组工作中的实验教学。

助教。助教，顾名思义，就是助理教师，是协助教师完成教学任务的岗位。在本研究中，主要职责是协助教师完成小组计划书的修改，督导学生实施小组等。

在一般的实验教学中，虽然教学方式发生变化，但参与主体不会有改变，仍然是老师和学生。在本研究中，引入了助教这个岗位。主要原因是因为一位教师精力有限，引入助教的目的是更有针对性，更细致和深入地督导学生，促进学生理论和实践的结合，并在两个层面上获得提升。所以，本研究的一大特色是助教参与实验教学。

二　文献探讨

（一）研究的起源

1. 小组工作课程性质的要求

小组工作是实务工作手法，它要求工作人员有能力通过面对面与案主接触，灵活运用所学习的小组工作理论、方法和技巧直接为服务对象提供服务。因此，对于小组工作教学来讲，原有的以课堂讲授为主，课堂模拟小组情景为辅的教学方式存在着一些弊端。不能够使学生对小组工作理论有深刻的理解并且做到活学活用；对于小组工作的技巧和方法的实际操作能力不足。

2. 社会工作专业的专业价值要求

社会工作专业有其独特的价值观念，因此在社会工作专业的教学中，培养学生适应社会主义市场经济需要的新的价值观，是社会工作教育者需要特别注意的问题。而此阶段社会工作专业的大二学生在学习了《社会工作导论》、《个案工作》、《小组工作》等一些专业基础课的同时，也学习到了专业价值观的知识。对于专业进一步认识、对个人自我探索的渴求十分强烈。为他们提供更多的专业实践的机会，帮助学生认识专业、认识自己，是一种很好的教学方式。

（二）研究的作用

笔者通过文献检索发现并没有关于小组工作试验教学效果研究的相关学术论文。因此，本文学术性的功能就显得尤为重要。同时笔者也通过文献回顾得到了研究方法和研究设计思路的启发。

1. 同辈互助通过大量的同辈互助小组的学校社工模式的推广，尤其是在解决新生适应问题上取得的成效，可以证明同辈群体由于其自身的特点，会提高助人的效果；但是由于学生自身专业知识和经验的不足，在对低年级学生进行专业辅导时会遇到很大的困难和挑战。所以在研究设计上，我们尝试在大三的社工专业学生中选出成绩优秀、经验相对丰富的学生在教师指导下反思自身经验并运用所学知识，根据大二学生的需要采用“自我教育”和“相互教育”的小组工作试验教学方法来帮助大二学生完成小组工作的实际操作。

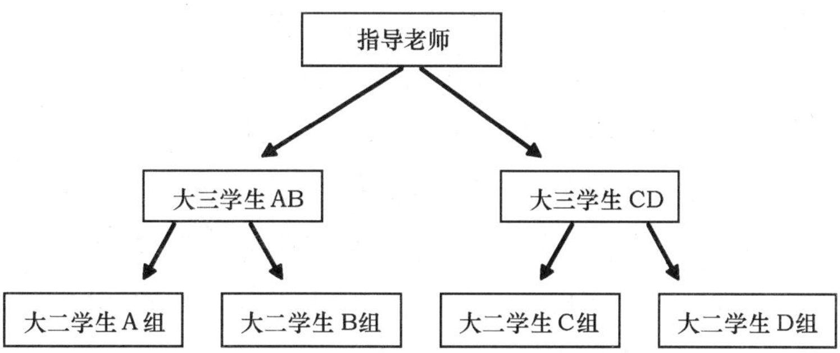

图15

2. 社会工作价值观体现在大三学生与大二学生互动的过程中，不仅是对大二学生的专业指导，也是对大三学生自我教育。要求大三的学生在互动过程中要时刻对专业知识、专业价值观进行自我反思。相信大二学生的潜能，发挥他们的主体性和创造性，给予他们更多尝试、实践的空间；提供体验式的学习小组工作的理论知识及方法技巧。大三学生发挥专业的素质给予指导的学生以特有的理解、接纳、支持和经验的合理化，使大二学生更多地在实际中了解小组工作及自我探索。

3. 行动研究的研究方法“为行动而研究，由行动者研究，在行动中研究”是行动研究的基本特征。“为行动而研究”即研究目的是解决小组工作教学实践中的问题。“由行动者研究”强调了研究的主体是教育实践者本人，本研究设计中由小组工作课程的指导老师及社会工作专业的 4 名大三学生组成。实践者自己找出要研究的问题，然后自己展开研究，最后把研究成果直接运用到教学实践中，解决教学中的问题。从而避免了理论与实践、研究者与行动者相脱节的弊端。“在行动中研究”则强调研究过程是在真实的教育实践中、在具体的教育情境中进行的，这样使研究能够更深入、更有效。行动研究的过程是一个螺旋式不断深入的过程，每一个最基本的循环，包括计划、行动、观察、反思四个步骤。

三　研究设计与过程

（一）研究设计

本研究采取行动研究法。对小组教学的整个进程和助教的方法进行探讨。

本研究以中国青年政治学院 2005 级社会工作专业的 24 名学生为研究对象，在 2006—2007 年下学年小组工作课程教学期间实施，历时 5 个月。考虑到现实的可行性，除前期计划修改外，后期实践只选择了四个小组来参与。所以四个实践组的 24 名学生被认定为本次研究的研究对象。24 名学生分别来自两个不同的教学班，其中一班 1 组，6 人；二班 3 组，18 人。4 位助教分别担任一组的督导，同时每人担任另外一组的协同督导。四组的情况见表 72。

表 72

组名	成员数（男/女）	督导/协同督导	班级
大学生创业能力探索小组	6（0/6）	洪江荣/冯婷	2005 级社会工作一班
我的青春我做主——大二单身女生励志计划	6（0/6）	漆光鸿/张璟雯	2005 级社会工作二班
大学生职业规划小组	7（5/2）	张璟雯/漆光鸿	2005 级社会工作二班
提升女大学生体貌自信度小组	5（0/5）	冯婷/洪江荣	2005 级社会工作二班

研究者由教学老师和 4 名助教担任，经过计划、行动、考察和反思几个阶段不断轮回的方法，在小组实践中，依次实施计划书撰写和修改、开组前期准备、小组模拟与实施和小组评估等。本研究采用行动研究的方法。

（二）主要进行方式——助教制度介绍

助教制度是在中国青年政治学院社会工作学院的小组工作课程教学中，为充分利用现有资源，增进学以致用的能力而设计的。助教们不仅协助教师完成基本的教学职能，而且担任四个实践组的督导；在各个环节给予学生指导，协助他们正常开组；并将所学知识运用到实践中，再由实践回归理论，获得理论和实践双方面的成长。

主要选用高年级的社会工作专业优秀生，在教师的带领下，采取团队的方式运作。及时总结和反思学生学习、制度运作中的问题等，即总结经验，形成制度，获得长期成果。

（三）小组工作课程实验教学内容

实验教学共分四个阶段完成，依次是：

第一阶段：小组工作计划书撰写、修改及评选。

第二阶段：实践计划书的开组准备。

第三阶段：小组各单元的模拟与实际操作（主要环节）。

第四阶段：小组工作实践评估。

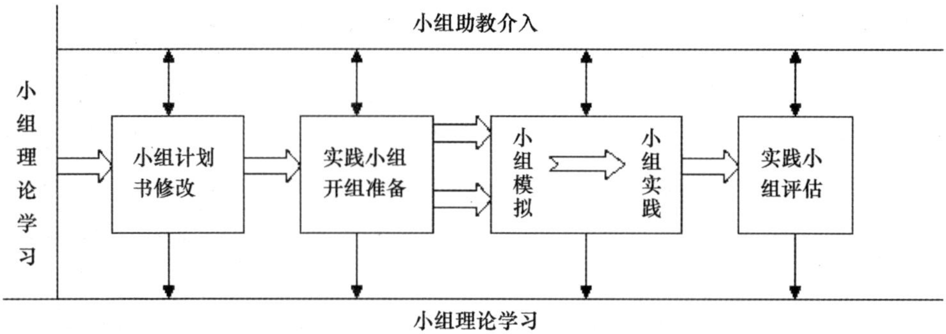

图 16

（四）研究实施

1. 第一阶段的研究

（1）研究时间：2007 年 4 月 1 日—4 月 30 日

（2）行动研究模式

①自我思考与准备

研究教师与助教在实验教学的内容要求之下，要求小组工作课程学习小组在学期内真实的完成一个小组的生命历程。在实验教学行动研究的第一阶段，小组工作学习者面对的主要任务是完成小组计划书撰写、修改及参选。在计划书撰写之前，每位同学都需要认真阅读小组工作课程教材，熟悉小组工作计划书的格式与内容，并参阅辅导书掌握小组计划书撰写的技巧。助教在此阶段为小组工作课程学习者答疑解惑。

②拟定计划

在充分参阅小组计划书撰写知识的前提下，助教把小组工作课程学习者分成若干组（5—6 个人为一组），组成小组工作课程实践小组。各学习小组成立后即将进行计划书的实际撰写准备。在这个环节，学习小组成员面临很多方面的工作，具体包括以下几个方面：

A　小组计划书选题工作。

B　查阅主题。

C　实践组员进行内部分工。

助教在此阶段协助各个实践小组进行选题指导及其他相关准备工作的协

调。同时，助教也参与到实践小组的选题讨论中去，聆听小组工作学习者的真实想法。

③执行计划

小组计划书的具体撰写过程。这是第一阶段的主体工作。各实践小组必须在课程老师规定的时间内完成各自的小组计划书完整版。小组计划书的撰写内容繁多，需要实践小组内所有组员的互相配合，小组计划书中有所有小组工作课程学习同学的“心血”。各实践小组在实际的计划书撰写过程中遇到的问题主要有以下几点：

A　缺乏实际经验，不知如何操作活动。

B　小组计划书理论结构缺乏，理论与实际契合不够。

C　实践小组分工撰写，计划书的一致性不高。

助教在此阶段协助各实践小组组员寻求解决困难的方法。

④评估与反思

计划书的撰写评估主要通过计划书的甄选环节来完成。助教将对各组的小组计划书进行综合评分，并形成针对性修改意见。计划书的甄选有专门的甄选标准，针对计划书的各个部分进行评分。计划书的甄选结果将直接反馈给各个实践小组，各实践小组组员根据助教针对性意见进行小组会议，进行集体讨论，并反思小组计划书。

⑤重新修订计划

各实践小组通过助教指导性意见及小组集体讨论反思，将重新修改小组计划书。

2. 第二阶段的研究

（1）研究时间：2007 年 5 月 7 日—5 月 14 日

（2）行动研究模式

①自我思考与准备

通过几轮修改计划书，实践小组在此阶段将进行实际操作——开组准备。落实书面的小组计划书和建立真正的小组还是有很大差异的。实践小组组员必须做好充分的准备。从学习者自身来说，应该十分熟悉小组理念、开组准备工作以及小组的其他活动。

②拟定计划

实践小组的开组内容繁多，各组需要做好较完善的计划。为了应对小组开组的顺利进行，各实践小组有很多前提工作要做。例如如何招募，如何宣传，如何准备材料。撰写小组招募计划是本阶段的主要任务。助教在此阶段要协助制定招募计划等准备工作。

③执行计划

实践小组的招募工作。招募工作按照招募计划进行，助教需要协助实践小组进行开组准备，协助进行招募等突发事件的解决，例如组员招募不足等问题。

④评估与反思

进行实践小组开组准备，尤其是组员的招募。它可以说是小组工作实验教学中走出教室进行操作的第一环节。通过借桌椅，进行小组宣传等，助教通过观察进行评估，实践小组组员通过进行小组招募后的个人反思与集体讨论，进行经验总结与反思。

⑤重新修订计划

招募准备是进行小组工作实践的基础，也是保证小组工作课程实验教学的第一步。根据此阶段的过程，在助教的辅导下，实践小组要重新进行招募计划的修订，以争取经验的积累与以后的进步。

3. 第三阶段的研究

（1）研究时间：2007 年 5 月 15 日—6 月 29 日

（2）行动研究模式

①自我思考与准备

在小组开组准备做好之后，各实践小组即准备小组的实际操作。实际操作过程当中课程学习者都有机会进入小组，担当不同的角色（工作员、辅助工作员及观察员），因此他们自身的准备是十分重要的。这个准备包括对小组理念及单元活动的熟悉，也包括对小组带领技巧的积累与熟悉。

②拟定计划

小组开组是实验教学的主题，也是小组工作学习者进行理论与实践的契合的核心阶段，当然也是助教与各实践小组成员互动最频繁的阶段。助教在此阶段协助各实践小组进行单元活动计划的细化，并进行各单元活动的分工及准备。

③执行计划

小组的带领主要是指小组单元活动的带领。小组工作课程实验教学中，各实践小组进行小组带领都分为两个环节：一个是小组模拟；另一个是实际带领小组。小组模拟是指在每次单元活动的实际带领之前进行一次模拟，模拟组员由实践小组在小组工作课程学习小组熟悉的同学组成。助教从小组模拟到小组实际带领的过程当中都扮演着观察员的角色，并在模拟或者实际带领之后与实践小组组员进行分享、总结与反思。实践小组也将在带领之后进行自我反思与总结。小组模拟是针对实际带领而开展的，是一一对应的。

④评估与反思

小组带领过程的评估有以下几个方面来进行：

A　助教的观察记录及反馈。

B　小组观察员的记录。

C　小组工作员及辅助工作员的自我反思。

D　服务对象的反馈。

实践小组将综合以上评估信息，形成每个单元的活动总结报告。报告包括技巧反思与成长、单元活动的设计与改进意见、实践成员的分工等。

⑤重新修订计划

依据评估信息与单元活动总结报告，及时查阅相关书籍与活动材料，重新修改完善小组计划书。当然这修订包括两个层次：一个是单元活动模拟之后对单元活动的及时修订，以便有利于小组实际带领的进行；另一个是在小组实际带领之后再次对小组计划书的修订。

4. 第四阶段的研究

（1）研究时间：2007 年 6 月 30 日—7 月 15 日

（2）行动研究模式

①自我思考与准备

作为实践教学的最后环节，这是至关重要的一个环节。小组工作课程学习者必须了解并掌握进行自我实践的评估方法。因此实践小组的组员首先必须了解关于小组评估的基础理论知识，并掌握一定的操作技巧。助教在此阶段为组员提供相关材料和信息，并要求每位组员进行评估计划的自我设计。

②拟订计划

实践小组通过各自对评估理论知识的把握，集体形成一份比较完整的评估计划书。小组评估方式包括很多种，如何对评估方法与方式进行操作，以便能够较好地对小组的实践进行评估是实践小组在评估计划制定中需要解决的重要问题。课程老师与助教在此阶段要给予一定的专业支持。评估计划中包含的评估主题有：

A 助教评估。

B 小组观察员的评估。

C 小组工作员及辅助工作员的自我评估。

D 服务对象的评估。

E 课程老师的评估。

③执行计划

实践小组评估的实施是一个相对“庞大”的过程，它涉及各方面评估材料的收集、整理与分析。评估材料的收集利用问卷、个案访谈及焦点小组访谈等方式进行信息获取，评估材料整理与分析也需要按照专业的方法进行。助教自身也是实践小组评估信息的重要提供者，同时助教又在评估过程当中对实践组的评估过程进行跟进辅导，在评估材料整理与分析中给予专业支持。当然，评估的结束以完整评估报告的完成为标志。

④评估与反思

各实践小组评估工作普遍经历了一个较长的过程，评估材料也都十分丰富，实践组员在评估过程中也遇到了各种问题，例如评估材料的可信度问题等，但是同时他们也学到了很多小组评估的知识同时也总结了很多关于评估的技巧方法，为以后的小组评估提供了经验支持。

⑤重新修订计划

评估结束，回到原来的小组评估计划书，会发现很多问题，也有很多可以继续改进的地方，因此重新完善评估计划书成为一个“必修课”，同时对于小组工作计划书的最后修改也随着评估的进行而进入收尾阶段。

四　研究结果与分析

（一）第一阶段的研究资料分析与讨论

本阶段的活动核心是小组计划书的撰写与评选。4 月 17 日助教收到 13 份不同主题的小组计划书。助教们根据制订的小组计划书评价标准（见附件），对这些计划书进行了细致的分析与评价，并对每个计划书进行了评价和“再辅导”。

下面是两个计划书的评语。

计划书评语范例一：

表 73

编号	一/4	得分	92
小组名称	大学生创业能力探索小组		

评语概述：

本小组计划书是一份出色的计划书。小组介入的背景分析清晰到位，小组的理论构架也能结合小组自身特色进行较好的理论阐述。小组每单元的具体内容较丰富，较好地结合了小组主题。另外，小组计划中诸如招募计划、应变计划、评估方法等内容都较用心地设计，为该计划书添彩不少。

最大亮点：

该小组计划最大的亮点在于小组单元活动丰富完整，且能够很好地结合小组主题。

主要问题与改进建议：

该小组计划书没有大的问题，但是如果以下一些细节方面注意一下效果会更好：

- ✓ 小组理念及理论框架可以层次更加清晰地展现；
- ✓ 小组目标的具体及层次性有待进一步提高。

计划书评语范例二：

表 74

编号	一/7	得分	76
小组名称	踏雪无痕——瘦身人群满足感提高小组		

评语概述：

本小组计划书理念及理论架构基本能做到切合小组主题，但是没能够很好地结合小组特征进行阐述。小组的最大问题在于小组计划书的主体—小组单元活动的不完整性。

最大亮点：

该小组计划书尽管不是很完整，但是计划书中对小组主题的认知还是较明确的。

主要问题与改进建议：

该小组计划书存在一些问题，建议做以下修改：

✓ 小组理论架构进一步充实，并且尽可能结合小组特征进行阐述。

✓ 小组目标的层次性要进一步澄清。

✓ 小组计划书要补充完整!!!

✓ 小组问题与应对策略建议清晰化。

根据助教们的意见（平均每个助教负责 4—5 个计划书）及助教的专门辅导，各学习小组对计划书进行了细致的修改，从小组题目、理念、理论架构及单元活动设计等方面，学习小组各个成员都认真查阅资料，进行修改。在修改计划书的过程中，大家对小组工作教材中的理论知识有了更加深刻的认识与理解。

（二）第二阶段的研究资料分析与讨论

此阶段重点是做好小组工作的开组准备，开组准备包括小组组员的招募、面谈、单元活动器材的准备，等等。从五一假期结束到小组于 5 月 15 日正式开组，期间都是小组的准备阶段。各个学习小组根据自己制定的小组招募计划进行。以下是一些小组在此阶段的工作材料：

小组招募宣传/单张

图 17　招募海报范例图

助教通过对招募计划书的意见提出及对招募现场的观察，对整个开组准备阶段予以辅导。各个学习小组通过组员的现场招募——实验教学的第一步，他们体验到了很多在传统小组工作课程中所不能体验的感觉。一次真实的尝试让小组的实际操作有了更深的体会。同样，在开组准备中也把学习小组的动力调动起来了，每位课程学习者都在招募过程中努力，也把小组工作的理念理解得更加透彻。

（三）第三阶段的研究资料分析与讨论

此阶段是小组的主体过程。各个实践小组基本上都按照小组计划书完成了所有单元的模拟与实际带领过程。单元活动计划书也在实际操作中得到了不断地修改。在本阶段小组的具体内容及实践小组的具体工作可以通过以下材料体现：

单元活动计划书：

第二节活动内容

日期：2007 年 5 月 23 日整个活动时间：90 分钟　地点：社工实验室

表 75

时间	目标	内容	所需物资
5 分钟	彼此熟悉，消除一段时间不见带来的陌生感	工作员及志愿者自我介绍，引导组员回顾每个人的名字和上节活动的内容（打傻瓜）	充气榔头一个（如果没有，用纸棒代替）
15 分钟	帮助组员认识自我	人生之盾：给每个组员发一张纸，协同工作员在黑板上画出“盾”的形状，请组员按照这个画下来，然后填写。之后进行短暂的分享。（见附录）	十张纸，十支笔
25 分钟	引导组员认识在人际关系中，要注意情景，并由此引出人际关系这一单元主题	情景模拟：工作员给出情景，请组员自愿出来模拟。模拟之后，大家共同探讨 情景一：清晨，某公司王经理一脸怒气（也许刚和老婆吵了架）的出现在办公室，你正要找王经理讨论给你投资的事，这时…… 情景二：在某个正式宴席上，曾经与你合作过的小王和一些政府领导正在兴致勃勃地谈论某事，你正要找他再谈合作的事，这时……	
	如果当时气氛比较冷，可以做个热身活动，调节气氛	见附录	
20 分钟	认识自我以及他人的处事风格	从上面的活动引出人际关系，大家探讨人际关系是什么，是否是单纯的沟通，人的处事风格是什么，处事风格怎么影响人际关系	
20 分钟	认识人际关系网	人际关系网：把组员分成 3 个组，每个组分别在一张纸上描绘创业人际关系网，3—5 分钟后，大家共同讨论，在大白纸上画人际关系网，画图时分享	三张 A4 的纸 一张大白纸 笔
5 分钟	总结本节活动，为下节活动提出建议	工作员带领组员分享本单元收获，邀请组员为以后的活动提出建议；向大家推荐书目	

单元活动记录：

小组活动观察记录表

小组名称：$ 计划——大学生创业能力探索小组的第二次活动模拟

观察员：王莹慧

日期：2007 年 5 月 23 日

表 76

小组工作员（乔佳琦）的表现：
工作员对组员给予了足够的关注；对气氛进行了充分的调动，让发言少的组员积极发言；在回应组员时做到了全面概括；对表现好的组员给予了适当的鼓励。但是在活动具体规则的描述上、各个活动具体时间的把握上还稍有欠缺。 辅助工作员在小组中的作用和分工不够明确，与主工作员的沟通少。
成员间的沟通状况：
在情景模拟中组员沟通顺畅，但在画图形活动中组员气氛过于沉闷。
小组活动的效果：
使组员基本上明白了人际沟通中的一些问题，但是创业这个界定不够明确。在画图形活动中基本阐释了双向沟通的作用，但是对单向沟通的准备和阐述不够让人信服。但总体上达到了小组此次活动的目标。
备注：无

助教单元活动分享：

会议记录（十四）

时间：2007 年 6 月 8 日星期五晚 9 点至 10 点

地点：社工实验室

人物：洪江荣　冯婷　鲁丽倩　王莹慧　丁莉　乔佳琦　吴婷　许岩

主持人：洪江荣（助教）

记录员：鲁丽倩

会议流程：

1. 第四单元工作员、观察员感受

因为模拟时模拟组员表现很出色，相比之下这次正式活动使得大家感觉落差太大。

工作员认为整个活动在“新公司”之前还不错，但之后感觉做得很勉强。尤其是分享的时候感觉硬往主题上“扯”，又“扯”得很失败，对“悲伤”这个主题不知道如何深入。而且组员的参与度、投入度都不如以前。另外困扰工作员的是，不知道小组活动到底能给组员带来什么，每周是不是在浪费时间，而且担心他们下次会不会来参加小组。

协同工作员提出对“悲伤”挖掘得不深，分享时不能适时接组员话茬引出

“创新”方面的话题。自身感觉“协同工作员”角色不明确。王莹慧认为相比第一次做协同工作员这次要好些，这次可以通过和主工作员的眼神交流来传递信息。许岩第一次做协同工作员，虽然有插话但不多，主要担心自己会说太多。

观察员提出：

（1）工作员在案例之后直接引入“创新”主题，而本来的设计是让组员通过讨论自己想到“创新”。

（2）“马桶”活动后，没有分享。

（3）“名人榜”活动时有的组员问“问题”时想得时间太长。

（4）王亚梅不能很好地融入小组，尤其是在“马桶”活动中。

（5）王刚、曾严彬发言比较少。

（6）“新公司”活动中讨论时间过长（13 分钟）；两人上去展示时，只有一个人说，另一个人没事做；之后的分享比较冷。

2. 助教回应

（1）要投入，用心做，真的下成本才可以有收获。与其担心“组员能从小组中获得什么”，不如去想想“我们在小组中能给组员什么”。小组原来预定是希望组员从与其他组员的互动中借鉴别人的经验，丰富自己。那就可以从组员的互动中着手，带动小组气氛，鼓励他们交流，让他们在小组中寻找到可以信任的、可以帮助自己的人。

（2）一个每次都要说的问题，那就是一定要细化。既然已经把几个能力从创业方面抽出来了，就不要在活动中再把几个能力使劲往创业这个很大很泛的主题上引导。主题太大会因宏观而显得空，不深入、不具体。所以分享时还是要细化到生活。

（3）在小组之前要事先想几个方面：小组的目标是什么，每个环节之间要怎样衔接，要提出什么话题，组员有可能会怎么回应，要如何回应组员等。每个单元的目标要明确，甚至可以明确到生活细节上，比如在人际方面，组员要能妥善处理和同学的关系。

（4）对于如何在分享引到“创新”主题，可以接组员的话题转到“创新”或者深入，也可以在活动之前就要事先有所准备，想一两个可以深入的话题

（可以发到洪江荣师兄的邮箱，征求一下意见）。

（5）师姐很体谅地说："协同工作员角色很尴尬。"既不能像组员那样完全的参与活动，又不能发挥工作员的主引导作用，组员不是组员，工作员不是工作员，很尴尬。（说出了我们的心声，感激涕零啊！）鉴于这种情况，师姐建议协同工作员把自己当作一个组员，去参与活动，但是在参与过程中又要清楚自己要配合工作员引导深入活动。

3. 其他问题

（1）因为DV出问题，导致小组活动拖延十多分钟才开始。以后一定要提前准备，确保不要因此拖延时间。

（2）计划书没有修改好，以后每次都要事先修改好，发到助教邮箱。

（3）因为PPT上打出了"创新"，所以工作员没有让组员讨论，直接引入了"创新"。这点主要是组员内部的沟通问题。以后要加强组内信息的沟通。

（4）注意组员的座位，开始有点松散，后来许岩曾对工作员有过提醒。

（5）担心下次来的人少，可以在小组活动之后用短信给组员"温馨提醒"；工作员要提前代没有来的组员向其他组员解释原因并表示歉意；把小组契约拿出来提醒组员。

（6）今天李权提到要退出小组，原因是觉得自己两次都没有来，很不好意思。希望他再考虑一下之后给我们回复。

（7）"新公司"活动中，成果在保留的时候可以让每个人在自己的设计旁签上自己的名字。在小组活动结束前可以拿出来和组员一起分享成长的过程。

（8）今天6位组员，正好在"新公司"活动中可以分3个组，每个工作员可以观察一个组。在观察中获得信息，以便在后面的分享给予引导。

（9）"新公司"的创意，虽然工作员有鼓励，但组员之间的鼓励也很重要。这种鼓励不仅仅是说"这个创意好"，就可以的。应该让其他组员具体说说为什么觉得这个创意好，究竟好在哪里等。

4. 任务分配

（1）鲁丽倩——会议记录

（2）吴婷——观察记录和第四单元总结

单元活动总结：

第二节活动总结

大学生创业能力探索小组——“＄”计划的第二节小组活动于 5 月 25 号晚八点十分左右在社工实验室多功能间正式开始，主工作员是乔佳琦，辅助工作员是吴婷和丁莉，主观察员是鲁丽倩，辅助观察员是许岩，助教是洪江荣师兄。

这次小组共有 9 位组员，曾严彬因班里有事没有参加，事先有发短信向工作员请假。本来小组的第二单元活动预计是八点准时开始，因 1 位组员迟到，大家等了几分钟，后来又发现摄像机只是摆在那里，还没有开始摄像，这样又耽搁了几分钟。最后小组于十分左右才正式开始。鉴于这次的经验教训，在以后小组中，工作人员要提前准备，七点五十前一切都要就绪。此外，在不知道组员迟到多久的情况下，小组活动将按原计划开始。在小组活动开始时，向组员说明今天小组组员参加情况，比如说：×××有事不能来；×××有事会晚到一会儿，我们先开始；×××还有到，但是他没有事先请假，我们的工作人员正在联系他，我们先开始吧，等等。

第一个活动是“打傻瓜”，活跃气氛。在主工作员介绍完规则后，辅助工作员做示范并开始活动。辅助工作员第一锤敲下去时，因紧张忘记了规则中还要喊被打人的名字。这点在以后活动中还要尽力避免。此外，最好在“打傻瓜”之前再认识一下，回忆一下上节活动中“我名我秀”每个人的 POSE。

第二个活动是要认识自我，我们选择了“人生之盾”，预计最多邀请 3 位组员分享，15 分钟内结束活动。但是，由于气氛热烈，大家积极发言分享，共有 5 位组员来分享，用了半个多小时才做完此项活动。活动进行至此时，工作员已经意识到时间上控制不住。

第三个活动是角色扮演。活动氛围比预想的要热烈，组员的参与度高，每个人都扮演一个角色。不足之处，第一还是时间问题。由于没有限制讨论时间，所以 3 个组都准备了很长的时间后才开始扮演，而后的分享因为涉及 3 个组都要发言来分享扮演的感受，也占用了很多时间。第二，在这个活动中，出现了跑题的现象。角色定义不是很清晰，组员在扮演时就无边际地发挥，有的就偏离主题，致使分享不能紧紧围绕主题进行。这和我们在设计活动时没有给角色明确定义有关，在以后的设计中还要考虑到这点，避免出现模糊的状况。

活动至此已经严重超时。角色扮演后面设计的是用时 20 多分钟的人际关系网，但是九点四十分就应该结束的小组在九点五十分左右才结束角色扮演，人际关系网已经没有时间来做了，但为了保持活动的完整性，工作员大致说了一下“人际关系网”要如何做，以及做这个活动的目的，希望组员在活动结束之后对这个活动能有所思考。

这个单元的活动总体感觉没有第一单元做得好。主要原因在于第二单元涉及较多的讨论分享，工作员经验不足，缺乏话题引导和时间控制的技巧，另外缺乏工作员之间的沟通，加上沟通没有效果，协同工作员不能适时的帮助工作员深入话题以及提醒时间。我们具体总结了一下在这个单元活动中好的方面和存在的问题。

工作员方面。工作员目光关注游离在小组边缘的组员；倾听，积极回应组员发言。但是在组员发言时间过长时，不知道如何打断组员；在很多组员分享之后，回忆每个组员的分享重点时感觉很吃力；和协同工作员沟通有点少；在不切题、跑题时不能及时拉回；感觉自己逻辑有点混乱。

协同工作远。对组员深入讨论时引导不够；在跑题时不知道如何处理；与工作员的配合不默契，不能有效地提醒工作员控制时间。

分享讨论是小组的生命力，深入积极地分享讨论才能激发组员的潜力与热情。我们对问题进行分析后，提出以下的改进总结：

第一，在分享讨论时，协同工作员可以把要点记录在黑板上或白纸上，方便工作员在回应或总结时回忆要点。

第二，对于组员发言时间过长：在邀请组员发言时，工作员就可以提醒时间，比如“每位组员的时间为 3 分钟”；在组员发言时，工作员可以适时打断，做澄清和总结，但是一定要注意打断组员的工作技巧。

第三，每个活动要设计时，要充分考虑时间细节。

第四，可以利用 PPT 等多媒体设备，比如说把规则的要点放到 PPT 上。

总之，虽然这节活动做得比较失败，但是我们从中总结教训，相信在以后的活动中，我们会做得更好，而且每个工作员都可以有所收获和成长。

通过小组的实际带领，实践小组各个成员充分感受到了实验教学的神奇力量，小组理论与实践技巧得到了很好的契合。小组助教在实验教学中的作用也在学习者的成长中可以看到。

（四）第四阶段的研究资料分析与讨论

作为小组工作实验教学的最后一个环节，实践组员在助教的指导下，通过评估计划的撰写，评估材料的收集、整理及分析，比较好地掌握了小组评估计划。在实际操作中完成了各自小组的评估计划，完成了评估报告。从下面的评估计划可以看出他们在实验教学中的成长：

小组评估计划

——＄计划—大学生创业能力探索小组

1. 单一个案设计评估

在小组招募时，本小组给组员做了一套关于创业能力的测试，一来让他们知道自己的能力水平，二来是选择组员的一个标准。

根据组员反应，这项测试中很多选项太绝对，和他们的真实想法不符。所以前测问卷是由这项测试修改而成的量表。通过量表各项的得分，推断他们的能力水平。

后测问卷要对前测问卷稍微有些修改，由于创业能力目前对组员无法进行有效的测试，于是拟再添加一些关于在生活上是否有改变的陈述，以检验小组对组员在大学生活中的影响。

2. 实验法评估

实验组成员就是现在进行中的小组成员。控制组由当时报名小组却未被招募进小组的同学构成。给控制组的成员，填写实验组填写的前测问卷。比较控制组的后测结果和实验组的测试结果。

3. 小组效果评估

（1）反馈问卷

通过反馈问卷，得知他们对小组效果的满意度。

（2）焦点小组

问卷的形式太死板，需要一个开放自由的讨论，让组员说出对小组的看法，所以召开焦点小组。运用焦点小组的形式，有利于获得更为广泛、全面的信息，而且，组员能够相互启发、相互补充，从而发现一些自己其实有感受，但当时没想到的问题。并且，焦点小组同时访问一群人，可以节省人力和时间。同时，考虑到希望得到最为真实的信息，小组由一个平时和他们接触不多的人来带领，暂定由助教带领。因为组内的6个人轮流担当协同工作员，相互之间能有接触并慢慢熟悉。因此，6个人当中的任何人去带领焦点小组，都可能会对他们形成无形的压力以及很高的期待，由此他们可能无法坦诚地表达对小组的真实看法。

（3）个别访谈

根据群体压力的理论，在焦点小组中，即使某个人对小组不认同，也可能会在当时小组情景中的群体压力下，改变自己的原有看法，服从小组中多数人的意见。这样就遮盖了小组成员的真实想法，所以有必要对个别组员进行深入的访谈。

比如说，王亚梅，在我们的意见本上她写下“可以先从两个人的关系开始，再扩展到多个人”，因为她在融入小组之初小组有点困难。由于性别原因她在小组中和大家熟识得比较慢，发言相对来说也比较少，总体感觉参与度不高。对她就可以深入访谈，看她对小组有什么改进的意见。还有曾严彬，他在小组中袒露了深层次的事情，虽然我们没有给予及时的回应，但他对小组还是很信任的，愿意在小组中分享，参加小组活动也很积极参加。但是由于性格的原因，小组其他成员对他并不是很关注，每次他发言时，其他组员也没有积极的给予回应，不知道这些对他会不会造成伤害。我们对他深入访谈，一方面，了解他对小组的看法建议；另一方面，如果他在小组中受了伤，我们要积极、及时地补救。

（4）后期跟进

为了了解在小组结束一段时间后，组员各方面的行为表现，尤其是检验小组对组员的影响是否依然有效。在小组活动结束两个多月后，大约在下学期的第二周到第三周，对个别组员做一次跟进访谈，看看他们是不是在生活中有所改变，来测试小组的长期效果。

4. 组内反思、评估小组

虽然每次做完一个单元，都会坐下来说说出现的问题。但是这种在小组过程中的反思不够系统，而且仅仅是反思出现了什么问题，对出现的问题要怎么解决、怎么预防等都还反思得不够。在小组结束之后，我们有必要进行一下系统的反思和总结，包括以下几个方面：工作员的反思和观察员、协同工作员的反思。每个人都从自己在小组中的角色出发，写总结反思小组历程。

（1）工作员对小组评估：

工作员从头到尾主持小组，参与度为高。因而可以通过带领小组的过程中感受到的内容来评估小组。

（2）观察员和协同工作员对小组评估：

观察员和协同工作员更多的是观察小组，参与度为中。因而可以从一个旁观者的角度，总结在小组过程中所感受到的内容。

5. 督导对小组的评估：

助教通过对整个小组的全程跟踪式督导，通过对每次单元活动的录像进行细致观察，通过与工作员团队的反思分享，通过与组员的访谈，以对小组过程和小组结果进行评估。

督导的评估测量工具包括：助教小组观察笔记、单元小组分享笔记、小组单元活动录像、与组员的访谈记录、督导报告等。

五　结论与建议

（一）助教实验教学方法效益探讨

1. 效益探讨

经过一个学期的实验。全部参加实践学习的 24 人在学习方面有明显的提高，主要表现在：第一，理论学习扎实，课堂表现和言谈之中明显优于没有参加实践的同学；第二，带小组的能力有很大提高，在学院承担此类小组时，他们的参与度、带领技巧和效果明显好于其他同学；第三，在期末考试成绩方面，参加实践的同学比没有参加实践的同学在考试成绩中存在统计学意义上的显著差异，参加实践的同学考试成绩高于其他同学。

2. 教师角色转变

在小组的教学中，教师从全能的教的角色逐渐走出来，同时承担教学者和同行者的角色。在实际学习中，教师提供资源和机会，让学生发挥个人能动性，实践和检验课程内容。教师与学生一起探讨课本知识，促进课程理论和知识的改进和创新。

3. 助教职能与角色讨论

经过总结，助教在该教学法中发挥了重要的作用。他不仅可以连接教师与学生，也协助学生连接课堂知识与实践操作，同时弥补了教师在教学和学生在实践方面的不足。经过总结，其角色主要可以从以下几个方面讨论：

小组工作助教的设置是为了更好地开展小组工作实验教学，为了促进实验教学的更好开展，助教首先必须准确定位自己的角色。小组工作助教要起到作用，也是一个生命影响生命的过程，也需要与被辅导同学进行沟通交流的适当情境进行介入，而小组工作助教在各种情境中的功能角色是不大一样的，具体角色可以有以下几种：

（1）教育者的角色。助教的教育者角色的基础来源于他们相对于被辅导同学具有更加丰富的专业知识与工作技巧。该角色主要是协助被辅导者进一步学习社会工作专业伦理原则和精神；协助被辅导同学充实专业知识，磨炼专业技巧；促进被辅导者的自我认知；协助被辅导者了解服务对象的特性和问题；协助被辅导者尽可能多地了解并利用可利用资源，更好地为案主提供专业服务。具体到细节，该角色要求助教帮助被辅导同学解答课程学习困惑；帮助同学们进行实践服务主题的确定；协助同学们进行小组计划书的修改及小组的具体实践、评估等。所以助教的教育者角色是一个相对比较权威的角色，当然这个角色也对助教提出了较高的素质要求。

（2）支持者的角色。对于小组工作课程的初学者来说，由于以前没有过小组带领经验，因此在首次实践操作当中，他们常常感会感觉信心不足、焦虑和无力。加之实际的小组实践中会有很多琐事，学生在操作学习中也常常面临各种压力和挫折，这样不仅不利于他们自身的专业学习与成长，也会降低其对实际操作小组组员的服务质量。因此，助教的支持角色就显得十分重要了。小组助教必须随时根据对同学们表现的观察，了解他们的心理需求，及时给予鼓励和帮助，使他们能够有效地克服压力，顺利完成实践学习的任务。具体来说，小组助教支持者角色主要是增强同学们的自我功能，建立对小组工作手法的信心，减低实际操作同学的消极或畏难情绪；及时地（比如在小组模拟或者小组实际带领之后的分享总结中）对他们给予关怀与支持，使他们感到在小组实际操作中有依靠、有安全感，从而愿意不断努力地学习专业知识；适时地激发实际操作小组同学对实操组员的服务情绪，帮助他们建立良好的专业价值。

（3）评估者的角色。助教的另一职责就是配合小组工作课程教师对同学们的实践学习的各个环节进行评估，并对同学们的平时成绩根据评估进行评分。具体包括对实践小组服务计划书的评估，实践小组实践效果的评估及实践小组的努力评估等。评估是助教的一项非常重要的工作，是小组工作实验教学的一个重要环节，是对小组工作课程学习者学习效果的正确评价，也是对实践小组组员（服务对象）的负责。当然也是不断反思小组工作课程学习同学理论与实物结合、提升专业技巧及内化社会工作价值观等问题的必要途径。

（4）同行者的角色。作为合格的助教，仅仅给低年级的同学进行小组工作知识、技巧的辅导及支持还是不够的，它要求小组助教是被辅导者的同行者。助教只有和被辅导同学一起经历小组学习中的“风风雨雨”、“点点滴滴”，被辅导同学才能真切地感受到助教支持的力量，才能较好地配合助教开展工作，也才能在小组实验教学中收获更大。当然，作为同行者的角色，小组助教还应该向“同行者”——被辅导同学学习。正所谓“三人行，必有我师焉”。他们在小组的实际带领过程中迸发出来的专业智慧和展现出来的精神风貌是值得助教的学习的。

综合以上对小组助教的角色分析，可以看出助教在不同情境中所承担的不同的角色。但是不论何种角色，小组助教都要履行相应的职责。有效的小组工作助教应该做到：

第一，积极配合小组工作课程老师完成相应的教学任务，并协助小组工作课程学习者顺利完成学习任务。例如助教要协助各学习小组按时完成小组计划书的撰写及修改等。

第二，与小组课程学习同学成为盟友关系，与他们维持良好的交流，并熟知学生处理问题的经验、弱点、强项和疑虑，协助他们克服小组工作课程学习及小组实际操作中的困难，对小组提供情绪的支持，并可结合自身经历端正他们的学习动机。

第三，给小组课程学习的同学做好实践的示范，包括让他们在小组实际操作过程中仿效自己排除忧虑和两难以及推动同事间合作的技巧，并在模仿过程中，让他们慢慢理解自己的具体小组工作技巧之优势与不足，当然他们也能够从对助教的观察中掌握实际操作组员（服务对象）的看法。

第四，给小组课程学习的同学相应的辅导，包括协助他们掌握小组工作专业知识与理论，给予他们在小组带领方面的工作技巧经验，帮助他们不断在技巧及能力上得到锻炼及提升，促使他们建立个人对小组工作专业课程的认同。

第五，对小组课程学习同学的各个实践环节进行评估，包括对实践小组服务计划书的评估，实践小组实践效果的评估及实践小组的努力评估等，与实践同学一起结合评估材料及时反思工作技巧，并根据评估结果配合小组工作课程教师进行平时的成绩评定。

第六，助教需要不断对自己的辅导方式及互动表现做出反思，包括描述自己在辅导过程中所做的，发现自己言行中反映的价值取向和理论基础等，以重构自己面对如此情境的作为，以最大限度地帮助同学们在小组实践中成长。

（二）建议

本次研究，探索了一套新的教学和学习方法，也发现了传统教学模式中的一些问题。在探索方法和建立模式的过程中，必然还存在一些不足，特提出以下建议，以作讨论：

1. 做好前期的准备和计划工作。在实践教学之前，应该对整个教学过程、教学步骤、教学目标和各方职责的定位有明确的说明或讨论。

2. 提高教学中的教学资源保障。实验教学是巨大的消耗，需要有财政和物力的充分支持。

3. 引入多种研究方法，加强定量研究。在行动研究中，尽量引入定量研究，弥补许多研究的不足。

4. 扩大实验教学面积。不仅在小组工作课程中，让所有的学生都参与进来，在社会工作的其他方法课程，或其他学科的应用性课程中，也需要引进和探索。

5. 坚持长期研究，不断改进和探索适合的教学方法。

参考文献

［1］宋虎平：《行动研究》，教育科学出版社2003年版。

［2］王思斌：《社会工作概论》，高等教育出版社1999年版。

［3］冯博雅：《“成长小组”与同辈互助——解决新生适应问题的学校小组工作模式探索》，《广东工业大学学报》（社会科学版）2006年S1期。

［4］李敬华：《互动式教学模式在大学英语教学中的行动研究》，《天津市教科院学报》2006年第1期。

［5］刘华丽：《浅议成长小组的社工模式》，《华东理工大学学报》（社会科学版）2003年第1期。

［6］魏爽：《社会工作专业学生“自我成长小组”模式初探》，《北京工业大学学报》（社会科学版）2003年S1期。

［7］王宇：《我国青年社会工作者价值观的培养》，《中国青年政治学院学报》1996年第4期。

［8］黄耀明：《小组工作方法在大学生成长中的实践分析——以漳州师范学院人际交往训练小组为个案》，《漳州师范学院学报》（哲学社会科学版）2005年第2期。

［9］陈睿渊、刘春雷、陈奕纬、唐国丽：《行动研究在大学教学中的应用》，《高教论坛》2007年第2期。

点评：小组工作方法作为社会工作传统的三大工作方法之一，在高校社会工作专业的课程教学体系中占有举足轻重的地位，此课程非常重视理论与实践相结合，强调对学生实践操作能力的训练。洪江荣、漆光鸿、冯婷和张璟雯的《小组工作课程实验教学行动研究》一文，运用行动研究的方法，对小组教学的四个阶段进行了自我思考与准备、拟订计划、执行计划、评估与反思的研究过程，通过对研究资料的分析发现：相对于部分参加实践的学生来说，全部参加实践学习的学生理论学习更为扎实，带领小组的能力有很大提高，期末考试成绩也明显提高。研究还对助教的职能和角色进行了探讨，并对目前实践教学存在的问题提出了解决策略。此研究方案设计合理，研究过程的完成比较严谨，选择的评估工具得当，研究结论对国内高校社会工作专业的小组工作课程开展实践（实验）教学具有较高的实践指导意义。

（中国青年政治学院社会工作学院讲师　周军）

儿童托管中心服务对儿童发展的影响*

——以福建省沙县××学生托管中心为例

作者　何凯波　杨扬　林倩

指导老师　陈涛

一　引言

在当今世界社会变迁速度加快、社会现代化影响广泛深远的处境下，儿童问题显得尤为重要和紧迫，世界各国高度重视儿童问题，把重视儿童问题作为关系国家兴旺发达的战略性问题来考虑。在儿童数量位居世界首位和社会经济结构快速变迁的中国，研究儿童发展尤为重要。近年来，在许多地区出现了一批与以往的福利性儿童机构不同的儿童托管中心。据不完全统计，仅福建沙县，儿童托管中心及类似机构就不下10家。沙县并不是儿童托管中心数量最多的县区，目前福建、四川、江西、河南等省各县市区已经建立了大量的儿童托管中心，其数量之多难以计算。

目前，学术界对儿童托管中心的概念还没有一个明确的界定。通过查阅仅有的少量资料，我们认为儿童托管中心是这样一个服务儿童的机构：一定数量的儿童以某种方式集中到其中，通常在其空间范围内较长时间的共同学习、生活、活动，并且这个机构尽量提供一个家庭的功能。有的儿童托管中心是民办

---

* 该作品获第九届“智慧星火——中青学子学术支持计划”二等奖。获第五届“挑战杯”首都高校大学生课外学术科技作品竞赛二等奖。

的以盈利为目的的机构，有的是在政府、妇联支持下运行的营利或非营利机构。一般而言，儿童需缴纳一定费用后才能进入其中。近年来，随着留守儿童这一特殊群体的出现，全社会对儿童问题更加关注。不仅农村有留守儿童，城市、城镇中也出现了大量的留守儿童。留守儿童是指因父母双方或一方外出务工、经商或进行其他活动而长期由长辈、亲属或他人代为照管的未成年人。① 众多需要托管的儿童和需短时间照看的儿童便成为了儿童托管中心的服务对象。现阶段，儿童托管中心只是被地方基层教育部门划入成人教育类型进行备案，而没有具体针对这类机构的方针、政策、措施，也没有这类机构的准确定位，这类机构甚至没有“身份”。

为了呈现出儿童托管中心服务对儿童发展的影响，让社会、政府对儿童托管中心有一个较清晰的认识，本课题组以福建省沙县××学生托管中心为例对儿童托管中心进行了实地调查。同时，希望通过此次调查研究，探讨儿童服务的相关方法、模式，以更好地促进儿童发展。

二　研究概述

（一）研究对象

福建省沙县是一个人口流动性大的县，许多家长外出把孩子留在本地而成为了需托管的儿童。目前还没确切的数字说明沙县需托管儿童的数量，但从当地托管机构的数量来看，需托管儿童的数量至少占当地儿童的三分之一。

成立于2006年末的××学生托管中心位于福建省沙县城北南区检察院大楼的五层和六层，是一家民办的儿童托管服务机构，在当地发展较为成熟。目前有托管儿童30名左右，其中长期托管儿童28名（托管时间超过1个月）。前来托管的对象为一年级至六年级的学生，孩子年龄较小，对家庭的依赖性还很大，生活上缺乏独立性。

××学生托管中心租借检察院大楼的五层和六层作为场地，有教室、寝

① 李永鑫、骆鹏程、谭亚梅：《农村留守儿童心理弹性研究》，《河南大学学报》2008年第1期。

室、活动室（提供电视机、乒乓球及各种棋类）、办公室等若干房间。机构现有工作人员 7 人：一名负责人，是一位 27 岁的女性，学历为高中毕业；一名后勤保障人员（被称为“总务”），是一位超过 60 岁的男性；一名厨师，是一位超过 60 岁的男性，身体有轻微残疾；4 名辅导员，其中一位是 20 岁左右的女性高中毕业生，其余 3 名为大专或高中毕业的中年女性。图 18 是××学生托管中心的简明平面图，图 19 是××学生托管中心部分设施，表 77 是××儿童托管中心的作息时间表。

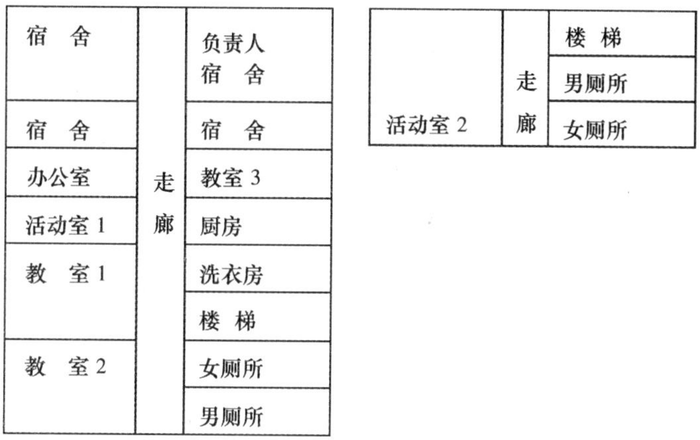

图 18　××学生托管中心简明平面图

左图：五楼；右图：六楼

表 77　**××儿童托管中心作息时间表**

作息时间表								
上午	起床	6：00—6：30	中午	放学	11：30	晚上	放学	17：00
	晨读或运动	6：00—6：50		午餐	11：30—12：00		晚饭	17：00—18：00
	吃饭	6：50—7：20		午休	12：30—14：00		第一节自习	18：30—19：20
	上学	6：20—11：30		上学	14：30—17：00		第二节自习	19：30—20：20
							熄灯	21：30

××儿童托管中心教室 1

××儿童托管中心儿童宿舍

××儿童托管中心教室 2

××儿童托管中心活动室 2

图 19　××学生托管中心部分设施

课题组之所以选择福建省沙县××学生托管中心为例进而探讨儿童托管中心服务对儿童发展的影响，主要基于以下原因：一是处于改革开放较早区域的福建省经济发展迅速、流动人口多，产生了大量需要托管的儿童，促进了儿童托管中心的产生，一方面在商品经济意识较为浓厚的当地，儿童托管中心有着较为有利的生存环境；另一方面儿童托管中心也受到了各界的广泛关注和质疑，研究该地的儿童托管中心具有很大的价值性；二是该地的儿童托管中心不仅数量多，而且发展较为正规，运行较为成熟，具有典型性；三是，课题组中有来自当地的成员，将会为我们的调查研究提供很多的便利，大大提高课题研究的可操作性。

（二）研究的基本过程

课题组从6月份选题至9月份研究结果出炉历时4个月，研究过程可划分为四个阶段。第一阶段（6月份）：选题。初步确定以儿童托管中心为研究对象后，通过查阅仅有的少量文献，选题逐渐清晰明朗，最终确定以福建沙县的××学生托管中心为例，进行个案研究，以期得出儿童托管中心服务对儿童发展的影响。第二阶段（7月份）：进一步收集资料，制定研究方案，着手准备实施调查的相关事项。第三阶段（8月份）：具体调查。本课题组采取了实地调查的方式，历时7天。第四阶段（9月份）：分析所掌握的材料，撰写研究报告。

在实地调查的7天中，课题组采用"蹲点"的方式，深入调查××学生托管中心服务对儿童发展的影响。前一天参观了当地三家儿童托管服务机构、两家幼儿园，大致了解了沙县当地儿童托管的状况、儿童生存状况和经济发展水平，为接下来的调查工作做了准备。紧接着的6天，从每天早8：30到下午5：30，课题组与××学生托管中心儿童一同学习、活动，进行深入的实地调查，掌握了大量的第一手资料。

（三）研究方法

课题组根据现有人力、物力和成员自身的优缺点，主要以儿童托管中心内的儿童与在家庭内正常成长的非托管但相仿儿童进行对比研究，形成托管儿童测量组和非托管儿童测量组。课题组使用合适的量表集中测量了两组儿童的生活环境、行为发展、学习发展（包括学习成绩、艺术体育特长发展）、情感需求、社会化及社会适应力等维度，来揭示儿童托管中心服务对儿童发展的影响。

具体方法是：生活环境方面，课题组向托管中心工作员发放《Rutter儿童行为问卷—教师问卷》，对相关生理、行为指标进行测量，并考察儿童托管中心的生活环境和相关生活设施、儿童健康保健措施；学习发展方面，主要对儿童托管中心存档的各科成绩进行查阅，比较"入托"前后的差异，并考察机构辅导员的教学理念、教学方式和机构的教学设施；情感需求方面，课题组主要运用《儿童孤独量表》对儿童的情感需求满足情况进行测量，并深入观察托管中心儿童的情感表现；社会化及社会适应力方面，课题组主要运用《儿童社交焦虑量表（SASC）》对相关指标进行测量，并分析量表反映的各项指标。

选择以上测量量表的原因如下。(1) 现在人们一般认为儿童行为问题包括行为和情绪问题。常用的儿童行为问卷有《Achenbach 量表》、《Conners 量表》和《Rutter 儿童行为问卷》，这些问卷在许多领域被广泛应用，各有特色，分别回答不同范围的问题。但是《Ruttet 儿童行为问卷》有较好的信度和效度，该问卷简单、明确、易于掌握，其灵敏性、特异性和总效率均很高，所以它可较好地适用于学龄儿童的儿童行为问题的调查研究工作。(2)《儿童孤独量表(Children's Loneliness Scale)》是用来评定儿童的孤独感与社会不满程度的量表。该量表有 24 个项目，可用于评定小学生的孤独感与社会不满程度。量表的一致性很好，该量表作为儿童孤独量表是恰如其分的。(3)《儿童社交焦虑量表（Social Anxiety Scale for Children)》的条目涉及社交焦虑所伴发的情感、认知及行为。本次调查使用的量表为最新的 10 个条目版本，条目使用 3 级评分制。有学者检验后认为该表有较好的信度和效度，可用于我国儿童社交焦虑症状的评估。

托管中心儿童测量组和非托管中心儿童测量组的抽样方法是：机构当时托管的 28 个平均年龄为 9. 28（ ±1. 18）岁的长期托管儿童（托管时间超过 1 个月）为托管中心儿童测量组（其中全托儿童 9 人、男生 12 人、女生 16 人）；然后按照便利原则抽取 28 个平均年龄为 9. 85（ ±1. 48）岁的非托管儿童为非托管儿童测量组（其中留守儿童 8 人、男生 13 人、女生 15 人），尽量保证托管中心儿童和非托管儿童的同质性。

同时课题组考察了儿童托管中心的性质、硬件设施、人员素质、价值理念及存在的问题，并对儿童托管中心的工作人员、儿童家长、当地政府主管部门进行了结构式访谈。

三　研究结果

研究结果整理如下：

（一）生活环境方面

儿童托管中心的硬件设施虽然比较简陋，但是基本上能够满足儿童“托”和“管”的需要，为儿童提供了一个较为安全和健康的港湾。儿童托管中心采用封闭式的管理方式，能够避免儿童遭受身体伤害，为儿童提供了一个安全场所，使父母对儿童的安全较为放心。在托管中心人员的“耐心”、“细心”照顾下，儿童的生理疾病能够得到及时、较为有效的治疗。托管儿童的每个宿舍里，都会配有一个辅导老师与他们同吃同住，以便及时照顾托管中心的每个儿童。儿童托管中心制定了《住宿制度》、《膳食制度》、《学生制度》、《教师制度》等多种规章制度，有利于托管中心工作人员和儿童的有序安定。

在儿童托管中心，儿童的健康和生理发展有基本保障。儿童托管中心积极协助家长、学校做好儿童的卫生防疫工作，定时提醒家长、学校关注儿童的健康情况。从《儿童行为量表》的测量结果来看，托管中心儿童的生活行为较为健康，特别是关于卫生方面的测量指标较为理想。而且，“全日制”的机构工作人员常常会重视和引导儿童生理健康的正常发展，比如辅导员非常重视儿童做功课时的坐姿，目的是预防儿童近视。

在儿童的饮食方面，托管中心虽然没有按照营养学的标准制定饮食计划，但是满足了儿童的基本饮食需求。表 78 是儿童托管中心的食谱，通过咨询，我们了解到这样的饮食标准在当地处于中等水平。这样的饮食和营养标准虽不是很高，但能够满足儿童生理和智力发展方面的基本需求。

但是，儿童托管中心的硬件设施毕竟比较简陋，儿童活动的空间较小。儿童没有固定的餐厅就餐，虽然有两个活动室，但是活动室 1 只有一部 21 英寸的电视机和一些棋类玩具，活动室 2 只有一张乒乓球桌。儿童托管中心既缺乏正规的儿童保健措施，也没有对儿童进行体检、医疗卫生保健等方面的规划和观念。而且，由于法律等方面的原因，儿童监护权的转移是一个令托管中心、家长、学校多方头疼的事情，托管中心监护权的不明晰给许多方面留下了隐患。

表 78　　××学生托管中心食谱

	平时	周末或节假日
早餐	牛奶＋鸡蛋（或蛋糕）＋稀饭	在平时的基础上增加包子或饺子
午餐	两荤一素一汤	
晚餐	两荤一素一汤	

（二）学习发展方面

儿童托管中心辅导儿童功课的效果明显，儿童的学习成绩获得了进步。表 79 反映了儿童成绩“入托”前后的变化，从表中我们可以看出：经过托管中心辅导后，儿童的语文、数学成绩进步明显，语文成绩的优秀率提高了 7 个百分点、数学则提高了 15 个百分点，只有英语下降了 5 个百分点。而且，“差生”的进步明显，以学生 A 为例，从表 79 中我们可以看出，学生 A 入托前后的学习成绩差异，据工作人员介绍他是因为成绩差被学校老师拒绝接收托管后来到儿童托管中心的，但是，经过儿童托管中心的老师辅导后，他的学习成绩进步明显，一个学期下来语文提高了 16.5 分、数学提高了 26 分。

表 79　　学生托管中心儿童成绩优秀率（90 分以上）前后对比表　　单位:%

时间段 科目	样本数量	“入托”前	“入托”后	前后对比
语文	32	52	59	↑7
数学	32	42	57	↑15
外语	22	39	34	↓5

注：以上儿童成绩均为 2008 年上学期成绩。

表 80　　学生托管中心学生 A 学习成绩前后对比表

时间段 科目	“入托”前	期中考试	期末考试
语文	75	85	91.5
数学	66.5	74	92.5

注：以上儿童成绩均为 2008 年上学期成绩。

在“托、管、教”的经营理念下，托管中心高度重视儿童的学习成绩的提高。在方式上，儿童托管中心把儿童分成不同年级分别进行功课辅导，针对不同儿童，托管中心会以个别化的方式进行辅导。根据需要还会采用课堂上课的方式教授儿童课本知识，并严格要求学生按时完成学校和托管中心布置的作业。

需要指出的是，有教师指出：中小学阶段，年级越高，学生要想到达学习成绩优秀越困难，因此可以排除时间对托管中心儿童成绩上升的影响。

同时，学生在学校获得的荣誉多了：2008 年“六一儿童节”，托管中心的儿童获得了总数 6 张“优秀少先队员”和“三好学生”的奖状，平均当时托管中心 3. 3 个儿童就拥有一张奖状。

然而，由于教学设施以及辅导员素质的原因，儿童的英语、艺术、体育及其他兴趣技能的发展受到限制。托管中心的儿童除了节假日有少量的活动和文艺安排外，其他时间都被固定的课程或简单的活动形式安排着，因此，在儿童托管中心，儿童的全面发展受到了限制。

这也是为什么表 78《儿童成绩“入托”前后的变化》中，儿童英语成绩进步不明显的原因。儿童托管中心辅导员大多是高中或大专毕业，其英语水平不能满足辅导儿童的需求，因此，容易辅导的语文、数学方面儿童的学习成绩进步明显；而较难辅导的英语方面，儿童的学习成绩进步不明显甚至退步。

（三）行为发展方面

在儿童托管中心，儿童习得了正向的行为模式。我们观察到儿童托管中心的儿童乐于帮助自己的同伴，“懂事”、“照顾别人”是老师对他们的评价。从《儿童行为测量表》的统计（见表 81）来看，托管儿童组的平均得分是 4. 69 分（ ±6. 86），大大低于非托管儿童的 9. 43 分（ ±3. 53）。从个人对比来看，托管儿童中只有 4 个儿童得分超过量表的临界值 9 分成为行为不良者，而非托管儿童有 11 个儿童得分超过量表的临界值 9 分成为行为不良者。这说明，在儿童托管中心，儿童习得了正向的行为模式。

表 81　　儿童行为测量结果

	样本数量	平均分（分）	标准差
托管儿童组	28	4.69	6.86
非托管儿童组	28	9.43	3.53

这是因为，儿童的行为受到了工作员的训练，儿童托管中心的一个重要理念就是培养孩子的独立意识和自强不息精神。儿童托管中心按照《学生制度》的要求对儿童的行为进行管理、引导。脱离原来的家庭后，儿童不得不变得更加生活自理和独立。而且面对集体生活、学习，儿童不得不开始学习节制自己的行为及与他人相处。

但是，在问及“喜不喜欢与本班异性同学一起游戏”时，托管儿童组53.6%（15人）的回答是否定的，而非托管儿童组只有32.1%（9人）的回答是否定的，而且通过我们对他们游戏时的观察，发现托管中心的儿童往往东张西望或者表现出紧张，而非托管中心的儿童却多能坦然处之。儿童托管中心负责人是女士，4个辅导也都是女士，只有一个上了年纪的掌管后勤事务的“总务”是男性，儿童称之为爷爷。因此，托管中心儿童见到的大多是“妈妈”，缺少更多“男性榜样”和“爸爸”的角色。虽然课题组不能确定这种角色的缺失对儿童会产生什么样、何种程度的影响，但可以肯定的是，缺乏“男性榜样”、“爸爸”的角色会对儿童产生某些方面及某种程度上的影响。

（四）情感满足方面

在儿童托管中心，儿童的情感需求能够得到一定的满足，但是儿童还具有明显的孤独感。从测量结果来看，不管是托管儿童组的孤独感还是非托管儿童组的孤独感指数都比较高。在儿童托管中心，工作人员秉着“细心、爱心、耐心”的理念对儿童进行照顾，儿童的情感需求得到了一定的满足，而且定时联系父母也能满足儿童一定的情感需求。但是从表82的统计分析可知：托管中心儿童的孤独感明显高于非托管中心儿童。

儿童托管中心内，“全托”儿童孤独感强烈于“非全托”儿童。托管儿童组指数的标准差（7.93）处于高水平状态，说明托管儿童之间情感满足感的差异明显。从“全托”儿童和“非全托”儿童的内部比较看，“全托”儿童的孤独感指数高于“非全托”儿童的孤独感指数。表 83 反映了全托与非全托儿童孤独感的差异。由于全托儿童多数是名副其实的“留守儿童”，远离亲人，因此产生孤独感。测量结果表明，虽然不能说儿童托管中心制造了“全托”儿童的孤独感，但是至少可以说明儿童托管中心解决“留守儿童”孤独感的效果不明显。造成这种状况的原因是很多的，但是课题组深入观察发现：托管中心工作人员很大程度上还是以教学的方法对儿童的行为、情感进行管理和引导，工作人员对儿童情绪、情感的处理还显得粗糙和缺乏科学性；这当中，既有方法上的原因也有理念上的原因。

表 82　**儿童孤独感测量结果**

	样本数量	平均分	标准差
托管儿童组	28	43.29	7.93
非托管儿童组	28	38.86	6.28

表 83　**全托与非全托儿童孤独感测量结果比较**

	样本数量	平均分	标准差
全托	9	47.8	10.86
非全托	19	41.4	6.28

（五）社会化、社会适应力方面

在儿童托管中心，儿童的社会化和社会适应力的发展受到一定影响。从表 84 的统计分析可知：托管儿童组的社交焦虑感得分为 9.43 分（±3.58）明显高于非托管儿童组 4.29 分（±2.21）。托管中心儿童的社交焦虑感高于非托管中心儿童。从量表单项测量结果来看，多数单项指标的差异性不明显。但是，托管儿童组和非托管儿童组在《儿童孤独量表中》的第一项“我很容易在学校里结交朋友”和《儿童社交焦虑量表》第三项“我周围都是我不认识的小朋友时，我觉得害羞”的差异明显，如表 85 所示。

这种状况很大程度源于机构托管封闭性的天然弊病；但也与儿童托管中心的儿童发展理念和各种软、硬件条件分不开。

表 84　**儿童社交焦虑测量结果**

	样本数量	平均分	标准差
托管儿童组	28	9.43	3.58
非托管儿童组	28	4.29	2.21

表 85　**量表部分单项指标对比**

项目	样本数量	平均指数		标准差	
		托管中心内儿童	托管中心外儿童	托管中心内儿童	托管中心外儿童
我很容易在学校里结交朋友	28	2.57	2	1.13	1.15
我周围都是我不认识的小朋友时，我觉得害羞	28	0.43	0.29	0.79	0.49

四　小结与讨论

总的来说，××学生托管中心为儿童提供了一个较为稳定和安全的港湾，很大程度上起到了“托”和“管”的作用。课程学习、功课温习是儿童托管中心的主要学习内容，儿童的语文、数学成绩获得很大提高，学习成绩的总体水平也获得了很大提升。并且有针对性的辅导方式和一对一的辅导服务也能照顾到每个儿童。在儿童行为方面，儿童容易习得公认的正向行为。情感需求满足方面，儿童托管中心能够满足儿童的部分情感需求。但是，在儿童托管中心，儿童某些方面的发展受到了限制，儿童的性别认知、社会化及社会适应力的发展也在一定程度上受到了影响，儿童的情感需求也很难得到完全满足。

（一）××学生托管中心代表了一种新的儿童托育模式

虽然××学生托管中心提供的服务对儿童发展既有利又有弊，但我们毕竟看到了一种儿童服务的参考类型。从全国范围来说，还存在着大量类似××学生托管中心的儿童服务机构，它们大多被称为"儿童托管中心"。虽然目前还没有针对儿童托管中心的明确定义，但是通过调查，我们认为儿童托管中心是一定数量的儿童以某种方式集中到其中，通常在其空间范围内较长时间的共同学习、生活、活动的服务机构，并且这个机构尽量提供一个家庭的功能。有的儿童托管中心是民办的以盈利为目的的机构，有的是在政府、妇联等支持下运行的盈利或非营利机构。一般而言，儿童需缴纳一定费用后才能进入。众多需要托管的儿童和需短时间照看的儿童便成为了儿童托管中心的服务对象。

本质上，儿童托管中心是一种儿童托育类型，但又区别于国外的儿童托育模式。儿童托管中心具有如下特征。从属性来看：儿童托管中心是社会福利体系之外的，民办的或政府、妇联等支持下运行的盈利或非营利儿童托育服务机构，即是市场的产物，又按照市场的规则运行。从服务对象来看，这类儿童服务机构面向所有有需求的正常儿童；儿童通常需要以一定的方式进入，通常要缴纳一定费用；儿童的家庭正常完整，只是父母暂时或较长时间与之分离；儿童服务机构、家庭双方具有选择的自主性和充分的自由性。从服务方式来看：一定数量的儿童集中在服务机构中共同学习、生活、活动，并且这个机构尽量提供一个家庭的功能；同时儿童还经常保持与父母和其他亲人的联系，离开服务机构后，儿童回到正常的家庭环境中。从服务内容来看：服务机构按照一定的规则，通常是按照市场规则，提供正常的、发展性、全面性的服务。从发展阶段来看，儿童托管中心处于起步、刚发展阶段，发展还不成熟。

我们可以把具有这些特征的儿童托育服务机构归纳为一种新兴的儿童托育模式，即"儿童托管中心模式"。具体类型包括"托、管、教"一条龙服务、"托、管"服务等；时间上又分为"全托（全日制托管）"、"半托"（类似于香港的“课余托管”①，只是香港的“课余托管”是社会福利体系的一部分）、“临时托管”等类型。

从儿童托管中心模式产生原因来看：随着中国社会“单位制”等各种组织要素的转型、市场经济的发展，尤其是大量留守儿童的出现，儿童托管需求旺盛，正式挂牌开业的儿童托管中心应运而生。从时间来看，儿童托管中心模式产生于最近几年，目前福建、四川、江西、河南等省份新建立的儿童托管中心如雨后春笋。

儿童托管中心模式与福利性儿童照顾模式有着明显的不同。目前，中国福利性儿童照顾模式不仅存在着“院舍照顾”模式、“院内家庭”模式，还有“纯家庭养护”模式、“类家庭”模式、“SOS 儿童村”模式等。儿童托管中心模式与各种福利性儿童照顾模式最大的区别是各种福利性儿童照顾模式是社会福利体系的一部分，享受社会福利体系直接提供的服务或购买的服务，是目前中国儿童福利的集中体现。而数量多、服务对象广的儿童托管中心模式大多是市场的产物，有的还是盈利性的组织，崇尚利益至上的经营理念。

具体来看，在提供服务的性质方面，各种福利性儿童照顾模式提供的服务是消极、被动和补救性的，剩余取向明显；而儿童托管中心模式主要是儿童家长购买的服务，儿童托管中心根据或参考市场规则提供相应的服务。在服务对象方面，各种福利性儿童照顾模式服务对象多数局限于各种不幸儿童或困境儿童或边缘少年，例如弃婴、孤儿、残疾儿童、贫童等无法获得正常生活成长的儿童，从全国范围内来看，这部分人群数量相对有限；而儿童托管中心模式的服务大门是面向所有有需求的儿童，其数量之多、范围之广大大超过前者。在服务内容方面，各种福利性儿童照顾模式提供的服务主要是替代性福利服务；而儿童托管中心模式倾向于提供正常的、发展性的、全面性的服务。

---

① “课余托管”是近年来在香港青少年服务中又增加的一个新的项目——凡中心所在社区范围内的青少年只要登记注册，缴少量的管理费（有的仅需缴午餐费），便可参加托管。各青少年中心选择有经验的工作人员负责指导、督促孩子们读书学习，帮助他们解决学习中遇到的困难，组织孩子们开展健康的娱乐活动，照顾低年级小学生吃午饭，督促他们按时回校上课或返回家中。这是香港社会工作者及青少年服务中心的工作人员为了让中、小学生（特别是小学生）在上学之余有所归宿而特设的一个新的服务项目。来源于均戈《课余托管——香港青少年服务的又一新招》，《青年探索》1989 年第 3 期。

（二）儿童托管中心模式的发展展望

儿童托管中心模式产生于市场需求、服务于市场。近年来，越来越多的农村留守儿童的出现以及城市、城镇等越来越多需要照顾或托管的儿童的出现促进了儿童托管中心模式的产生；持续大量的市场需求又催生了越来越多的儿童托管中心。然而，产生于市场需求、服务于市场的儿童托管中心模式在发展中也遇到了问题。

从外部来看，通过对××学生托管中心工作人员、当地政府主管部门、当地部分学校和家长的访谈，我们发现各儿童托管中心之间、儿童托管中心与学校之间进行着多种博弈。为了抢夺托管儿童的生源，各家托管中心之间存在着无序的竞争，托管中心和学校则相互打压对方。由于没有政策、法规的支持，当地政府至今不敢对儿童托管中心进行过多干预，只是在教育局把儿童托管中心划入成人教育类型进行备案，有时会有领导过去“视察”。这样的境况为儿童托管中心的无序发展创造了条件，在当地还有十多家“家庭作坊式”的儿童托管机构。

从内部来看，我们分析儿童托管中心服务对儿童发展不利影响的原因，以××学生托管中心为例：一是封闭性托管的天然弊端；二是机构人员素质、设备等软、硬件设施落后；三是在发展不成熟时期，有些托管中心的盈利性属性使得托管中心以追求经济利益最大化为其经营目标等。

但更深层次的原因在于政府支持、引导和监管的缺乏，国家、社会对这部分儿童投入得不够。当我们在广泛关注农村留守儿童的同时，我们忽视了儿童托管中心等机构中潜在的其他“准留守儿童”。中国的儿童发展，不仅农村留守儿童需要关注，更多的儿童也需要获得关注，他们问题的解决也需要国家、社会更多的支持！

当然，解决儿童托管中心模式存在问题的方法有很多，儿童托管中心模式的发展也存在着诸多可能。但是目前的儿童托管中心几乎没有与国家的社会福利体系发生关系。

从世界范围儿童福利理念和实践的发展脉络和经验来看，社会救助、教养取向发展、社会保护和社会参与式整合模式演变脉络十分清晰。从全国范围儿童福利发展情况来看，不管是理念架构还是具体实践，目前儿童福利越来越呈现福利市场化和福利社会化的趋势。并且，儿童是易受伤害的弱势群体，应该受到特别关爱和保护，管教、保护儿童既是父母的责任，也是国家的责任。中国“特殊儿童”群体的出现并不是家庭本身的问题，而是中国社会变迁导致社会结构发生巨变的“牺牲品”，国家和社会不应该回避责任。而这不仅是关乎国家、社会未来发展的大事，也是体现国家、社会进步，体现社会更人性化的一面。

那么，今后中国儿童福利体系的建构是不是可以同儿童托管中心模式发生一定的关系呢？儿童托管中心模式中儿童发展的需求是不是需要纳入更广阔的社会福利体系中去呢？这些是需要我们思考和讨论的问题。

最后，需要说明的是：尽管本课题得到多位老师的悉心指导和强力帮助，但毕竟课题组成员能力有限，本课题研究还存在诸多欠考虑和不合理之处，敬请指正！

参考文献

［1］王先进：《从机构照顾到家庭寄养看我国儿童福利服务政策的转变》，《长沙民政职业技术学院学报》2007 年第 3 期。

［2］成海军：《从中外儿童福利院舍照顾的比较与变化看我国儿童福利的发展方向》，《社会福利》2003 年第 10 期。

［3］许莉娅：《失依儿童福利院内家庭养护模式探索性研究——以北京市儿童福利院孤残儿童为例》，《中国青年政治学院学报》2007 年第 4 期。

［4］刘继同：《儿童福利的四种典范与中国儿童福利政策模式的选择》，《青年研究》2002 年第 6 期。

［5］胡一夫：《关于择差教育及托管教育的思考》，《理论导报》2006 年第 11 期。

［6］刘继同：《国家与儿童：社会转型期中国儿童福利的理论框架与政策框架》，《青少年犯罪》2005 年第 3 期。

［7］章淑萍、李玉山、鲁容芳：《家庭寄养工作专业评估体系架构构想》，《社会福利》2002 年第 7 期。

［8］李永鑫、骆鹏程、谭亚梅：《农村留守儿童心理弹性研究》，《河南大学学报》2008 年第 1 期。

[9] 均戈:《课余托管——香港青少年服务的又一新招》,《青年探索》1989 年第 3 期。

附录一:对比研究样本抽样的具体数据

抽样数据

组别	样本数量	性别		平均年龄	年龄标准差	年龄极差
		男	女			
托管儿童组	28	12	16	9.28	1.18	3
非托管儿童组	28	13	15	9.85	1.48	4

附录二:《儿童孤独量表》、《儿童社交焦虑量表(SASC)》、《Rutter儿童行为问卷—教师问卷》

儿童孤独量表 HT

儿童孤独量表(Children's Loneliness Scale)是用来评定儿童的孤独感与社会不满程度的量表。该量表有 24 个项目,可用于评定 3—6 年级学生的孤独感与社会不满程度。其中 16 个条目评定孤独感、社会适应与不适应感以及对自己在同伴中的地位的主观评价(其中 10 条用语指向孤独,6 条指向非孤独)。另外 8 个为补充条目,询问一些课余爱好和活动偏好。

1. 我很容易在学校里结交朋友。 1 2 3 4 5
2. 我喜欢看书。(掩饰) 1 2 3 4 5
3. 我没有可以说话的人。(R) 1 2 3 4 5
4. 我能与其他小朋友一起工作得很好。 1 2 3 4 5
5. 我看很多电视。(掩饰) 1 2 3 4 5
6. 交朋友来说对我很困难。(R) 1 2 3 4 5
7. 我喜欢学校。(掩饰) 1 2 3 4 5
8. 我有许多朋友。 1 2 3 4 5

9. 我感到孤单。（R） 1 2 3 4 5

10. 我需要朋友时，就能找到朋友。 1 2 3 4 5

11. 我常参加体育运动。（掩饰） 1 2 3 4 5

12. 我很难让别的小朋友喜欢我。（R） 1 2 3 4 5

13. 我喜欢科学。（掩饰） 1 2 3 4 5

14. 没有人跟我一块玩。（R） 1 2 3 4 5

15. 我喜欢音乐。（掩饰） 1 2 3 4 5

16. 我与其他小朋友相处得不错。 1 2 3 4 5

17. 我感觉别的小朋友多不找我玩。（R） 1 2 3 4 5

18. 当我需要帮助时，总是找不到帮手。（R） 1 2 3 4 5

19. 我喜欢画画。 1 2 3 4 5

20. 我与其他小朋友相处得不好。 1 2 3 4 5

21. 我感到寂寞。（R） 1 2 3 4 5

22. 我班上的小朋友很喜欢我。 1 2 3 4 5

23. 我很喜欢玩游戏。（掩饰） 1 2 3 4 5

24. 我没有任何朋友。（R） 1 2 3 4 5

注：（R）表示该测题要反过来计分，“掩饰”表示该测题不计分。

儿童社交焦虑量表

请指出每句话对你的适用程度。（1. 从不是这样　2. 有时这样　3. 一直这样）

1. 我害怕在别的孩子面前做没做过的事情。 1 2 3

2. 我担心被人耻笑。 1 2 3

3. 我周围都是我不认识的小朋友时，我觉得害羞。 1 2 3

4. 我和小伙伴一起时很少说话。 1 2 3

5. 我担心其他孩子会怎样看待我。 1 2 3

6. 我觉得小朋友们取笑我。 1 2 3

7. 我和陌生的小朋友说话时感到紧张。 1 2 3

8. 我担心其他孩子会怎样说我。 1 2 3

9. 我只同我很熟悉的小朋友说话。 1 2 3

10. 我担心别的小朋友会不喜欢我。 1 2 3

儿童社交焦虑量表（Social Anxiety Scale for Children）的条目涉及社交焦虑所伴发的情感、认知及行为。本量表为最新的10个条目版本。条目使用3级评分制。从不是这样；有时是这样；一直是这样。

本量表包含两个大因子：其一为害怕否定评价（第1、2、5、6、8、10条）。其二为社交回避及苦恼（第3、4、7、9条）。

Rutter儿童行为问卷——教师问卷

对儿童在学校中的行为进行评估，也是从一般健康问题和行为问题两个方面进行的。问卷简单、明确、易于掌握，适用于儿童行为问题的流行学调查，能区别情绪和行为问题。

幼儿姓名________性别______年龄______

分数评定标准： 0＝从来没有 1＝有时出现，达不到每周一次

2＝a. 至少每周一次 b. 症状轻微 b. 症状严重或经常出现

1. 头痛或腹痛 ………………………………………………………（ ）
2. 尿裤子或把大便拉在裤子里 …………………………………（ ）
3. 口吃…………………………………………………………………（ ）
4. 言语困难 …………………………………………………………（ ）
5. 为轻微理由就不想上幼儿园 …………………………………（ ）
6. 到学校就哭或拒绝上学 ………………………………………（ ）
7. 注意力不集中或集中时间短暂 ………………………………（ ）
8. 不安 ，难于长时间静坐 ………………………………………（ ）
9. 动作多，乱动，坐立不安 ……………………………………（ ）
10. 破坏自己或别人的东西 ………………………………………（ ）
11. 与别的小朋友打架或争吵 ……………………………………（ ）
12. 别的孩子不喜欢他（她） ……………………………………（ ）
13. 引起烦恼，对许多事情心烦 …………………………………（ ）
14. 一个人待着 ………………………………………………………（ ）
15. 易激怒或勃然大怒 ……………………………………………（ ）

16. 表现痛苦、不愉快、流泪或忧伤 …………………………（　　）
17. 面部或肢体抽动或作态 ……………………………………（　　）
18. 吸吮拇指或手指 ……………………………………………（　　）
19. 咬指甲或拇指 ………………………………………………（　　）
20. 进食不正常，挑食、偏食或其他 …………………………（　　）
21. 睡眠障碍，有恋物现象 ……………………………………（　　）
22. 不听管教 ……………………………………………………（　　）
23. 偷东西 ………………………………………………………（　　）
24. 害怕新事物或新环境 ………………………………………（　　）
25. 神经质或过分特殊 …………………………………………（　　）
26. 说谎 …………………………………………………………（　　）
27. 欺负别的小孩 ………………………………………………（　　）

总分（　　）

以上量表资料参考于周军老师（中国青年政治学院社会工作学院）。

附录三：《儿童托管中心儿童访谈提纲》、《托管中心工作员访谈提纲》、《政府访谈提纲》

儿童访谈提纲

1. 你们每天都做什么？
2. 你觉得这里的伙食怎么样？
3. 平时有没有人辅导你做作业？你觉得好不好？
4. 这里的工作人员和老师对你怎么样？
5. 你和其他小朋友的关系怎么样？
6. 在平时会遇到什么困难吗？你是怎样解决的？
7. 你的父母在哪里？多长时间来看你一次？
8. 你想念爸爸妈妈吗？多长时间和他们联系一次？

9. 你在做错事的时候老师会批评你吗？表现好时老师会表扬你吗？
10. 你对这里的总体感觉怎么样？
11. 你现在最大的愿望是什么？

托管中心工作员访谈提纲

1. 你在平时做什么工作？
2. 你们如何安排孩子的日常生活？
3. 这里的伙食怎么样？
4. 你觉得这里的条件怎么样？
5. 孩子在做错事或是表现好时你们是如何做的？
6. 机构的服务理念和服务宗旨是什么？
7. 机构对托管学生是如何收费的？
8. 机构中的主要负责人是谁？机构的上级主管部门是哪一个？
9. 开办这样一家机构需要怎样的程序？
10. 开办这样一家机构需要什么具体条件？
11. 平时是否会有有关部门来检查工作？
12. 这里的工作人员需要具备什么条件？
13. 如何管理学生和员工？
14. 员工的待遇如何？
15. 你知道你的同行和你的机构有什么主要的区别吗？
16. 目前机构的发展遇到的最大困难是什么？

政府访谈提纲

1. 沙县从什么时候开始出现托管机构的？
2. 你认为出现托管机构的原因是什么？
3. 开办一家托管机构的程序是什么？
4. 要开办这样一家托管机构应该具备怎样的条件（硬件、人员　配备、资金）？
5. 政府是否有对托管机构的相关政策？

6. 政府是否有一些专门针对留守儿童的政策？
7. 对留守儿童和托管机构，政府有没有长远的规划？

点评：近年来，留守儿童及其养育模式备受社会和学术界关注，而留守儿童托管方面的研究又系一类新的课题。何凯波等同学的论文，选题新颖且具有重要的现实意义。论文研究目的明确，问卷调查和心理测量等资料收集方法使用得当，研究过程具体、翔实，对福建省沙县某学生托管中心服务在儿童行为发展、学习发展、情感需求、社会适应力等方面的影响呈现全面而细致，研究结果较可靠。值得一提的是，同学们在对研究结果充分、深入分析的基础上，提出了一定的新见解。

论文整体结构清晰，文字流畅，逻辑性较强，论述有一定深度，体现出同学们较优秀的理论素养和应用研究方法的能力，实证研究的精神和行动很值得肯定和鼓励。如果文献综述的内容再丰富一些，论文则更充分且更有深度，希望今后继续努力。

（中国青年政治学院社会工作学院讲师　韩辉）

美国对华贸易逆差与美元汇率波动的实证分析*

作者　时荣焱、沈旭文、李欣伟、高冉、马云佳

指导老师　修晶

一　引言

（一）研究背景

近一年多来，人民币汇率问题反复成为中美两国经济关系的核心议题，美国国内要求人民币升值的呼声此起彼伏。2010 年初，美国国会参众两院多次就人民币汇率问题举行听证会，部分国会议员和知名经济学家公开要求总统奥巴马采取更为强硬的措施，迫使中国同意人民币升值。其中，诺贝尔经济学奖获得者保罗·克鲁格曼就在《纽约时报》发表文章称，人民币“被严重低估”极大干扰了国际贸易秩序，打击了美国对外出口行业，加剧了美国的经济衰退。对于上述言论，2010 年“两会”上，国务院总理温家宝、商务部部长陈德铭多次在不同场合对美方要求人民币升值的论调予以驳斥，并对美方将汇率问题政治化的举动提出了质疑。一时间，人民币汇率问题也成了两会经济热点问题之一。

此后由于欧洲主权债务危机的深化，国际舆论对于中美人民币汇率纠纷的

* 该作品获第十二届“智慧星火”——中青学子学术支持计划一等奖。

关注度有所降低。但是随着美国经济持续低迷以及国会选举的临近，美国国内要求人民币升值的呼声再次高涨。不断有国会议员指责中方操纵人民币汇率，借此维护中国出口商品的价格优势，挤压美国国内企业的市场份额。来自密歇根州的共和党众议员麦克·罗杰斯（Mike Rogers）表示："他们用作弊手段偷走了我们的就业，我们再也不能无动于衷，任由中国政府操纵人民币汇率。"来自伊利诺伊州的共和党众议员唐·曼祖罗（Don Manzullo）表示："我们要阻止中国商品以掠夺性的价格流入美国。"尽管中方对于这些观点一再予以严厉驳斥，但美国国会众议院仍然在9月28日以大比数通过旨在迫使人民币升值的惩罚中国法案。这使得中美双方围绕汇率问题的争端进一步升级。

根据这一法案，美国在针对从中国和其他国家进口商品计算反补贴关税时，将会使估计的汇率低估幅度。这一内容与此前部分人士要求人民币升值的言论都充分表明，美国方面之所以不断要求人民币升值，其核心意图还是希望通过人民币升值能解决中美贸易不平衡的问题，能使美国缩小对华贸易逆差，进而为美国创造更多的就业机会。由此可见，目前关于"人民币升值"的激烈争论，其核心仍在于美国对华贸易巨额逆差导致的中美贸易收支不平衡问题。

中美建交30年来，两国间贸易联系日益紧密，双边经贸交往的程度加深。尤其是近10年来，中美两国的双边贸易额更是屡创新高。2006年，中国超越墨西哥成为其第二大贸易伙伴，至此，中美互为第二大贸易伙伴，两国的经济联系之密切达到了前所未有的程度。但是随着近年来贸易额的不断扩大，美国对华贸易逆差也呈现出逐年攀升的趋势，2008年更是达到创纪录的1708.57亿美元，从2000到2009年9月，累计贸易逆差已高达9347.7亿美元。（见表86）

表86　**2000—2009年1—9月中美双边贸易收支统计**　单位：亿美元

年份	中国对美出口额	美国对华出口额	贸易总额	美国对华贸易逆差
2000	520.99	223.63	744.62	297.36
2001	542.8	262	804.8	280.8
2002	699.46	272.38	971.84	427.08

续表

年份	中国对美出口额	美国对华出口额	贸易总额	美国对华贸易逆差
2003	924.74	338.61	1263.35	586.13
2004	1249.48	446.79	1696.27	802.69
2005	1629	487.26	2116.26	1141.74
2006	2034.72	592.09	2626.81	1442.63
2007	2327.04	693.79	3020.83	1633.25
2008	2522.97	814.4	3337.37	1708.57
2009.1—9	1573.1	545.65	2118.75	1027.45
累计	14024.3	4676.6	18700.9	9347.7

数据来源：根据中国海关总署网站年度统计数据汇总计算得出。

2005 年 7 月 21 日，中国人民银行宣布改革人民币汇率制度，将过去钉住单一美元的人民币汇率形成机制改为“以市场供求为基础、参考一篮子货币进行调节、有管理的浮动汇率制度”①。改革启动以来，人民币对美元已累计升值近 20%，但中美贸易不平衡的状况却尚未出现根本改变。因此，人民币汇率过低与美国出现巨额对华贸易逆差间是否存在实际联系，从直观数据上难以得到有效确认。

那么人民币汇率与美国对华贸易逆差之间究竟存在着怎样的联系，人民币实际汇率的波动对于美国对华贸易逆差会产生多大程度的影响，对于中美贸易不平衡的现状而言，人民币升值能否会有效改善这一局面，将是本课题组研究的主要内容。

（二）研究目的与意义

1. 研究目的

本课题的研究目的是，在对中美相关经济数据进行严格筛选的基础上，通过平稳性检验、协整检验、误差修正模型、脉冲方程响应及格兰杰因果检验等分析工具，考察人民币汇率从波动尤其是人民币实际有效汇率波动和美国对华

① 《中国人民银行关于完善人民币汇率形成机制改革的公告》。

贸易逆差间的相互联系，确定两者是否存在严格的因果关系以及自变量对于因变量影响程度。从而为对美国部分人士提出的“人民币升值有利于缩小美国对华贸易逆差”说法进行检验和甄别，并对找到真正解决中美贸易严重不平衡局面的有效方法进行一定的探索。

2. 研究意义

由于中美两国在现行国际格局中均扮演着重要角色，根据国家统计局最新发布的数据显示，中美两国 GDP 更是排名世界前两位，两国间的经贸交往对于世界的影响可谓举足轻重，在世界主要经济体刚刚走出经济危机阴影的情况下，两国间因为人民币汇率问题导致的双边贸易争端，无疑将会对世界经济复苏的势头产生负面影响。加之人民币汇率事关中国众多的外贸进出口企业，直接关系着亿万中国民众的就业问题，人民币汇率与美国对华贸易逆差关系问题的重要性不言而喻。但在目前，从政治学或国际贸易理论层面对此进行的分析较多，实际从汇率实证分析的角度出发进行的研究却并不多见。有鉴于此，依据实际数据对于人民币汇率和美国对华贸易逆差进行实证分析具有较强的现实意义。

二 文献综述

（一）国外研究

Bahmani-Oskooee（1985—1989）通过对发展中国家的研究，认为相对软弱的金融体系和封闭的经济运行、长期和严重的贸易逆差、较高的进口需求刚性往往导致汇率变动的“J”曲线效应弱化或变形。Bahmani-Oskooee（2006）利用 1991 年 1 月至 2002 年 8 月美国 66 个行业的月度进出口数据，通过协整分析发现，从长期来看，美元的实际贬值会刺激美国许多行业出口收入的提高，而对于大多数的进口行业却没有显著的影响。Bahmani-Oskooee（2007）认为，汇率的不确定性导致了对贸易流量具有正向或负向的影响，作者使用了美国和中国 88 个行业的分类数据并利用协整分析，发现几乎一半的行业对汇率的不确定性是相当敏感的。

Kenen 和 Rodrik（1986）以主要工业国家美国、加拿大、日本、比利时、法国、德国、意大利、荷兰、瑞典、瑞士、英国为样本，主要研究短期汇率波动程度对他们相互之间进出口贸易的影响，得到的结论有三个：第一，尽管各国在布雷顿森林体系崩溃之后经历了长时间的汇率浮动，但是各国并没有获得足够的经验来控制汇率的波动；第二，各国汇率的波动程度并不相似，日本、瑞典等国的汇率波动程度更大一些；第三，汇率波动程度的增大，对这些国家之间的相互贸易有明显的抑制作用。

Krugman 和 Baldwin（1987）以及 Moffett（1989）等分别对美国的实际汇率与贸易收支之间的关系进行了研究，得出实际汇率贬值有利于改善一国贸易收支的结论。

Marquez（1990）以欠发达国家整体为对象，研究的时间段为 1973—1985 年，采用季度数据，得出结论：进出口价格弹性之和分别为 -1.44 和 -0.78，马歇尔-勒纳条件得以满足，贬值在一定程度上可以改善贸易收支。Marquez（2007）认为，尽管中国占世界贸易的份额超过了日本，但是中国贸易量对汇率变化的反应还是比较小的，通过实证模型得出人民币升值 10% 会降低中国出口占世界总份额的 1%，对进口的影响可以忽略不计。

Rose（1991）对美国、英国、加拿大、德国、日本等国 1974—1986 年的数据的检验表明，上述国家的进出口与实际汇率及国内产出之间均不存在协整关系，马歇尔-勒纳条件不成立。

Arize（1995）以美国的出口为样本，选取了 1973 年 2 月至 1991 年 3 月对主要发达国家的实际出口时间序列，通过实证研究得到结论：汇率波动程度的增加对美国的实际出口具有抑制作用，影响因子为 -0.066。Arize 等（2000）通过对 13 个欠发达国家（LDCs）1973—1996 年的数据的研究，利用 Johansen 多变量过程检验协整关系，利用误差修正模型检验了其短期动态关系，得出汇率波动以及汇率的不确定性增加，都会对这些国家的短期和长期贸易量有明显的抑制作用，甚至会造成市场的转移。Arize 等（2003）对 10 个欠发达国家 1973—1998 年的季度统计数据进行协整分析。结果表明，无论是长期还是短期，汇率波动程度增大都对这些欠发达国家的出口贸易产生了明显的抑制作用，影响因子从 -0.15 到 -0.70 不等。

Narayan（2006）研究了人民币兑美元实际汇率与中国贸易收支之间的关系，通过协整分析，发现人民币兑美元实际汇率和贸易收支之间存在协整关系，并利用自回归分布滞后模型发现不论是在短期还是在长期，人民币实际汇率贬值都会改善中国的贸易收支，同时，中美贸易之间并不存在“J”曲线效应。

（二）国内研究

国内早期实证研究多偏重于汇率水平变动对进出口需求弹性等贸易条件的影响，随后的汇率制度改革带动了对汇率波动对进出口贸易、经济增长的影响等相关研究，由于研究样本范围、分析方法的不同，实证研究结果并没有一致的结论。

Chou（2000）分析了1981—1996年汇率波动对中国的多边贸易、部门贸易的影响，研究结果发现汇率波动对中国总出口、制造业及矿业出口有不利影响，对中国工业制成品出口有正面影响。

陈平和熊欣（2002）利用国际贸易的引力模型，以22个中国外贸出口的主要国家和地区在1995年的出口数据为样本，得到的计量模型显示汇率波动对出口的影响因子为－13.49，结论支持汇率波动不利于出口的理论。

陈华（2003）根据1991—2001年人民币兑美元平均汇价测算人民币贬值率作为汇率波动率，分析了汇率波动对我国进出口增长率的影响。结果表明，当人民币每贬值10%，我国出口增长3.4%，汇率波动对我国出口贸易有较大的影响，对进口的影响小于国家进口政策的影响程度。

李广众（2004）分析了1978—1998年人民币实际汇率水平、汇率风险及汇率错位对我国制造业不同商品（包括医药产品、纺织纱线、非棉机织品、纺织品、鞋类、钟表、收录机、珠宝8类商品）对美国、日本、新加坡、泰国等11个国家出口贸易量的影响。研究结果显示，实际汇率波动对制造业出口量的影响并非系统为负，产生有利影响与不利影响的比例分别是14/64、29/64，其余21/64比例是影响方向模糊或者不显著。研究在强调汇率波动的影响随商品不同、国家不同而有所不同的同时，也强调实际汇率波动对出口贸易的影响必须在商品层面上进一步展开。

卢向前和戴国强（2005）运用协整向量自回归（cointegrating VAR）的方法，对1994—2003年人民币对世界主要货币的加权实际汇率波动与我国进出口之间的关系进行了实证验证。结果表明，人民币实际汇率波动对我国进出口存在着明显的影响，人民币实际汇率对进出口的影响存在“J”曲线效应。

姚允柱和张国强（2006）利用1981—2004年面板数据分析了汇率变动对中国及28个省际间进出口的影响，结果表明，人民币实际汇率的变动对我国商品出口影响不大，对不同省、直辖市、自治区的出口影响存在较大差异，存在人民币升值和出口增加的现象，如天津、江苏。汇率波动对我国以及各地区出口贸易的影响程度在随着汇率机制的改革不断提高，但地区间的差异程度也在进一步提高。因此，我国的汇率调整要充分考虑汇率在区域间的差异。

曹阳和李剑武（2006）使用AR-GARCH模型测算了人民币实际汇率的波动率，结果显示，从长期看，人民币实际汇率波动每增加1%，出口会减少0.024%，进口会增加0.124%，即长期中人民币实际汇率的过度波动会对贸易产生不利影响。在短期中实际汇率波动对出口影响不大，波动每增加1%，出口减少0.07%，并且不具有统计显著性。因此，在短期内适度增加人民币的弹性、提高人民币波动幅度，用以调控宏观经济运行，同时要关注汇率波动对贸易的长期影响。

潘红宇（2006）使用最近12个月人民币对日元实际汇率的标准差度量汇率波动，分析了1994年1月至2005年6月人民币对日元汇率及汇率波动与中国对日本的实际出口之间的关系。多元Johansen协整检验结果表明汇率波动与实际出口之间不存在长期均衡关系，Granger非因果检验和脉冲响应函数检验结果表明在短期内，汇率波动风险对出口有显著影响，汇率风险增加2个月后，出口增长率增加，3个月后出口增长率减少，4个月后汇率波动风险的影响消失。因此，相比较于汇率波动风险对出口的影响，应该考虑长期对出口有影响的变量，如日本实际收入、汇率偏离均衡水平的程度等。

三　分析方法和模型的构建

按照传统的国际贸易理论，一国国际贸易的收支状况与其汇率、国民收入水平等宏观经济变量有关，国际贸易收支与宏观经济变量之间是一种作用与反作用的关系。而对贸易收支情况与汇率之间关系的研究，一般采用简化了的宏观经济模型加以进行。本文以 Rose. A. K（1991）提出的国际贸易中不完全替代模型（the Imperfect Substitute Model of International Trade）为分析框架，对汇率、居民收入等主要宏观经济变量与贸易收支间的关系进行研究。Rose 的模型是以两个贸易伙伴间的贸易交往为基础，采用供求分析法，该模型假定两国的进口商品与本国产品是不完全替代的，而进出口数量取决于进出口商品的相对价格与该国国内居民的收入水平。

按照模型假设，可假定以往进口需求是进出口价格和该国居民收入水平的函数，进口需求方程写作：

$$IM_t = IM_t(P^*, P, Y) \tag{1}$$

其中 P、P^* 分别表示国内商品价格指数和国外商品价格指数，Y 表示国内居民实际收入水平。三者间的关系是：收入上升将导致需求增加；同时进口价格下降或者国内商品价格升高，也将提升进口需求，而进出口商品的相对价格则是与国内外商品价格指数和汇率情况相关联，由于 2005 年汇改后，人民币汇率已不再盯住单一美元，而是根据市场供求状况，参考一篮子货币进行调节，因此为了更为准确地对 2005 年汇改前后人民币汇率变动情况和趋势进行准确把握，保证研究的连续性，本文选用人民币实际有效汇率（REER）作为研究对象，以反映进出口商品相对价格的情况。具体计算公式为 REER① = NER × P^*/P②，则 REER 即代表国外商品对国内生产商品的相对价格。（1）式可等价于

$$IM_t = IM_t(REER, Y) \tag{2}$$

以 Y^* 表示国外居民实际收入水平，同理可得到出口商品需求公式：

$$EM_t = EM_t\left(\frac{1}{REER}, Y^*\right) \tag{3}$$

---

① 需要特别指出的是，REER 数值上升意味着本币升值，反之则为本币贬值。

② 公式推导过程可参见《国际金融》课本。

在模型中因为只涉及两个贸易体，故一国的进口需求即为另一国的出口需求，定义本国贸易收支为 $TD_t = EM_t/IM_t$

则 $TB_t = EM_t/IM_t = EM_t(\frac{1}{REER}, Y^*)/IM_t(REER, Y)$ (4)

若用 $REER$ 表示国外出口商品价格与国内商品价格指数之间的关系，那么式（4）可以简化为：

$$TB_t = TB_t(REER, Y^*, Y) \tag{5}$$

将方程（5）两边同时取对数，进行线性估计则得下式：

$$\ln TB_t = \theta_0 + \theta_1 \ln REER + \theta_2 \ln Y^* + \theta_3 \ln Y + \varepsilon \tag{6}$$

其中，根据传统国贸理论，本国居民收入水平上升，带动消费增加，商品出口减少，进口增加，国际收支顺差缩小或逆差扩大，故 θ_3 预期符号为负，同理 θ_2 预期符号为正，而本币升值，在满足马歇尔－勒纳条件的情况下，则会恶化国际收支，故 θ_1 预期符号为负，ε 为随机扰动项。

四　数据选择和指标说明

本文进行实证分析所选取的数据为 2001 年第一季度至 2009 年第三季度的季度经济数据，样本时间涵盖了 2005 年汇改前的四年和汇改之后的四年，可以清晰观察近年来美国对华贸易逆差情况。数据的及时性强，分析结果具有现实意义。具体各项数据的定义和来源如下：

贸易收支（TB）：选用样本期内每一季度中国分别对美国出口与进口之比的对数值。由于进出口同时受相同价格的影响，故不需要进行价格调整。

实际有效汇率（REER）：选用以 2000 年为基期的人民币实际有效汇率指数。

国内实际收入（GDP）：以 2000 年为基期的我国实际国内生产总值指数。

美国国内实际收入（FGDP）：以 2000 年为基期的美国实际国内生产总值指数。

以上所有数据都经过季节调整。其中，计算所需的贸易收支、美国国内实际收入 GDP 指数等数据来源于美国联邦储备系统经济数据，① 实际有效汇率来源于国际货币基金组织（IMF）的国际金融统计（IFS）②，中国国内实际收入 GDP 指数来源于国家统计局。③

为保证消除异方差性，保证各序列趋势的线性化，对各序列取自然对数，其中：

LTB 表示贸易收支的对数值；

LREER 表示实际有效汇率的对数值；

LGDP 表示中国国内实际收入指数的对数值；

LFGDP 表示美国国内实际收入指数的对数值。

五 实证方法

在研究实际有效汇率和贸易收支关系的关系时，有不少研究者采取了线性回归方程作为研究两者相关性的基本分析工具。使用线性回归方程作为分析工具，是许多传统实证研究的常规做法，但是这一做法有一个前提假定，即所用的时间序列是平稳的。但在经济实际运行过程中，许多时间序列数据都是不平稳的。在这种情况下，直接使用不平稳的时间序列进行回归分析，所产生的是一种虚假回归（spurious regression）。尽管可以使用差分的方法使序列变得平整，但是这会失去总量的长期信息，这些信息对于分析又是至关重要的。因此，为防止产生虚假回归，并保留总量的长期信息，Granger 在 1987 年提出了协整的概念。其思想在于：单独的时间序列是不平稳的，但是同阶时间序列之间的线性组合可能是平稳的，如果这种组合存在，就说明各变量之间存在一种长期均衡的关系，并可通过线性误差修正模型（VECM）调整短期内生变量对

① 美国联邦储备系统：http：//research. stlouisfed. org/fred2/。

② 实际有效汇率的具体方法是先以我国与某一贸易伙伴国的名义汇率指数乘以该贸易伙伴国价格水平与我国价格水平的比值，再将我国几个主要贸易伙伴国经上述处理所得数据按照不同的权重进行加权得出。国际货币基金组织的国际金融统计中给出了我国和 8 个主要贸易伙伴国的 CPI 数据，实际有效汇率由此得出。

③ 根据中华人民共和国国家统计局网站（http：//www. stats. gov. cn）公布的统计资料整理计算得出。

长期均衡关系的偏离。因此，论文采取的实证研究方法，其基本思路为以协整检验建立人民币实际有效汇率、两国国民收入水平和美国对华贸易逆差数据间的长期均衡关系，并利用相关方法剔除误差后，再对各因素进行格兰杰检验，进而得出实际汇率和收入水平对于对华贸易逆差数据的因果关系和影响水平。

（一）时间序列的平稳性分析

要进行协整分析，首先需要对时间序列的平稳性进行检验，即进行单位根检验，本文采用 ADF 检验对于多个时间序列的平稳性进行检验。

（二）变量间协整检验

在确认平稳性之后，需要进行变量间的协整检验。协整检验通常有两种方法：Engle-Granger 两步法和 Johansen-Juselius 极大似然法。EG 两步法是先用最小二乘法对各变量进行协整回归，然后再把通过协整回归得到的残差进行单位根检验。由 EG 两步法得到的协整参数估计具有非常强的一致性和有效性，但其有两方面缺陷：一、在有限的样本条件下，所得不是无偏估计量，且样本容量越小，估计量偏差越大；二、当协整向量不止一个时，EG 两步法显得有些无能为力。为了克服小样本容量下 EG 两步法协整检验的不足，Johansen 和 Juselius（1990）提出的在 VAR 模型下使用极大似然估计来检验各经济变量之间是否具有协整关系的一种方法。本文的模型分析中包含 4 个变量，故采用后一种检验法。考察贸易收支、实际有效汇率及国内实际收入之间的长期均衡关系。需要指出的是，考虑 2005 年汇改因素，本文在协整检验中增加了虚拟变量 Z。

（三）误差修正和短期动态调整

在模型中，利用向量误差修正模型（VECM）建立各个变量之间的短期均衡关系，将长期均衡关系作为误差纠正项纳入方程中，以反映偏离长期均衡的短期波动程度。

（四）Granger 因果检验

对于建立长期均衡关系的诸经济变量进行因果检验，以确定各变量间的因果关系。具体为利用 Wald 检验对 VECM 各方程系数的显著性进行联合检验，从而可以判断短期内影响贸易收支的主要因素及因果顺序。

（五）脉冲方程及方差分解

作为检验的最后一步，利用方差分解和脉冲响应函数分析各个变量之间的相互作用的动态特征。脉冲响应函数描述了一个内生变量对误差冲击的反应程度。具体来说，它描述的是在随机误差项上施加一个标准差大小的冲击后，对内生变量的当期值和未来值所带来的影响。具体在本文中，则试图根据贸易收支对汇率的脉冲响应函数来分析是否存在“J—曲线效应”。[①] 而方差分解则是将每个内生变量的波动，按照产生的原因分解成与各方程新息项相关联的单个组成部分，从而了解各个新息对模型内生变量的相对重要性，以及系统内哪些变量的作用是外生的。

六 实证分析过程及结果

本文中实证分析通过 EViews 6.0 软件执行，分析过程及结果如下：

（一）ADF 检验

ADF 检验结果见表 87，根据检验结果，所有变量在水平值下都不能拒绝原假设，即均为不平稳序列，而一阶差分序列都拒绝原假设，即各个变量均是一阶单整序列，因而符合进行协整检验的条件。

---

① 一国货币贬值后，该国经常项目收支状况反而会比原先恶化，进口增加而出口减少。经过一段时间后，这一状况开始发生改变，进口商品逐渐减少，出口商品逐渐增加，使经常项目收支向有利的方向发展，先是抵消原先的不利影响，然后使经常项目收支状况得到根本性的改善。这一变化被称为“J—曲线效应”。

表 87　**ADF 检验**

ADF	统计量	临界值	AIC	SC	检验形式	结论
LTB	-4.0356	-4.2118*	-1.6644	-1.5365	含常数项和趋势项	不平稳
LREER	-1.5678	-3.1964*	-5.0487	-4.9207	含常数项和趋势项	不平稳
LGDP	-2.4611	-3.1983*	-4.7322 不平稳	-4.5598	含常数项和趋势项	不平稳
LFGDP	-1.0982	-4.2118*	-9.8003	-9.6723	含常数项和趋势项	不平稳
△LTB	-8.2402	-2.6272*	-1.5676	-1.5245	只含常数项	平稳
△LREER	-4.7118	-3.6156*	-4.848	-4.4618	只含常数项	平稳
△LGDP	-7.9142	-4.2191*	-4.6728	-4.5866	只含常数项	平稳
△LFGDP	-5.1198	-3.6156*	-9.7712	-9.685	只含常数项	平稳

说明：(1) * 表示显著性水平为 1%；
(2) 根据 AIC 和 SC 最小来选择滞后阶数；
(3) 根据各个序列的特点来选择是否包含趋势项或常数项。

(二) 协整检验

协整检验结果及标准化后的方程协整参数见表 88、表 89。

表 88　**贸易收支方程各变量协整关系检验结果**

原假设（协整向量数）	特征值	迹统计量	5% 临界值	最大特征值统计量	5% 临界值
$rk=0$*	0.409052	54.43728	47.85613	34.19174	27.58434
$rk\leqslant 0$	0.189069	20.24554	29.79707	13.62219	21.13162
$rk\leqslant 0$	0.096878	6.623351	15.49471	6.623332	14.2646
$rk\leqslant 0$	2.88E-07	1.87E-05	3.841466	1.87E-05	3.841466

表 89　**我国对美国贸易收支方程标准化协整参数**

lnTB	lnGDP	lnFGDP	lnREER	C
1.000000	1.065613	-3.044672	-1.337217	27.85864
	(0.15585)	(0.32718)	(0.37446)	
	[6.83730]	[-9.30567]	[-3.57106]	
似然比	653.1942			

从检验结果我们看到，迹统计量和最大特征值统计量均在 5% 的显著性水

平上拒绝了原假设，这说明美国对华的双边贸易收支、我国实际 GDP、美国实际 GDP 和人民币兑美元实际汇率之间存在协整关系，而且四者之间在 5% 的显著性水平上只存在一个协整向量。这给我们提供的信息是：首先，虽然四者都是遵循带漂移的随机游走的非平稳时间序列（一阶单位根过程），但是它们之间有长期均衡的关系，它们之间的线性组合是符合 I（0）的平稳时间序列的。其次，由于四者之间存在协整关系，因此，直接对四者进行回归能够避免伪回归的发生。再次，四者之间存在一个协整向量意味着我们在分析短期动态模型时应该加入一个误差修正项。

标准化后的协整关系式为：

$$\ln TB_t = -27.85864 + 1.337217\ln REER - 3.044672\ln Y^* - 1.065613\ln Y^* \tag{7}$$

方程（7）的各系数的符号与预期的一致：我国实际 GDP 增加对我国贸易收支的影响为负，美国实际 GDP 增加以及人民币实际汇率贬值对我国贸易收支的影响为正。从 2001 年第一季度到 2009 年第三季度，美国对华贸易收支的情况，我国实际 GDP 弹性为 -1.065613，美国实际 GDP 弹性为 3.044672，人民币实际汇率弹性为 1.337217，三个系数在统计上都是显著的。

方程表明，美国对华的贸易收支主要受美国实际 GDP 变化的影响，其影响要大于人民币兑美元实际汇率和我国实际 GDP 对中美贸易收支的影响。我国实际 GDP 每增加 1%，美国对华贸易收支盈余将减少或赤字将增加 1.07%，美国实际 GDP 每增加 1%，美国对华贸易收支盈余将增加或赤字将减少 3.04%，人民币兑美元实际汇率每贬值 1%，美国对华贸易收支盈余将增加或赤字将减少 1.34%。

（三）误差修正

VECM 误差修正的结果如表 90 所示。修正结果表明贸易收支方程的误差修正系数在统计上是显著的，符号为负。这说明，$\ln TB_t$ 在每个季度的实际值与其长期或均衡值的差距约有 43.68% 得到修正，说明其在受到短期干扰后能快速返回到长期均衡路径上。

表 90　　**我国对美国各方程的误差修正项**

误差修正项（EC）	D（ln EX）	D（ln IM）	D（ln TB）
系数	-0.041562	-0.278867	-0.436805
标准误差	(0.02022)	(0.07773)	(0.13874)
t 统计量	[-2.05579]	[-3.58786]	[-3.14840]

（四）Granger 因果检验

表 91　　**贸易收支的 Granger 因果检验**

		Granger 结果			
		D（LTB）	D（LREER）	D（LGDP）	D（LFGDP）
Granger 原因	D（LTB）		1.628206 (0.1978)	4.169791* (0.0412)	0.324186 (0.5691)
	D（LREER）	0.041887 (0.8378)		1.211787 (0.2710)	0.771993 (0.3796)
	D（LGDP）	0.038044 (0.2694)	0.555551 (0.4561)	0.715846 (0.3975)	
	联合检验	1.361147 (0.7147)	2.788986 (0.4253)	6.144736 (0.1048)	1.678019 (0.6418)

检验结果表明，人民币实际有效汇率与美国对华贸易逆差之间均不存在因果关系，即短期内汇率的变动对贸易逆差是没有影响的；同样，贸易收支的变动也未对汇率的变动发生作用。这就进一步地说明美国对华贸易逆差不是由汇率引起的，而是与两国的贸易结构有关，目前人民币升值不能解决美国的贸易逆差问题。从中还可以看出中美贸易收支是我国国内收入的 Grange 原因，这从侧面说明了对外贸易高速增长对中国经济的拉动作用。

（五）脉冲方程及方差分解

1. 脉冲响应分析

从图 20 可知：实际汇率一个标准差的正向冲击首先引起美国对华贸易收支在下一期的小幅下降，随后上升，到第 3 期达到峰值，表现出较“陡峭”的“J—曲线效应”。随后从第 3 期开始迅速下降，第 8 期下降到最小值后开始反弹，并于第 9 期以后又做正向响应，但上升幅度较平缓，最终影响为正。实际汇率的一个标准差的正向冲击使得我国贸易收支做了两次先负后正的响应，第一次较剧烈，第二次较平缓，印证了中美贸易之间存在“J—曲线效应”。

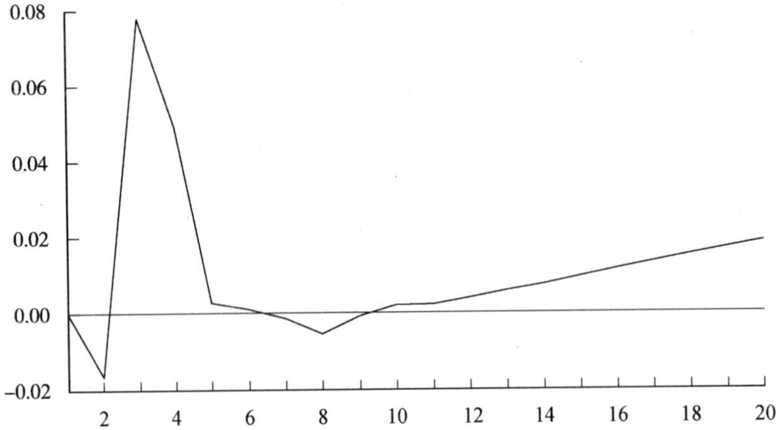

图 20　美国对华贸易收支方程脉冲响应

2. 方差分解

现在对我国双边贸易收支进行方差分解研究。时间序列预测的误差方差是其自身扰动及系统扰动共同作用的结果。我们在这里对双边贸易收支进行方差分解的目的就是研究当人民币实际汇率、我国实际 GDP、美国实际 GDP 发生扰动时，其后贸易收支的变动有多大程度应归因于受到该扰动的影响，也就是要研究各个经济变量自身冲击项对贸易收支的独立的“贡献度”。方差分解结果如表 92 所示。

表 92　**美国对华贸易收支的方差分解**

时期	S. E.	lnTB	lnGDP	lnFGDP	lnREER
1	0. 105909	100	0	0	0
2	0. 115661	92. 16076	1. 34495	6. 386335	0. 10795
3	0. 126624	83. 41441	1. 703684	12. 85632	2. 025581
4	0. 14493	77. 21355	4. 98503	15. 66532	2. 136099
5	0. 159049	74. 10041	5. 084597	19. 03979	1. 775202
6	0. 170344	72. 04484	5. 323559	21. 08382	1. 547777
7	0. 183109	70. 72533	5. 139354	22. 79547	1. 339841
8	0. 194798	69. 46247	5. 036433	24. 31312	1. 187978
9	0. 206017	68. 15038	4. 830442	25. 95696	1. 062214
10	0. 217067	67. 03833	4. 679951	27. 32447	0. 957246
11	0. 227934	65. 97881	4. 491623	28. 66096	0. 86861
12	0. 238395	65. 01016	4. 316429	29. 87797	0. 795442
13	0. 2487	64. 11338	4. 134386	31. 01856	0. 733682
14	0. 258769	63. 28315	3. 961306	32. 07361	0. 681933
15	0. 26864	62. 49242	3. 791215	33. 07734	0. 639029
16	0. 278325	61. 74904	3. 630046	34. 01688	0. 604029
17	0. 287852	61. 04209	3. 475364	34. 90686	0. 575693
18	0. 297214	60. 3702	3. 32873	35. 74772	0. 553345
19	0. 306432	59. 72952	3. 189278	36. 54496	0. 536247
20	0. 315511	59. 11863	3. 057297	37. 30033	0. 523748

从表 92 可知：我国实际 GDP、美国实际 GDP 和人民币兑美元实际汇率三者之间，无论是在短期内还是在长期内，实际汇率对贸易收支的影响都要小于其他两个经济变量对贸易收支的影响（仅在第 3 期实际汇率对贸易收支的影响大于我国实际 GDP 对贸易收支的影响），仅仅能够解释美国对华贸易收支不到 3% 的原因。这说明目前汇率政策并不是调节美国对华贸易收支的有效手段。其次，美国实际 GDP 对贸易收支的影响一直都是最大的，说明美国对华贸易收支主要受美国实际 GDP 的影响。我国实际 GDP 对中美贸易收支的影响开始比较小，但增长迅速，随后又逐渐降低，最终稳定在 3% 左右。

七　主要结论及对策

（一）结论

本文通过对中美贸易收支状况、人民实际有效汇率和中美国内实际收入水平等变量进行的协整分析，可基本得出以下结论：

1. 长期内中美贸易收支与人民币实际有效汇率存在均衡稳定的长期关系。

2. 无论长期还是短期人民币汇率与中美贸易收支之间都不存在因果关系，也就是人民币实际有效汇率上升不能有效地解决美国的贸易逆差问题。

3. 中国对美贸易顺差的增长极大地拉动了中国经济增长，但是中国的经济增长不能改善对美贸易状况；我国目前是外需拉动型的经济增长方式，而美国作为中国最大的出口国之一，显然在中国经济增长中发挥了重要作用；而美国贸易逆差状况主要是由于美国国内消费过度以及对出口进行限制的贸易政策所造成的，因此不可能由中国经济增长拉动出口得以改善。

（二）对策建议

根据实证分析的结论，人民实际有效汇率的变动并非是造成美国对华贸易逆差的主要影响因素，因此意图以人民币升值来改善美中贸易收支不平衡的问题，其实际效果是值得怀疑的。相比之下，中美之间的双边贸易结构及美国国内消费习惯对于美中贸易问题的影响却可能更为显著。有鉴于此，本文对美国对华贸易逆差问题的解决提出以下对策：

1. 美方放松贸易管制，消除贸易歧视，扩大双边贸易交往的深度和广度。由于历史原因，迄今为止，美方仍对中美双边贸易设置了部分管制措施，包括限制部分民用高科技产品对华出口、部分中国企业在美投资须接受繁冗的国家安全审查等，这些贸易歧视行为极大制约了双边贸易的深入发展，直接导致美国企业在中国市场难以与同行业的日本欧洲企业进行竞争，也使得双边贸易结构层次得不到根本性改变。加之，中国对美出口主要为原材料和日用消费品，其消费规模势必随着美国国民收入水平的提高而进一步扩大。因此，只有美国放松出口技术限制，发挥其国际贸易的比较优势才能有效缩小对华贸易逆差。

2. 美方改变消费习惯，减少超前消费。美国国民超前消费的习惯也是中国对美出口连年增加的重要原因，而此次国际金融危机已经在一定程度上证明，美国民众超前消费习惯所蕴涵的巨大风险。有鉴于此，美方应认真对待超前消费问题，采取有效措施，减少因为超前消费而造成的双边贸易畸形机构。

3. 我国加快经济增长方式的转变，进一步促进国内需求增长。从本文的分析中我们可以得知，我国的贸易顺差并不是完全取决于汇率的作用，其作用没有实际 GDP 的效果大。我国经济结构的不合理以及内需的不足才是造成巨额贸易顺差的主要原因。

我国对发达国家的商品贸易结构在总体上以出口劳动密集型产品、进口资本和技术密集型产品为主要特征。汇率波动对劳动密集型企业的负面影响要大于对资本密集型、技术密集型企业的影响。为了更好地应对国际经济环境的变化和汇率变动，我国应当大力推进产业技术创新，提高企业自主研发能力，培养和发展自主知识产权产品，加快产品升级，提升企业的核心竞争力，扩大在国际竞争中的相对优势。

连年的巨额贸易顺差，虽然增强了我国的经济实力，扩大了我国在国际经济体系中的影响力，但也加剧了我国国际收支的不平衡，并给我国带来了较大的国际政治压力，同时，过于依赖外贸的经济增长也蕴涵了巨大的风险，这一点也在 2008 年国际金融危机发生后暴露无遗。我国是有 13 亿人口的大国，我们的长期增长不能过分依赖于国外市场。但同时我们必须意识到扩大内需要以完善的社会保障体系作为支持，只有解决了居民的后顾之忧，才能逐步改善现在过度储蓄、消费严重不足的现状。只有完善的社会保障体系才能支撑内需的持续扩大，才能够增加有效供给，促进就业，提高经济增长质量和效益，推动城乡、区域协调发展，进而使得作为以调节总量为主的汇率政策起到更好的效果。因此，要有效解决美国对华贸易逆差，我国也应积极扩大内需，从源头上缓解人民币升值压力，维护货币政策独立性，实现国民经济的可持续发展。

4. 完善人民币汇率改革。从本文的分析中我们可以看出，在贸易收支方程中影响中美贸易的决定性因素是美国实际 GDP。因此，我国不应屈从外界压力，而是应该走一条最适合自己的循序渐进的汇率改革之路，应让“有管理的浮动汇率制”名副其实。

首先，应该扩大人民币汇率的浮动幅度，适当放松外汇管制，实行真正的有管理的浮动汇率制，减少中央银行对外汇市场的直接干预，逐步放宽对外汇率浮动幅度的限制，为汇率进一步市场化奠定基础。同时，对人民币的弹性实行有效管理的方式和手段应多样化。既有中央银行对外汇市场的直接干预，也应包括结合当时的宏观经济环境，通过调节本外币的供求量、利率水平等手段进行综合调节。

其次，逐步推进人民币资本项目可兑换，应借助金融危机后全球经济复苏的良好契机，加快实现人民币的自由浮动和国际化的步伐。随着我国对外开放的进一步深化和世界经济的全球化，资本项目的开放是个必然的结果，但其过程应稳步推进，为将来人民币的完全自由浮动与国际化提供一个市场制度基础。

八　致谢

在本次调研过程中，经济系 2007 级财务管理班的邹骅同学和人大经济论坛的 John Lee、ecu1258 为课题组提供了部分珍贵的数据。课题指导老师谭祖谊副教授老师对课题的研究方向与研究方法进行了细致的指导，并且悉心修改了论文的初稿。中国青年政治学院经济系的修晶老师、周宇副教授、徐丽艳老师也对论文提出了指导性的意见和建议。在此本课题小组对上述人士一并致以最衷心的谢意！

参考文献

[1] 陈平、熊欣：《进口国汇率波动与中国出口的实证分析》，《国际金融》2002 年第 6 期。

[2] 戴祖相：《我国汇率收支的弹性分析》，《经济研究》1997 年第 4 期。

[3] 胡智、邱念坤：《人民币升值对国际收支调节的有效性分析——兼谈货币主义汇率调节在中国的实用性》，《世界经济研究》2006 年第 2 期。

[4] 蒋惠惠、王贵平：《美国经常项目赤字的可持续性研究》，《国际商务——对外经济贸易大学学报》2006 年第 1 期。

［5］卢向前、戴国强:《人民币实际汇率波动对我国进出口的影响:1994—2003》,《经济研究》2005 年第 5 期。

［6］马丹、许少强:《中国贸易收支、贸易结构与人民币实际有效汇率》,《数量经济技术经济研究》2005 年第 6 期。

［7］潘红宇:《汇率波动率与中国对主要贸易伙伴的出口》,《数量经济技术经济研究》2007 年第 5 期。

［8］谢建国、陈漓高:《人民币与贸易收支:协整研究与冲击分解》,《世界经济》2002 年第 9 期。

［9］李志斌:《人民币实际有效汇率调整及其波动率与中美贸易收支》,《国际贸易问题》2009 年第 1 期。

点评: 人民币汇率问题由来已久。从 2003 年起,以美日为首的西方国家一直以人民币币值低估为由,不断向中国施压。2007—2008 年爆发的全球性金融危机以来,美国又一次对人民币汇率发难,国会希望以认定中国为“货币操纵国”的方式对中国输美产品征收惩罚性的反补贴税。人民币汇率问题又一次升温。论文选题角度很好,人民币币值是否被低估?作者反其道而行之,从实证的角度证明人民币/美元的汇率与美国对华贸易逆差之间没有格兰杰因果关系,这就使美国打着“人民币低估使他们丧失工作机会”的幌子不攻自破。作者行文流畅,运用协整分析、格兰杰因果检验以及误差修正模型等现代经济计量学的手段进行实证研究,无论从规范性还是专业性角度,对本科学生来讲都是难能可贵的。

（中国青年政治学院经济系讲师　修晶）

对我国碳金融行业发展路径的再思考*

作者　沈旭文　时荣焱　高冉　李欣伟　李毓东
指导老师　修晶

一　导言

（一）研究背景

伴随着2009年哥本哈根峰会的召开，全球气候变暖的问题再次引发了人们的关注。尽管仍有不少质疑之声，但是以各种方式节能减排、遏制全球气候变暖已经成为世界各国政府的共识。因此，不少国家对加快以碳金融为代表的低碳经济发展也提上了议事日程。2010年10月4日至9日，中国加入气候谈判20年来首次承办气候峰会，则让人们更为关注中国在应对气候变化和发展低碳经济领域所发挥的作用。作为世界上最大的温室气体排放国和发展中国家，中国的碳金融市场发展异常迅猛，目前已经成为国际碳排放权交易市场上的主要参与者以及CDM项目的最大供应方，但在另一方面，与西方发达国家相比，中国从碳金融领域获得的实际收益却是微乎其微的。同时随着《京都议定书》到期的临近，国际碳金融市场也会出现新的调整，在此背景下中国的碳金融也迫切需要找到新的发展方向。

---

* 该作品获第十二届“智慧星火”——中青学子学术支持计划一等奖。

（二）研究目的和意义

1. 研究目的

课题组进行此次研究的主要目的是，希望通过文献研究、个案调查及数据分析等方法，全面厘清碳金融市场的概念及准确分类，分析我国在国际碳金融产业链中所处位置以及各类型碳金融市场在我国发展的历史沿革、交易机制和市场主体构成，在结合我国碳金融行业发展实际的基础上，借鉴国外碳金融行业发展经验，对我国碳金融行业发展战略进行再思考，指出目前发展路径中的不足之处，并有针对性地提出对策，为我国碳金融行业寻找最佳发展路径提供建议。

2. 研究意义

（1）理论意义

第一，我国对碳金融的学术研究起步较晚，且由于该领域许多专业术语均引自国外研究成果，因而在翻译过程中，由于不同研究者的理解不同，个别基础性概念仍存在被随意定义以致不严谨或语义模糊的情况。因此，课题组在研究中对于碳金融及重大概念进行概念上的准确界定，具有一定的学术研究价值。

第二，随着国际碳金融市场交易规模的快速攀升和国内碳金融潜在市场的迅猛发展，国内碳金融行业将日益肩负起引领我国低碳经济发展、助推我国建设国际性金融中心的重大使命。论文广泛查阅资料和收集最新信息，对于国内碳金融行业现状进行深入分析，清楚把握目前该行业发展中暴露出的各种缺陷和不足，这是一个紧迫的而又具有重要现实意义的理论探索。

第三，此前的研究成果多将注意力集中于碳金融行业整体规模的扩大，但是缺乏对碳金融实际交易机制的考察和关注，缺乏对碳金融具体项目发展的研究和数据的支持，而本文则是对碳金融行业的整体发展状况及有代表性的交易个案均进行认真分析，以更加系统地为国内碳金融行业提出发展建议。

（2）实践意义

第一，在我国碳金融发展起步较晚的情况下，要想充分发挥我国在这一领域的资源优势和后发优势，在与国外成熟碳金融投资者的博弈过程中尽快掌握主动权，就迫切需要结合国内外碳金融市场的新变化对该行业的发展路径进行审慎、清晰而准确的规划和调整。

第二，根据国家发改委规划，我国也将在未来几年内全面启动国内碳交易试点，国内碳金融行业也将迎来一个前所未有的发展契机，如何充分利用国家政策资源支持，开发该行业新的业务增长点，构建符合我国发展实际的碳金融行业交易市场和交易规则，也需要从发展路径角度加以综合考量，而这也正是本课题组最大的实践意义所在。

第三，随着《京都议定书》到期日临近，现有国内外碳金融交易规则未来数年内将极有可能发生重大改变，这样会带来国际碳金融行业的全面洗牌，对此，国内碳金融行业也必须积极做好准备，在发展路径上也需要对这一可能的变化做出回应。本课题组也在研究过程中对此进行深入思考，并试图提出具有一定可行性的政策建议。

二　文献综述

由于碳金融行业在我国真正出现的时间较晚，加之该领域涉及节能方法学等专业领域，因而国内对于碳金融行业的相关研究成果较少，且主要停留在理论描述阶段，涉及该行业实际经营户状况的研究成果也并不丰富。从国际角度来看，相关研究成果主要集中于发达国家内部碳交易机制的构建和 CDM 项目市场领域，对于自愿减排等类型碳交易的研究也并不多见。而在国外研究成果中，涉及中国碳金融行业的可谓是少之又少。从这一角度上讲，关于我国碳金融的研究仍旧处于起步阶段。

在现有的研究成果中，几乎所有的研究者在分析未来中国碳金融行业发展路径时，都将落脚点放在了 CDM 项目交易领域，而不少研究者在定义碳金融等基本概念时，甚至直接将其定义为 CDM 项目交易相关的金融活动。相比之下自愿减排市场在未来中国碳金融行业发展路径中所处位置的论述和研究则较为缺乏。

于天飞（2007）对国际碳排放市场交易机制、交易类别、成交量价格及国内碳排放交易现状进行了分析。在此基础上，提出建立气候交易所的制度构想。[①] 在其最初的论文中，他没有明确对碳金融进行定义，但在一定程度上，将其等同于 CDM 项目下的碳排放权交易。他虽然介绍了美国基于自愿减排市场设立的碳金融交易平台，但是却未对不同的碳金融交易平台类型加以细分。其构想中的国内碳排放权交易制度也更多是 CDM 项目的交易制度。

在之后的研究过程中，于天飞等（2008）进一步明确提出了碳排放权交易的基本概念，介绍了当前碳排放权交易规模急剧膨胀、私人公司踊跃参与、发展中国家成为主要卖方市场的现状，并对建立碳排放权交易的市场机制过程中可能存在的问题进行了讨论，提出了中国构建碳排放权市场交易机制的相关制度建议。[②] 在这一研究成果中，于天飞等对于碳金融强制减排市场和自愿减排市场做了区分，提出应从规范企业碳融资行为、有偿分配碳排放权、明确碳排放权产权属性等方面促进碳金融行业的发展。

涂毅（2008）在介绍国外碳金融交易制度发展的基础上，提出我国应该学习和借鉴当前国际主要温室气体（碳）排放权市场（主要指欧盟碳交易市场和芝加哥气候交易所）的运作模式和先进经验，通过建设适应我国国情的温室气体（碳）排放权交易市场，以推动我国应对气候变化工作和节能减排事业的顺利发展，实现经济的又好又快发展。[③] 涂毅提出中国碳金融交易形式，在初始阶段我国应以已获认定的《京都议定书》规定的 CDM 和 JI 形式的产品现货形式，即减排信用额。未来参考芝加哥等碳排放权交易所，提供期货等碳金融衍生产品服务。而中国的碳排放交易应分为两类，即国内交易和国际交易。国内交易应建立在总量管制和排放交易的市场机制之上。按照国家规划，对各省设置排放上限，各省再将具体额度按规定下发给企业。如果企业的实际排放量超过该额度，需要到市场上购买其差额的排放许可额度。如果不能或不愿购买减排量来弥补超额排放的指标，那就只能选择上缴罚款。国际交易则主要是向国外购买商交易，开发和提供与芝加哥气候交易所、欧洲排放交易体系等成熟交易所相同的产品，并进行交易。

---

① 于天飞：《碳排放权交易的制度构想》，《林业经济》2007 年第 5 期。

② 于天飞、沈文星、黄喜：《碳排放权交易的市场分析》，《林业经济》2008 年第 5 期。

③ 涂毅：《国际温室气体（碳）排放权市场的发展及其启示》，《江西财经大学学报》2008 年第 2 期。

成万牍（2008）对清洁发展机制、国际碳金融市场的形成和我国在 CDM 市场上的实践做了详细的介绍，明确提出在我国，“碳金融”更多的是指依托 CDM 的金融活动。在界定这一概念的基础上，他对兴业银行在我国“绿色信贷”的实践进行了研究，认为我国的 CDM 碳金融发展前景广阔，但仍存在意义认识不足、中介市场不完全和风险因素较多等问题，并建议从五个方面对碳金融行业发展进行加强，这其中包括搭建交易平台、加强宣传推广、推动政策研究、培养中介市场和构建激励机制等。①

张懋麒、陆根法（2009）分析了碳市场的形成，包括规范市场和自愿市场两种类型，同时研究了目前全球碳市场的发展状况以及其展现出来的金融化特征，指出国际温室气体减排协议极大地促进了全球碳市场的发展，并且依托现代商品市场，碳市场也已经日益发展成一种成熟的市场化机制。进一步分析了中国在未来参与全球碳市场的良好前景，同时也指出未来 CDM 交易市场构建还存在着东道国干预过多等问题。② 文中虽认为自愿市场是一种良好的借鉴形式，但在分析碳金融市场未来发展时，仍将视角局限于 CDM 市场。

王元龙和田野（2009）主要从商业银行的角度出发，探讨了中国商业银行发展碳金融业务的重要性以及碳金融业务发展给商业银行带来的机遇与挑战。他们对于碳金融的定义为“我国目前的碳金融业务主要就是 CDM 项目的投融资、经核证的减排量（CERs）的交易以及相关的金融中介服务”。这一定义较之以往更为明确地阐明了碳金融所涉及的具体金融业务内容。他们同时指出，银行将是碳金融行业发展的主要参与者和受益者，发展碳金融不仅是促进经济发展的需要，还是银行实现战略转型和树立社会形象的重要举措。较之以往成果，他们的研究强调了碳金融发展需要加强相关专业人才培养，尤其是银行专业能力培育的问题。③

程会强、李新（2009）则认为我国碳排放权交易市场从宏观经济角度看存在气体排放权初始分配制度缺失、政府监督管理碳排放力度不足，碳排放源难

① 成万牍：《我国发展“碳金融”正当其时》，《中国科技投资》2008 年第 7 期。

② 张懋麒、陆根法：《碳交易市场机制分析》，《环境保护》2009 年第 2 期。

③ 王元龙、田野：《碳金融的发展与商业银行的应对》，《中国科技投资》2009 年第 7 期。

于预测等问题；从微观经济角度看存在碳排放权交易定价不合理、排污收费标准较低、技术条件相对落后等问题。应对这些问题，本文提出要加强政府政策的宏观导向、发挥市场机制的有效配置、加紧建立和完善我国碳排放的法律法规及加强高新技术应用等措施来完善我国的碳排放权交易市场机制。①

郭莉（2009）通过对国内碳金融 CDM 项目交易实践的梳理，论述了国内碳金融市场逐步走上规范化发展的历程，同时认为目前国内碳金融交易的议价权主要由国外交易方主导，她提出国内 CDM 项目供应商应该着力夺回定价主动权，但是却未对议价权由外方主导的原因以及国内碳金融交易参与者如何夺回定价权给出清晰的建议和论述。②

三 碳金融及碳金融市场的诞生

“碳金融”虽是国际金融领域的一个热门词汇，然而对于“碳金融”一词，各国金融界却缺乏一个统一的概念，现有研究对于碳金融的解释大体可分为广义与狭义两种。从广义上讲，金融是指与减少二氧化碳等温室气体排放有关的所有金融交易活动，一方面包括温室气体排放权及期权、期货等衍生金融产品的买卖交易、投资或投机活动，另一方面包括节能减排环保项目的投融资以及相关的担保、咨询服务等相关活动。而狭义的碳金融，则仅指涉及碳排放权及衍生产品的相关交易。本文所指碳金融乃是广义上的概念。

碳金融的具体表现形式分为以下四类：“碳交易”市场机制，包括基于碳交易配额的交易和基于项目的交易；机构投资者和风险投资介入的碳金融活动；碳减排期货、期权市场；商业银行的“碳金融”创新。

碳金融市场的诞生是建立在两个重要的国际协议基础之上的，其一是《联合国气候变化框架公约》（United Nations Framework Convention of Climate Change，UNFCCC），其二是《京都议定书》。前者于 1992 年 5 月 9 日在纽约联合国总部通过，并于 1994 年 3 月正式生效，被视为国际间应对气候变化问题

① 程会强、李新：《四个方面完善碳排放权交易市场》，《中国科技投资》2009 年第 7 期。

② 郭莉：《碳金融发轫》，《投资北京》2009 年第 8 期。

的里程碑。UNFCCC 旨在控制大气中二氧化碳、甲烷和其他造成“温室效应”的气体的排放，将温室气体的浓度稳定在使气候系统免遭破坏的水平上。公约对发达国家和发展中国家规定的义务以及履行义务的程序有所区别。公约要求发达国家作为温室气体的排放大户，采取具体措施限制温室气体的排放，并向发展中国家提供资金以支付他们履行公约义务所需的费用。公约建立了一个向发展中国家提供资金和技术，使其能够履行公约义务的资金机制。正是这一公约，使得温室气体排放权即碳排放权成了一种稀缺的资源，这就奠立了碳金融市场的基础。而资金和技术转移的机制安排则成为碳金融市场的雏形。

随后的 1997 年 12 月，在日本举行的 UNFCCC 第三次缔约方大会上，来自 149 个国家和地区的代表通过了旨在限制发达国家温室气体排放量以抑制全球变暖的《京都议定书》。该议定书对所有发达国家提出明确规定，要求其 2010 年二氧化碳等六种温室气体的排放量，要比 1990 年减少 5. 2%，这意味着，世界主要发达国家从 2008—2012 年第一承诺期内需要完成的减排目标是：与 1990 年相比，欧盟削减 8%、美国削减 7%、日本和加拿大各削减 6%、东欧各国各削减 5%—8%。新西兰、俄罗斯和乌克兰可将排放量稳定在 1990 年的水平上。议定书同时允许爱尔兰、澳大利亚和挪威的排放量比 1990 年分别增加 10%、8% 和 1%，发展中国家则没有强制减排目标。

同时，《京都议定书》中还提出了三种基于市场的国际合作减排机制，具体包括：第一，国际排放贸易（International Emission Trade）。允许附件 I 国家（主要是发达国家）之间相互转让它们的部分“容许的排放量”（“排放配额单位”）。第二，联合履行机制（Jointly Implemented）。允许附件 I 国家从其他工业化国家的投资项目产生的减排量中获取减排信用，实际结果相当于工业化国家之间转让了同等量的“减排单位”。第三，清洁发展机制（Clean Development Mechanism）。允许附件 I 国家的投资者从其在发展中国家实施的，并有利于发展中国家可持续发展的减排项目中获取“经核证的减排量”（CERs）。强制减排目标的确定使得发达国家参与碳金融交易有了现实的动力，而三种合作减排机制尤其是 CDM 机制的设立，则为碳金融交易提供了切实的法律保障以及基本的交易规则。加之发达国家既有的工业体系实现规模减排存在较大难度，必须寻求通过国际合作完成减排目标。因此在《京都议定书》签署之后，国际碳金融市场便逐渐孕育成型了。而在2005年2月16日《京都议定书》正式生效后，国际碳金融市场更是进入了一个迅猛发展的时期。

四　碳金融相关基础概念

碳金融交易是一种特殊类型的交易活动，这具体体现在交易商品和交易模式的特殊性上，因此，碳金融市场上存在着许多有别于一般金融市场的专有概念，但在以往的研究中，对于碳金融市场部分概念的界定却常常出现含混不清，甚至张冠李戴的情况，因此只有对这些概念有了清晰的梳理，才能真正对碳金融交易进行深入的研究。

（一）CDM

CDM是清洁发展机制（Clean Development Mechanism）的缩写，这是《京都议定书》三种减排机制中和发展中国家联系最为密切的一种减排模式。

国际碳金融市场的交易规则必须符合遏制全球变暖的科学原理，CDM也不例外。其科学依据是温室效应的全球性，即世界任何地方同一时刻排放（或减排）同样当量的温室气体具有同样的全球环境效果。其经济意义则在于，发达国家国内边际减排成本高昂，实现境外低价减排可以有效减轻其国内减排行动的经济负担。CDM的理念是帮助发达国家以较低的成本实现部分减排承诺指标，同时帮助发展中国家促进可持续发展，实现双赢。CDM项目的交易主体既可以是政府机构，也可以是公共组织或者私有实体。CDM的项目技术选择主要有五类：能源效率（节能）、燃料替代、新能源和可再生能源、植树造林、二氧化碳固存等。在CDM项目执行后，投资方获得减排量指标，按规定程序核实后，被公约授权机联合国清洁发展机制（CDM）执行理事会（简称EB）承认作为投资国实现其减排义务指标的一部分。

（二）VER

VER是经核实的减排量（Verified Emission Reductions）的缩写，含义是经

过联合国指定的第三方认证机构[①]核证的温室气体减排量，是自愿减排市场交易的碳信用额。与《京都议定书》框架下诞生的强制性或者规范性碳金融市场不同，VER 实际上是自愿减排市场的标的物，资源减排市场的碳信用额交易以及衍生产品交易的基础都是 VER。所谓自愿减排市场是在《京都议定书》体系之外，伴随 CDM 机制形成的、主要由公司、政府、非政府组织或个人为了对自己排放的温室气体进行各种形式的抵偿，力图实现“碳中和”（温室气体的零排放），自愿交易碳信用额，进而形成的碳金融市场。

VER 项目起源于美国，基本理念是，通过购买 VER，公司和组织可以引导资金向低碳经济技术领域流动，而这些技术能够在能源生产和消费以及其他工业过程中减少温室气体的排放。VER 市场的主要需求来源于三个方面：其一是某些特殊行业的企业要增强社会责任方面的形象和竞争力，承诺自愿减排，例如产生大量温室气体排放的航空业或者能源加工行业；其二是举办大型活动会产生大量的碳排放，主办方为了维护良好形象，促进公益环保事业发展和环保理念推广而购买 VER 实现“零排放”，比如已经开幕的上海世博会和即将举办的南非世界杯等；其三则是环保公益人士以及一些社会名流出于遏制气候变暖的责任感而购买 VER。

（三）CER

CER 是核证减排量（Certification Emission Reduction）的英文缩写。核证减排量是清洁发展机制（CDM）中的特定术语，指 EB 向实施清洁发展机制项目的企业颁发的经过指定经营实体（DOE）核查证实的温室气体减排量。只有联合国向企业颁发了 CER 证书之后，减排指标 CER 才能在国际碳市场上交易。某种意义上讲，CER 是 CDM 项目最终获得权威机构核证之后的产品。CER 就是《京都议定书》框架内碳金融市场的标的物。

（四）CDM 市场与 VER 市场

如前所述，CDM 市场就是在《京都议定书》框架下基于 CDM 机制所形成

---

① 这些第三方认证机构包括：气候组织（TCG）、国际排放贸易协会（IETA）、世界可持续发展工商理事会（WBCSD）、世界经济论坛全球温室气体登记处（WEF）。

的规范性碳交易市场，而CDM市场具体又可分为一级市场和二级市场。所谓一级市场主要是CDM项目下产生的CER的初次出售，通常是由CDM项目开发企业同各种买方签订购买协议。二级市场是指一级市场的CER买主在拿到已经签发的CER之后，再对这些CER以及在这些CER基础上设计的期权、期货等衍生产品进行转卖而形成的市场。在一些文献的叙述中，CDM一级市场每吨CER的价格又被称为CERs价格，二级市场上每吨CER价格则称为碳交易价格。

在CDM一级市场中，主要存在两种交易形式：

1. CDM项目交易

CDM项目交易是指依据CDM项目已签发的CER产量、已注册或提请注册的CDM项目到2012年的预计CER产量、已经在UNFCCC网站上公示的CDM项目截至2012年的预计CER产量，对某一CDM项目进行估价交易买卖，这类交易中的CDM项目在进行注册时就已经有买主。由于在注册和公示阶段的CDM项目其CER产量是评估值，确切产量只有在项目执行后根据实际数据进行核定，所以如果CDM项目实际产生CER低于交易时的评估值，那么买家就需要自行承担损失。同理，如果CDM项目实际CER产量高于估计值，则买家可以享受到额外的收益。因此，CDM项目交易主要风险来源于项目CER预估产量与实际产量的差异。需要指出的是，由于每个CDM项目在其整个计入期内往往不止一次核证签发CER证书，因此有些情况下单一CDM项目的交易价格会以已签发CER和未来预计核证CER的总量作为依据。

2. 单边CDM项目现货交易

所谓“单边CDM项目”是指在项目注册时尚未找到买主的CDM项目。这类项目的开发方往往会选择在项目的CER核证签发之后，进行现货交易。因为如果项目在注册阶段都乏人问津，则往往该项目的风险程度过大或是报价过高，在这一情况下，现货买卖几乎是单边项目较为现实的选择。而此时，交易的基础就不再是CDM项目，而是实际CER的数额了。与CDM项目交易相比，这样的现货交易由于不存在预计CER核证量和实际产量的差异，交易风险反而更小。

与一级市场不同，CDM二级市场的交易品种和交易方式更为多样化，交易规模也更为巨大。其主要交易品种为以下几类：

（1）碳信贷

（2）碳期货

（3）碳期权

（4）碳掉期

（5）碳证券

（6）碳基金

相比于一级市场，二级市场更加接近于一般意义上的金融市场，而其主要风险来源也不再是单纯的 CER 估值风险，而是建立在高杠杆率基础上的复杂金融交易风险。当然这也是二级市场较一级市场更为活跃的原因。

VER 市场是指以 VER 为标的进行交易的碳金融市场，这一市场的存在为那些前期成本过高，或因其他原因而无法进入 CDM 开发的碳减排项目提供了交易途径；而对买家而言，自愿减排市场为其实现自身的碳中和提供了方便而且经济的途径。VER 项目比 CDM 项目减少了部分审批的环节，节省了部分费用、时间和精力，提高了开发的成功率，降低了开发的风险，同时，减排量的交易价格也比 CDM 项目要低，但开发周期要短得多。但是，这一市场并不能满足《京都议定书》框架内产生的减排需求，这在一定程度上降低了部分发达国家政府及企业参与 VER 市场的热情。

五　中国碳金融市场发展现状

相比于西方发达国家，中国碳金融市场尚处于初级阶段，总体上表现出以下几个特点：

（一）起步较晚发展迅速

虽然国际碳金融市场早在 20 世纪 90 年代后期便已逐步形成，但我国参与碳金融交易却是在 2001 年开始的。当时，内蒙古龙源风能开发有限责任公司开发的辉腾锡勒风电场项目投标荷兰政府的 CERUPT 减排购买计划并最终中标。2002 年，双方正式签署了为期十年的减排协议，协议规定 CER 价格为每吨5.4欧元，项目每年平均减排二氧化碳5.14万吨。这也成为了中国第一例成功交易的CDM项目。随后，在《京都议定书》生效的推动效应下，我国的碳金融市场也步入了高速发展期。众多的外国政府、国际金融机构以及企业都纷纷来到中国寻觅谈金融商机，目前世界银行碳基金、奥地利政府、意大利国家电力公司、日本三井株式会社等均已在我国完成了数量可观的碳金融项目交易。

与此同时，国内的碳金融项目开发数量也不断攀升。根据国家发改委国家气候变化对策协调小组办公室在中国清洁发展机制网上公开的项目信息统计，[①] 从2005年开始接受申报到2006年12月31日为止，国家发改委受理批准的CDM项目共计255个，到了2007年12月28日，这一数字变成了1028，至2008年12月30日，国际发改委批准CDM项目数已为1797个，于2009年12月24日公布的公报中，国际发改委批准的CDM项目数为2327个。截至2010年4月14日，国家发改委批准CDM项目数为2496个。

在EB框架下，中国注册CDM的数量和核证减排量CER数额也长期处于世界前列，根据最新数据显示，中国在EB注册的CDM项目数已达829个，占全球总注册数的37.94%，获得核证CER也达到200015700吨，占全球总核证量的49.05%。[②]

我国单笔碳金融交易金额更是屡创新高。巨化股份与日木JMD公司合作的CDM项目一年分解500吨HFCO－23项目是中国首个在氟化工行业实施的碳金融项目。该项目也是目前国际上已实施的最大减排项目。[③] 2009年3月31日，全球最大的水电站CDM项目——黄河炳灵水电站CDM项目日前在甘肃揭牌，这标志着在联合国成功注册、全球最大的CDM项目进入实施阶段。炳灵水电站总装机容量为240MW，经核证的温室气体减排量每年约76万吨。该项目的实际买家为意大利国家电力公司，按照双方签订的每吨8欧元的价格及目前的汇率计算，2010年起，炳灵水电站每年经核证的二氧化碳减排量的销售收入将超过5000万元人民币。

---

① 资料来源：http：//cdm. ccchina. gov. cn/web/Main. asp？ColumnId＝18&ScrollAction＝1。

② 本段文字及以下图表资料来源：http：//cdm. unfccc. int/Statistics/index. html。

③ 截至2007年5月。

表 93

国别	各国注册 CDM 项目数
巴西	172
中国	829
印度	504
墨西哥	121
马来西亚	81
菲律宾	41
韩国	38
印度尼西亚	45
其他	354

国别	核证 CER 总额
中国	200015700
巴西	40106176
印度	78445763
韩国	52666789
墨西哥	6294576
其他	30275768

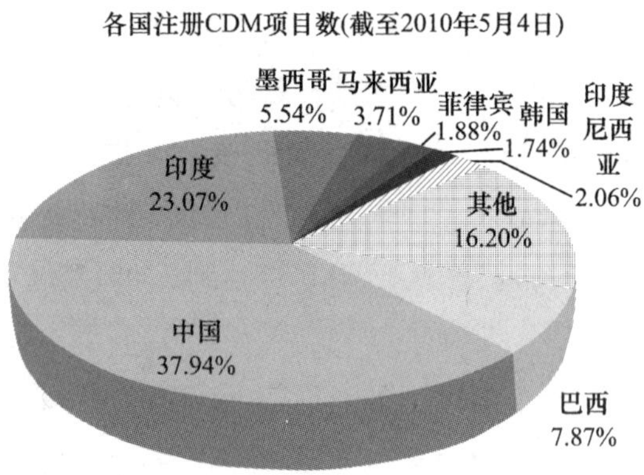

图 21

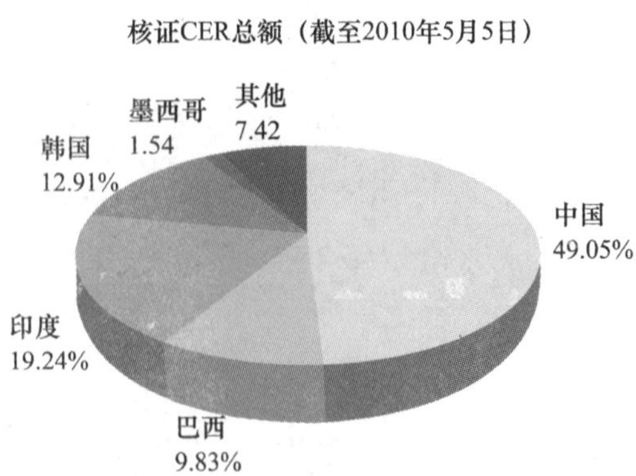

图 22

（二）交易平台逐步构建

自2008年以来，中国建设国内碳金融交易平台的步伐不断加快。2008年一年内，上海环境能源交易所、北京环境交易所、天津排放权交易所相继成立了，这也被视为中国构建碳交易市场迈出的第一步。2009年山西吕梁节能减排项目交易中心，武汉、杭州和昆明等数家排放权交易所也相继成立，而大连、贵州、河北、山西的交易所也在筹备中。全国各地都掀起了成立环境交易所的热潮。北京产权交易所还参股了昆明环境能源交易所，下一步还将在东北和西北分别设立交易中心。这一连串举动都预示着国内碳金融交易平台的培育已在紧锣密鼓进行中。

另一方面，国内交易所的业务范围也在不断地扩展中。除了初始的CDM项目交易（一级市场），北京、上海、天津等交易所还相继引入了以自愿减排为基础的VER业务。北京环境交易所还开始了对国内自主减排标准“熊猫标准”的制定和推广工作。按照北京环交所的规划，熊猫标准由卖方、买方、中介咨询、开发公司等利益相关实体以及能源环保类NGO组织等共同制定，一方面确立自愿减排量检测标准和原则，另一方面规定自愿减排流程、评定机构、规则限定等内容。整体设计向促进市场、向工业补偿农业、城市补偿农村、东部补偿西部、高排放者补偿低排放者的方向发展。

（三）交易类型相对单一

目前国内市场碳金融的交易类型相对单一，几乎全都是在CDM一级市场上基于CDM项目所进行的交易，国内企业和金融机构对二级市场上CER现货交易和CER期权、期货交易则涉足鲜少。并且，在CDM项目中又以风能发电和水能发电为代表的新能源和可再生能源项目占到了绝大部分，其次便是以供热和发电系统改造为代表的节能和提高能效项目。根据国家发改委公布的资料，截至2010年4月14日，国际发改委批准的全部2496个CDM项目中，新能源和可再生能源项目达1751个，占全部项目的70.15%，节能和提高能效项目则有466个，占全部项目的18.67%。而国外较为常见的造林项目和技术含量较高但节能影响深远的制造业、化工业减排项目却不多见。这就造成了我国碳金融市场过于倚重风电和水电项目交易的格局。然而，由于EB对新能源项目减排量的审核规则处于频繁地变更中，这导致我国 CDM 项目所得 CER 的数额在未来很可能出现骤然减少的情况。事实上，在哥本哈根会议召开前，中国风电 CDM 项目遭到 EB 大面积退回重审就已经是一个直接的警告。另外，对于中国这样的制造业大国而言，要最大限度地利用碳金融实现生产方式向清洁环保的转变，在制造业领域的节能减排无疑是最根本的途径，但国内碳金融市场相对单一的交易类型却对此产生了不利的影响。

（四）产品匮乏创新不足

目前国内碳金融市场上，国内金融机构的身影仍较为少见，大部分金融机构对碳金融行业的交易规则和发展前景尚未有较为明确的认识。国内金融机构缺乏介入导致了目前国内所进行的碳金融活动仍主要停留在为特定 CDM 项目提供信贷融资（即所谓的“绿色信贷”）的阶段，碳金融产品品种匮乏，部分在国外已成为基础性碳金融产品的金融服务在国内还处于试点阶段，碳金融创新更是无从谈起。

2005 年以来全球碳市场的交易规模和交易金额持续高速增长。CER 交易量从 2005 年的 7.1 亿吨飙升至 2008 年的 48.1 亿吨，年均增长率达 89.2%，交易金融也从 2005 年的 108.6 亿美元上升到 2008 年的 1263.5 亿美元，年均增长率更高达 126.6%。

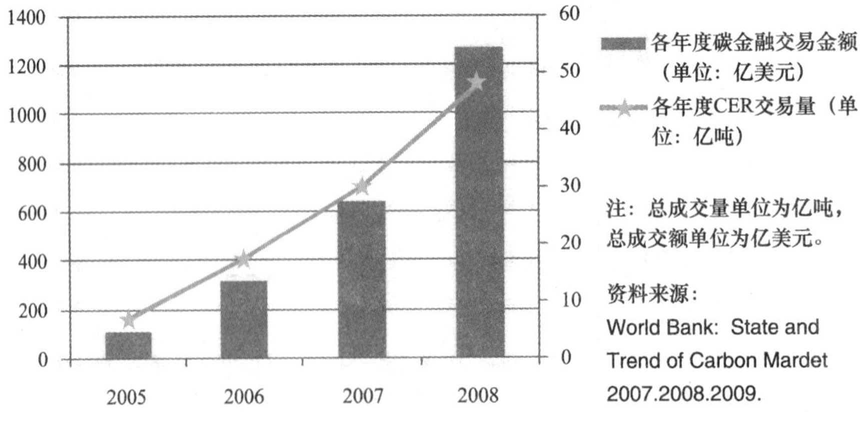

图 23　2005—2008 年全球碳金融发展趋势

这样的发展速度使全球金融机构都将碳金融视为潜力巨大的“蓝海市场”。世界银行不仅增设碳金融业务部门（Carbon Finance Business Unit），还专门成立了8只总额为10亿美元的碳基金。发达国家政府也纷纷采取行动，据不完全统计，目前世界市场上碳基金已有58只，基金总额在100亿美元以上。然而我国的碳基金无论从数量还是实力上都远远落后于国外碳基金。总部设在荷兰阿姆斯特丹的中国碳基金于2006年正式成立，这也是我国首只碳基金，其交易方向主要是尤其是可再生能源的CDM项目。然而根据初步统计，在过去3年里中国碳基金签署购买的预期CER仅为1000万吨。由中石油捐资3亿元人民币成立的中国绿色碳基金已是目前国内碳基金中实力较强者，但其未来10年内预计购买的CER也不超过1000万吨。这样的交易规模显示出中国碳基金仍游离于世界碳金融重要参与者的行列之外。

与碳基金一样，碳结构类理财产品也是国外主要的碳金融形式之一。但在我国，碳金融理财产品也是屈指可数，仅有中国银行和深圳发展银行等少数几家银行推出了根据欧盟等国外CER期货合约价格设计的产品收益率与期货价格波动相挂钩的人民币和美元理财产品。这些颇具象征意义的金融产品也充分暴露出我国碳金融理财产品的匮乏。

即便是在国内银行涉足较多的碳信贷领域，大部分商业银行由于缺乏专业人才，不能提供使用环境信息的反馈情况，难以对相关项目的可行性进行鉴别。加之碳信贷大多涉及“两高一资”行业（高污染、高能耗和资源性行业），受到产业政策调整的影响十分明显。因此大部分金融机构出于审慎考虑，不敢大规模涉足碳信贷领域，直接导致这一领域发展举步维艰。

（五）立法严重滞后

相关立法的严重滞后也是中国碳金融市场的现实境况，目前我国对于碳金融交易主体的权利和义务缺乏相关法律保护和约束，对于涉外碳金融项目的管辖权限和管制范围缺乏明确的规定，对于金融机构从事具体碳金融业务，有关部门也未颁发具体的信贷指定目录、环境风险评级标准。凡此种种使得中国碳金融存在太多的法律盲区，从而在一方面导致了部分企业、中介机构和地方政府在参与中国碳金融市场时存在严重的盲目性，另一方面，则使得有实力的金融机构和大型企业为规避风险而不愿参与碳金融交易。

六 对于中国碳金融行业发展战略的思考与建议

在已有的研究成果中，对于中国碳金融行业的发展战略，研究者存在一些共识。许多研究者都将加速构建中国的碳金融交易平台，加快发展中国的CDM一级市场（有的文献称之为“CDM项目市场”）作为中国碳金融行业发展当前的首要任务，而将积极参与CDM二级市场交易作为中国碳金融市场未来最主要的发展方向，并呼吁国家出台相应政策、法律、法规对此进行引导。与此同时，不少研究者还提出，作为目前CDM市场的主要供应国，中国CDM开发方应该主动争取CDM一级市场的定价主动权，尽可能扩大在这一领域的获利，缩小二级市场与一级市场的价差，甚至还有学者在建议地方政府建设碳交易中心时，将两级市场存在的巨大价差作为主要的理由。①

不可否认，上述建议的确是建立在对中国的碳金融发展现状进行了一系列理论思考和实证研究的基础之上的。但是，结合目前国内外碳金融市场的实践和比对研究，便可发现上述建议和构想中的部分内容存在对于国际和中国碳金融行业发展情况的误判，同时也没有注意到一些国外碳金融行业发展的最新经验。这具体可以体现在以下几个方面：

（一）过度高估CDM一级市场重要性及盈利率

作为世界CDM一级市场主要供应商，开发CDM项目，在未来相对长的时间内仍将是中国参与碳金融的重要途径。而国际CDM一级市场的发展对于中国碳金融行业发展的重要意义也是不言而喻的。也正因为重要，所以我国碳金融行业才应该对CDM市场的重要性和这一市场的未来收益有合理而清晰的认识。

但在目前的研究成果中，一个较为普遍的趋势是对CDM一级市场的重要

① 参见Http：//news. sina. com. cn/c/sd/2009－12－30/123919368283. shtml《中国绿色碳基金发展不易 企业对碳交易规则误解》。

性和预期收益有过高的估计。事实上，根据已经进行的市场交易，CDM 一级市场的发展潜力相对有限，CDM 一级市场的市场规模和交易金额都不过是全球碳金融市场（包括 JI、CDM）总量的很小一部分，而这一市场的收益率更极为有限，作为 CDM 项目的供应方实际上很难获得太高的收益。

实际上，在 2010 年的哥本哈根峰会无果而终之后，CDM 机制的前途就已经受到了普遍的质疑。在 2012 年《京都议定书》到期前，CDM 一级市场几乎不可能出现飞跃式发展，而在《京都议定书》到期后，这一机制何去何从也是令人担心的。由于哥本哈根气候大会并没有形成任何实质性的决议，即将于两年后到期的《京都议定书》中的 CDM 机制的法律基础将不复存在，除非未来有新的减排协议出炉，否则对于众多的 CDM 项目而言，未来的收益都将是缺乏有效保障的。但可以肯定的是，低碳经济尤其是碳金融作为西方发达国家大力推崇的新兴经济领域，将会继续发展。

另一方面，CDM 项目交易带给中国碳金融行业的实际收益可以说是非常低的。国家能源专家咨询委员会副主任周大地就认为："CDM 不能解决多大问题，不要看重这种影响，中国从中获得一共不到 2000 万美元的资金，签了几亿的合同但是到位的不多，我国一年的 GDP 就有 30 多万亿元人民币，这些资金的变化对中国的实际起不到什么作用。"① 北京产权交易所、北京环境交易所董事长熊焰也持有类似观点。在这样的情况下，CDM 一级市场是否还应是我国碳金融主要的发展方向，无疑是需要进一步审慎思考的。

（二）对碳金融交易平台建设无序化缺乏思考

如前文所述，不少研究者也将加快碳金融交易所建设作为我国碳金融行业发展的当务之急，然而，却很少有研究者认真思考我国碳金融交易平台发展的整体规划，也未对各种交易时间在业务范围上的区隔进行说明，这实际上有可能加剧国内碳金融交易所建设无序化的风险。实际上，我国碳金融交易所建设正步入一个新的高速发展期，建设区域性的碳金融交易所纷纷被列入了各地地方政府的议事日程。但是这样热火朝天的建设场景背后，却存在着碳金融平台

---

① 杨海霞：《中国碳金融市场方兴未艾》，《中国投资》2010 年第 3 期。

建设无序化的隐忧。毕竟就是在碳金融市场相对成熟的欧美国家，也没有出现交易所遍地开花的场面。更关键的是，由于各地政府普遍存在“贪大求全”的心态，正在建设和规划中的各地交易所功能重叠度极高，业务范围没有明显的区域性特征划分，加之目前已经建立的北京、上海、天津三地交易所交易状况都极为冷清，成交量和交易金额都远远低于预期水平，这使人完全有理由担心，这些一哄而上的交易所很可能出现彼此间恶性竞争或是“有市无货”的尴尬情形。

（三）对 CDM 一级市场长期处于买方市场的结构性因素认识不足

国内关于碳金融的研究成果大都对现阶段 CDM 项目交易价格主导权的问题有所提及，基本的共识是现阶段 CDM 一级市场仍是一个买方市场，CDM 开发方缺乏项目交易的定价主动权。而对于 CDM 一级市场成为买方市场的原因，大部分研究者认为最主要的还是因为中国国内 CDM 开发企业力量分散，在和国际上从事碳金融交易的大型金融机构、外国政府机构和大型企业进行交易时，处于严重的信息不对称状态，加之国外买家从事碳金融交易经验丰富，在专业人才和技术实践领域具有明显优势，从而使得买方能够轻而易举地占据主动。因此，有不少研究者提出，中国应充分利用 CDM 项目主要供应商的有利地位，加强国内 CDM 项目开发企业的相互协调，实现对 CER 资源的上游控制，以整体力量夺取定价权。

应该说，上述分析是有一定道理的，但是却有些片面，尤其是忽视了 CDM 一级市场某些结构性因素对于 CDM 项目交易价格形成的影响。首先，CDM 一级市场目前整体上处于供大于求的状态。虽然中国供应的 CDM 项目以及签发的 CER 数量都居于世界前列，但这并不意味着中国对于 CDM 一级市场具有足够的统治力。近几年，印度、巴西及东南亚国家开发的 CDM 项目数量呈现出加速上升的趋势，并且注册成功率和签发核证的比例也快速上升，大有赶超中国的趋势。这强化了其他区域 CDM 项目商品对中国项目的可替代性，保证了 CDM 一级市场供应从总量上仍是较为充足的。从而使得国际买家对于中国 CDM 项目的依赖程度不断下降，也使得中国 CDM 项目在议价中底气不足。其次，CDM 项目交易有着特殊的交易规则，每一个 CDM 项目在方法学和指标合算甚至基准值选择上都不尽相同，不同项目产生的 CER 在价格上的可比性较差，这就使得国家发改委所能规定的只是 CER 的基准价，而分类 CDM 项目的价格却可能有较大差别，也只能依赖于交易双方的博弈。CDM 项目的这一特点显然有利于存在众多替代选项且资金实力雄厚的国际买家。同时也在一定程度上表明，部分学者提出中国 CDM 项目开发商加强协调建立价格联盟的建议可操作性较差，协调成本过高。再次，目前碳交易的基本规则都是由西方制定，即便是国内已经成立的三大交易所，其基本交易规则也是在国外交易所的帮助下、参考外国规则制定的。例如北京环境交易所就是在 BLUE 的协助下制定了自己的交易规则。这样一来，交易的主动权自然会掌握在与这些外国交易所关系更为密切的国际买家手中。此外，CDM 一级市场现货交易较少，大多是 CDM 预估产量的交易，实际产量难以确定，这就导致交易风险较大，尤其是对于买家而言，由于垫付大部分前期资金投入，势必会要求交易价格上对风险进行补偿。这样一来，CDM 一级市场整体价格的提升空间也是极为有限的。部分研究者所设想的缩小一、二级市场价差，提升 CDM 一级市场收益率的做法显然也是缺乏依据。

基于以上四点，可以发现，CDM 项目交易买方市场成因中结构性因素所占比重较大，这也预示着在未来相当长的时间内，CDM 一级市场仍将处于买方市场。对此，国内碳金融行业应有清醒的认识。

（四）未区分参与 CDM 二级市场和碳金融投机的差别

对于未来我国碳金融行业的发展方向，大部分研究成果都提出了积极参与 CDM 二级市场，加速国内碳金融产品的创新力度，使中国真正发展起成熟的碳金融行业，并将其作为中国未来发展低碳经济的重要支点。但在论述参与二级市场的意义时，许多研究者都混淆了参与二级市场和进行碳金融炒作两者间的区别。

事实上，碳金融不同于一般的金融市场，其发展的首要目的是为温室气体减排提供资金支持，促进全球范围内尤其是发展中国家积极采取措施，应对气候变化。CDM 二级市场的主要作用在很大程度上也是运用现代金融手段，促进国际范围内的温室气体减排合作，实现减排资金和技术的合理配置与转让。

但由于金融市场天然存在的投机性，因此二级市场上不可避免地出现了严重的炒作，而这些炒作的高风险性是毋庸置疑的。

对于我国而言，发展碳金融行业就必须参与二级市场，但是参与二级市场绝不等同于利用复杂的金融产品炒作来赚取高额利润。事实上，对于我国的碳金融行业而言，参与二级市场的根本目的是充分发挥我国在减排温室气体方面的资源优势，为我国实现节能减排寻求资金和技术支持，而如果将投机炒作视为发展碳金融的理由，实际上舍本逐末，恰恰忽视实现碳金融的根本目的。同时我国金融机构国际化进程才刚起步不久，在国际市场上缺乏投资经验，在专业人才储备和风险管理上与国际大型金融机构仍有很大差距，参与二级市场更应审慎行事，避免蒙受不必要的损失。仓促参与碳金融投机可能带来的风险不容忽视。

在吸收已有研究成果合理部分的基础上，结合最新的实证材料，本文对碳金融行业发展提出以下建议：

1. 积极推进内地自愿减排市场开发

程繁冗复杂的项目审批程序、由此造成的 CDM 项目极大的审批风险、CDM 一级市场买方市场的长期持续，这些因素都极大限制了 CDM 市场的大规模发展和对 CDM 项目东道国政府的经济收益。加上后《京都议定书》时期 CDM 机制的存续前景尚不明朗。与之相比，VER 市场即自愿减排市场恰好能有效克服 CDM 市场的上述缺陷。而参考外国碳金融行业的发展经验，尤其是世界碳金融交易的发源地——美国在发展 VER 市场上取得的巨大成功，对比国内 VER 市场的发展程度，大力开拓我国自己的自愿减排市场不失为我国碳金融行业发展的上佳选择。

有部分研究者认为，VER 市场的发展有赖于企业和公众对于节能减排的自觉程度以及法律法规对于企业温室气体排放量的硬性约束，而中国在这方面的条件尚不成熟。但是应该意识到的是，随着我国经济水平的不断发展，公众和企业对环境保护的重视程度也不断提升，这种环保意识的增强无疑会大大拓展 VER 市场的发展潜力。而在欧美国家酝酿征收对进口商品征收“碳关税”[①] 的

① 碳关税是指对高耗能产品进口征收特别的二氧化碳排放关税。

背景下，中国大量的外贸出口企业对 VER 的需求也会大大增加。此外，由于我国温室气体排放量位居世界第二，面临来自国际社会的巨大减排压力，国内 VER 市场的发展则可以有效缓解来自外界的指摘，保证我国工业化进程的顺利发展。

另一方面，对于一些中小 CDM 项目而言，与其耗费大量时间和精力参与 CDM 项目的注册和核证，参与 VER 市场反而能取得更大的收益。在中国的 CDM 项目中，中介费占到项目交易收入的 20%—50%。但在 VER 市场，这样天价的中介提成比例几乎不可能出现。因此，能充分发掘中小规模 CDM 资源，VER 无疑将进入“蓝海”市场。

事实上，我国的 VER 市场已经在悄然发展之中，但在交易标准、人才贮备和法律设置等方面尚处于初始阶段。2009 年 8 月 4 日，上海环境能源交易所正式启动“绿色世博”VER 交易机制和交易平台的构建，在这一平台上，世博会参观者都可以通过上海环境能源交易所的 VER 交易平台来购买自己行程中的碳排放。2009 年 8 月 5 日，天平保险向北京环境交易所成功购买了奥运期间北京绿色出行活动产生的 8026 吨碳减排指标，用于抵消公司 2004 年成立至 2008 年 12 月 31 日运营过程中产生的碳排放量，从而成为我国首家通过自愿购买 VER 而实现碳中和的企业。2010 年 5 月 6 日，上海世博会联合国馆与上海环交所签署了碳补偿协议，成为世博园区首个实现碳中和的展馆。以上 VER 交易都在一定程度上反映出 VER 市场认可度不断提升的事实。

2. 加快建立相关法规制定，促进形成碳交易配额市场

虽然在“十一五”规划中，我国明确提出了节能减排的具体目标，但是这一目标仍是宏观性的，更多是针对特定行业或是某一区域的，但对作为微观市场主体的企业，国家却并不出台相应法律法规对于企业的温室气体排放做出明确限制。加之我国并非《京都议定书》附件 I 国家，不存在强制的国家性节能减排义务，因此我国并不存在基于强制减排规定形成的碳金融配额交易市场。但是必须看到的是，在哥本哈根会议之后，国际社会在气候变化问题上对我国施加的压力有增无减，而随着我国工业化进程的发展，部分行业对化石能源的消耗量不断增加，高温室气体排放的情况也在不断加剧，对于我国可持续发展形成了现实的和隐性的资源环境压力。作为一个负责任的大国，中国势必会在

一定程度上承担起遏制气候变暖的国际义务。为了缓解资源环境压力，同时避免因此阻碍我国快速工业化的进程，我国也有必要对企业的温室气体排放进行规制。因此结合国家节能减排整体战略规划，未雨绸缪地发展碳金融配额交易市场，无疑是推进我国碳金融发展的有效途径。

中国温室气体排放的基数大，实现强制减排配额后的配额市场潜力不容低估，在此之前，积极推动碳金融配额交易市场的交易规则制定和平台建设，无疑将帮助我国政府和企业把握住未来国内配额市场的交易主动权，避免出现目前 CDM 一级市场为国际大型金融机构把持的局面。

3. 加强 CDM 中介行业整合力度，提升行业水平

由于 CDM 项目审核程序极其烦琐，对企业所提交的相关项目资料有着复杂的规范化要求，因此大部分 CDM 项目开发方都需要依靠专业的中介机构来完成 CDM 项目在 EB 框架下的注册与核证。同时，在实际交易过程中，中介咨询机构也往往会以代理人的身份参与项目议价。对于众多的中国 CDM 开发方而言，情况更是如此。因此，要提升 CDM 一级市场的发展水平，增强我国 CDM 开发企业的议价能力，不仅要像一些研究者已提到的那样，加强国内交易平台和标准的建设，而且要加强对 CDM 中介咨询行业的整合力度，提升我国以 CDM 项目咨询为代表的碳金融中介行业的整体行业水平。而这一点对于我国今后开发碳金融自愿减排市场和配额交易市场也具有积极的意义。

目前国内从事碳金融尤其是 CDM 项目中介咨询的企业为数不少，但是大部分咨询企业的实力却是令人不敢恭维的，其代理的 CDM 项目在 EB 注册时遭遇拒绝也属意料之中。而且，随着国内 CDM 一级市场的发展，有大批咨询企业争相涉足这一领域，并主动寻找有代理潜力的合作项目，游说项目业主申报 CDM 项目。这一因素也直接导致了近几年我国 CDM 项目申报急剧增加。但是碳金融 CDM 中介咨询行业对于行业内咨询公司在人员储备、指标测量、项目管理等专业领域的要求非常高。有鉴于此，国家有关部门应对国内碳金融中介咨询公司的资质背景进行透明公开的审查。以发放牌照、鼓励吸收合并的方式，实现国内碳金融中介行业的洗牌，打造该行业内具有一定实力的中国专业咨询企业。并借鉴国外经验，鼓励中介企业在欧美等主要国际买家所在地设立

分支机构，以便及时了解掌握碳交易市场信息。同时配有经验丰富的专业人员负责寻找、洽谈、比较买家，并根据买家实力、经验、信誉进行评级，以确保业主利益的最大化。

在未来我国的VER市场和配额交易市场正式推出后，大部分企业同样会寻求依靠中介机构开发减排项目，届时一个实力强大的中介行业也能保证我国碳金融市场整体秩序的稳定良好。

4. 积极提升EB内部话语权，提高CDM项目注册核证成功率

2009年哥本哈根会议之前召开的EB第五十一次会议上，我国的10个CDM项目被拒绝注册，这一事件再次凸显我国作为CDM一级市场主要供应商必须扩大在EB内部话语权的重要性。部分国家并不愿意看到CDM项目市场上中国的一家独大，因此不断通过其在EB内部的影响力，限制中国CDM项目的注册与CER的核证签发，并推进本国CDM项目获得EB的注册与核证。这对于我国而言亦是一个鲜明的启示。EB内中国声音越响亮，我国CDM一级市场上因为项目审批带来的不确定性风险也会相应减小，这就使我国CDM开发方有更充足的理由要求更高的交易价格，进而提升我国碳金融行业的经济效益。在我国碳金融行业现阶段仍以CDM一级市场为主的处境下，争取我国在EB内部更大的话语权无疑具有极大的现实意义。

5. 积极引导开发对于我国工业节能具有直接作用的碳金融项目

上文已经提到，我国的大部分CDM项目都是风电和水电项目，真正涉及制造业节能减排、实现清洁发展的项目却不多，但风电上网至今仍存在变数。此外，为了保证注册成功率，一些技术含量低、减排量大的非CO_2减排项目开始在我国大行其道。以上种种一方面不利于我国碳金融规避系统风险，避免“将鸡蛋装在一个篮子里”，另一方面也削弱了碳金融行业发展对于推动我国经济实现可持续发展所应起到的作用，不能在实质上缓解我国经济发展带来的资源环境压力。

因此，为了真正发挥碳金融行业对国家淘汰落后产能，实现增长方式转变的推动作用，国家应积极鼓励开发技术含量高，对于节能减排有长远意义的碳金融项目。尤其是在工业部门大力开展节能新技术的实践应用，并加快新型绿色经济部门如节能环保产业的发展。

6. 国有大型企业的大规模碳金融项目可制定联合交易规划

在我国申报的 CDM 项目中，一些大型企业开发项目已占较大比例。例如，中石油在 2008 年 3 月完成初始核证的辽阳石化 CDM 项目 CER 产量已经占当时中国在 EB 注册成功项目碳指标总量的 1/10。对于这些企业而言，巨大的项目规模使得它们在与买家议价过程中占据更大的主动权。而由于这些大型企业几乎都是央企，因此相互间进行统一协调的成本相对较低。所以，这些企业完全可以联合起来制定 CDM 项目或是 VER 项目交易战略规划，商定合适的项目基准价，提升碳金融项目的收益额。

7. 参股国际碳交易平台，借鉴国外发展经验

目前国际碳金融行业的一个发展新动向是，国际金融机构积极参股各大碳交易所，以便争取国际碳金融交易规则制定的主动权，搭上碳金融发展的顺风车。对于碳金融行业发展和交易平台建设尚处于初始阶段的中国而言，国内的金融机构也完全可以复制这一模式，从而以更加稳妥的方式加快介入国际碳金融主流交易，更直接和深刻地了解国际碳交易的一般规则，实现在国际碳金融市场上的“速成”，并借鉴国外经验加快国内碳金融交易平台的建设和整体碳金融行业的发展。

七 结语

据业内人士透露，我国关于自愿减排市场的相关规划最早将于年底出台，这也标志着国家对我国碳金融行业发展战略将出现新的变化和调整，国内碳金融市场发展的前景也将更为广阔。作为我国大力发展低碳经济的主要组成部分，我国的碳金融行业要实现可持续高增长，需要政府有关部门、碳金融相关企业以及该领域研究者在发展路径的选择上进行更为全面和深入的思考。而本文仅是在对我国碳金融发展现状尤其是碳金融交易实践进行研究的基础上，提出将自愿减排市场作为未来我国碳金融行业主要的发展方向，希望为我国低碳经济发展做出贡献。

八 致谢

在本次调研过程中，北京环境交易所的王阳经理为课题组提供了大量翔实的数据和资料。课题指导老师修晶老师对课题的研究方向与研究方法进行了细致的指导，并且悉心修改了论文的初稿。中国青年政治学院经济系的谭祖谊副教授、韩莉老师也对论文提出了指导性的意见和建议。在此本课题小组对上述人士一并致以最衷心的谢意！

参考文献

［1］王增武、袁增霆：《碳金融市场中的产品创新》，《中国金融》2009 年第 24 期。

［2］程会强、李新：《四个方面完善碳排放权交易市场》，《中国科技投资》2009 年第 7 期。

［3］涂毅：《国际温室气体（碳）排放权市场的发展及其启示》，《江西财经大学学报》2008 年第 2 期。

［4］于天飞、沈文星、黄喜：《碳排放权交易的市场分析》，《林业经济》2008 年第 5 期。

［5］于天飞：《碳排放权交易的产权分析》，《东北农业大学》2007 年第 2 期。

［6］于天飞：《碳排放权交易的制度构想》，《林业经济》2007 年第 5 期。

［7］董玉华：《碳金融对商业银行的启示》2009 年第 3 期。

［8］王元龙、田野：《碳金融的发展与商业银行的应对》，《中国科技投资》2009 年第 7 期。

［9］葛兆强：《循环经济、环境金融与金融创新》，《西部金融》2009 年第 4 期。

［10］任卫峰：《低碳经济与环境金融创新》，《上海经济研究》2008 年第 3 期。

点评：“低碳环保、节能减排，遏制全球气候变暖”已经成为全世界人们的共识。在经济层面，很多国家对加快以“碳金融”为代表的低碳经济发展也提上了议事日程。碳金融行业的发展关系着我国低碳经济未来的发展前景，论文选择对我国碳金融行业发展路径为研究对象，具有很强的现实意义。作者在已有研究成果的基础上，对于 CDM、VER、CER 这些碳金融基础概念进行了梳理并提出了更为明确的界定，在此基础上对CDM市场和VER市场的市场结构和运作特点进行了分析，通过对国内碳金融行业发展实际情况的考察，一一驳斥碳金融发展战略上存在的认识偏差，指出未来我国碳金融发展的发展方向。论文文笔流畅，逻辑清楚，观点明确，采用归纳演绎和逻辑推理方法展开论述，实效性较强。

（中国青年政治学院经济系讲师　修晶）

公交数字移动电视广告传播效果研究*

——以北京公交数字移动电视为例

作者　姜陆洋　杨雪娇　范雪娇　陈璇

指导老师　王怡琳

一　前言

（一）研究背景

公交数字移动电视作为一种新媒体形式，2001 年在新加坡首先得以应用。2002 年 10 月，上海出现了中国内地第一批公交车上的移动电视。2004 年以来，移动电视业务在全国普遍展开，北京、广州、兰州、重庆等许多城市相继开通了车载移动电视。截至 2007 年 2 月，我国已经有 40 多个城市陆续开始在公交车上播放移动电视。

北京于 2004 年 5 月 28 日正式试播数字移动电视，到 2008 年 1 月，北京公交车总量达 1.8 万，公交数字移动电视屏幕的数量在 1.2 万左右，总的来说，移动电视接触率已经达到 89.1%。①

北广传媒是北京市最有实力的移动电视运营商，截至 2008 年 5 月，北广传媒数字移动电视已经完成第一批 5000 辆公交车的安装，日覆盖受众达 400 万人；北京奥运会期间，北广传媒移动数字电视覆盖了奥运公交专线以及 80%

---

* 该作品获第十届“智慧星火”——中青学子学术支持计划一等奖。

① 《预计 2010 年全国移动电视市场规模将达 100 亿》，《第一财经日报》2008 年第 1 期。

的其他公交车。

水木清华研究中心提供的相关数据表明，2006—2008年，我国车载移动电视市场年平均增长率将超过50%。由于目前中国城市人口中约50%（城市中心人口则高达95%）选择公交车等公共交通出行这一国情，该中心预测，在未来3—5年，车载移动电视将至少占据全国300多亿元人民币的广告市场份额。

鉴于公交数字移动电视的巨大发展空间和潜在的广告市场前景，本研究以北广传媒公司为例，从北京市经常乘坐公交车的受众人群特征和受众对于北广传媒数字移动电视的态度出发，研究公交数字移动电视广告的传播效果。

（二）研究的目的和意义

本研究以传播学、心理学、广告学等相关学科为理论基础，旨在探究北京经常乘坐公交车乘客的人群特征（如收入、性别、年龄、学历、工作状况、购物倾向等），乘车习惯（如乘车频次、乘车时长等）以及他们对公交数字移动电视广告的态度及原因，对公益广告和商业广告的态度对比及原因，并试图将研究成果推向现实层面：

1. 为户外广告传播效果研究提供一些有价值的建议。
2. 为现有的户外媒体大众传播理论提供具体数据和例证方面的支持。

二　文献综述

（一）理论基础

德国学者马莱兹克于1963年在《大众传播心理学》中提出的系统模式认为影响和制约传播者的因素有媒介内容的公共性所产生的约束力，来自公众的压力和制约，来自讯息本身和媒介性质的压力等；影响和制约受传者的因素有受传者的人格结构、自我印象、所处的社会环境、讯息内容的效果和影响，以及来自媒介的约束力等；影响和制约媒介与讯息的因素主要来自传播者对讯息内容的选择和加工及受传者对媒介内容的接触选择。马莱兹克的系统模式说明社会传播是一个极其复杂的过程，评价和解释任何一个传播活动都必须对涉及该活动的各种因素和影响力进行全面系统的分析。①

1974年卡茨、布鲁默等人提出了使用与满足理论的研究架构。使用满足理论把受众成员看做是有着特定“需求”的个人，把他们的媒介接触活动看做是基于特定的需求来“使用”媒介，从而使这些需求得到“满足”的过程。②

广告传播效果取决于媒介传播效果，对于大众传播效果的解释主要有两种角度。第一是行为主义，它强调通过可观察和测量的行为或态度变化来研究传播现象，在传播研究早期，认为通过媒介信息这种刺激的安排可以获得期望的传播效果（代表理论：魔弹论）；第二是认知主义（以议程设置为例），其主要特征是把认知而不是态度作为媒介效果，把一般性的传播而不是说服性传播作为研究对象；第三是建构主义，它强调受众的主动性对传播效果的影响，把受众作为中介变量，主要考察由受众认知结构、亚文化类型和社会关系上的个人差异所导致的对媒介内容的选择性注意、认知、回忆和行动。③

因此，本研究在考察媒介的传播效果时，更多地考虑中介因素和外部条件，如受众行为特征、受众心理和态度等。我们从受众的人群特征状况、对公交数字移动电视广告的态度来研究公交数字移动电视广告的传播效果。

（二）现有的研究成果

1. 公交数字移动电视的受众特征

根据新生代市场监测机构CMMS数据，2002—2007年，以公交为主要交通工具的人群比例从73.4%攀升到84.0%，而其中主流公交人群（每周乘坐5次以上公交的人群）相对城市总体，在年龄、收入、学历上具备相对明显的特征，比如，年龄更集中在15—34岁的中青年力量。主流公交人群具有对信息高度敏感、消费力旺盛、具备城市消费的意见领袖特质的特点。④

2008年7月11日，由国内权威调查机构新生代和世通华纳联合推出的《中国金融消费洞察与公交移动电视接触报告》调查显示，从公交数字移动电

① 郭庆光：《传播学教程》，中国人民大学出版社1999年版。

② 李永健：《大众传播心理通论》，中国传媒大学出版社2008年版。

③ 同上。

④ 公交移动电视：《不断上升的影响力》，《成功营销》2008年第4期。

视群体与其他媒体受众的购物倾向与广告倾向相比较来看，公交数字移动电视群体的消费能力旺盛，广告意识强。①

但是也有研究者认为公交数字移动电视的受众与传统电视的受众相比，存在着受众主动选择性降低、收视时间缩短、视效果较差等不足。②

2. 公交数字移动电视的传播优势

江西南昌大学的赖浩峰研究指出，公交数字移动电视是在传统电视的盲区开辟竞争舞台，利用其受众面广、人群流动量大的优势成功避免了传统电视的挤压，而获得了广阔的生存空间。与传统电视不同，公交移动数字电视的受众是不断流动的，这就使“移动电视受众‘变宽’了”。

作为一种即时传播的系统，公交数字移动电视具有内容易获，资讯利用最大化的特点，可以让移动人流随时随地看到电视，获得更多更新的资讯，极大地满足了快节奏社会中人们对于信息的需求，同时也丰富了市民文化生活。

赖浩峰、苏阳、闻捷等人都认为，公交数字移动电视还具有垄断性传播的特点，其目标到达的效率高。“移动电视的垄断性传播，剥夺了观众手中的‘遥控器’和随时更换频道的权利，有利于培养社会大众群体性收看同一节目的自觉性，这对于某些预设好的内容（比如广告）来说，传播效果更佳”③，“公交车载移动电视为广告主提供了一个全新的、超值的空间”④。

3. 目前我国公交数字移动电视存在的问题

从影响力来说，据一些学者的研究，目前我国公交数字移动电视在现有条件下，实际上所能影响到的受众，远远小于理论上计算出来的数字，原因在于公交车内电视数目相对较少，屏幕也过小，这些都影响了乘客对信息的接收。

从播放的内容上来讲，公交数字移动电视存在节目移植痕迹过重的问题。以北京地区为例，公交移动电视播放的内容多为直接从电视节目中取材或者从网络中获取资源，节目原创性不高，也不能满足乘客对公交数字移动电视的观

---

① 《中国金融消费者消费洞察与公交移动电视接触报告》［EB/OL］（http：//www. sinomonitor. com/sinoweb/news/list. asp？ newsid = 1403）。

② 万喃喃：《公交移动电视的受众特点和创新》，《新闻爱好者》2007 年第 2 期。

③ 赖浩锋：《数字移动电视的传播优势与市场前景》，《广播电视信息》2005 年第 4 期。

④ 苏阳、闻捷：《公交车载移动电视的传播优势分析》，《新闻实践》2004 年第 11 期。

看需求，这是造成“所播出的节目适合在家里使用电视、电脑这类在相对安静的环境下、在相对私人性的媒介上播出，而不是在公交移动电视这个环境复杂的公用媒介上播放”① 结果的原因。

从技术层面来讲，技术瓶颈仍制约公交数字移动电视的发展。有不少乘客反映，经常会在乘坐的公交车上发现公交数字移动电视卡壳，使节目停滞，或画面模糊、充满马赛克，声音被扭曲的现象。这些都使公交移动数字电视的观看效果大打折扣。

（三）重要名词解释

广告效果：是广告主通过媒介发布广告作品时对消费者所产生的所有影响因素的总和，是通过广告讯息传播之后所产生的受众反应和市场销售效果，这是广告的最终目的。广告媒介的传播效果或者可以说是媒体受众对广告效果的结果性反应，包括广告对受众知晓、了解和偏好的心理影响和广告对企业销售量的影响，即广告的传播效果和广告的销售效果。

广告传播效果：本文着重研究的是广告的传播效果。目前，传播学界对于广告传播效果并未有一个统一的说法，对于广告传播效果的解释大概有：

（1）传播效果是检测传播者、传播内容、传播媒介对受众的功能和状况的一种量化标准或表现程度。

（2）传播效果是指传播者在改变受众固有观点、立场方面的威力程度的表现。

（3）传播效果是传播者的行为对社会文化所造成的影响。

（4）传播效果是指媒介功能的发挥程度。

本文所要研究的传播效果侧重于第（1）、（2）、（4）种解释。

移动电视（TV on mobile）：主要与传统意义上的固定电视相对应，是指安装在公共巴士、轻轨、地铁等公共交通车辆以及轮渡等其他交通工具上的电视，出现于20世纪末。其技术手段是在公共汽车上安装普通模拟电视，主要借助VCD播放，节目是固定的，即人们常说的“插卡式移动电视”。

① 张牧因：《公交移动电视的传播效果》，《今传媒》2008年第4期。

数字移动电视：在21世纪初出现的具有移动接受优势的移动电视，可以在汽车、轻轨、地铁、火车、轮渡等各类移动交通载体上使用。其主要是指通过无线数字信号发射、地面数字设备接收的方式，进行电视节目的播放和接收，乘客可以随时随地观看到电视节目。

公交数字移动电视：指安装在公共巴士上，通过无线数字信号发射、地面数字设备接受方式进行的，可以移动播放和接受的电视媒体。由于移动电视采用了数字电视技术，交通工具在时速120公里之内的运动状态中，也可以稳定、清晰地接收到电视节目，实时性强。数字电视按照传输方式可以分为卫星直播、有线和无线传输三种方式。

基于以上论及的移动电视、数字移动电视、公交数字移动电视三个概念的区别，本文使用了公交数字移动电视的概念，研究的是公交数字移动电视上的广告传播效果。

三　调查分析

本研究共进行了问卷调查分析和深度访谈分析两个阶段，具体研究过程和方法如下：

（一）研究过程

①小组成员与指导老师讨论、筛选，确定选题。

②乘坐公交车观察数字移动电视广告，建立了对数字移动电视广告的感性认识，为问卷设计和深度访谈打下基础。

③阅读文献资料，设计调查问卷。

④试发放问卷，寻找不足，修改，定稿。

⑤抽样，发放问卷进行调查。

⑥结合问卷分析的结果，设计深度访谈的内容，并以性别和年龄为维度选择访谈对象。

（二）研究方法

1. 问卷调查法

借鉴世通华纳公司此前的相关研究，本研究着重选取北京地区 18 条重点线路的 18 个重点站点进行拦截访问。这 18 个站点在地理位置分布上能覆盖到北京五环内，尽量分散，从而使调查结果能基本代表北京市的整体情况。调查共发放问卷 500 份，回收 496 份，回收率达到 99.2%，剔除每周乘坐公交车次数在五次以下的情况和由于时间紧迫未答完问卷的情况以及存在重大逻辑错误的问卷以后，有效问卷为 323 份，有效率为 64.6%。

问卷调查时间为 8 月 30 日至 9 月 7 日，共计 5 个工作日和 4 个周末。

以下为抽样站点：

表 95

序号	路别	站点	序号	路别	站点
1	113	白家庄	10	653	航天桥西
2	105	西单商场	11	300 内	丽泽桥
3	101	阜成门	12	104	崇文门西
4	47	中关村一街	13	109	牛街路口西
5	420	王府井	14	9	小庄路口北
6	21	皇亭子	15	103	甘家口北
7	104 快	国际展览中心	16	108	炎黄艺术馆
8	15	友谊医院	17	814	动物园
9	110	朝内小街	18	803	前门

2. 深度访谈法

我们共访谈了 8 人，年龄集中在 20—40 岁，访问时间人均约 30 分钟，访问对象需要满足以下条件：每周乘坐公交车 5 次以上；有一定的购买力；平时注意过公交数字移动电视广告。

（三）问卷调查的研究分析

1. 下面18题是对受众人群特征状况的分析

（1）由图24可以看出，在每周乘车次数达到5次以上（包含5次）的人群中，达到5—15次的人群比例为52.9%，15次以上的为47.1%（我们假设每周乘公交车5次以下的人群为非经常乘坐公交车人群，故寻找访问对象时排除此类人群）。

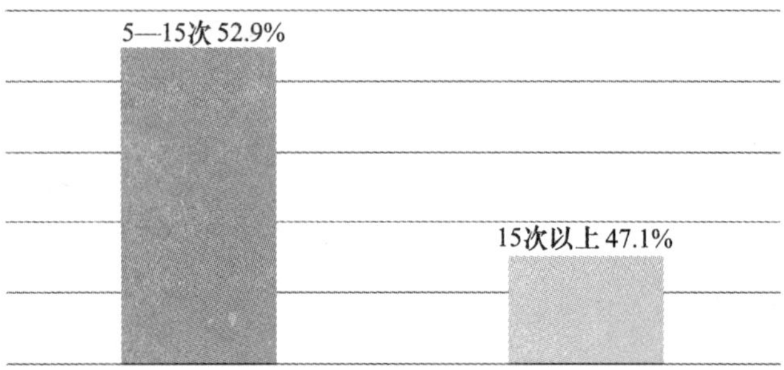

图24

（2）由图25可以看出，67.8%的乘客在早上9点以前乘坐公交车，这一时段是上班、上学的高峰期。早上9点到下午4点乘车的乘客占31.6%，这也是人流量比较大的时段。（本题为多选）

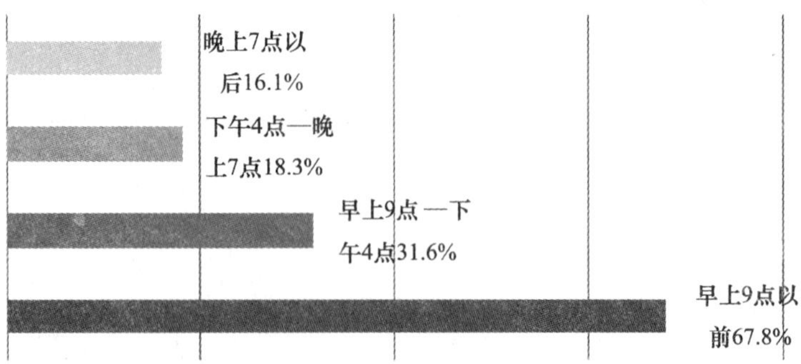

图25

（3）由图 26 可以看出，近 50% 的乘客每次乘车时间长度在 30 分钟以上，其中，有 39.0% 的乘客乘车时长在 30—60 分钟，由此可见，一半左右经常乘坐公交车的人群在车上停留时间超过 30 分钟，停留时间较长。

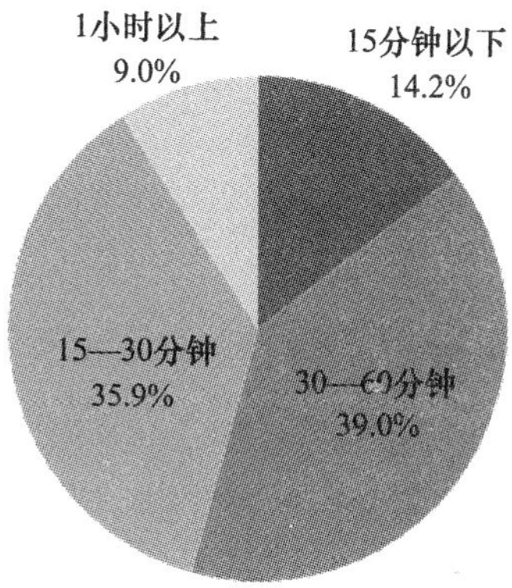

图 26

（4）由图 27 可以看出，经常乘坐公交车的乘客中女性占 58.2%，男性占 41.8%，女性略多于男性。

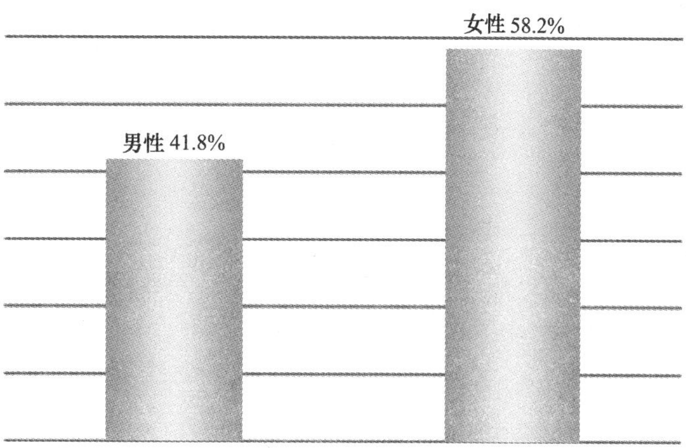

图 27

（5）由图 28 可以看出，经常乘坐公交车的乘客年龄段主要分布在 20—30 岁，占 65.5%，其次是 20 岁以下和 31—40 岁的人群，分别占 14.9% 和 11.5%。

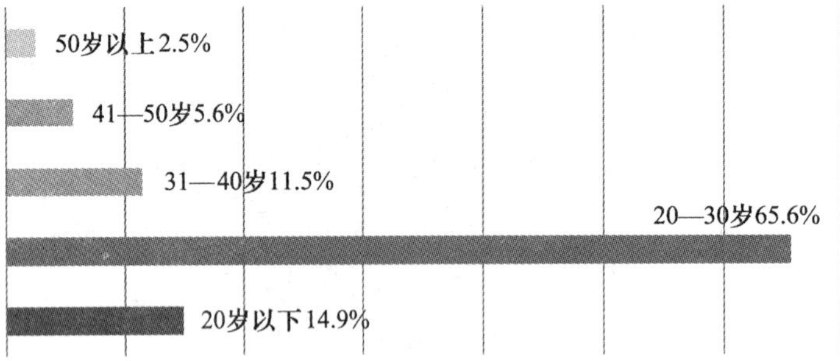

图 28

（6）由图 29 可以看出，北京经常乘坐公交车的人群受教育程度在高中及同等学历以上的比例达 96.9%，其中，大学本科及同等学历达 57.9%，研究生及以上学历达 5.9%，可见，北京经常乘坐公交车的人群受教育程度相当高。

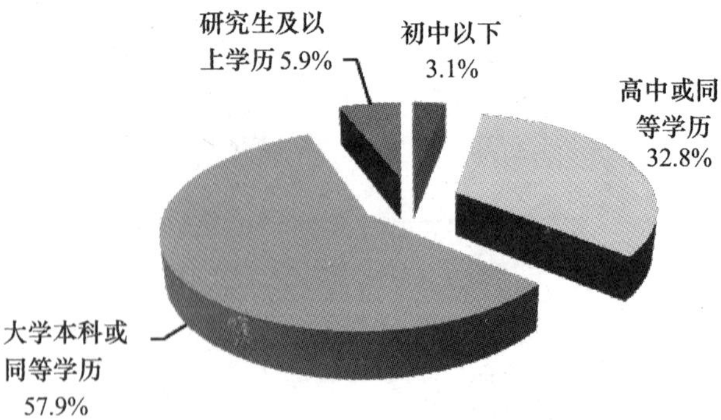

图 29

（7）由图30可以看出，北京经常乘坐公交车的人群集中在有固定工作单位的人群，同时值得关注的是学生占了近20%的比例。

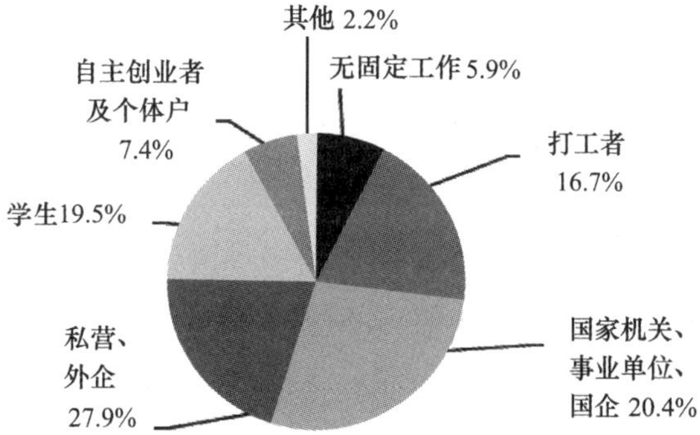

图30

（8）图31表明，北京经常乘坐公交车的人群月收入水平集中在1000—3000元，这一人群比例高达69.9%，收入较高（高于5000元）的人群较少，仅占7.7%。可见，经常乘坐公交车的人群偏向于中等收入阶层。

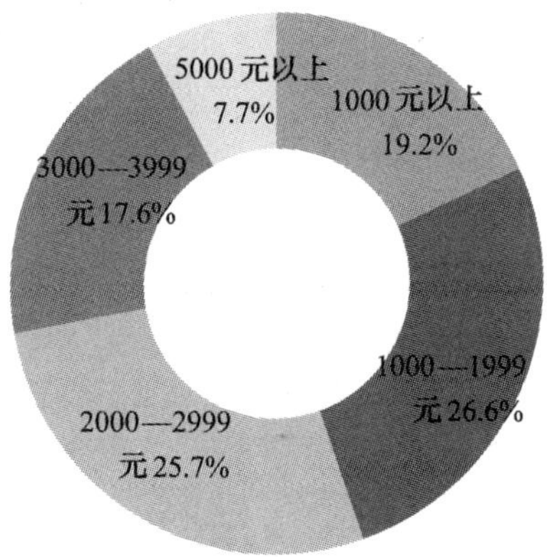

图31

（9）问卷的9—18题目的在于调查受众最近的购物倾向，下面列出了各题中受众选择比例最高的选项（注：9—18题均为多选题）

表 96

问题	购买倾向
9. 比较急切购买的商品	服饰（37.2%），食品（29.4%）
10. 比较倾向于购买的饮料	鲜奶、酸奶（49.5%），瓶装水（33.7%），可乐、橙汁（28.5%）
11. 比较倾向购买的药品	感冒药（43%）
12. 比较倾向购买的家电或电子产品	电脑（40.6%），手机（33.4%），数码相机（32.2%）
13. 比较倾向购买的服饰	休闲鞋服（71.2%），运动鞋服（26.0%）
14. 比较倾向购买的家庭用品	洗衣粉、洗衣液、洗衣皂等（70.6%）
15. 比较倾向去的休闲场所	中等会餐所（50.2%），快餐店（46.4%）
16. 比较倾向的投资方式	银行储蓄（56.7%），股票基金、外汇买卖（27.9%），房地产（7.4%），保险（14.6%）
17. 是否有买房的打算	现在有（17%），未来5年有计划（29.1%），近期没有（52.3%）
18. 近期出游计划	京郊旅游（34.7%），省际旅游（31.9%）

2. 以下 11 题是关于受众对于公交数字移动电视的态度分析

（1）由图 32 可知，61.6% 的受众对于公交数字移动电视的喜好程度一般，喜欢者达 33.1%，不喜欢的仅有 4.3%。这表明对公交数字移动电视持强烈反感情绪的乘客占少数。

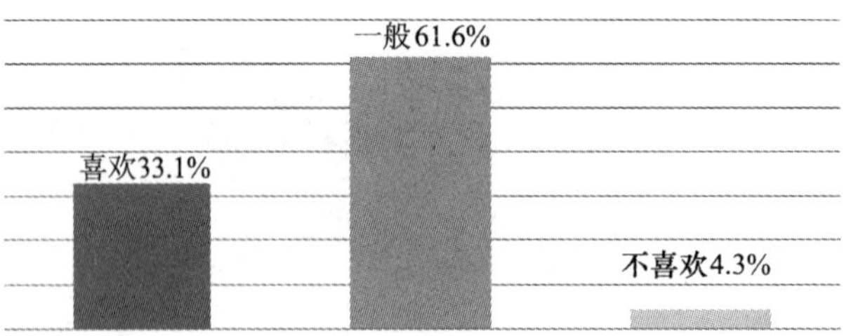

图 32

（2）由图 33 可知，68% 的受众表示公交数字移动电视的声音有时能听清，有时则不能。不能听清的受众比重达 20%。可见，有 88% 的受众不能完全接收到公交数字移动电视的声音。能否听清声音极大地影响了广告传播效果。车内声音嘈杂，车外引擎声大，加上数字移动电视本身的音量较小且乘客和司机都无法调节，这些因素导致受众无法听清，进而影响了广告的传播效果。

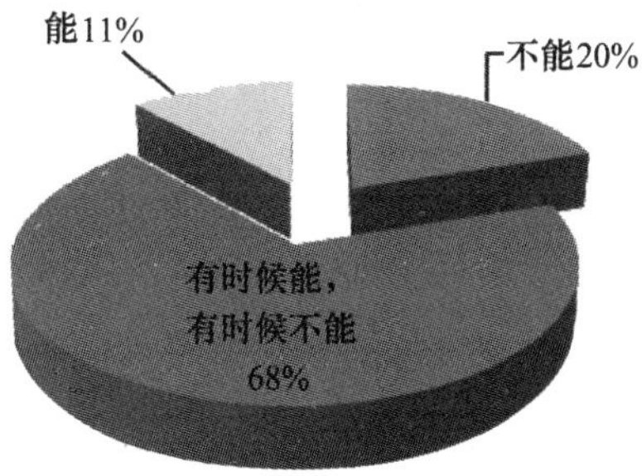

图 33

（3）由图 34 可以看出，96% 的受众遇到过有画面没声音或有声音没画面的音画配合不佳的情况，其中 50.5% 的受众经常遇到此类情况。据被调查者反映，有时会出现画面不明原因的抖动、静止甚至消失。很多乘客反映，只能看到移动电视的画面，而不能听到声音。这样，乘客对移动电视节目和广告的兴趣有所降低。

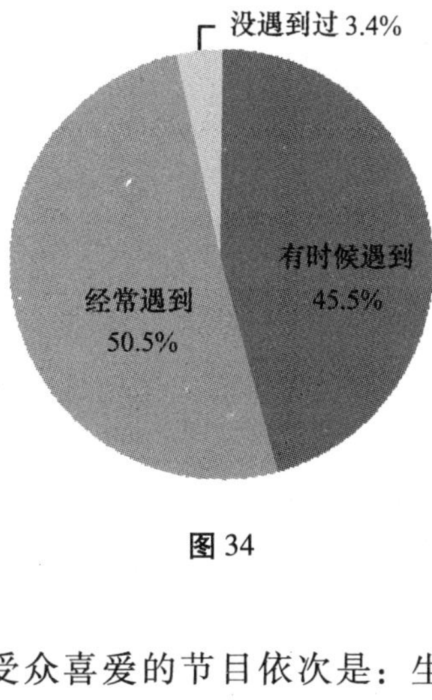

图 34

（4）由图 35 可知，受众喜爱的节目依次是：生活类讯息、新闻、娱乐，它们的比例分别是 50.2%、49.8% 及 39.0%。

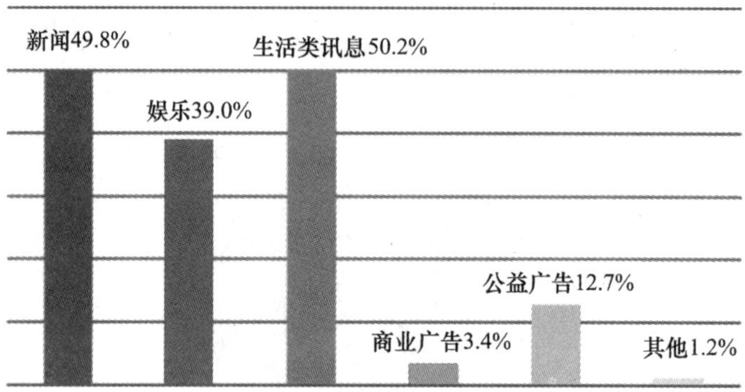

图 35

（5）由图 36 可以看出，有 62% 的受众认为商业广告和公益广告的比例并不均衡，其中认为商业广告过多的受众占 49%；另有 36% 的受众认为商业和公益广告的比例适当。

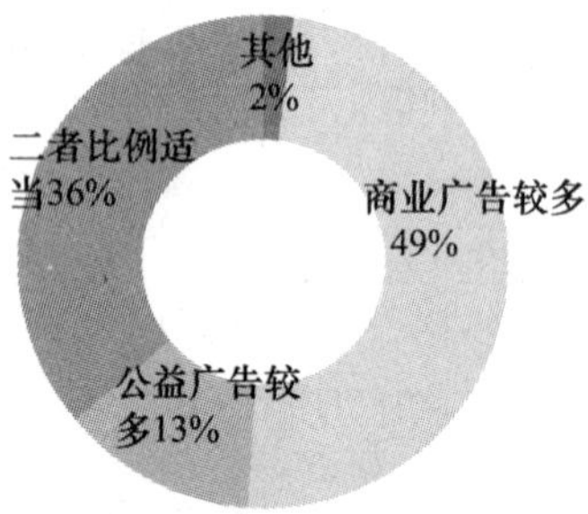

图 36

（6）由图 37 可以看出，56.3% 的受众喜欢公益广告，而喜欢商业广告的仅占 10.2%。这表明公益广告在受众心目中的认可度相对较高。

（7）从图 38 可以得到，对商业广告持正面态度的受众占 52.6%，包括 35.3% 的受众认为商业广告值得关注和鼓励，17.3% 的受众认为其值得一看；而 37.2% 的受众持无所谓态度，真正持反感态度的仅有 9.3%。

（8）由图 39 可以看出，超过 50% 的受众认为商业广告为生活购物添加了

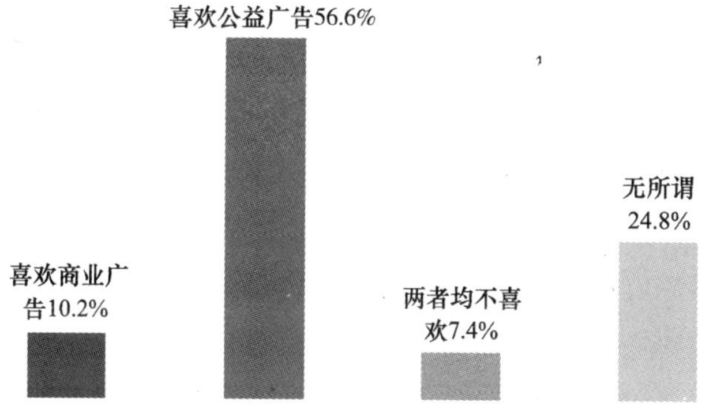

图 37

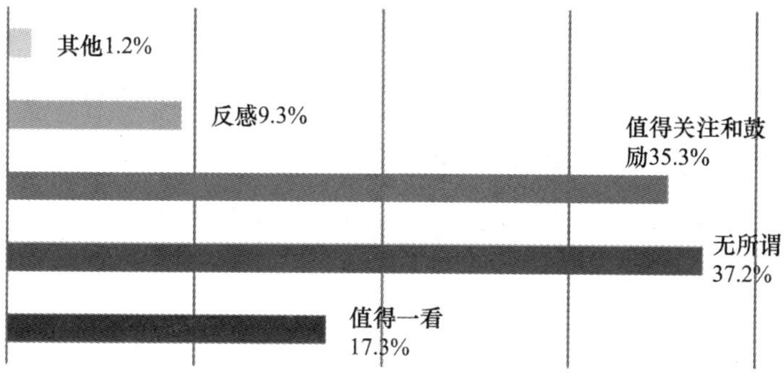

图 38

便利。但是乘客对于商业广告的制播水平不是非常满意，仅有 6.2% 的受众认为它制播精良。

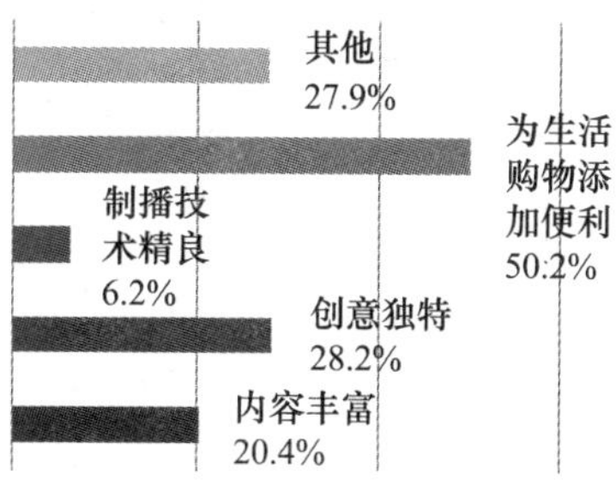

图 39

（9）由图 40 可以看出，公交数字移动电视的公益广告在内容丰富程度上得到了乘客的认可，同时由于有 35.6% 的乘客认为这种公益广告有助于提高道德修养，因此可预计，它在社会提高道德修养上能够发挥一定的作用。乘客对于公益广告在制作技术和知识性方面的满意程度不太高，认为有助于增长知识的受众仅占 5.6%，认为其制播技术精良的仅占 8.0%，可见，公益广告在制播技术和知识性方面还有待提高。

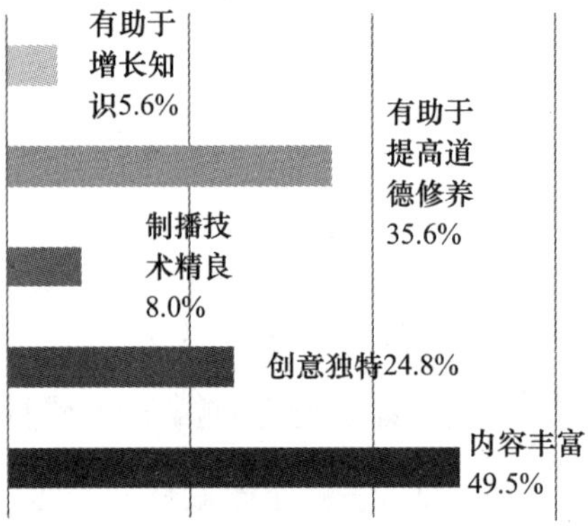

图 40

（10）由图 41 可以看出，乘客对食品饮料和旅游休闲类广告印象比较深，对食品饮料类广告有印象的受众占 39.6%，对旅游休闲类广告有印象的受众占 28.8%。

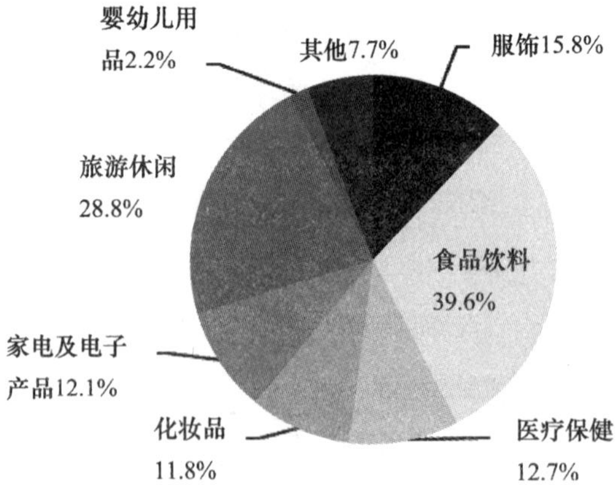

图 41

（11）由图 42 可以看出，67% 的受众认为公交数字移动电视上的广告对购物行为产生了影响，其中有很大影响的受众达 3%，有一些影响的占 64%。

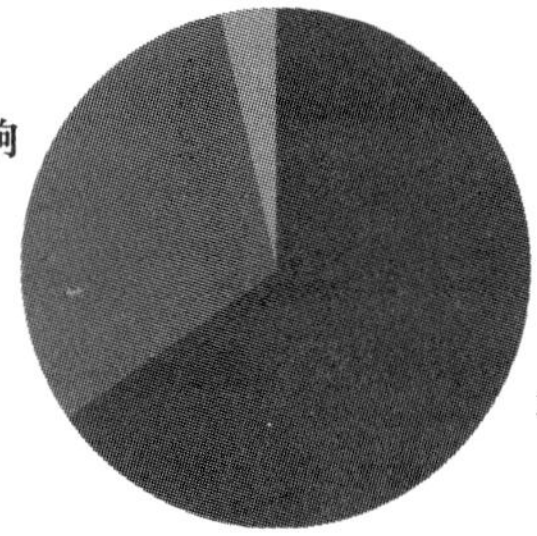

图 42

3. 小结

（1）受众特征状况分析：

我们侧重研究了每周乘车次数在 5 次以上的受众群体，结果发现每周乘坐公交车 5—15 次的人群比例为 52. 9%，15 次以上的为 47. 1%。经常乘坐公交车的人群中有近 50% 的乘客每次乘车时长在 30 分钟以上，39. 0% 的乘客乘车时长在 30—60 分钟。有乘车次数和乘车时长的保证，基本可以断定，在比较经常乘坐公交车的人群中，公交数字移动电视的广告到达率还是相当高的。

在调研中我们发现，经常乘坐公交车的乘客中女性明显要多于男性，年龄段分布也很有特征，主要集中在 20—30 岁。20—30 岁人群占总人数的 65. 5%，其次是 20 岁以下和 31—40 岁的人群，分别占 14. 9% 和 11. 5%，这意味着超过 80% 的乘客都在 30 岁以下。月收入在 1000—3000 元之间的受访者占到 69. 9%，他们都属于中等收入水平。

值得注意的是被调查人群受教育程度较高，高中及同等学历以上的比例达 96. 9%，其中大学本科及同等学历达 57. 9%，研究生达 5. 9%。这与北京作为首都具有的区位优势和拥有大量高等学校等因素有关。

由此可见，经常乘坐公交车的乘客年龄偏向年轻层，且拥有高中以上的较高学历，他们接受新事物能力较强，能较好地吸收到广告的信息，收入普遍为中等水平，具有一定的购买能力，无疑是公交数字移动电视广告的潜在消费群体。

（2）受众的购物倾向分析

调查表明，公交乘客集中于中等收入，倾向于购买服饰和食品，而在服饰中对休闲服饰的偏好较大；对于家电及电子产品，他们都对电脑、手机和数码相机这三大电子产品表现出很大的兴趣（电脑为40.6%，手机33.4%，数码相机32.2%）。鲜奶、酸奶、瓶装水和可乐、感冒药以及洗涤用品在生活必需品中所占的比例较高。在理财方面，超过一半的人群会选择银行储蓄，30%左右的人选择股票、基金、外汇买卖投资方式，这从侧面说明他们的投资理念趋向于保守；但同时部分人也存在风险投资的意识。在调查中我们还发现，未来5年内有买房计划的受众在30%左右，这说明公交数字移动电视的楼宇广告有潜在的受众基础。在旅游休闲中，超过60%的乘客有近期去京郊和省际旅游的打算，以中短途出行为主。

如果公交数字移动电视的广告能够侧重以上相关产品，将达到更好的广告传播效果。

（3）受众对公交移动电视及其广告态度分析

受众对公交数字移动电视持比较积极的态度，大部分受众没有表现出强烈反感的情绪，问卷调查数据表明，61.6%的受众对其喜好程度为一般，喜欢者达33.1%，不喜欢的仅有4.3%，这为公交数字移动电视的传播奠定了一定的受众基础。而受众喜爱的节目依次是：生活类讯息、新闻、娱乐，它们的比例分别是50.2%、49.8%及39.0%。其中生活类讯息的比重最大，所以建议广告商应该结合此类信息，加大生活类产品的广告投放力度。

就商业广告和公益广告而言，有62%的受众认为商业广告和公益广告的比例并不均衡，其中认为商业广告过多的受众占49%。而56.3%的受众喜欢公益广告，而喜欢商业广告的仅占10.2%。人们之所以喜欢公益广告主要是由于其内容丰富，可以提高道德修养等。

（四）深入访谈分析

我们在问卷调查的基础上，选取8名年龄层次在20—40岁的受众做了深入访谈，因为这年龄段的人群占到了调研人数的80%左右，具有很强的代表性，同时也是公交数字移动电视广告最忠实的观众。

访谈中我们发现受访者都注意过公交数字移动电视广告，不过持非常关注态度的只有一人，大部分人表示，在公交车比较拥挤时会变得不注意。大家对广告播放的频率和内容基本上的观点是过高、单一，同时他们认为这样高频率地播放一个广告是不合适的。对于公交车车厢相对封闭伴生而来的垄断性传播，受访者有5人表示自己并没有被迫接受的感觉，他们在遇到不喜欢看的节目时，可以选择聊天或者看风景等来代替。

绝大部分的受访者并没有表现出对公交数字移动电视强烈的好恶，但是对广告却立场鲜明，其中有5位表示能够接受在公交移动电视上播放广告。7位受访者都有记忆深刻的广告。从他们记忆深刻的广告中可以分析出，受众普遍对于信息充实、制播精良、画面优美、声音动听、创意独特、富有文化气息、蕴涵公益内容的广告印象深刻，但是这基本上不会影响他们的购物抉择，他们更多的还是关注实物的质量，广告只是加深了他们的印象。有受访者表示，只有在购物时无所适从的情况下，看到曾经在广告中见到过的产品，才会考虑购买。但是值得关注的一点是，广告中隐含的公益信息会提高企业在他们心目中的地位，赢取他们的好感。

受访者中有6人都说在公益广告和商业广告中，自己更喜欢的还是公益广告。受访者表示都能接受公益广告，他们对各种救助类、文明道德类、人文科普类的广告都表示关注，而提醒文明礼让类的公益广告最令受访者印象深刻，但一些缺少真情实感的公益广告虽有知名人物参与，却得不到他们的认同。

6位受访者对自己经常接触的网络媒体的广告表示了反感，泛滥和自动弹出是他们反感的主要原因。与对网络上的广告的反感情绪不同，一半受访者认为公交数字移动电视广告发展空间较大，但是希望单个广告的播放频率有所降低，且播放质量，如声音、画面能有所改善。他们更希望增加一些资讯服务和即时性新闻。

四　结论

公交数字移动电视是一种新媒体形式，它拥有巨大的潜在的受众市场。数字移动电视具有空间封闭、频道唯一的特点，这使它在广告传播上具备了相当优势，有利于广告信息的达到率，使得传播效果更佳。

经过调查，我们发现北京市公交车经常乘坐的人群具有以下特点：

（1）主要为30岁以下的年轻群体，他们属于中等收入水平，有较强的消费需求；

（2）这部分人群对公交数字移动电视上的商业广告喜欢或能接受的占多数，但对单一广告高频率播放表示不赞同，认为其制播技术、画面和声音的效果有待提高；

（3）他们更喜欢一些融合公益广告元素的内容，这样能提高企业的信誉度，加强他们对产品的好感；

（4）受众更多关注的还是实物的质量，数字移动电视上播放的广告能加深他们的印象，但不容易形成直接的购买动机；

（5）对公益广告的接受和认可度较高，希望公益广告达到制作精良并同时具有真情实感的效果。

同时，公交数字移动电视需要解决一些技术问题，如遇到一些高层建筑物和陡坡后突然信息中断，这些技术上的问题的解决有助于传播效果的加强。虽然移动电视上内容比较丰富，但是广告过于频繁成为受众不满的主要原因。虽然垄断性传播对广告主来说是一个很大的优势，但是播出太多重复的广告，受众容易产生厌烦心理，这种为单纯追求经济效益的行为的结果只会适得其反。所以广告比例要适当，播放频次不能太高。由于声音听不清楚，建议适当选择具有视觉效果的内容，新闻资讯类节目播出时配有字幕显示，提高广告画面的美感和清晰度都有助于加强传播效果，发挥公交数字移动电视的传播优势。

五　研究不足

1. 由于经验不足，在问卷设计上和抽样上可能会存在一些问题技术上的问题。

2. 深度访谈上，男女比例不够均衡，样本代表性在某些程度上可能不够。

3. 由于国外相关研究的资料获取不易，我们只是简单地查询和借鉴了国内相关的文献研究结果。

参考文献

［1］郭庆光:《传播学教程》，中国人民大学出版社 1999 年版。

［2］李永健:《大众传播心理通论》，中国传媒大学出版社 2008 年版。

［3］赖浩锋:《数字移动电视的传播优势与市场前景》，《广播电视信息》2005 年第 4 期。

［4］苏阳、闻捷:《公交车载移动电视的传播优势分析》，《新闻实践》2004 年第 11 期。

［5］张牧因:《公交移动电视的传播效果》，《今传媒》2008 年第 4 期。

［6］万喃喃:《公交移动电视的受众特点和创新》，《新闻爱好者》2007 年第 2 期。

［7］公交移动电视:《不断上升的影响力》，《成功营销》2008 年第 4 期。

［8］《中国金融消费者消费洞察与公交移动电视接触报告》［EB/OL］（http://www.sinomonitor.com/sinoweb/news/list.asp? newsid = 1403）。

［9］《预计 2010 年全国移动电视市场规模将达 100 亿》，《第一财经日报》2008 年第 1 期。

［10］张骏德、李小翠:《公交移动电视的传播学解读》，《新闻记者》2005 年第 8 期。

［11］万喃喃:《公交移动电视的受众特点和创新》，《新闻爱好者》2007 年第 2 期。

点评：由姜陆洋、杨雪娇、范雪娇、陈璇 4 位同学共同完成的论文《公交数字移动电视广告传播效果研究——以北京公交数字移动电视为例》获得了 2009 年第五届挑战杯大学生论文比赛三等奖，作为她们的指导老师，我由衷地为她们的辛苦努力获得回报而感到高兴。

她们的成功，首先要归功于校团委的“‘智慧星火’——中青学子学术支持计划”，这个学术支持计划的奖金虽然不多，但却有效地调动了学生开展学术研究、创造性地发现问题和解决问题的积极性。由于有学生的踊跃参加，“智慧星火”每年都能涌现出不少优秀的论文，《公交数字移动电视广告传播效果研究》就是其中之一。

此外，这篇论文的成功离不开 4 位同学出色的团结协作精神。每年满怀热情参与“智慧星火”的同学不少，但最终能完成论文的却只是其中的一部分，原因通常在于参与同一个选题的同学并不能真正磨合成一个有执行能力的团队，内部意见的分歧常常使得研究尚未展开就已流产。《公交数字移动电视广告传播效果研究》采用了问卷调查的研究方法，问卷的发放、回收以及数据的统计面临着种种困难，4 位同学凭着良好的分工与合作，靠着每一个人的认真负责以及彼此间的积极沟通最终完成了这项艰难的工作。我相信，经过这样一个过程，她们不仅提高了自己运用所学知识解决问题的能力，还培养了为着共同目标彼此协作、相互宽容理解的团队精神，这对她们未来的工作将是极为有益的。

（中国青年政治学院新闻系讲师　王怡琳）

附录一：调查问卷设计

公交移动电视广告传播效果分析

您好！我们是中国青年政治学院的学生，要做一个关于公交移动数字电视广告传播效果的调查研究，希望得到您的帮助。此次调查不涉及您的隐私，我们的问卷共有 31 道题，答题时间在 6 分钟左右，请在符合您想法的字母上作个标记。谢谢！

（一）

1. 您每周乘坐公交车几次（来回一趟算两次）？

   A. 5 次以下　B. 5—15 次　C. 15 次以上

2. 您经常在什么时段乘坐公交车？（可多选）

   A. 早上 9 点以前　B. 早上 9 点到下午 4 点

   C. 下午 4 点到晚上 7 点　D. 晚上 7 点以后

3. 每次乘坐公交车，您一般在车内停留多长时间？（按平均的计算）

   A. 15 分钟以下　B. 15—30 分钟　C. 30—60 分钟　D. 1 个小时以上

4. 您的性别：　A. 男　B. 女

5. 您的年龄：

   A. 20 岁以下　B. 20—30 岁　C. 31—40 岁　D. 41—50 岁　E. 50 岁以上

6. 您的学历：

A. 初中以下　　B. 高中或同等学历

C. 大学本科或同等学历　D. 研究生及以上学历

7. 您的工作状况：

A. 无固定工作　B. 打工者　C. 国家机关、事业单位

D. 私营、外企　E. 学生　F. 自主创业者、个体商户

8. 您的个人月收入：

A. 1000 元以下　B. 1000—1999 元　C. 2000—2999 元

D. 3000—4999 元　E. 5000 元以上

9. 最近您比较急切地倾向于购买（可多选）：

A. 服饰　B. 化妆品　C. 饮料　D. 食品　E. 药品、保健品　F. 烟酒

G. 家电及电子产品　H. 金融产品　I. 休闲旅游　J. 房屋及房屋装修　K. 汽车

10. 饮料系列中，您比较倾向于购买的是：

A. 瓶装水　B. 奶粉　C. 鲜奶、酸奶　D. 速溶饮品　E. 可乐、橙汁等

11. 下面药品中，您比较倾向于购买：

A. 感冒药　B. 创可贴　C. 止痛药、肠胃药　D. 保健品　E. 隐形眼镜、护理液

12. 下列家电及电子产品中，您倾向于购买：

A. 手机　B. 数码相机　C. 微波炉　D. 空调器　E. 电视机　F. 电脑

G. 音响、DVD

13. 目前的购物中，您比较倾向于购买下列哪种服饰类系列：

A. 运动服装、鞋饰　B. 休闲服装、鞋饰　C. 西服正装　D. 针织品、内衣

14. 下列日用家庭用品中，您比较倾向于购买：

A. 家纺　B. 洗衣粉、洗衣皂、洗衣液等　C. 狗食、猫食等宠物产品

15. 在下列休闲场所中，您倾向于去哪一种？

A. 快餐店　B. 中等会餐所　C. 高级酒店

16. 下面的投资方式中，您比较倾向于：

A. 银行储蓄　B. 保险　C. 股票基金、外汇买卖　D. 房地产

17. 您是否有购买住房的打算？

A. 近期没有　B. 现在就有　C. 未来 5 年有此计划

18. 近期的出游计划，你会选择：

A. 京郊旅游　B. 省际旅游　C. 出国旅游　D. 没有计划

（二）

1. 您喜欢看公交移动电视吗？

A. 喜欢　B. 一般　C. 不喜欢

2. 能不能听见公交移动电视的声音：

A. 不能　B. 有时候能有时候不能　C. 能

3. 您是否遇到过有声音没有画面，或者有画面没有声音的情况：

A. 有时候遇到　B. 经常遇到　C. 没遇到过

4. 您对下面哪些信息的需求比较大，比较感兴趣？（可多选）

A. 新闻　B. 娱乐节目　C. 生活类讯息（天气、交通路况、生活常识等）

E. 商业广告　F. 公益广告

5. 对于公交移动电视上的商业广告和公益广告，您觉得：

A. 商业广告太多　B. 公益广告太多　C. 二者比例适当

6. 对于公交移动电视上的商业广告和公益广告，您：

A. 更喜欢商业广告　B. 更喜欢公益广告　C. 二者都不喜欢　D. 无所谓

7. 您觉得公交移动电视的商业广告：

A. 值得一看　B. 无所谓　C. 一种新的广告形式，值得关注和鼓励　D. 反感

8. 您觉得公交移动电视（多选）：

A. 内容丰富　B. 创意独特　C. 制播技术精良

D. 为生活购物提供便利　E. 其他________

9. 您觉得公交移动电视的公益广告（多选）：

A. 生活化　B. 亲切感人　B. 制播技术精良　C. 有助于提高道德修养

D. 有助于增长知识　F. 其他________

10. 你对下面哪项广告有印象：

A. 服饰类广告　B. 食品饮料类广告　C. 医疗保健类广告　D. 化妆品类

E. 家电及电子产品　F. 旅游休闲　G. 婴幼儿用品　H. 其他________

11. 您觉得公交移动电视上的广告对您的购物行为是否有影响？

A. 有一些影响　B. 完全没有影响　C. 有很大影响

附录二：深入访谈问题设计

1. 您经不经常坐公交车？一星期大概几次？

2. 您注意过公交车上的移动电视上的广告吗？

3. 您觉得公交移动电视上的广告播放的频率怎么样？您觉得这样的频率合适吗？

4. 您有没有记忆深刻的广告？您对这个广告是怎么看的？你以后若有相关需要，会不会考虑这个产品？

5. 您还记得公交移动电视上哪些类别的广告？有没有哪一个广告或哪一类广告您比较喜欢？您能不能说说喜欢的原因？

6. 和传统电视广告相比，您觉得哪个更可信？

7. 您能否接受公交移动电视上播放广告？你觉得移动电视广告应该怎样做才能符合您的收视习惯？

8. 同样的，公益广告你有没有记忆深刻的？是哪一个？你觉得这个广告做得怎么样？

9. 公益广告和商业广告相比，您更喜欢哪一个广告形式？为什么？

10. 您能接受在上面播放公益广告？您觉得在上面适合播放哪一类的公益广告？（救助类、文明道德、人文科普、生态环境保护……）

11. 您经常接触到的媒体是哪一类？您如何评价上面的广告？

12. 有人说公交移动电视是除电视、网络、报纸、广播等以外的第六媒体，您觉得广告在上面的发展空间大吗？你对公交移动电视广告有什么期待？

13. 有人说公交移动电视上的广告具有强迫接受的特点，你觉得自已有没有受到影响？

致　谢

这篇论文的完成，得到了多方面的支持和帮助。首先，我们要感谢本篇论文的指导老师王怡琳，她在论文论题的选择、问卷的设计以及写作的全过程中给予了悉心的指导，并在论文修改过程中提出了很多宝贵的建议。她严谨认真的指导让我们受益匪浅。

其次，在调研过程中，我们得到了很多乘客的理解与支持，他们帮忙完成了500多份调查问卷，这使我们能得到丰富的第一手资料，对于研究来说弥足珍贵。参加深度访谈的8名乘客也积极地配合我们，他们抽出宝贵的时间接受我们的采访，使研究更加细致和完善。在此对他们表示衷心的感谢。

我们还感谢智慧星火学术支持计划让我们有团队合作的机会，培养了成员之间互相协调合作的能力，让我们对公交数字移动电视这一媒体新形式有了更加深刻的认识。

平时学习中各位任课老师的教授让我们积累了较为丰富的研究方法和理论知识，使我们思考的角度更加全面，方法更加完善。

感谢所有给了我们直接和间接帮助的人，没有他们的支持和帮助，我们无法完成调查，无法完成论文的工作。

中国青少年心理健康状况调查报告*

——基于九省（市、自治区）的调查研究

论文　肖静　李琴　任燕琴　韩雪　方洁　赵敏雅

调查　肖静　李琴　任燕琴　韩雪　方洁　虞涛

房启志　黄宇　赵敏雅　宋启迪

指导教师　李家华　王丽娟

一　文献综述

在中国学术期刊网上，搜索“青少年心理健康”这一关键词，2004—2007年关于这一主题的学术文献共计144篇；查阅2008年《中国健康心理学杂志》、《心理科学》、《社会心理科学》、《青少年心理健康》、《心理学发展》、《心理科学进展》、《中国青年研究》等国内的心理学刊物，对其中的观点进行分析综合的基础上，得出以下文献综述：

* 该作品获第九届“智慧星火”——中青学子学术支持计划一等奖。该作品获第五届“挑战杯”首都高校大学生课外学术科技作品竞赛一等奖。

（一）近年来国内对青少年心理健康的研究的基本情况，主要包括以下几个方面的内容

1. 研究对象

青少年主要是指十二三岁到二十一二岁这个年龄范围，[①] 基本上对应于初、高中和大学阶段，绝大多数的研究选择了对在校学生进行调查。

2. 研究地区

文献资料显示，对青少年心理健康研究地区范围较广，经济较发达的东部地区和经济欠发达的中西部都有涉及。研究主要集中在城市进行，对农村青少年的心理健康调查研究相对较少，而进行城市、农村比较的研究则为数不多。

3. 心理健康的标准

目前对心理健康的标准，学者们仍存在争议，没有一个统一的标准。如：姚本先《心理学》，将心理健康的标准界定为以下八个维度：（1）智力正常；（2）情绪适中；（3）意志健全；（4）人格统一完整；（5）自我意识正确；（6）人际关系和谐；（7）社会适应良好；（8）心理特点符合年龄特征。也有部分学者采用如下十项标准：（1）较好的社会适应性；（2）性格健全，没有缺陷；（3）情感和情绪的稳定协调；（4）智力正常；（5）意志健全和行为协调；（6）适度的反应能力；（7）心理特点符合心理年龄；（8）注意的集中度好；（9）完好的感知能力；（10）思维健全。

4. 测量工具和方法

国内目前应用于青少年心理健康调查最普遍的症状自评量表（SQL－90），宋维真、张建平的《心理健康测查表》（PHI），周步成主修的《心理健康诊断测验（MHT)》量表，大学生人格健康调查表（UPI），中国大学生心理健康量表（CSMHS）等。

在测量方法上，国内目前对青少年心理健康及相关的研究多采用问卷调查法，是因为它具有效率高、经济、省时等优点，而且目前的数据分析软件的应

① 《张氏心理学辞典》（1991 年出版）对“青少年期”的注释是：由青春期开始到身心渐臻成熟的发展时期，女性为 12—21 岁，男性为 13—22 岁，儿童后期到成年期之间的大约 10 年时间称为青少年期。

用方便也在一定程度上促使人们利用问卷法。同时，为了更深入地作个案分析，也会辅之以访谈法等。

（二）近年来对青少年心理健康状况调查研究的成果

1. 青少年心理健康状况从整体上看是基本良好的。大量的研究都表明80%以上的受测者心理健康水平在健康之列。如张岗英等运用SCL－90量表对西北地区农村545名中学生进行的调查，结果发现中学生存在一些轻微的心理健康问题，被调查青少年心理健康水平总的来说是好的。

但是，一些问题也不能忽视。2008年4月10日，中科院心理研究所公布了“2007我国国民心理健康状况研究报告”。报告指出，青少年心理健康尤需关注，在青少年阶段（12—18岁），心理健康指数随年龄增长呈下降趋势：初一学生的心理健康水平最佳，初二、初三学生次之，高中生最低。

2. 在青少年存在的心理问题中，因学习造成的心理问题位居榜首，主要包括学习压力、厌学、考试焦虑等。此外，人际交往压力、青春期心理问题、网络对青少年心理影响等问题也不容忽视。

3. 从性别因素上看，不少研究显示，女生心理健康的总体水平低于男生。

4. 从年龄层次上看，高中生心理健康水平低于初中生。面临毕业和升学压力的初三、高三同学心理健康状况较差。

（三）青少年心理健康影响因素

一般而言，家庭、学校（包括朋友和老师）及社会三者是影响青少年心理健康的重要因素，但这些方面对于不同年龄阶段和不同性别的青少年精神健康所产生的作用会有所不同。

1. 家庭因素方面。有研究发现，家庭支持与青少年精神健康水平有很强的相关性。初中生的心理健康与父母的教养方式关系密切。

2. 学校因素方面。与青少年心理健康最为密切的因素是有关学习成绩或学习压力方面的。青少年精神健康状况与其学习成绩之间存在着密切的关系，学习焦虑问题是目前初、高中生最主要的心理健康问题。

3. 社会环境的影响。研究表明，青少年的社区环境、交际圈都会对其心理产生影响。随着信息化社会的到来和经济的发展，青少年心理健康问题也越来越明显，青少年网络心理问题日益突出。青少年学生自身的某些因素，如外貌、能力、习惯等对其心理健康也会产生重要的影响。

（四）既有研究的几点缺陷

1. 受测对象绝大多数为在校学生，而对社会上非学生的青少年群体研究较少。

2. 研究对象主要为城市青少年，而对农村青少年，特别是对城市、农村青少年心理健康问题的对比研究较少涉及。

3. 进行青少年心理健康状况调查后，需要配套进行后期的心理咨询和辅导工作，以使调查研究真正成为解决问题的依据和手段，而国内青少年心理健康工作在这方面尚显不足。

二　调查背景

根据中国教育统计网 2007 分析数据①显示，全国普通高中在读学生人数为 25224008 人，普通初中在读学生有 57208992 人。这个数目庞大的群体长期以来扮演着“家庭中心”与“社会边缘”的双重角色。他们大多还未成年，涉世未深，一方面是家庭的焦点位置，受着父母长辈的疼爱；另一方面是必须被动地接受家庭社会的安排设置，被告知着社会竞争的激烈，要面对高压的升学竞争。他们没有自己利益表达的直接代表和渠道，往往是教育工作者和家长在教育过程中发现问题并“包办”式的解决问题。这种双重角色双重对待的方式已经使处于心理成长期的青少年不堪重负。2000 年浙江金华少年弑母案震惊了全国。少年徐力因不满母亲严格管束竟然用榔头活活将母亲打死。这一极端事件在令我们痛惜之余，也应唤起对青少年心理状况的关注。

在教育部 2002 年颁布的《中小学心理健康教育指导纲要》② 中指出：“良

① http：//www. stats. edu. cn/tjgb/2007 年全国教育事业发展统计公报 . htm。

② 2002 年 9 月，教育部印发《中小学心理健康教育指导纲要》。是继 1999 年教育部印发《关于加强中小学心理健康教育的若干意见》以后的又一个进一步指导、规划全国中小学心理健康教育工作的重要文件。《纲要》共 20 条，对中小学心理健康教育的指导思想、原则、任务与目标，不同年龄阶段的教育内容，开展心理健康教育的途径和方法，以及组织实施和实施过程中应注意的问题等，都作了明确的规定。

好的心理素质是人的全面素质中的重要组成部分。心理健康教育是提高中小学生心理素质的教育，是实施素质教育的重要内容。中小学生正处在身心发展的重要时期，随着生理、心理的发育和发展、社会阅历的扩展及思维方式的变化，特别是面对社会竞争的压力，他们在学习、生活、人际交往、升学就业和自我意识等方面，会遇到各种各样的心理困惑或问题。因此，在中小学开展心理健康教育，是学生健康成长的需要，是推进素质教育的必然要求。”

《关于加强中小学心理健康教育的若干意见》① 中指出：“当今世界科学技术飞速发展，国际竞争日趋激烈，我们要实现中华民族的伟大复兴，就必须努力培养同现代化要求相适应的数以亿计高素质的劳动者和数以千万计的专门人才。良好的心理素质是人的全面素质中的重要组成部分，是未来人才素质中的一项十分重要的内容。当代中小学生是跨世纪的一代。他们正处在身心发展的重要时期，大多是独生子女，随着生理、心理的发育和发展，竞争压力的增长，社会阅历的扩展及思维方式的变化，在学习、生活、人际交往和自我意识等方面可能会遇到或产生各种心理问题。有些问题如不能及时解决，将会对学生的健康成长产生不良的影响，严重的会使学生出现行为障碍或人格缺陷。他们的健康成长，不仅需要有一个和谐宽松的良好环境，而且需要帮助他们掌握调控自我、发展自我的方法与能力。”

这两项政策中的描述基本概括了当今中学生心理状况的特点。从当今的社会现实来看，中学生心理健康教育的主要责任主要由学校和父母承担。但是受传统家庭教育观念的影响，以及以分数为重点，以升学为目标的教育观念根深蒂固，对学生的心理健康教育并未发挥应有的作用。

三　调查过程

（一）调查对象

本次活动是针对全国范围的青少年的心理健康状况进行的抽样调查。我们

① 1999 年教育部颁布《关于加强中小学心理健康教育的若干意见》，提出了开展心理健康教育的基本原则、主要任务以及途径。

共在我国东部、中部、西部各抽 3 个省（自治区、直辖市），它们分别是：天津、浙江、辽宁、山西、江西、湖北、内蒙古、宁夏、新疆。每个省又分别抽取城市高中、城市初中、农村高中、农村初中各一所学校的 50 名同学进行调查（主要以访谈员的居住地为主就近选择）。

中学生的年龄一般在 13—19 岁，而我国目前还没有关于青少年年龄的准确界定，根据我国公安部门的统计标准，青少年的年龄界限定在 13—25 周岁。考虑到调查的可操作性以及我们的财力、人力等因素，我们将调查的范围确定在初、高中阶段，并且主要面向初二和高二年级的学生，因为我们认为这部分学生的心理健康状况最能代表初、高中学生的整体水平。

本次调查共发放问卷 1800 份、访谈 72 人，问卷收回 1728 份，其中有效问卷 1518 份。有效回收率为 84%。

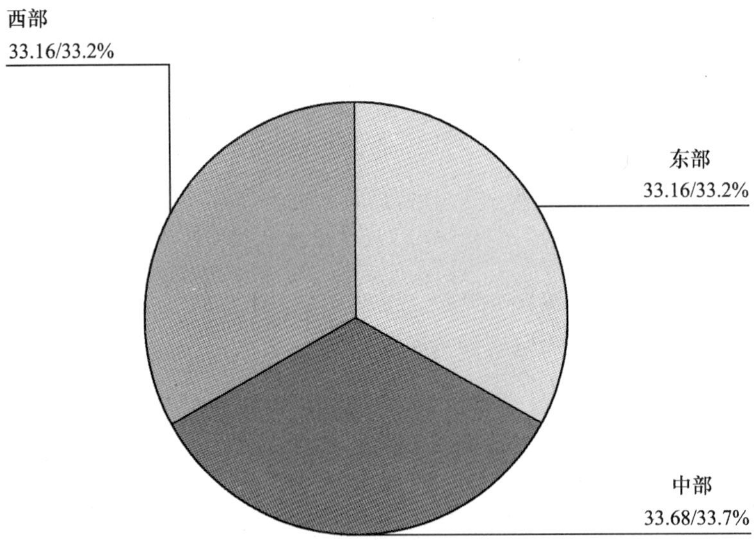

图 43　调查对象区域分布的饼状图

（二）调查方法及工具

本次调查采用问卷调查法（学生自填问卷、统一指导语）和结构式访谈法。

问卷由三部分组成：学生基本信息、《心理健康诊断测验（ MHT ）量表》、三道性心理问题（注：我们对各部分分别分析，不改变《心理健康诊断测验（ MHT ）量表》的内容，不会影响该量表的信度和效度）。

我们首先在每份问卷前面设置了关于被调查者的基本信息问题，其中包括：省份、市区、户口、性别、家庭结构、年级、学习成绩水平，及家庭经济状况，希望从多个角度来探究与青少年心理健康水平相关的因素。

问卷的主体部分为《心理健康诊断测验（ MHT ）量表》，这是目前我国中小学普遍采用的测量青少年心理健康水平的一个量表。该问卷共 100 个项目，含 8 个内容量表和 1 个效度量表。8 个内容量表为：学习焦虑、对人焦虑、孤独倾向、自由倾向、过敏倾向、身体症状、恐怖倾向、冲动倾向。内容量表总分反映个体心理健康总体水平，而根据各分量表统计结果，可诊断个体在某一方面的心理问题倾向与严重程度。心理健康总体水平焦虑倾向的标准分即由 8 个内容量表的标准分相加而成，以此来衡量心理健康总体调查工具水平。共分三个等级：分数在 1—49 分之间为心理健康；在 50—59 分之间为心理状态欠佳或有心理问题倾向；在 60 分以上为心理问题倾向较严重，需要进一步分析并及早咨询或治疗。①

我们在问卷的最后设置了三道有关性心理的题，分别是：（1）你对“性”方面知识的了解程度。（2）学校或家庭对孩子进行性教育的重视程度。（3）你通常了解性方面知识的渠道。设置这三道题主要是想初步了解城、乡青少年对性的了解程度，以及学校和家庭对孩子性心理的重视程度，探究青春期性教育与青少年心理健康水平的相关性，以便对青少年心理健康问题的研究提供某种参考。

为了更全面地了解青少年心理健康状况及其影响因素等情况，我们在做完问卷调查后还对部分学生进行了结构式访谈（平均每各省有 10 名同学作为访谈对象，共计 90 人）。访谈的问题具体包括心理健康状况自我评价、压力来源、排解压力的渠道、社会心理，以及性心理等几个部分。

---

① 李勇、王红：《小学生心理健康现状调查报告》，重庆万州区枇杷坪小学。

四 调查结果（使用 SPSS11.5 软件分析）

（一）城、乡青少年心理健康总体水平

分析结果显示，学生的心理健康状况良好者共 1306 人，占被调查总数的 87.78%。心理状态欠佳的学生共 120 人，心理健康状况较严重的学生有 62 人，以上两项合计 182 人，占总数的 12.22%。其中，城市青少年心理健康状况不良的占总数的 12.63%，而农村青少年的心理健康水平同样不容乐观，占 11.90%（如表 97 所示）。

表 97　　**城、乡青少年心理健康总体水平**

	健康（1—49 分）	欠佳（40—59 分）	严重（60—90 分）	总人数
城市	711（88.10%）	65	31	807
农村	595（87.37%）	55	31	681
总人数	1306	120	62	1488
占总人数的比例	87.78%	8.06%	4.17%	100%

注：该表显示的人数小于有效问卷数量 1518 人，因为部分同学漏填了另附的“基本信息”。

（二）其他因素与青少年心理健康总体水平的关系

经过 SPSS 分析我们发现，户口、家庭经济状况、家庭结构等因素对测验得分有影响，但没有显著性（P < 5%），而性别、区域因素及学习成绩水平与得分有显著性关系。

1. 区域因素与心理健康水平

分析结果显示，东部、中部、西部的青少年心理健康水平存在比较明显的差异，心理健康状况不良率分别为 11.37%、15.68%、6.58%。对比可见，中部青少年心理压力最大，东部次之，而西部地区的青少年心理健康水平较高（如表 98 所示）。

表 98 **区域因素与心理健康水平的关系**

		心理健康水平			总人数
		健康	欠佳	严重	
区域	东部	343（88.63%）	29	15	387
	中部	484（84.32%）	58	32	574
	西部	511（93.42%）	35	17	563
总人数		1338	122	64	1524

卡方检验结果，

11.385	4	.023

（P = 0.023 < 0.05，区域对总分有明显的影响）

2. 学习成绩水平与心理健康水平

分析结果显示，学习成绩水平对青少年心理健康存在较大影响，总体而言，学生学习成绩越低，心理健康水平越低。这从某种程度上也表现出日趋激烈的学习竞争，以及越来越大的学习压力对我国青少年心理健康的影响很大（如表 99 所示）。

表 99 **学习成绩水平与心理健康水平的关系**

		心理健康水平			总人数
		健康	欠佳	严重	
学习成绩水平	优	240（93%）	8	10	258
	良	548（89%）	53	17	618
	中	369（85%）	43	22	434
	差	119（84%）	12	11	142
总人数		1276	116	60	1452

卡方检验结果，

21.422	6	.002

（P = 0.002 < 0.05，学习情况明显影响到心理量表得分）

（三）学生心理健康状况在内容量表上的分布

本次测验中，在8个内容量表上分别出现程度不同的心理健康问题。具体分布参见表100。

表100　　学生心理健康状况在内容量表上的分布与走向

	有效样本	平均数	标准差
学习焦虑	1719	7.40	2.965
对人焦虑	1716	4.27	2.123
孤独倾向	1533	2.47	2.256
自责倾向	1534	4.89	2.176
过敏倾向	1533	5.44	2.161
身体症状	1531	5.15	2.899
恐怖倾向	1530	2.78	2.521
冲动倾向	1530	3.41	2.335
Valid N（listwise）	1518		

注各分测验的解释：如果一个分测验的标准分≥8分，属高分，说明学生在该项目上有困扰或障碍，需要给予特别辅导。如果标准分≤3分，属低分，说明学生在该项目上正常。

1. 学习焦虑

近年来，随着升学考试和就业考试难度的增加，学生和父母都很关心学习。每天把学习挂在心上，担心被老师提问，上课时一直不放心，一有考试就怕得坏分数而无法安心学习，这些都是学习焦虑的表现。学习焦虑不仅阻碍了学生的学习，而且会严重影响学生的心理健康。

通过对答卷进行统计，发现得3分以下的为155人，占总数的9.0%，得8分以上的为811人，占总数的47.2%，平均分7.4分（参见表101）。从中我们可以看出，当前青少年普遍存在着学习焦虑的现象，接近高分的平均分也反映出在超过8分的学生中得分普遍较高，说明学习焦虑的程度非常高，近半数同学对考试怀有恐惧心理，无法安心学习。

表 101　　**学习焦虑的分布状况**

		人数	比例	有效值比例
有效值	低分	155	8.8	9.0
	中等	753	42.9	43.8
	高分	811	46.2	47.2
	总计	1719	97.9	100.0
缺失值	System	37	2.1	
总计		1756	100.0	

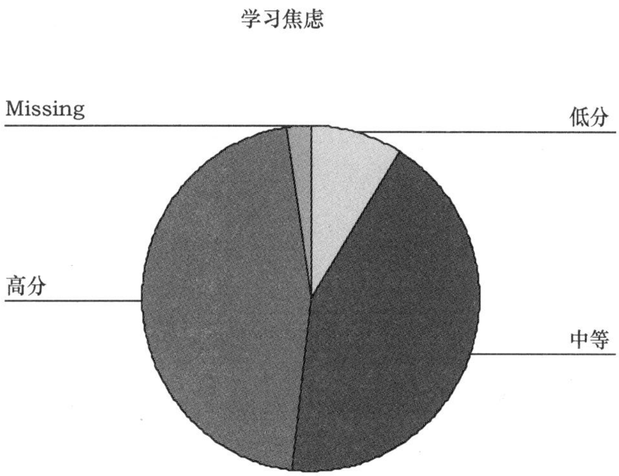

图 44　学习焦虑的分布状况

2. 对人焦虑

对人焦虑通常表现为：在众人面前感到不安，被人说了什么就总想不开，受到批评总是闷闷不乐。这种在对人关系上容易产生焦虑的人具有退缩、过于老实、提心吊胆、没有魄力、不敢讲话等特点。

通过对答卷的统计，得分在 3 分以下的有 639 人，占样本总数的 37.2%；得分超过 8 分的有 122 人，占样本总数的 7.1%，平均分 4.27 分（参见表 102）。从样本得分情况来看，青少年在人际交往方面总体上是正常的，只有少部分存在高焦虑。

表 102　　对人焦虑的分布状况

		人数	比例	有效值比例
有效值	低分	639	36.4	37.2
	中等	955	54.4	55.7
	高分	122	6.9	7.1
	总计	1716	97.7	100.0
缺失值	System	40	2.3	
总计		1756	100.0	

3. 孤独倾向

被父母疏远、娇生惯养、在家称大王在外懦弱的儿童，腼腆抑郁的青少年等都经常因孤独而烦恼。这类儿童和青少年，和大家一起做某件事时，由于技术差、经验不足，经常感到失败的威胁。因此，感到和大家一起玩还不如一个人玩。这样，就越来越不会和大家一起相处。当别人高兴地相互谈话时，就有一种我不仅不能参加，而且还被人家排挤的心情。这样恶性循环下去，最后只要是人们聚集在一起，就会感到恐怖。这样，既想加入到伙伴中去，又想避免在伙伴们面前出现失败，因而产生不安倾向。

对有效答卷的统计表明，3 分以下有 1116 人，占样本总体的 72.8%，超过 8 分的有 60 人，占总数的 3.9%，平均分为 2.47 分（参见表 103）。从中我们可以看出青少年学生绝大部分还是乐观开朗的，孤独倾向并不十分明显。

表 103　　孤独倾向的分布状况

		人数	比例	有效值比例
有效值	低分	1116	63.6	72.8
	中等	357	20.3	23.3
	高分	60	3.4	3.9
	总计	1533	87.3	100.0
缺失值	System	223	12.7	
总计		1756	100.0	

4. 自责倾向

所谓自责就是责备自己。当发生不如意的事情时，不认为是他人的问题，而经常认为是自己不好，对自己所做的事抱有恐惧倾向，称为自责倾向。这种倾向走向极端就会过低评价自己，自责、自我鄙视、自我轻蔑。这种状态是受悲哀和忧郁情绪支配的，调节不好会极大地影响青少年自信心及积极人生观的建立。

通过对答卷的统计，得分 3 分以下的有 392 人，占样本总体的 25.6%，得分超过 8 分的有 185 人，占总数的 12.1%，平均分为 4.89 分（参见表 104）。数据反映出被测青少年自责倾向不是十分明显，大部分同学能正确看待失败。但仍有 12% 的同学在遇到挫折时，就怀疑自己的能力，将失败、过失归咎于自己。

表 104　**自责倾向的分布状况**

		人数	比例	有效值比例
有效值	低分	392	22.3	25.6
	中等	957	54.5	62.4
	高分	185	10.5	12.1
	总计	1534	87.4	100.0
缺失值	System	222	12.6	
总计		1756	100.0	

5. 过敏倾向

感受性太强，就连小事都放心不下，行动受到严重损害的倾向，称为过敏倾向。对周围的噪声特别敏感，担心家中有人会受伤、生病或死亡，决定事情不果断，即使做了好事也感到烦恼。日常生活中常说“那个人有点神经质”。这个“神经质”与这里所说的神经过敏大致相同。这种过敏倾向是随一般不安倾向的增大而增大的，而且过敏倾向强的人在各种场合下都容易感到不安。

经过对答卷的统计，得 3 分以下的为 277 人，占样本总数的 18.1%，8 分以上的为 280 人，占总数的 18.3%，平均分为 5.44 分（参见表 105）。说明有较多学生存在着严重的过敏倾向，仅次于学习焦虑，应当引起重视。

表 105 **过敏倾向的分布状况**

		人数	比例	有效值比例
有效值	低分	277	15.8	18.1
	中等	976	55.6	63.7
	高分	280	15.9	18.3
	总计	1533	87.3	100.0
缺失值	System	223	12.7	
总计		1756	100.0	

6. 身体症状

强烈焦虑会引起生理反应，如心跳、胸闷、头重、出冷汗、皮肤苍白、肌肉松弛、小便失禁等，这些称为焦虑反应群。正常人也会有这种焦虑反应，但大多数是发生在焦虑症中。特别是，慢性焦虑状态中容易出现肠胃障碍（胃酸过多、便秘等）、食欲不振、血压不稳、汗分泌异常、眼睛疲劳、头痛、失眠、疲劳等，而且对声音和光线过敏。本测验除了这种身体症状外，还包括身体某个部分是否有毛病，身体某个部分是否比别人难看，对身体缺陷不放心等，这些都能用身体症状的内容量表来测定。这些身体症状中，有的是“真正的痛”。一般是“真正的病”和焦虑同时在起作用，或者是焦虑真正起作用的原因。特别是这些症状同时出现很多时，大多数焦虑在起作用。

通过统计可以发现得分在 3 分以下的有 470 人，占样本总数的 30.7%，得分超过 8 分以上的有 310 人，占总数的 20.2% ，平均分为 5.15 分（参见表 106）。在所有内容量表中，身体症状属于得分焦虑状况较为严重的部分，平均分仅排在学习焦虑和过敏倾向之后。

表 106 **身体症状的分布状况**

		人数	比例	有效值比例
有效值	低分	470	26.8	30.7
	中等	751	42.8	49.1
	高分	310	17.7	20.2
	总计	1531	87.2	100.0
缺失值	System	225	12.8	
总计		1756	100.0	

7. 恐怖倾向

恐怖和焦虑通常是区别开来使用的。这里所说的是，客观上一点不需要恐惧，主观上也不知道为什么要恐惧，然而却抱有一种恐惧心理，这称为恐惧倾向。例如，只要登上高处就怕得不能站立，无缘无故地恐惧黑暗，晚上开灯睡觉等，都是用来测定这种倾向的。

在1530份有效答卷中，得分在3分以下的有989人，占到总数的64.6%，超过8分的有83人，占总数的5.4%，平均分为2.78分（参见表107）。可以发现绝大多数的学生都不存在恐怖倾向，人数总体集中在低分段。

表107　　**恐怖倾向的分布状况**

		人数	比例	有效值比例
有效值	低分	989	56.3	64.6
	中等	458	26.1	29.9
	高分	83	4.7	5.4
	总计	1530	87.1	100.0
缺失值	System	226	12.9	
总计		1756	100.0	

8. 冲动倾向

有时无缘无故地想大声哭、大声叫，或者一看到想要的东西，就一定要拿到手，毫无理由地想到远处去，或想死，这些称为冲动倾向。这种想干危险的事或愚蠢的事的观念，是因为内部具有焦虑倾向而产生的。

1530份有效答卷中3分以下的有856人，占到总数的55.9%，8分以上的有81人，为总数的5.3%. 平均分为3.41分（参见表108）。应该说绝大部分学生不存在冲动倾向，人数主要集中在低分段。但这并不代表该问题不重要，近年来青少年犯罪率和自杀率不断攀升，很大原因在于现在的孩子心理脆弱、遇事易冲动，不考虑后果，所以研究青少年心理问题和社会问题，冲动倾向不容忽视。

表 108　　冲动倾向的分布状况

		人数	比例	有效值比例
有效值	低分	856	48.7	55.9
	中等	593	33.8	38.8
	高分	81	4.6	5.3
	总计	1530	87.1	100.0
缺失值	System	226	12.9	
总计		1756	100.0	

9. 小结

本次调查心理问题调查表的内容量表统计结果显示，我国青少年有一定的心理问题倾向，其中严重者的分布依次主要集中在学习焦虑、过敏倾向、自责倾向、身体症状等方面，应当引起社会的普遍关注和高度重视。

（四）性别因素对各个内容量表的影响

通过分析男、女生在 8 个内容量表上的得分，我们可以发现：学习焦虑、对人焦虑、孤独倾向、自责倾向、身体症状、恐怖倾向、冲动倾向在性别方面具有差异（$p<0.05$）；而过敏倾向没有明显的性别差异（$t=0.217, p=0.829>0.05$）。除孤独倾向男生高于女生外，其余各项得分女生普遍高于男生，说明相对于男生而言，女生的焦虑问题更加严重（参见表 109、表 110）。

表 109　　性别因素对各个内容量表的影响

	性别	数量	平均值	标准差	Std. Error Mean
学习焦虑	女	806	7.70	2.918	0.103
	男	876	7.11	2.995	0.101
对人焦虑	女	805	4.45	2.021	0.071
	男	874	4.09	2.205	0.075
孤独倾向	女	720	2.34	2.218	0.083
	男	776	2.60	2.285	0.082
自责倾向	女	721	5.06	2.190	0.082
	男	776	4.77	2.154	0.077

续表

	性别	数量	平均值	标准差	Std. Error Mean
过敏倾向	女	720	5.46	2.115	0.079
	男	776	5.44	2.200	0.079
身体症状	女	719	5.47	2.857	0.107
	男	775	4.88	2.914	0.105
恐怖倾向	女	718	3.17	2.503	0.093
	男	775	2.40	2.463	0.088
冲动倾向	女	719	3.53	2.315	0.086
	男	774	3.28	2.341	0.084

表 110　　**性别因素对各个内容量表的影响 T 检验结果**

	T	p
学习焦虑	4.096	0.000
对人焦虑	3.448	0.001
孤独倾向	-2.185	0.029
自责倾向	2.619	0.009
过敏倾向	0.217	0.828
身体症状	3.920	0.000
恐怖倾向	5.955	0.000
冲动倾向	2.024	0.043

（五）户口因素对各个内容量表的影响

通过对城市和农村学生 8 个内容量表得分的对比分析，我们发现：户口对孤独倾向、自责倾向有明显的影响（$p < 0.05$）。城市青少年孤独倾向的平均值是 2.63，农村青少年孤独倾向的平均值是 2.30；城市青少年的自责感的平均值是 4.73，农村青少年的自责感的平均值是 5.12。可见城市青少年比农村青少年孤独感更强烈，而农村青少年则更容易产生自责感。但户口因素与其他心理指标的相关性不大（参见表 111、表 112）。

表 111　　性别因素对各个内容量表的影响

	户口	N	Mean	Std. Deviation	Std. Error Mean
学习焦虑	城市	910	7.31	2.889	0.096
	农村	773	7.51	3.058	0.110
对人焦虑	城市	909	4.29	2.106	0.070
	农村	771	4.23	2.152	0.077
孤独倾向	城市	810	2.63	2.337	0.082
	农村	687	2.30	2.144	0.082
自责倾向	城市	810	4.73	2.047	0.072
	农村	688	5.12	2.309	0.088
过敏倾向	城市	809	5.42	2.171	0.076
	农村	688	5.50	2.153	0.082
身体症状	城市	809	5.18	2.890	0.102
	农村	686	5.15	2.912	0.111
恐怖倾向	城市	809	2.68	2.438	0.086
	农村	685	2.88	2.602	0.099
冲动倾向	城市	809	3.42	2.240	0.079
	农村	685	3.40	2.447	0.093

表 112　　性别因素对各个内容量表的影响 T 检验结果

	T	p
学习焦虑	-1.344	0.179
对人焦虑	0.583	0.560
孤独倾向	2.838	0.005
自责倾向	-3.426	0.001
过敏倾向	-0.768	0.443
身体症状	0.187	0.852
恐怖倾向	-1.486	0.137
冲动倾向	0.196	0.844

（六）家庭结构对各个内容量表的影响

我们把单亲家庭或者孤儿当做家庭结构不完整，以此对比家庭结构完整的样本进行研究。此外，还特别探究了“有无兄弟姐妹”与孤独倾向的相关性。分析发现，家庭结构与学习焦虑、对人焦虑、孤独倾向等各项心理指标均无明显相关性（p>0.05）（参见表113、表114）。特别的是，“有无兄弟姐妹”与孤独感没有明显的相关性，但是对对人焦虑（t=－2.407，p=0.016<0.05）、自责倾向（t=－23.834，p=0.000<0.05）、过敏倾向（t=－2.834，p=0.05）、身体症状（t=－2.215，p=0.027<0.05）会产生一定的影响（参见表115）。

表113　　家庭结构对各个内容量表的影响

	分类	有效样本	平均数	标准差
学习焦虑	不完整家庭	78	7.53	2.957
	完整家庭	1593	7.40	2.965
对人焦虑	不完整家庭	78	3.97	2.245
	完整家庭	1590	4.28	2.115
孤独倾向	不完整家庭	74	2.86	2.217
	完整家庭	1411	2.45	2.246
自责倾向	不完整家庭	74	4.43	2.041
	完整家庭	1412	4.93	2.180
过敏倾向	不完整家庭	74	5.08	2.157
	完整家庭	1411	5.48	2.154
身体症状	不完整家庭	74	4.70	2.744
	完整家庭	1409	5.19	2.912
恐怖倾向	不完整家庭	74	2.53	2.462
	完整家庭	1408	2.81	2.528
冲动倾向	不完整家庭	74	3.15	1.914
	完整家庭	1408	3.42	2.349

表 114　　“是否为完整家庭”的 T 检验结果

	T	p
学习焦虑	0. 377	0. 706
对人焦虑	-1. 258	0. 209
孤独倾向	1. 545	0. 123
自责倾向	-1. 925	0. 054
过敏倾向	-1. 563	0. 118
身体症状	-1. 407	0. 160
恐怖倾向	-0. 934	0. 351

表 115　　“有无兄弟姐妹”的 T 检验结果

	T	Sig.（2-tailed）
对人焦虑	-2. 407	0. 016
自责倾向	-3. 834	0. 000
过敏倾向	-2. 834	0. 005
身体症状	-2. 215	0. 027

（七）家庭经济状况对各个内容量表的影响

我们将家庭经济状况分为富裕、中等、较贫困及很贫困四种，请调查对象根据实际情况填写，试图探究家庭经济状况对青少年心理健康状况的影响。通过对 8 个内容量表的分析发现：家庭经济状况对自责倾向（详见图 42）、过敏倾向（详见图 43）、恐怖倾向（详见图 44）有明显影响，而与其他几个内容量表没有显著性关系（参见表 116）。

表 116　　**家庭经济状况对各个内容量表的影响 T 检验结果**

	T	p
学习焦虑	1.461	0.223
对人焦虑	0.357	0.784
孤独倾向	1.672	0.171
自责倾向	3.688	0.012
过敏倾向	3.315	0.019
身体症状	0.829	0.478
恐怖倾向	3.519	0.015
冲动倾向	1.177	0.317
自控倾向	0.870	0.456

由图 45 可知：家庭经济状况较贫困的青少年自责倾向最高，家庭经济状况中等的青少年自责倾向较高，家庭经济状况富裕和很贫困的青少年自责倾向都很低。

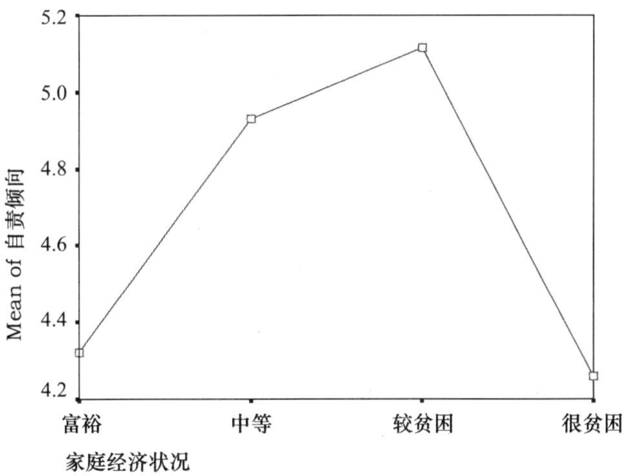

图 45　家庭经济状况与自责倾向的关系

由图 46 可知：家庭经济状况较贫困的青少年自责倾向最高，家庭经济状况中等的青少年自责倾向较高，家庭经济状况富裕的青少年自责倾向最低。

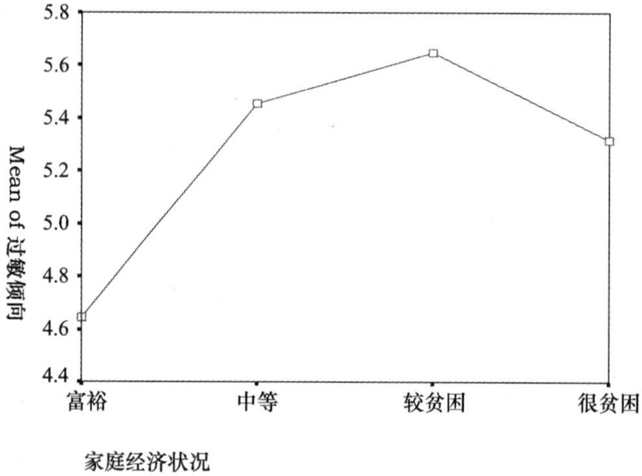

图 46　家庭经济状况与过敏倾向的关系

由图 47 可知：家庭经济状况富裕的青少年恐怖倾向最高，家庭经济状况中等的青少年恐怖倾向较高，家庭经济状况很贫困的青少年恐怖倾向最低。即家庭经济状况越贫困，青少年的恐怖倾向越低。

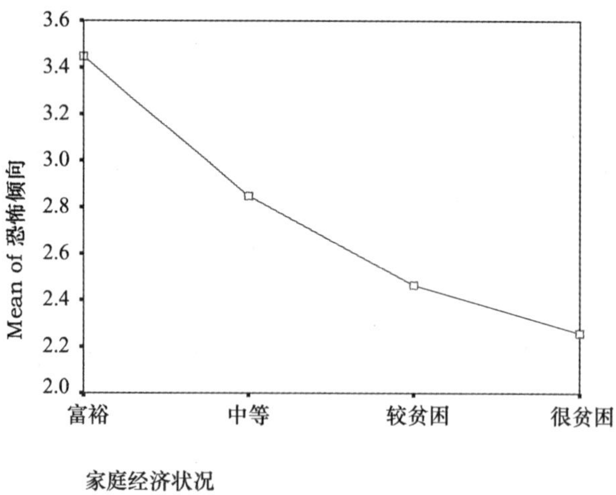

图 47　家庭经济状况与恐怖倾向的关系

（八）学习成绩水平对各个内容量表的影响

在问卷的基本信息中，我们将学习成绩水平分为优、良、中、差四个等级，请学生根据对自己的自我评价选出。通过分析成绩水平与 8 个内容量表的关系，我们发现学习水平对学习焦虑、对人焦虑、过敏倾向、冲动倾向有明显的影响（如表 117 所示）。我们可以通过图 48—图 51 看出这些心理指标由于学习水平的不同而出现的差异。

表 117　　学习成绩水平对各个内容量表的影响 T 检验结果

	T	Sig.
学习焦虑	5.373	.001
对人焦虑	3.063	.027
孤独倾向	1.688	.168
自责倾向	2.219	.084
过敏倾向	8.017	.000
身体症状	2.421	.064
恐怖倾向	.689	.558
冲动倾向	2.932	.032
自控倾向	2.469	.060

由图 48 可以得知：学习成绩水平处于中等的青少年学习焦虑水平最高，学习成绩水平处于差水平的青少年学习焦虑水平较高，学习成绩水平优秀的青少年学习焦虑水平最低。

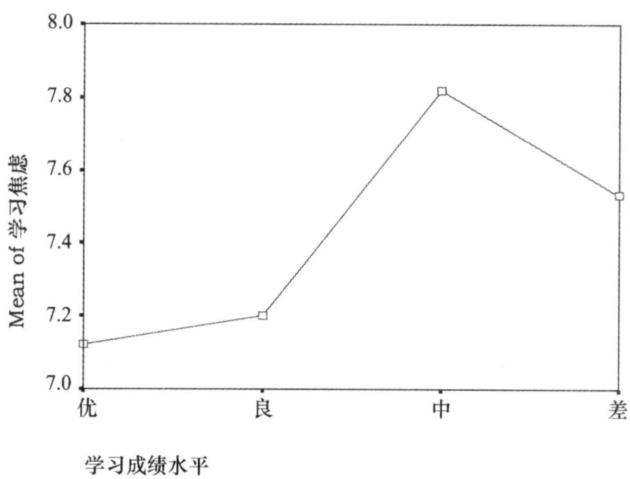

图 48　学习水平与学习焦虑的关系

由图 49 可以得知：学习成绩水平差的青少年对人焦虑水平最高，学习成绩水平处于中等的青少年学习焦虑水平较高，学习成绩处于优秀水平的青少年对人焦虑水平最低。

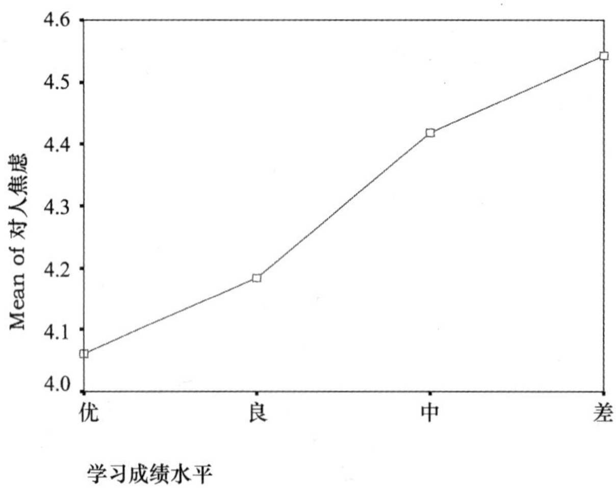

图 49　学习水平与对人焦虑的关系

由图 50 可以得出：学习成绩水平差的青少年过敏倾向最高，学习成绩中等的青少年过敏倾向较高，学习成绩水平优秀的青少年过敏倾向最低。

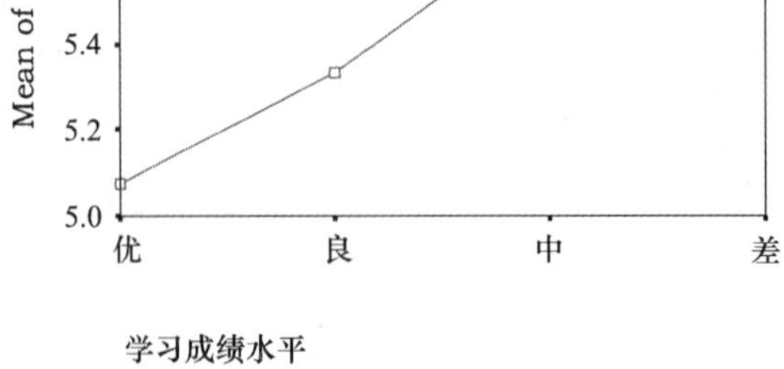

图 50　学习水平与过敏倾向的关系

由图51可以得知：学习成绩水平差的青少年冲动倾向最高，学习成绩水平中等的青少年冲动倾向较高，学习成绩水平优秀的青少年冲动倾向最低。

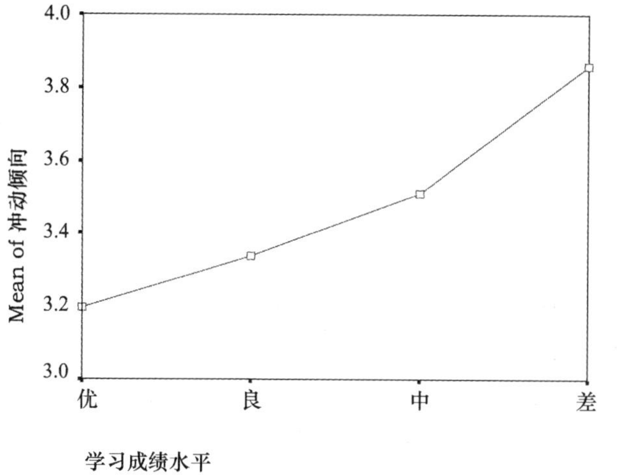

图51　学习水平与冲动倾向的关系

（九）区域因素对各个内容量表的影响

本次调查是在全国九个省（自治区、直辖市）进行的，它们分别是位于东部的天津、浙江、辽宁，中部的山西、江西、湖北，西部的内蒙古、宁夏、新疆。我们通过对东、中、西部地区的分析发现，区域对学习焦虑、对人焦虑、孤独倾向、自责倾向、过敏倾向有明显的影响（参见表118）。具体差异见图50—图53。

表118　　区域因素对各个内容量表的影响T检验结果

	T	Sig.
学习焦虑	9.002	0.000
对人焦虑	13.195	0.000
孤独倾向	7.548	0.001
自责倾向	10.073	0.000
过敏倾向	14.273	0.000
身体症状	2.593	0.075
恐怖倾向	1.988	0.137
冲动倾向	1.176	0.309
自控倾向	0.953	0.386

由图 52 可以得知：中部地区青少年学习焦虑最高，平均值大于 7.6；东部地区青少年的学习焦虑水平较高，平均值在 7.4—7.6 之间；西部地区青少年学习焦虑水平最低，平均值在 7.0 左右。

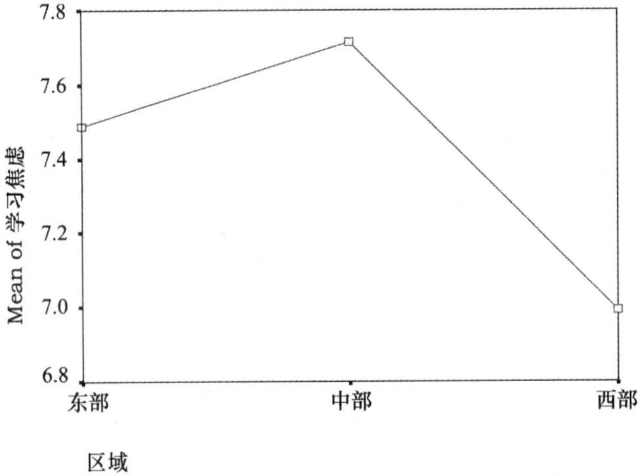

图 52　区域与青少年学习焦虑的关系

由图 53 可以得知：中部地区青少年自责倾向最高，平均值大于 5.2；东部地区青少年的自责倾向水平较高，平均值在 4.7—4.8 之间；西部地区青少年自责倾向水平最低，平均值在 4.7 左右。

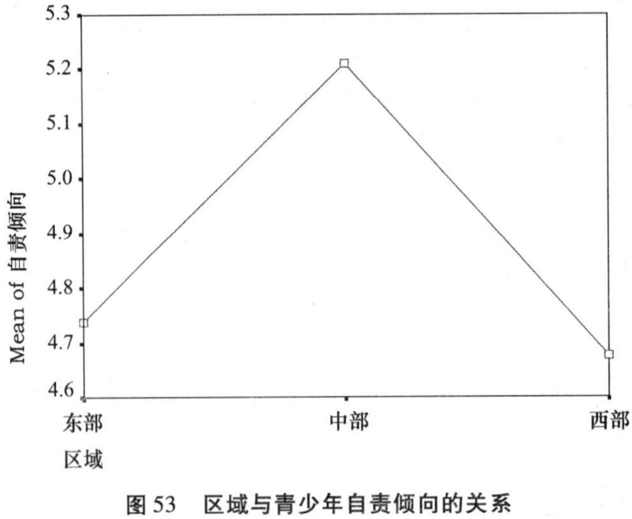

图 53　区域与青少年自责倾向的关系

由图54可以得知：中部地区青少年过敏倾向最高，平均值大于5.7；东部地区青少年的过敏倾向水平较高，平均值在5.5—5.7之间；西部地区青少年过敏倾向水平最低，平均值在5.1左右。

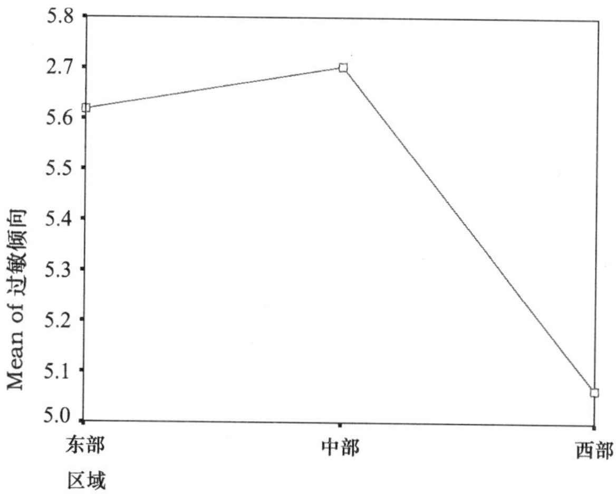

图54　区域与青少年过敏倾向的关系

由图55可以得知：中部地区青少年对人焦虑最高，平均值大于4.5；东部地区青少年的对人焦虑水平较高，平均值在4.3—4.4之间；西部地区青少年对人焦虑水平最低，平均值在3.9—4.0之间。

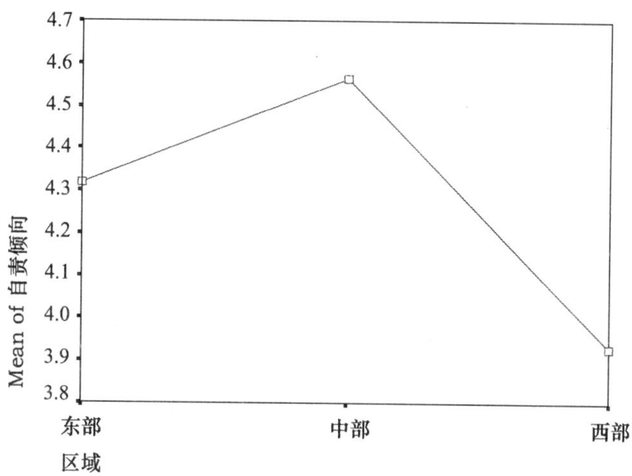

图55　区域与青少年对人焦虑的关系

由图56可以得知：中部地区青少年自责倾向最高，平均值大约在5.2；东部地区青少年的自责倾向水平较高，平均值在4.7—4.8之间；西部地区青少年自责倾向水平最低，平均值在4.7左右。

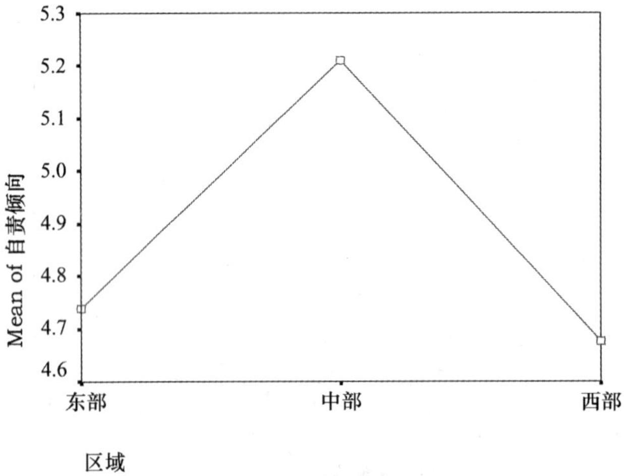

图56　区域与青少年自责倾向的关系

（十）性心理调查结果

1. 青少年对“性”方面的知识是否有一定程度的了解（如表119所示）

表119　　青少年对“性”方面的知识的了解情况

		人数	有效值比例
有效值	不是	525	46.1
	是	614	53.9
	总计	1139	100.0

2. 学校或家庭对孩子进行性教育的重视程度（如表120、图57所示）

表 120　　学校或家庭对孩子进行性教育的重视程度

	人数	有效值比例
很重视	147	12.2
比较重视	237	19.6
不太重视	489	40.5
一点也不重视	335	27.7
总计	1208	100.0

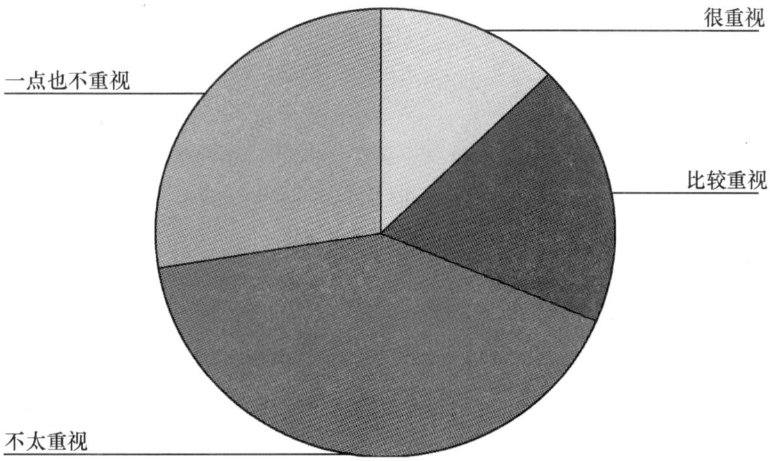

图 57　学校或家庭对孩子进行性教育的重视程度的饼状图

3. 青少年通常了解性方面知识的渠道

表 121　　青少年通常了解性方面知识的渠道

了解性知识的途径	数量	有效百分比
长辈或老师的讲解	201	16.7
同学之间的交流	446	37.1
看书或上网	353	29.4
没有	264	22.0
有效样本	1201	100

通过调查分析我们发现，自认为对性方面知识有比较多的了解的青少年只占到了调查总数的46.1%，而孩子们普遍认为家庭和学校不重视对他们进行青春期教育，而他们多是通过与同辈群体交流、上网、看书等方式了解性知识。可见，家庭和学校在对学生进行青春期教育方面明显滞后，而性是一门科学，及时地对青少年加强这方面科学知识的教育，有着重要而深远的意义。[①] 如：

（1）有利于青少年身心健康。青少年进入青春期后，随着性发育的日臻成熟，会出现一系列的生理心理现象，如能及时进行性教育，男女青少年就能正确对待、处理这些性的生理和心理问题，这对于促进他们身心正常发展，防止性生理和性心理疾病具有重要的意义。

（2）有利于培养性道德。在青春期及时进行性教育，有利于引导青少年遵守性爱、性行为的社会道德，做一个性道德高尚的人，可有效防止早恋、婚前性行为、少女怀孕及性变态、性犯罪等问题的发生。

（3）有利于预防性疾病。男妇生殖器官的各种疾病和性功能障碍，绝大多数是由于不注意性生理和性心理卫生引起的。对青少年加强性教育，就能防患于未然，大大降低婚后性疾病和性障碍的发生率。

（4）有利于未来家庭幸福和社会稳定。性生活和谐美满与个人、婚姻、家庭、社会都有密切的关系。一些已婚青年的精神痛苦、夫妻不和、婚外恋以致家庭解体，以及因此造成的诸多社会问题，在很多情况下，都与青少年从小缺乏必要的性教育有关。

（5）有利于预防青少年的性犯罪行为。加强性科学知识的指导和教育，可以抵御黄色淫秽读物、音像制品和西方社会“性解放”、“性自由”的思潮对青少年的诱惑和腐蚀，有效防止青少年性犯罪的发生。

① 丁洪海：《青春期性教育的意义》，中华心理咨询研究指导中心。

4. 区域因素对性知识了解的影响

表 122 **区域因素对性知识了解的影响**

			性知识是否了解	
			不是	是
区域	东部	数量	131	200
		百分比	39.6%	60.4%
	中部	数量	168	215
		百分比	43.9%	56.1%
	西部	数量	226	199
		百分比	53.2%	46.8%

由图 58 可知，西部地区不了解性知识的人最多，有超过一半的人表示自己不是很了解这方面的知识。

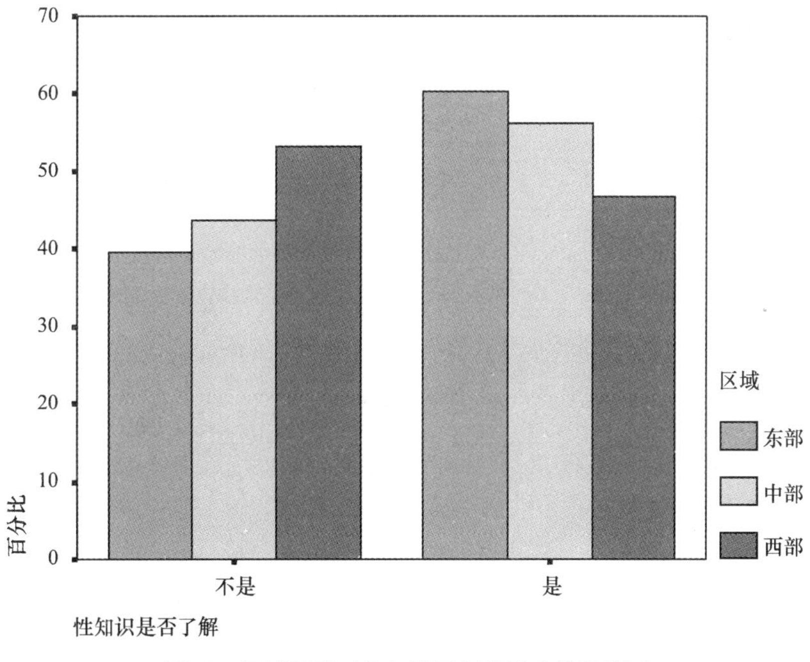

图 58 区域因素对性知识了解的影响的柱状图

5. 男、女青少年对性知识的了解情况

由图 56 可知，不了解性知识的女生明显多于男生。

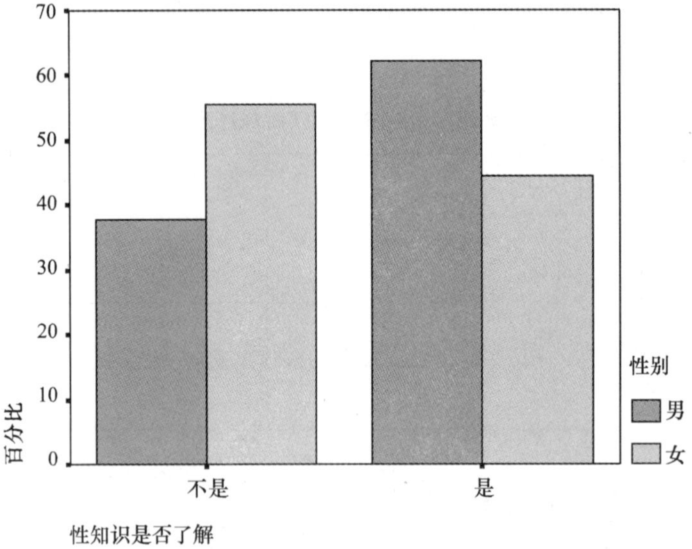

图 59　男、女青少年对性知识的了解情况的柱状图

6. 城市、农村青少年对性知识了解情况的对比

由图 60 可知，农村中不了解性知识的青少年的百分比高于城市。

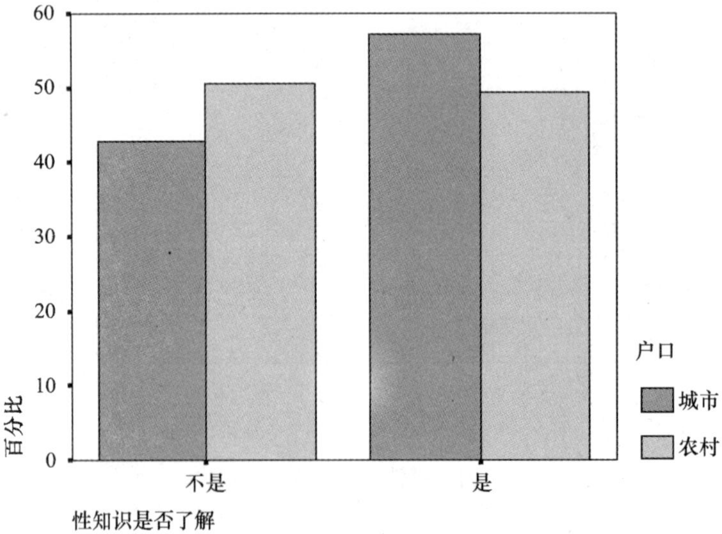

图 60　城市、农村青少年对性知识了解情况对比图

（十一）需要特别说明的问题

由于我们自身经验、条件和水平有限，本次调查存在很多缺陷。

第一，在调查对象的选择上，我们只是凭主观判断选取了东部、中部、西部三个“较能代表”该地区经济、文化及水平的省份。对于学校的选择，也多是根据调查员所在地就近选择。所以，不一定能够十分客观地反映中国青少年心理健康的整体水平。

第二，在问卷“基本信息”的设计上，个别信息显得比较“牵强”。如：我们想要了解城市及农村青少年心理健康水平的差异，但是以“户口”作为划分标准显然不够科学，事实上存在很多农村户口的学生在城市学校就读的现象等。

第三，在有关“性心理”的调查上，类似于“对性知识的了解程度”、“家庭、学校对性教育的重视程度”的问题，显然缺乏客观标准，每个学生都只是根据自己的主观理解进行作答。

第四，在《心理健康诊断测验（MHT）量表》的填写情况进行分析的时候，我们发现对于青少年心理健康程度的划分有不同标准。大多数资料都以65分为界划分为2个等级，也有以50、60为界划分为3个等级的。我们觉得划分3个层次区分度更明显些，可以更加全面地分析青少年心理健康的整体水平和发展趋势，故选择了后者。

第五，在“文献综述”部分我们提到，对于青少年心理健康的调查多局限于在校学生，很少涉及“校园以外”的青少年。而在这个问题上，我们也没能克服。

除了以上五点，我们的调查不可避免地还会存在很多问题，我们对此表示遗憾和抱歉。

五　原因分析

在调查之前，我们的研究假设是农村青少年的心理健康状况会差于城市青少年的心理健康状态。因为考虑到在基础设施、社会关注等方面的因素。研究结果表明在某些方面如孤独倾向、自责倾向方面城市户口的青少年心理健康状态更加不佳。因此，我们从外部因素和内部因素（学生个体）两个方面来探讨引起青少年心理健康问题的原因。

（一）外部因素

1. 学校教育环境

因为我们的调查对象主要是在校学生，调查结果表明学生的学习焦虑水平偏高，在调查总体中共46.2%的学生呈现出较高的学习焦虑。学生的各种心理问题一般都是围绕学习焦虑引起的。而造成学习焦虑的因素有很多，但主要还是受学校教育环境的影响。

作为在校学生，大部分时间都是在学校度过，因此受学校教育环境的影响较大。现在的学校教育基本上都会把教学单元分为平行班和实验班。主要是按学生成绩来划分。首先，从升学程序上就给一部分学生造成压力。其次，在实验班一般会实行“优胜劣汰”的原则，把平行班中表现良好（主要是学习成绩）的同学选进来，而把实验班中表现不好的同学归入平行班。当然，这个制度在原则上是为了激励学生好好学习，给平行班的同学一个机会平等的起点。但在一定程度上也给学生施加了压力。每次考试都是一场“竞技”。最后，在中学，一般都存在着这样一种现象，学习成绩好的同学备受教师的青睐，身心发展都备受关注，在某些发面都享有优先权。如好多学校的班级都以学习成绩来排列班级的座位。成绩排名前列的同学有优先选择座位的权利。这一切都给学生带来了压力，要努力通过学习或者是成绩来引起老师的关注。而且一般而言，学习成绩好的同学心理状况都呈现健康状态。因为他们在与人交往等方面更有自信。而学习成绩中等的同学面临的心理健康状况最为严重。这是因为他们处于中游，面临向上进步或者向下退步的阶段。他们承担了更大的心理压力。而这部分学生在对人焦虑、孤独倾向、过敏倾向、自责倾向等方面都存在一定的问题。

2. 家庭成长环境

家庭是学生接受教育的第一场所。在无形中塑造了青少年的价值观念。如果家长从小就给子女灌输学习第一，或者每次依成绩来作出奖罚，会带给学生一种观念：分数就是一切。学生学习焦虑偏高的另一个原因来自家庭。现在家长“望子成龙”、“望女成凤”的思想极其严重。通常不考虑子女的实际情况，只是一味地给子女买课外练习，让子女参加各种学习班，促使了学生作业负担过重，从而形成焦虑。再者，有的家长教育方法简单粗暴，轻者骂，重者打，更加深了学生的学习焦虑。

特别是很多家庭，为了子女能一心一意地把精力放在学习上，什么家务都不要子女承担。在调查中，有许多同学都承认自己的袜子都是由父母洗，这里面不乏十七八岁的学生。在这样的环境下成长起来的青少年很容易形成自责倾向，因为认为家庭已经为他们提供了很好的外部环境，所以他们更容易怀疑自己的能力，把失败和过失归咎于自己。并且可以看出城市的学生的自责倾向明显大于农村的学生。这又是为什么呢？我们理解为城市的学生更容易对父母产生依赖。现在的城市学生大多是独生子女，由于受到父母过度保护、过分照料，容易使他们形成依赖性强，缺乏独立性的性格，特别是随着现在的隔代教育导致的依赖性较强，脱离家庭、亲人的照顾将寸步难行的情况普遍存在。父母娇生惯养，爷爷奶奶的过分保护、照料，促进了学生一切都由家长包办代替的现象出现太多，从而提高了凡事依赖性，缺乏独立性，缺少自我服务、自我锻炼意识差等心理问题形成。其主要原因是家长只注重智力培养，而忽视能力的培养。

同时我们还发现家庭结构中有无兄弟姐妹对自责倾向也有明显影响。我们可以理解为在有多个兄弟姐妹的家庭中，由于父母的关注的分散，不容易使孩子产生对其的很强烈的依赖性。反之则向上面说的，独生子女会受到父母百分百的关照。而且有兄弟姐妹的家庭，很多人更容易选择和兄弟姐妹沟通交流，而不是父母，因为他们更能体会自己的经历。

3. 社会发展环境

其实在很大程度上，之所以造成学校和家庭过多的重视智力培养而不是能力培养，还由于社会发展环境在起着作用。面对现在这个知识经济时代，文凭、学历在就业中起着主要作用，而这就给学校教育和家庭培养提供了一个方向：读好书、上好的大学，从而围绕这个指挥棒展开一系列活动。特别是学校为了提高知名度与招生率也只能通过升学率来作宣传。而这些都是社会发展环境在起着作用。

此外，社会环境还给青少心理健康的发展带来了其他一些负面影响：比如社会普遍公德意识低落；社区中邻里关系冷漠；网络的崛起提供给青少年接触外部世界的一扇窗口的同时也让他们看到了一些不和谐的画面，但对于是非观念还未完全形成的青少年来说，认识到或者抵制这些不良影响都是很困难的。

4. 区域发展环境

在调查中，我们还发现区域发展对青少年心理健康状况产生一定程度的影响。总体趋势呈现为中部的青少年在这 8 个效度量表上得分都较高，而东部和西部的得分相比较低。这个现象也不容忽视。因为在东部，区域整体发展水平较高，各种资源都比较丰富，为青少年的成长提供了有力的外部环境。在一定程度上，东部青少年从小面临的升学压力较小，家庭成长环境相较其他区域更为开明和多元化，因此他们的心理健康状态比较好。而西部呈现出来的青少年心理健康状况也相对较好。这是因为西部首先人口密度相对较小，其次因为西部区域间发展的不平衡性更加突出。在条件较差的地方，教育设施不完备，在这样的环境下当地对受教育程度的关注也就不很强。而我们的调查对象主要是在校学生。这些调查地也是西部发展较好的市镇，因此进入学校的青少年相比较起来升学压力就较小，因此不会有中部学生那么大的压力。同时国家对少数民族都有政策倾斜，如高考加分政策。在一定程度上也缓解了学生的压力。而作为中部地区的青少年，首先是各种资源不如东部地区那么发达，并且升学人数又大于东部和西部。这从近年来出现的“高考移民”现象也可看出。因此使中部的青少年面临更大的压力，而学习焦虑无疑又形成其他方面发展的障碍。

5. 同辈群体环境

现在存在的一种现象是在升学上户口因素的分歧已经不是很明显。很多农村户口的青少年一般从小就在城市的学校就读，因此已经融入了这个环境。但也有一部分同学是从初中或者高中才选择在城市的学校就读，并且通常都是在学校住宿。这就形成了一个同辈群体之间的融入问题。表现为户口因素在青少年的自责倾向和孤独倾向上都有影响。农村户口的青少年，一般有更强的自责倾向，而城市青少年表现为更强的孤独倾向。而在这两个群体融入的过程中，不可避免的磨合会对心理健康形成一定的压力。农村户口的青少年习惯上比较注重节约。而城市青少年在花钱上就比较大手大脚。如朋友生日时一般会互送礼物；无形中就会给农村的青少年造成压力。有时候为了从表面上消除这种压力，会为了所谓的面子而做一些自己承受能力之外的事，由此导致了一系列心理健康问题。因此，同辈群体间这种潜在的观念意识差异也应该引起我们的重视。

（二）内部因素

1. 性别因素

在调查中我们发现，性别因素在这8个量表上显示出了差异。总的来说是女性的得分要比男性高。这也是不容忽视的一点。这说明了女生焦虑问题的严重性。对女生比男生更焦虑的原因国内外曾有不少研究，如国外流行的社会角色期待理论认为由于受传统思想的影响，社会对女生的要求更高，女生的一举一动要符合社会规范、社会道德，因此女生想得较多、焦虑水平也较高；相对来说，社会对男生的要求不怎么高。除了社会角色的期待作用外，女生比男生更为焦虑的原因应该和高年级女生的生理、心理发展特点有关。女生比男生较早进入青春期，但她们还不能完全自然地接受这一切，因此会引起焦虑、自责、恐惧等反应。女孩子虽然观察问题较细致、全面，但也比较斤斤计较，过分要求别人完善，并且比较注重别人对自己的评价，相对于男生而言，更容易表现出“多愁善感”的情绪；并且更容易和他人来比较自己，若看到自己某方面不如别人，就易产生自卑心理。另外，女孩子的依赖性较强，独立性不如男孩，都可能使女生产生比男生更重的焦虑。

2. 性格因素

毫无疑问，性格因素在青少年心理健康状态中起着重要作用。总的来说，性格外向的青少年比性格内向的青少年有着更健康的心理。虽然他们面临着同样的压力，但因为性格的因素，性格外向的同学更容易积极主动地解决自己的问题。而性格内向的同学更倾向于把问题留给自己，独自烦恼。即使学校里有心理咨询室，性格内向的同学也不愿意去接受这种咨询。如何能让这些同学迈出这关键的一步也是我们应该考虑的问题。

六　对策研究

（一）青少年自身

学生时期，正值青少年身心发展的关键时期，这个时期青少年的生理发育尚未成熟，心理也极不稳定，对社会事物的反应最为敏感。青少年内在的心理冲突是心理问题产生的内在原因。青少年心理发展正在迅速走向成熟，而又未真正达到成熟，个性心理中，既存在积极面，又存在消极面，积极与消极的冲突是不可避免的，而一旦对这种冲突解决引导不够，就会导致心理问题。随着青少年自我意识的增强，他们渴望走向独立生活，强烈要求社会对他们予以承认，自信心、自尊心、独立意识大大提高，然而由于各方面主观因素的制约他们只要求独立的想法，而无独立的行动，他们所处的地位决定了他们根本无法依靠自身的力量处理好一系列复杂问题，又不得不表现出依赖行为。同样，这个时期，青少年既想找到一块完全属于自己的自由角落，又害怕孤独，期望找到一个理想的共鸣知己；他们既进入第二性征发育时期，使性生理急速发育趋向成熟，又不得不处于早熟与晚自立的两难之中；他们既由于对生命成长的挚爱而高度兴奋，又不得不面对由于自身社会经验及认识水平未达到真正独立，正确调节自身行为的事实。这就决定了青少年时期是极易产生心理问题和行为过失的危险年龄阶段。这一时期学生极易表现出强烈的逆反心理以及孤独、寂寞、空虚、困惑、焦虑、过度自卑等心理。

因此，作为青少年自身，应当摆正心态，在出现心理问题时及时寻找沟通渠道，加强对自身的自我认识，以积极的态度面对学习、生活，处理好与父母、老师、朋友之间的关系。

（二）家庭

作为青少年社会化的第一课堂，家庭对青少年心理健康有着极为重要的影响。家长是学生的第一任教师，家长的品德修养、文化水平、教育方法以及家庭环境条件等对学生品德和心理成长有直接而重大的影响。有相当一部分家庭和家长的条件不利于学生心理健康成长，有的家长对子女经常训斥，使子女对父母生畏，缺乏感情交流。孩子遇到困难得不到帮助，遇到挫折得不到鼓励，使孩子有压抑感、委屈感。有的父母感情破裂，双亲离异，严重摧残了孩子的心灵。更有些“问题家庭”家长本身在思想和作风上就存在一定问题，他们对孩子的危害也就可想而知了。所以家庭教育不当，是孩子出现心理问题的重要原因之一。从家庭方面讲，使得青少年心理健康的建议途径有：

1. 沟通让孩子心理更健康

作为父母一定要注重跟孩子的沟通，重视孩子的心理健康状况。我们在调查中发现，很多青少年都存在和家长沟通有障碍的情况。由于孩子正处于青春期，父母平时要跟孩子多沟通、交流，要注意观察生理和心理变化，采用适当的方式向孩子传播青春期的生理和心理健康的知识，同孩子建立良好的信任关系。同父母建立了良好信任关系，孩子自然就会压力小一些，而且当孩子面临压力过大等心理问题的时候也会主动找父母寻求帮助，通过父母帮助及时解决问题。

2. 良好的家庭环境和教育方式有助于青少年良好心理的形成

如家庭和睦、父母有修养，他们的孩子一般都活泼开朗，有良好的品行。反之，则有可能给孩子的心理留下阴影，使孩子形成胆怯、自卑、抑郁的不健康心理。这就需要父母树立良好的教育观。一方面，给孩子提供良好的生活环境，但不要过分溺爱孩子。同时要注意自己的言行举止，为孩子树立良好的榜样。另一方面，家长对孩子不要过分严厉，过分强调成绩的重要性，对孩子多进行正强化，鼓励和支持孩子，帮助青少年树立信心，保持积极乐观的心理状态。

（三）学校

由于种种原因，使学校教育工作存在一定的弊端。片面追求升学率，重智育，轻德育、体育；重课内教学，轻课外教育；重尖子生，轻后进生，学校生活内容、方式单一，许多学生对学习深感枯燥、乏味，心理恐慌、信心不足，视课堂为牢狱，视学习为苦差事。而一些教师忽视学生心理特点，在教育学生时采用不当方法，体罚、心罚学生，损伤学生的自尊心，使不少学生产生孤独、自卑心理。有些后进生被教师所嫌弃，失去上进心而自暴自弃。青少年的大部分时间都是在学校度过的，他们在学校里学习，在学校里处理着同老师、同学的关系。因此，学校生活是对他们心理健康产生重要影响的一部分。

1. 从一元的以成绩为尺度衡量学生优异到多元考核衡量学生优异的转变

素质教育提了很多年，很多学校也在提倡和标榜素质教育，但事实上真正能做到注重学生综合素质的培养的学校却寥寥无几。学校过分强调学习成绩的重要性，一切以成绩为基准，以成绩为转移，造成学生学习压力过大，学习生活过于单调，压力排解途径过少。同时这样的衡量标准往往会造成学习成绩好的学生思想过于敏感，学习压力过大；学习成绩不好的学生则容易产生自卑的心理，或是产生其他一些冲动倾向。若学校将素质教育真正贯彻，注重学生综合素质的培养与提高，那么，从压力上来讲，学生可以分散学习压力，增加压力排解途径，从个人的心理调节能力上来讲，素质教育下的学生心理调适能力会更强，适应环境变化能力，抗击压力和挫折的能力也会更强。

2. 重视学生心理健康教育，要将心理健康教育专业化

在调查中，我们发现，大部分学校，尤其是中、东部地区都开了心理健康课，也都设有心理咨询室，但效果却微乎其微。有的学校虽设有心理咨询室，但同学们却有没听说过的，即便有同学知道学校设有这样一个供他们敞开心扉、排解压力的地方，但却不愿意去那里寻求帮助。导致上述现象出现的一个很重要的原因就是“心理咨询室”约等于形象工程，在被访学校的心理咨询室的老师通常都不是学习心理学专业，他们或是搞学生工作或是其他课程的授课教师，大部分都是兼任心理咨询老师这一职务的。虽然老师们也都尽心尽力地想帮助学生解决心理问题，但毕竟不是科班专业出身，在方法和经验上依然不尽如人意。这就涉及心理健康教育专业化的问题。建议学校指定专职心理辅导教师并对其进行集中统一培训，逐步实行持证上岗，并在教育教学活动中，注意教育预防与咨询治疗并重，并切实做好以预防为主，有计划、分层次、系统地对学生、教师乃至家长全方位地开展心理健康教育，普及心理学知识。积极组织心理普查、心理测量、团体活动等灵活多样方式及时发现学生心理问题并进行规范化、科学化的心理辅导与咨询。对心理问题倾向较严重的学生加强关注，配合专业机构及早治疗，使其健康成长。

（四）社会

在社会转型期这个特殊的历史背景和社会背景之下，人们社会地位的变化、利益主体的分化及各种利益要求之间的冲突，住房、医疗、养老等社会保障和社会福利制度改革带来的个人利益得失，失业问题、腐败问题、治安问题等对社会生活造成的冲击，在一部分社会成员中引发并积累起各种以紧张化为特点的消极情绪。这种紧张化的社会心理，必然会通过各种渠道影响城市青少年，在他们的心理世界中投下阴影。譬如，过于激烈的竞争、信任的缺失等社会问题已经影响了青少年的心理发展。由于信任的缺失，导致青少年存在一定的心理问题，有困难不愿意同其他人沟通，比起把自己的秘密交给不信任的人，他们宁愿将事情憋在心里。在我们的访谈中就有一位女生表示，她之所以不选择去学校设置的心理咨询室来解决问题，就是因为她觉得把自己的事情交给一个自己不认识也不了解的老师不放心，她根本就不信任学校的心理辅导老师。因此，社会应该为青少年创造一方净土，一方充满良性竞争的净土，一方充满自信与他信的净土。

（五）政策

1. 教育政策上要加强和改进素质教育

我们在调查中发现，相当数量的青少年压力过大，而这些压力的主要来源是学习成绩。为什么在我们倡导素质教育多年后还会出现这种局面呢？归根结底还是我们教育政策的问题。应试教育决定了教育的评价体系的最终方式是以分取人，因而必然要受高考指挥棒的制约。以考试为中心，大量的作业高负荷运作，严重影响了学生的健康，特别是心理健康。国家一再提出要“减负”，但“减负”之后便是更多的负需要减，形成了减负—加负—减负的恶性循环，学生心理负荷的恶性循环也是这个道理。同时应试教育决定了它的教学内容必定是单一的、抽象的、缺少实践性的，教学的方法也是机械的、呆板的。而素质教育处于做人的需要、能力的培养，内容便丰富多彩起来，特别是方式上更是提倡启发式，提倡学生动手能力，提倡合作、自主、探究的学习方式，把人的全面发展作为教育的基本观点，把尊重人、关心人贯穿在教育的全过程中，体现在教育工作的方方面面，避免高分低能的现象发生。发展素质教育重要的是将素质教育落到实处，而不单单是一句口号。提高素质教育就要改变、提高教育观，首先应加大教育制度的改革，改革教育的评价制度。其次对教师进行系统的、经常性的培训。再次是坚持对这种活动应保持其长期性。只有这样，素质教育才会成为我们的一个中心的教育，成为一个全民的教育。

2. 国家在改善青少年心理健康问题上应该加大投入，尤其是对于西部贫困地区、偏远山区的投入

在调查的9个省市自治区中，东中部地区城市和农村的学校中普遍设有心理咨询室，然而，在西部的省区中学校的心理咨询室尚属空白。虽然会听到一些声音在呼吁关注青少年心理健康，但规模很小，没有引起全社会的关注。之所以在舆论宣传和经费上不能形成规模，就是因为没有一个影响巨大、实力雄厚的机构和组织作为依托，也就得不到足够的重视与资金的支持。“希望工程”之所以能搞得规模如此宏大，至今在挽救失学儿童上起到如此巨大的作用，很重要的一点就是它是由中国最具影响力的社会公益机构中国青少年发展基金会发起倡导并组织实施。而中国青少年发展基金会虽然属于社会公益组织，但他是由共青团中央、全国青联、全国学联、全国少工委联合发起创办，是自上而下创办的NGO，有着深厚的体制背景，能够得到政府的大力支持。也就是说“希望工程”的成功是与政府在各个方面的支持密不可分的。因此，借鉴“希望工程”成功的经验，国家应该对青少年心理健康给予更多关注与投入，建立“心灵工程”。让社会有更多的人去研究青少年心理健康问题，了解青少年心理健康现状，及时发现问题。加大投入改善青少年的成长环境，让每一个青少年都能拥有健康纯净的心灵。

附录一

调查感言《心灵交会的十字路口——心理访谈后记》

心灵交会的十字路口

苏霍姆林斯基说：对人来说，最大的欢乐，最大的幸福是把自己的精神力量奉献给他人。

于是，我们选择这样的一种方式去见证青春和成长。

——题记

我们都是从那样的年龄走来，带着成长的快乐和伤痛，丝丝印记，缕缕回忆，都是不能抹去的经历。不经意的回首，那些岁月，仿佛墙上斑驳的阳光，耀眼而零碎。曾经那些内心的感触，像水一般，柔软而敏感，一经触碰，一泄而出，没有隐藏，没有保留。是的，只有走过来的人才能真正懂得那些正在路上的人，懂得那些旁人永远无法理解的快乐和苦楚。很庆幸，我们是走过来的。我们想递出一双手，搀扶着一起前进；我们想送句叮咛，温暖着一起向前。于是，有了这次行动——心灵工程，我们想聆听他们内心的声音，我们想分担他们成长的压力，我们想和他们有一种共鸣。

（一）延续的行动

2007年，盛夏。

我们踏上西行的火车，带着初次社会实践的兴奋与激动，奔赴宁夏海原县。我们的实践分四个部分，支教、普法、奥运宣讲和心理辅导。在当地团委的帮助下，一切都很顺利。在离开当地的前一天，我们在海原县一中的高三教室里做了最后一场关于青少年心理的讲座。当时，一个不大的教室却满满地挤了一百多个学生，讲座进行了两个多小时，结束时也刚好到放学时间，我们准备总结返回住地，可教室里的学生却迟迟不肯离去，于是我们留下来和他们交流。他们大多为女孩子，或羞涩，或腼腆，或胆小，只是用很期待的眼神望着我们。队友们见状便分开和他们单独交谈。

他们说：我总是在学，可总也学不好，我愁，我爸妈更愁，你说我该怎么办？

他们说：我怎么样才能和周围的同学搞好关系？怎样才能更开朗一些？

他们说：我在学校压力很大，可家里条件不好，妈妈和弟弟长年生病，回家了也不敢说。家里的那些事又总是影响我的学习，我成绩不好，老师也不怎么关心我，我都不知道该和谁说。

他们说：我总是很自卑，有的时候会想人活着有什么意思，如果我死了会不会更好？

他们说：社会很黑暗，很不公平，常在想自己为什么出生在这么个地方？

……

他们的问题，让我常常无言以对，让我意外，也让我隐隐地担忧。

没有人关心他们的心理状况，没有人聆听他们的烦恼，没有人理解他们内心的想法，没有人告诉他们如何排解压力，没有人关注他们的焦虑、敏感、恐惧……而他们的疑惑如同敏感的神经，刺激着我和我的队友们。

家庭，最温暖的地方。父母关心着孩子的衣食住行，望子成龙，望女成凤的那种望眼欲穿的心情让关爱无微不至，可是又有多少父母真正了解孩子。父母或忙于工作，或忙于生计，似乎早已忽略了沟通这样的方式。

学校，最熟悉的地方。老师们尽着教书的义务，在分数决定一切或者分数权重的校园，育人又被排在了哪里?！老师或多或少地忽视了学生的心理，偌大的校园里没有心理咨询室的位置。

当我们被一个又一个的问题包围，当我们被一双又一双渴望的眼睛注视，当我们被一次又一次的震撼，我们想要为他们做点什么，哪怕是一种鼓励，哪怕是一丝肯定，哪怕是一次倾听，哪怕是一声呼吁……我们在努力。

2008 年，新年伊始。

暑假的宁夏之行，带给我们的除了震撼还有思考。我们决定对全国青少年的心理健康状况做一次调查，在大量的准备工作后，我们继续了我们的心灵之旅，希望能打开更多的心扉，倾听更多的声音，发现更多的问题，接受更多的疑惑，传递更多的温暖。

我们的行迹划过了 9 个省市（自治区），遍及大江南北，城市农村。1700 多份沉甸甸的问卷，从北京出发游走在各地冬日的校园里。发放、填写、回收。依旧有不断的问题，依旧有不断的困惑，依旧有渴望了解的心。面对面的时候，我们总是努力地去敲开那扇关了的心灵大门，探究虚掩的门后到底有着怎样的经历，怎样的成长。

新年的钟声敲来了奥运年，望着教室里的那些孩子，俯仰之间，那是梦想的姿势。在新年的时候，我们真的希望他们卸下不该有的沉重，轻松快乐地去实现梦想。

（二）访谈日记

2008年2月26日　天气：晴　微寒

薄色的阳光真的很累很累了，不住地躲到云里打会儿盹儿，微眯的睡眼，透出一丝淡淡的亮，温柔如水。

2月，一个乍暖还寒的天气，催促人流露出撒娇的心情。我的整个人也变得慵懒起来。在家里猫着，什么也不做，静静地享受那稀薄的阳光。今天，去做心理调查了。

我一共做了两个访问。截然不同。

我是一个喜欢幻想的人，乐意活在自己编织的美妙世界里。我喜欢和那个女孩子聊天，就好像一股清新的暖意侵袭着我整个身体，美得我不知所措。不幸的是，毕竟世界不是理想境界。那个小男孩，我现在还清楚地记得他那时时绽放的笑容，宛如温暖明净的阳光，可以轻易地渗进你的肌肤。

我透过那乌黑的眸子，进入的却是他黑暗的世界。

他告诉我说："我觉得我的心理不健康"，我怔住了。一个16岁的年纪，花一样的季节，竟然会如此的愤世疾俗抑或逆来顺受。他轻松地向我讲述着他的家庭、他的学习和他的朋友，用一种调侃的语调来拙劣地掩饰着他的内心。他是一个成绩非常优秀的孩子，由于很多外在因素的影响，他拼命地排斥他自认为的不利于他成长的一切。在他心里，所谓的成长就是过渡到象牙塔的蜕变。我也不知道应该如何灌输给他一些前进的方式。好似很多地方已经被塞得满满的，找不到那个开启的口。

我默默地体会着我的茫然，甚至现在我都如鲠在喉。"世界改变不了，而我，只能拼命地考出去"一句简单的话却强烈地冲击着我的心灵，就像是横亘在血管里的棉絮，阻碍着血液的流动：都快凝固成血块了。我结束了谈话。

机械地说了一句话，"知识改变命运"，好熟悉。

现在，心里仍然会有这样满满当当的压抑感。总觉得有一天会从血管里探出一根刺来，扎出皮肤暴露在空气里。然后，发酵、腐烂，让社会将它吞噬干净。

还有，当年的情感。

我落泪了。

因为，他，犹如我当年。

（三）队友感言

1. 可能是感受太多了，竟一下子不知道该如何下笔。毕竟这个活动还是倾注了我，还有其他组员们的许多汗水。虽然我以为我们已经做了很多努力，但这些努力对于那些处于懵懂、躁动的少年们的帮助却是十分微薄的，以至于我在结束访谈后开始怀疑这次活动是否真有意义？活动伊始我也曾怀疑，怀疑仅凭我们能否完成？然而事实证明我们完成了，而且还不赖。

这次活动不仅仅是想以我们几个组员的力量去直接帮助他们，解开他们心中的困扰，而且想通过这次活动让更多的人，乃至全社会去关注青少年的心理健康问题，这才是我们努力的目标。现在我又相信未来会证明我们完成的意义。

——虞　韬（浙江）

2. “姐姐，我遵守我们的承诺，等我弟弟变好了，我就给你写信。”这是2007年暑假在宁夏海原那场心理讲座时碰到的一个小女孩给我的信的开头。看到这封信，内心的感动和感恩难以言表。她是一个外形乖巧、特别腼腆的小女孩，跟我聊天的时候，小脸通红通红的，声音也小得仿佛耳语。她告诉我，她有个特别淘气，甚至有些坏的弟弟，不爱学习，也不懂得孝顺父母，对她这个姐姐的话也从来不肯听，总是让她既生气又焦急，却又很无奈。我只能是就自己的经验和想法对她进行开导，提些建议。

几个月后收到她的来信，在我预料之外，信中她用欢快的笔触告诉我说弟弟已经变好了。我不知道当时自己的话有没有起作用，或是起了多大作用，但是，能收到这么一封洋溢着欢乐和幸福的信，足以让我欣慰和感激了。

来信中她附赠我一片自制的四叶草标本，她说：“四叶草象征着幸福，希望姐姐和我都能得到幸福。”那片四叶草，一直放在我的书桌前，它一次次让我品味“幸福”这个词，让我回想起孩子们敏感而复杂的内心。我想，这时候，只要有人走近他们的心，给他们多一些关爱和理解，也许，我们都会离彼此的幸福更近一点吧。

——方　洁（江西）

3. 在这个追梦的年龄，他们也拥有着灿烂缤纷的梦想。但面对现实，他们不得不变得现实。没有了“天生我材必有用，千金散尽还复来”的豪气；没有了“衣带渐宽终不悔，为伊消得人憔悴”的决心。有的只是更多的压抑与束缚，更多的无奈与无助！他们渴望飞向蓝天，又觉得无力挣脱牢笼，无力在风雨中翱翔。我们所能做的就是打开笼子。在失败时教给他们坚强；在绝望时给予他们希望；终有一天，他们的羽翼会丰满有力，在属于自己的天空中飞翔！

——任燕琴（山西）

4. 心灵是一方广袤的天空，它包容着世间的一切；心灵是一片宁静的湖水，偶尔也会泛起阵阵涟漪；心灵是一块皑皑的雪原，它辉映出一个缤纷的世界。带着“心灵工程”这样响亮的口号，踏着青春气息的节拍，我荣幸地参加了这次调查活动，并深刻了解到当代青少年的所思所想和他们心里存在的问题；让我更加深刻地认识到了这次活动的意义所在，也让我更加深刻地感受到自身力量的渺小。愿我们全社会都来关注青少年心灵世界！愿“心灵工程”这一伟大行动响彻你我心扉！愿我们的社会更加和谐美好！

——房启志（内蒙古）

5. 宁夏之行让我结识了一个高二的女生。在她这个年龄段的女孩儿本应该是阳光灿烂的、积极乐观的，但我看到的她却是忧郁的、悲观的、极端的。在同她交流的过程中，她问我最多的一个问题就是：都高二了还来得及吗？看到她每本都写有死字的教科书，我惊讶、担心、紧张，很复杂的感觉。我不停地鼓励她，不停地劝导她，想为她做点儿什么，我想挽救她、想帮她。怀着不安的心情同她告别。我同队友们讲了女孩儿的故事，我们担心她，但我们更担心的是：在城市、在农村像她这样存在心理健康问题的青少年还有多少。我们想为女孩儿做点儿什么，想要帮助她，但我们更想帮助更多的孩子。于是，我们发起“心灵工程”，我们号召更多的人关注青少年心理健康问题，希望通过我们的努力，在青少年身上我们只看得到美丽纯真的笑脸和纯净健康的心灵。

——韩雪（天津）

6. 你为什么不快乐？没有谋生的重压没有养家的重担没有感情的重荷，本该是最无忧无虑的时光，是什么让你不快乐？

每个人都在告诉学生们只有好好学习将来才会有好的前程，于是他们挑灯夜战学海无涯，以为快乐是能够储存的，用现在的辛苦来交换未来多一点点的幸福。

其实我们应该告诉他们，快乐是能生利息的，而这个道理我们是否也应该记住？

——赵敏雅（湖北）

7. 在调查访谈的过程中，我总能从某些孩子身上找到自己当年的影子。小时候，父母工作太忙，上班的时候常常把年幼的我反锁在家里，下班后也很少跟我交流、沟通。有那么几年我越来越自闭、自卑，不愿意与别人接触。我的转变是从初中开始的，班主任老师喜欢并关心成绩优异的我，在她的帮助下，我逐渐自信、开朗起来，生活似乎一下子亮堂了。只是，我常常怀念曾经错过的美丽风景，怀念那些被自己挡在心门之外的温暖阳光……作为一个曾经“自闭”的孩子，我深知心理健康对一个人成长、成才的重要性。也许作为一个大学生，我们能改变的太少，但我们仍想尽自己的一份微薄之力，向社会做出呼吁：关心孩子们的心理健康吧，这不是每一个人的小问题，它关系到和谐社会的构建，更关系到中华民族的发展！

——肖静（宁夏）

附录二

青少年心理健康状况调查问卷

［**指导语**］

1. 这些测题是调查你的心情和感受的，不是测验智力和学习能力的，与学习成绩无关，答案也没有好坏之分，请按照你平时所想的如实回答。

2. 本测验每一问题都只有“是”和“不是”两种可供选择的答案，回答纸上相应地附有 a、b 两个可供选择的英文字母，请把你所选择的答案写在答题卡中相应的格内。

3. 注意事项：

（1）按你平时所想的如实回答。

（2）每一问题都要回答，但只能选择一个答案，难以决定时，请选与你最接近的答案。

(3) 有不明白的地方可以举手问老师。

(4) 修改答案时，要用橡皮擦擦干净。

(5) 回答时间没有限制，但不要过分考虑，请写出你最初想到的答案。

一　基本信息

1. ________省（市、自治区）________市（区）

2. 户口：农村（　）　城市（　）

3. 性别：男（　）　女（　）

4. 家庭成员：父亲（　）　母亲（　）　兄弟姐妹（　）　其他（　）

5. 年级：初一（　）　初二（　）　初三（　）　高一（　）　高二（　）　高三（　）

6. 学习成绩水平：优（　）　良（　）　中（　）　差（　）

7. 家庭经济状况：富裕（　）　中等（　）　较贫困（　）　很贫困（　）

二　《心理健康诊断测验（MHT）量表》

1. 你夜里睡觉时，是否总想着明天的功课？

　A. 是　B. 不是

2. 老师在向全班提问时，你是否会觉得是在提问自己而感到不安？

　A. 是　B. 不是

3. 你是否一听说“要考试”心里就紧张？

　A. 是　B. 不是

4. 你考试成绩不好时，心里是否感到不快？

　A. 是　B. 不是

5. 你学习成绩不好时，是否总是提心吊胆？

　A. 是　B. 不是

6. 考试时，当你想不起来原先掌握的知识时，你是否会感到焦虑？

　A. 是　B. 不是

7. 考试后，你在没有知道成绩之前，是否总是放心不下？

　A. 是　B. 不是

8. 你是否一遇到考试，就担心会考坏？

A. 是　B. 不是

9. 你是否希望考试能顺利通过？

A. 是　B. 不是

10. 你在没有完成任务之前，是否总担心完不成任务？

A. 是　B. 不是

11. 你当着大家的面朗读课文时，是否总是怕读错？

A. 是　B. 不是

12. 你是否认为学校里得到的学习成绩总是不大可靠的？

A. 是　B. 不是

13. 你是否认为你比别人更担心学习？

A. 是　B. 不是

14. 你是否做过考试考坏了的梦？

A. 是　B. 不是

15. 你是否做过学习成绩不好时，受到爸爸妈妈或老师训斥的梦？

A. 是　B. 不是

16. 你是否经常觉得有同学在背后说你的坏话？

A. 是　B. 不是

17. 你受到父母批评后，是否总是想不开，放在心上？

A. 是　B. 不是

18. 你在游戏或与别人的竞争中输给了对方，是否就不想再干了？

A. 是　B. 不是

19. 人家在背后议论你，你是否感到讨厌？

A. 是　B. 不是

20. 你在大家面前或被老师提问时，是否会脸红？

A. 是　B. 不是

21. 你是否很担心叫你担任班干部？

A. 是　B. 不是

22. 你是否总是觉得好像有人在注意你？

A. 是　B. 不是

23. 在工作或学习时，如果有人注意你，你心里是否紧张？

A. 是　B. 不是

24. 你受到批评时，心情是否不愉快？

A. 是　B. 不是

25. 你受到老师批评时，心里是否总是不安？

A. 是　B. 不是

26. 同学们在笑时，你是否也不大会笑？

A. 是　B. 不是

27. 你是否觉得到同学家里去玩不如在自己家里玩？

A. 是　B. 不是

28. 你和大家在一起时，是否也觉得自己是孤单的一个人？

A. 是　B. 不是

29. 你是否觉得和同学一起玩，不如自己一个人玩？

A. 是　B. 不是

30. 同学们在交谈时，你是否不想加入？

A. 是　B. 不是

31. 对你和大家在一起时，是否觉得自己是多余的人？

A. 是　B. 不是

32. 你是否讨厌参加运动会和文艺演出？

A. 是　B. 不是

33. 你的朋友是否很少？

A. 是　B. 不是

34. 你是否不喜欢同别人谈话？

A. 是　B. 不是

35. 在人多的地方，你是否觉得很怕？

A. 是　B. 不是

36. 你在排球、篮球、足球、拔河、广播操等体育比赛输了时，心里是否一直认为自己不好？

A. 是　B. 不是

37. 你受到批评后，是否总认为是自己不好？

A. 是　B. 不是

38. 别人笑你的时候，你是否会认为是自己做错了什么事？

A. 是　B. 不是

39. 你学习成绩不好时，是否总是认为是自己不用功的缘故？

A. 是　B. 不是

40. 你失败的时候，是否总是认为是自己的责任？

A. 是　B. 不是

41. 大家受到责备时，你是否认为主要是自己的过错？

A. 是　B. 不是

42. 你在乒乓球、羽毛球、篮球、足球、拔河、广播操等体育比赛时，是否一出错就特别留神？

A. 是　B. 不是

43. 碰到为难的事情时，你是否认为自己难以应付？

A. 是　B. 不是

44. 你是否有时会后悔，那件事不做就好了？

A. 是　B. 不是

45. 你和同学吵架以后，是否总是认为是自己的错？

A. 是　B. 不是

46. 你心里是否总想为班级做点好事？

A. 是　B. 不是

47. 你学习的时候，思想是否经常开小差？

A. 是　B. 不是

48. 你把东西借给别人时，是否担心别人会把东西弄坏？

A. 是　B. 不是

49. 碰到不顺利的事情时，你心里是否很烦躁？

A. 是　B. 不是

50. 你是否非常担心家里有人生病或死去？

A. 是　B. 不是

51. 你是否在梦里见到过死去的人？

A. 是　B. 不是

52. 你对收音机和汽车的声音是否特别敏感？

A. 是　B. 不是

53. 你心里是否总觉得好像有什么事没有做好？

A. 是　B. 不是

54. 你是否担心会发生什么意外的事？

A. 是　B. 不是

55. 你在决定要做什么事时，是否总是犹豫不决？

A. 是　B. 不是

56. 你手上是否经常出汗？

A. 是　B. 不是

57. 你害羞时是否会脸红？

A. 是　B. 不是

58. 你是否经常头痛？

A. 是　B. 不是

59. 你被老师提问时，心里是否总是很紧张？

A. 是　B. 不是

60. 你没有参加运动，心脏是否经常扑通扑通地跳？

A. 是　B. 不是

61. 你是否很容易疲劳？

A. 是　B. 不是

62. 你是否很不愿吃药？

A. 是　B. 不是

63. 夜里你是否很难入睡？

A. 是　B. 不是

64. 你是否总觉得身体好像有什么毛病？

A. 是　B. 不是

65. 你是否经常认为自己的体型和面孔比别人难看？

A. 是　B. 不是

66. 你是否经常觉得肠胃不好？

A. 是　B. 不是

67. 你是否经常咬指甲？

A. 是　B. 不是

68. 你是否舔手指头？

A. 是　B. 不是

69. 你是否经常感到呼吸困难？

A. 是　B. 不是

70. 你去厕所的次数是否比别人多？

A. 是　B. 不是

71. 你是否很怕到高的地方去？

A. 是　B. 不是

72. 你是否害怕很多东西？

A. 是　B. 不是

73. 你是否经常做噩梦？

A. 是　B. 不是

74. 你胆子是否很小？

A. 是　B. 不是

75. 夜里，你是否很怕一个人在房间里睡觉？

A. 是　B. 不是

76. 你乘车穿过隧道或路过高桥时，是否很怕？

A. 是　B. 不是

77. 你是否喜欢整夜开着灯睡觉？

A. 是　B. 不是

78. 你听到打雷声是否非常害怕？

A. 是　B. 不是

79. 你是否非常害怕黑暗？

A. 是　B. 不是

80. 你是否经常感到后面有人跟着你？

A. 是　B. 不是

81. 你是否经常生气？

A. 是　B. 不是

82. 你是否不想得到好的成绩？

A. 是　B. 不是

83. 你是否经常会突然想哭？

A. 是　B. 不是

84 你以前是否说过谎话？

A. 是　B. 不是

85. 你有时是否会觉得，还是死了好？

A. 是　B. 不是

86. 你是否一次也没有失约过？

A. 是　B. 不是

87. 你是否经常想大声喊叫？

A. 是　B. 不是

88. 你是否不愿说出别人不让说的事？

A. 是　B. 不是

89. 你有时是否想过自己一个人到遥远的地方去？

A. 是　B. 不是

90. 你是否总是很有礼貌？

A. 是　B. 不是

91. 你被人说了坏话，是否想立即采取报复行动？

A. 是　B. 不是

92. 老师或父母说的话，你是否都照办？

A. 是　B. 不是

93. 你心里不开心，是否会乱丢、乱砸东西？

A. 是　B. 不是

94. 你是否发过怒？

A. 是　B. 不是

95. 你想要的东西，是否就一定要拿到手？

A. 是　B. 不是

96. 你不喜欢的课，老师提前下课，你是否会感到特别高兴？

A. 是　B. 不是

97. 你是否经常想从高的地方跳下来？

A. 是　B. 不是

98. 你是否无论对谁都很亲热？

A. 是　B. 不是

99. 你是否会经常急躁得坐立不安？

A. 是　B. 不是

100. 对不认识的人，你是否会都喜欢？

A. 是　B. 不是

三　关于“性”方面知识的几个问题

1. 你对“性”方面的知识有一定程度的了解？

A. 是 B. 不是

2. 学校或家庭重视对你们进行性教育吗？

A. 很重视 B. 比较重视 C. 不太重视 D. 一点也不重视

3. 你通常了解性方面知识的渠道是什么？

A. 长辈或老师的讲解 B. 同学之间的交流 C. 看书或上网 D. 没有

附录三

结构式访谈提纲

第一部分：基本信息（略）

第二部分：具体问题

压力源方面：

1. 你认为现在自己的心理状况如何？（对自身心理健康状况的总体评价）

2. 你觉得目前压力大吗?(如果回答是肯定的，则继续回答后面的问题)

3. 你认为你的心理问题主要是由什么引起的?请深入谈一谈。(提示：人际交往带来的压力；学习方面的压力；情感问题；对周围环境的不适应，等等)

排压渠道及政策建议：

1. 你是如何对待面临的压力或烦心事的?(主要目的是了解青少年排解压力的渠道，为后面的政策建议作铺垫。提示：向知心朋友诉说；向家长诉说；向老师诉说；用写日记、听音乐等方式自己排解；寻求专门的心理咨询；听之任之，不去刻意对待等。)

2. 父母或老师是否关心你的心理问题?你经常与他们沟通吗?(主要目的是了解家庭和学校方面对青少年心理健康问题的重视程度)

3. 你听说过“心理咨询”吗?(主要针对农村学生。如果答案是肯定的，则继续回答7、8、9题)

4. 你所在的学校或社区是否有专门的心理咨询中心?

5. 你觉得是否有必要在学校或社区设立专门的心理咨询中心?为什么?

6. 如果学校或社区有专门的心理咨询中心，而你最近也存在一定程度上的心理问题，你会去吗?为什么?

7. 你觉得别人(社会、学校、家庭等)提供什么样的帮助能减轻你(青少年)心理方面的负面影响?

第三部分：“社会心理”与“性心理”(这两个方面在量表中没有涉及，但对我们的后续研究至关重要，请大家认真对待)

社会心理：

1. 你如何评价当前的社会?(提示：和谐、社会不公平、浮躁等)

2. 对现代社会有比较强烈的认同感和归属感吗?为什么?有哪些不满和期望?

3. 你觉得自己跟城市(农村)同龄人相比最大的差别是什么?(提示：生活水平、受教育水平、社会地位、前途等)

性心理：

1. 学校或家庭重视对你们进行性教育吗?

2. 你对性方面的知识了解多吗?你通常是通过什么方式来了解它的?(提

示：看书、上网、老师或家长讲解、与同学交流、看黄色电影等）

注：

1. 取样标准为：城市初中、城市高中、农村初中及农村高中（最好都是二年级的学生）每个点 2 名被访者，共 8 名。

2. 以上问题只作为访谈时的参考性资料，具体提问方式可以根据实际情况灵活运用。

3. 访问前要有一定的指导语（如“本次访谈一定为大家保密”等），具体请参见《社会调查方法》。

4. 调查问卷一定要**当场收发**，让学生**独立填写**，以确保调查效果。

点评：肖静等 10 位同学利用暑期对九个省、市、自治区的青少年进行了对心理健康状况的调查研究，并完成了一份两万多字的调查报告。应该说，对心理健康状况的研究并不少，学生们严谨认真地回顾以往研究的成果和不足之处，为本研究找到一个较好的新意之处，即调查城市青少年、农村青少年的心理健康状况，并进行对比。为了实现这一研究意图，学生们利用自己的便利地理条件完成了对覆盖我国东部、中部、西部的天津、浙江、辽宁、山西、江西、湖北、内蒙古、宁夏、新疆 9 个省、市、自治区的城市中学和农村中学发放了 1800 份的问卷。

非常值得赞扬的是，学生们在整个调查研究的过程中表现出了科学严谨的研究态度。在这一态度的指导下，学生们能够清醒明智地选择较为成熟的心理健康诊断测验（ MHT ）量表来作为调查问卷的主体内容。这不仅提高研究的可行性，也使得调查能够得出较为可信的研究结论。科学严谨的研究态度也同样体现在课题组对调查数据的分析之中，丰富的统计表格和统计图更为直观地展现了本研究试图揭示的“城乡差别”。

参加调查研究的 10 位同学以各自敏感而锐利的笔触写下了围绕这次研究实践的情感收获，这本身也同样成为本研究的重要成果，值得赞扬。

虽然，研究还略显简单粗略，但是对于大学本科二年级的学生们而言，无疑是一项极具挑战的研究践行。

（中国青年政治学院青少年工作系讲师　王丽娟）